Sheela Mahadevan

For Sheela,
in memory of a good year
All the best,
Charlie
June 2017

BEIHEFTE ZUM *Euphorion*
Zeitschrift für Literaturgeschichte
Heft 84

Herausgegeben von
Wolfgang Adam

Nelly Sachs im Kontext – eine ›Schwester Kafkas‹?

Herausgegeben von
FLORIAN STROB
CHARLIE LOUTH

Universitätsverlag
WINTER
Heidelberg

Bibliografische Information der Deutschen Nationalbibliothek

Die Deutsche Nationalbibliothek verzeichnet diese Publikation
in der Deutschen Nationalbibliografie;
detaillierte bibliografische Daten sind im Internet
über *http://dnb.d-nb.de* abrufbar.

Gedruckt mit Unterstützung von
Ursula Lachnit-Fixson Stiftung (Berlin)
The John Fell Fund (Oxford)
Faculty of Medieval and Modern Languages, University of Oxford

UMSCHLAGBILD

KB Stockholm
Quelle: Stockholms-Tidningen, 13. 10. 1947
(Artikel: Ragnar Thoursie, »*En syster till Kafka*«)

ISBN 978-3-8253-6395-6

© 2014 Universitätsverlag GmbH Winter Heidelberg
Imprimé en Allemagne · Printed in Germany
Druck: Memminger MedienCentrum, 87700 Memmingen

Gedruckt auf umweltfreundlichem, chlorfrei gebleichtem
und alterungsbeständigem Papier

Den Verlag erreichen Sie im Internet unter:
www.winter-verlag.de

Inhaltsverzeichnis

Vorbemerkung zur Zitierweise

Aus den Werken von Nelly Sachs wird (wenn möglich) im gesamten Band nach der folgenden Ausgabe zitiert:

Nelly Sachs: *Werke. Kommentierte Ausgabe in vier Bänden*, hg. von Aris Fioretos. Berlin: Suhrkamp, 2010-2011.

Zitate aus dieser Ausgabe werden im Text nur mit Bandnummer und Seitenzahl (etwa I, 111) nachgewiesen. Die oben genannte Werkausgabe wird daher auch nicht in den Bibliographien der einzelnen Beiträge gesondert aufgeführt.

Alle weiteren Zitate werden nach der sogenannten Harvard-Zitierweise im Text nachgewiesen (d.h. Autorname und Jahreszahl). Es finden sich ausführliche bibliographische Angaben am Ende jedes Beitrags.

Florian Strob / Charlie Louth

Nelly Sachs als „Schwester Kafkas"?
Zur Einleitung

Der schwedische Schriftsteller Ragnar Thoursie nannte Nelly Sachs als erster, in einem Artikel aus dem Jahr 1947, eine Schwester Kafkas bzw. „En syster till Kafka" (Thoursie 1947).[1] Zu jener Zeit las Sachs, vielleicht angeregt durch eben jenen Artikel Thoursies, Franz Kafkas Roman *Das Schloss*.[2] Ihr Exemplar des Romans (in einer Ausgabe aus dem Jahr 1946) weist auffallend viele Lektürespuren auf und zeugt von einer intensiven Rezeption und – typisch für Sachs – von einer Aneignung oder Anverwandlung des literarischen Textes. Liest man die unterstrichenen und am Rand markierten Stellen des Romans hintereinander, ergibt sich beinahe eine Art Selbstporträt – und zwar von Nelly Sachs zur Zeit ihrer Verfolgung unter der Naziherrschaft in Berlin und zur Zeit ihres frühen Exils

Um nur einige wenige Beispiele von Sachs' Kafka-Lektüre zu geben, seien drei von Sachs in *Das Schloss* unterstrichene Passagen hier angeführt (sie stammen aus den Kapiteln „Amalias Strafe" und „Bittgänge"): „man schloß uns aus jedem Kreise aus. Nun sprach man von uns nicht mehr wie von Menschen, unser Familienname wurde nicht mehr genannt" (NS 398, 245); „Wir verkauften, was wir noch hatten – es war fast nur noch Unentbehrliches" (NS 398, 247); „[Aufrichtig gesagt, ein Plan ohne allen Verstand, selbst wenn] das Unmögliche geschehen [wäre und die Bitte wirklich bis] zum Ohr eines Beamten [gekommen wäre.] Kann denn ein einzelner Beamter verzeihen? Das könnte höchstens Sache der Gesamtbehörde sein" (NS 398, 249; die Passagen in eckigen Klammern wurden von Sachs nicht unterstrichen, sondern hier zum besseren Verständnis

---

[1] Vgl. die Anmerkungen in IV, 560: „In ASachs liegt zudem ein 16seitiges, undatiertes Ts von Peter Hamm vor, das den Titel ‚Nelly Sachs. Eine Schwester Kafkas' trägt und als Vorlage für eine Sendung im Südwestdeutschen Rundfunk – später auch im RIAS, Berlin – diente. Siehe ferner Peter Hamm, ‚Besuch bei Nelly Sachs, einer *Schwester Kafkas*', in: *Du* 232 (1960), 56-60."

[2] Nelly Sachs' Exemplar von *Das Schloss* findet sich heute in der Kungliga Biblioteket Stockholm unter der Sigle NS 398. Zitate aus diesem und anderen Büchern aus der Bibliothek von Nelly Sachs werden im Folgenden mit der Sigle ‚NS' und der entsprechenden Seitenzahl nachgewiesen. Es dürfte allerdings nicht nur Thoursies Vergleich mit Kafka gewesen sein, der Sachs zur Lektüre von *Das Schloss* animierte, sondern die allgemeine Begeisterung vieler jüngerer schwedischer Dichter für Kafkas Werk (s. unten).

hinzugefügt). Es fällt nicht schwer, die Parallelen in Sachs' Leben zu sehen: die
Beschimpfungen als Jüdin im Berlin der 1930er Jahre, wo man ihrem Namen ein
„Sara" hinzufügte; der Verlust aller Besitztümer, bis schließlich bei der Flucht
aus Deutschland nur noch das übrig war, was in einen Koffer passte; der deut-
sche Beamte, der ihr hilfreiche Empfehlungen für die Flucht aus Deutschland
gab, dank derer sie und ihre Mutter in Schweden dem Konzentrationslager ent-
kamen (vgl. Fioretos 2010, 91, 92, 110, 109).

Und noch über zwanzig Jahre später, in einem Fragebogen aus dem Jahr
1968, bleibt Kafka präsent: „Sie wurden von einem Schriftsteller als eine
‚Schwester' von Kafka bezeichnet: was denken Sie von diesem Vergleich?",
fragt Lionel Richard, Sachs' Übersetzer ins Französische. Und Sachs gibt zur
Antwort:

> Als eine Schwester von Kafka bezeichnet zu werden, mag in gewissen verwandt-
> schaftlichen Zügen begründet sein. Vor allem dieses Leben bis an die Spitze der
> letzten Landzunge durchleiden zu müssen. Er hat nicht die letzte Schreckenszeit
> erlebt, aber er war immer in der Hölle. Wer weiß, wie viel näher und näher wir
> später noch gekommen wären.
> (IV, 111-112)

Zu diesen „verwandtschaftlichen Zügen", eben nicht Beziehungen, schrieb
Thoursie in dem eingangs erwähnten Artikel:

> Wenn man den drei leiblichen Schwestern Franz Kafkas noch eine geistige hinzu-
> gesellen will, braucht man zur Zeit nicht allzu weit zu gehen. Sie wohnt auf
> Reimersholm in Stockholm, ist bekannt unter dem Namen Nelly Sachs und gibt
> ein letztes Beispiel dafür ab, daß eine außergewöhnliche literarische Begabung
> immer noch als große Ausnahme Tür an Tür mit einem reklamesüchtigen Zeitalter
> leben kann. Diesen Umstand, ihre jüdische Herkunft und ihre deutsche Mutter-
> sprache, hat sie mit ihrem großen Dichterbruder gemeinsam, darüber hinaus aber
> vereinigt beide eine andere und engere Verwandtschaft, die genauer zu bestimmen
> eine kleine Abhandlung erfordern würde.
> (zit. nach Thoursie 1961, s. Thoursie 1947)

Thoursie macht hier, wie auch Sachs, den klaren Unterschied zwischen den bio-
graphisch-biologischen Schwestern des Autors und Versicherungsangestellten
Franz Kafka und der literarischen Schwester oder Schwester im Geiste Sachs,
die besagte Rede von der „andere[n] und engere[n] Verwandtschaft" in ihrer
Lektüre von *Das Schloss* sogleich zu überprüfen schien und, wie das Zitat aus
dem Jahr 1968 beweist, für nachvollziehbar, ja stichhaltig und aussagekräftig
hielt. (Und natürlich gefiel und schmeichelte es ihr, mit einem der bekanntesten,
großen Autoren der literarischen Moderne verglichen zu werden.) Wenn im
Folgenden also von Dichtern die Rede ist, muss das literarische Phänomen ge-
meint sein, das unter dem Namen des jeweiligen Dichters quasi firmiert, zu dem

also nicht allein das literarische Werk, sondern ebenso die Inszenierung seines Autors gehört.

Der Vergleich mit Kafka ist zudem ein programmatischer. Oder sollte man sagen: an diesem von Sachs selbst immer wieder angeführten Vergleich hat sie in einem Brief an Carl Seelig vom 27. Oktober 1947 eine Art dichterisches Programm entwickelt. Ein Programm ausgehend vom konkreten Vergleich – mit Kafka:

> Der Vergleich des jungen Dichters [hier ist Thoursie gemeint] mit Kafka ist für mich persönlich gänzlich unwesentlich. Ob schiefe, ob grade Vergleiche, ob große, ob kleine Bemühungen, dies ist so hinfällig vor dem Einen: seine eigene Stufe zu nehmen und nicht die Stufe des anderen zu begehren. Die Jugend hierzulande ist so sehr von Sartre gefesselt und sieht in Kafka nur den einen Teil, nicht den ‚Undeutlichen‘ dazu, daß es schon sehr selten ist, wenn einer und Ausländer und Nordländer aus sich selbst darauf kommt, daß es mit Kafka anders sein müsse. Nun sammelt er alles, was in diese Richtung führt, vor allem Kafkas Verhältnis zum Chassidismus. Von dieser Wurzel her wanderte er.
> (Sachs 1984, 83)

Die „eigene Stufe" will sie nehmen. Doch um den Bruch mit ihren literarischen Vorgängern zu gestalten, benötigt sie diese Vorgänger. In demselben Brief an Carl Seelig weiter:

> In meinem Buch [gemeint ist *In den Wohnungen des Todes*, 1947] steht: ‚Chor der Tröster‘ und dies ist, was ich meine. Wir nach dem Martyrium unseres Volkes sind geschieden von allen früheren Aussagen durch eine tiefe Schlucht, nichts reicht mehr zu, kein Wort, kein Stab, kein Ton – (schon darum sind alle Vergleiche überholt) was tun, schrecklich arm wie wir sind, wir müssen es herausbringen, wir fahren zuweilen über die Grenzen, verunglücken, aber wir wollen ja dienen an Israel, wir wollen doch keine schönen Gedichte nur machen, wir wollen doch an unseren kleinen elenden Namen, der untergehen kann, nicht das Unsägliche, das Namenlose heften, wenn wir ihm nicht dienen können. Nur darum geht es, denke ich, nur darum, und deswegen unterscheiden wir uns von den früheren, denn der Äon der Schmerzen darf nicht mehr gesagt, gedacht, er muß durchlitten werden.
> (Sachs 1984, 83-84)

Obwohl Nelly Sachs einerseits den Vergleich ablehnt, kontextualisiert sie ihr Schreiben doch auf spezifische Weise. Die Kontexte, die sie sucht und findet, betreffen dabei nicht nur die literarische Tradition. Über Lektüre (wie im Fall Kafka), persönliche Beziehungen und viele Briefwechsel sucht sie etwas, das Aris Fioretos einmal „Familienähnlichkeit" (Fioretos 2008) genannt hat. Sie steht auch mit vielen Zeitgenossen in regem Austausch. Lebende und Tote werden zu ihren Brüdern und Schwestern, oder anders gesagt, sie (eigentlich ein Einzelkind) wird zur Schwester von Lebenden und Toten. „Meinen toten Brüdern und Schwestern" (I, 10) widmet sie ihren ersten, 1947 erschienen Gedichtband *In den Wohnungen des Todes*; „Meine Brüder und Schwestern" (IV, 501), beginnt Sachs ihre Rede zur Entgegennahme des Meersburger Droste-Preises 1960. Wenn Sachs auch Celan zugestimmt haben dürfte, das der Dichter als Person dem Gedicht immer mitgegeben ist und bleibt – das legt schon das programmatische Briefzitat vom nicht mehr zu sagenden oder zu denkenden, sondern zu durchleidenden „Äon der Schmerzen" nahe –, so bleibt den heutigen Lesern und Forschern doch nur die Literatur, da die Dichter als Person durch ihren Tod nicht mehr greifbar sind. Die „andere und engere Verwandtschaft" wird wohl vor allem durch literarische ‚Meridiane' gestiftet, oder zumindest durch ‚Meridiane' in der Literatur nachgezeichnet und angezeigt. Wieder kann der Bezug auf und zu Kafka als ein Beispiel dienen. Nicht nur hatte man Sachs wiederholt in Verbindung zu Kafka gebracht und hatte sie sich selbst in seiner Nähe gesehen und inszeniert – sich in ihn hinein gedichtet, wenn man so will –, sondern Sachs hat den Vergleich mit Kafka auch auf andere Dichter angewandt und so ein noch dichteres Netz von literarischen Beziehungen um sich gewoben. In einer Kurzbiographie aus dem Band mit Übersetzungen *Aber auch diese Sonne ist heimatlos* (1956) schreibt sie zu Karl Vennberg:

> geb.1910, bezeichnet sich selber als ein von pathologischer Wahrheitsliebe Verhexter. Er konstatiert, daß der Mensch vor die Wahl zwischen dem Gleichgültigen und dem Unmöglichen gestellt ist. In ihm ist eine heimliche Verwandtschaft zwischen Ketzer und Inquisitor. Das Weltgeschehen wird bei ihm bis zu glühenden Zundern ausgekostet. Seine künstlerische Linie hält sich selten mit farbigen Metaphern auf. Eine heilige Nüchternheit, darin Kafkas seelenreinem Stil verwandt, läßt ihm den Schmetterling im Namen des Geheimnisses zerlegen.
> (IV, 465)

Die hier implizierte Verbindung zwischen Kafka und Hölderlin führt uns auf eine weitere Spur im literarischen Beziehungsnetz von Nelly Sachs. Als „gesegnet von Bach und Hölderlin" (Celan/Sachs 1993, 25) bezeichnete Sachs ihren Dichterfreund und ‚Bruder' Paul Celan, dessen Werk *Der Sand aus den Urnen* seinerseits von Margul Sperber 1948 – ein Jahr nachdem Thoursies Wort von der Schwester Kafkas fiel – das „einzige lyrische Pendant des Kafkaschen Werks" (Margul-Sperber 1948, 423) genannt wurde. Wie ‚einzig' (nämlich gar nicht so einzig) und doch treffend solche literarkritischen Einlassungen eben sein können: treffend, weil die gezogene Verbindung in diesem Fall etwa zehn Jahre nach Thoursies und Margul-Sperbers Kafka-Vergleichen ein Echo in der tatsächlichen Korrespondenz zwischen Sachs und Celan fand. Ein Echo ist dies jedoch, in dem nicht allein Freundschaft und Übereinstimmung anklingen, sondern auch Auseinandersetzung, mithin Konkurrenz. Es öffnet und schließt sich hier wohl ein Kreis literarischer Beziehungen, ein Namennetz. Ein Kreis unter vielen, der hier nur exemplarisch angedeutet werden konnte und sollte.

*

Man hat das Werk von Nelly Sachs mehrfach mit bekannten Preisen geehrt, man hat es auch verworfen – und es wurde nach ihrem Tod schnell vergessen. Nicht zuletzt weil ihr Werk durch einseitige Kontexte – man denke etwa an das Schlagwort von der ‚Dichterin jüdischen Schicksals' – aus dem Kontext der deutschen Literatur herausgenommen wurde. Lange schien es allein, monolithisch dazustehen. Ansatz und Anspruch des vorliegenden Sammelbandes ist es, diesen Ausschluss, dieses Exil zu beenden und nach geeigneten Kontexten für ihr Werk zu suchen. Kontexte sind dies, mit deren Hilfe die ortlose Dichterin – „Aber auf Erden ist kein Ort mehr. Ich hab keinen Ort mehr auf der Welt. Es ist ortlos, wo ich bin mit meinen Dingen. Nicht Stockholm und nicht Berlin und nichts mehr."[3] – sich zumindest literarisch verortete, trotz aller anhaltenden, steten Verwandlung in ihrem Werk: nämlich in einem beweglichen Netz literarisch-kultureller Beziehungen. Dazu zählen sowohl einzelne Dichter und Schriftsteller mit ihrem Werk (wie im Fall Kafka exemplarisch angedeutet) als auch weiter gefasste Kontexte aus Musik-, Kunst- und Literaturgeschichte. Der vorliegende Sammelband widmet sich seiner Aufgabe einer angemessenen Kontextualisierung für das Sachs'sche Werk also interdisziplinär, methodisch vielgestaltig und auch zweisprachig.

Die hier versammelten Aufsätze gehen von einem Kolloquium aus, das im September 2012 in Oxford abgehalten wurde. Bezeichnend ist es wohl, dass diese Veranstaltung durchaus internationalen und nicht eigentlich deutschen Charakter hatte. Die Teilnehmer stammten aus Schweden, den USA, Italien, der Tschechischen Republik und aus Dänemark wie auch aus England und Deutschland. Es gehört zur Besonderheit von Sachs' Rezeption, zu ihrer immer noch – trotz Nobelpreis – marginalen Stellung im literarischen Bewusstsein, dass ihr Werk oft mehr Aufmerksamkeit im „Ausland", im nicht-deutschsprachigen Raum auf sich zieht, als in dem Land, in dem sie geboren wurde und in dem sie die ersten fünfzig Jahre ihres Lebens verbrachte. In Deutschland weiß man anscheinend immer noch nicht recht mit ihrem Werk umzugehen. Das hat wiederum vermutlich etwas mit der Tatsache zu tun, dass Sachs ja selbst spätestens ab 1940 (und eigentlich schon früher) eine Art extraterritoriale Existenz führen musste, in der ihre Sprache sich als eine Enklave zu behaupten hatte, eine Enklave, die immer wieder Verbindungen suchte.

Dieser marginalen Stellung von Sachs' Werk im deutschsprachigen Raum wollen die Beiträge dieses Bands abhelfen, indem sie dem Leser eine Vielzahl von Anknüpfungspunkten für die Lektüre des Sachs'schen Werkes anbieten. Wenn man die Gründe für Sachs' Vernachlässigung auf den Begriff bringen wollte, so müsste man wohl davon ausgehen, dass sie doch immer als isoliertes und etwas sonderbares Phänomen behandelt wurde und wird, als ein Spezialfall. So wie man lange Zeit nicht wahrhaben wollte, dass Dichter wie Goethe oder

---

[3] Vgl. den Beginn von: *Nelly Sachs, Schriftstellerin, Berlin/Stockholm* (Tonträger).

Hölderlin ganz eng in ihre Zeit eingebunden waren: sehr viel hatten sie von ihren Zeitgenossen gelernt und genommen. Trotz aller Verschiedenheit der Verhältnisse kann man doch nachvollziehen, wie Sachs im gewissen Sinne dasselbe Schicksal widerfahren ist, wobei es auch stimmen dürfte, dass sie als Lyriker*in* weniger Beachtung fand, eben weil sie eine Frau war. Die Einschätzung von Nelly Sachs als ein isoliertes Kuriosum geht eigentlich auf ein recht altmodisches Verständnis der Literatur zurück, in dem die Dichter aus sich selbst heraus kreieren und nichts und niemandem etwas schulden. Die hier gesammelten Aufsätze, so unterschiedlich sie sind, wollen im Grunde Sachs als eine *literarische* Figur wahrnehmen und als solche besprechen. Wenn, was sich wohl nicht mehr so einfach ignorieren oder vergessen lässt, der Text etwa nach Barthes Gewobenes ist, „*Tissu*; [...] un entrelacs perpétuel" (Barthes 1973, 85), dann nimmt Sachs so wie jeder Lyriker sehr viele Stränge auf. Verfolgt man diese Stränge in die Gegenrichtung aus ihrem Schreiben heraus, trifft man auf jene Kontexte, an die ihr Werk immer gebunden ist. So stehen Kafka und die Rede von Kafkas Schwester metaphorisch oder vielleicht sogar metonymisch für diese Verknüpftheit, die auch bei Sachs nicht wegzudenken ist.

Es war natürlich auch ihre Extraterritorialität, oder vielleicht besser Extralingualität, die Sachs gezwungen hat, die Entwicklung ihres Werks durchzumachen und eigentlich das zu finden, wofür wir sie heute lesen und lesen sollten. Insbesondere hat sie nach und nach zu einer neuen, „kristallenen" Sprache gefunden, die sie auch mit einem anverwandelten Hölderlinverweis bei Kafka als eine „heilige Nüchternheit", als einen „seelenreinen Stil" erkennt, indem sie sich an die Lyrik ihrer schwedischen Zeitgenossen geschult hat, eine Schulung, die den Übersetzungsweg nahm. Sachs, die an der Moderne ihrer Generation, der expressionistischen, nicht teilgenommen hatte, holte es auf merkwürdige Weise nach, als sie anfing, zuerst fast ohne Kenntnis des Schwedischen, das enorme und beachtliche Übersetzungswerk zu schaffen, das jetzt im vierten Band ihrer *Werke* gesammelt vorliegt. Fast alle diese von ihr übersetzten Lyriker und Lyrikerinnen waren viel jünger als sie, manchmal, wie zum Beispiel im Fall von Tomas Tranströmer, um mehr als eine Generation: selten wird jemand soviel gelernt haben von jüngeren Lyrikern – ist es doch meistens der Fall, dass die großen Einflüsse von „oben" kommen, von der Lyrik, in die man „hineinfällt". So war es vielleicht auch letztendlich bei Sachs selbst, als sie nach ihrer Flucht aus Deutschland gewissermaßen als Lyrikerin wieder von vorne begann. Sie arbeitete, natürlich nicht ausschließlich, mit dem, was sie vorfand.

Was sie vorfand, war teilweise verwirrend, aber auch anregend. In einem Brief an Gudrun Dähnert vom 28. September 1946 berichtete sie:

> [...] es ist nicht mehr Lagerlöfs Land. Die junge Generation der Dichter ist sehr skeptisch fast nihilistisch eingestellt. Sartre, der große französische Dichter, der das Drama die „Fliegen" schuf, ist ihr Ideal. Von früheren Dichtern lieben sie vor allem den jüdischen Dichter Franz Kafka, der früh starb. In der Form haben sie alles fortgeworfen und neu begonnen. [...] Der späte Rilke (Duineser Elegien), der

Engländer T.S. Eliot, Eluard und die anderen französischen Surrealisten sind ihre Vorbilder. Da ich auch einige der allerjüngsten und radikalsten Modernisten übertragen habe (merkwürdigerweise zu ihrer vollen Zufriedenheit), so habe ich mich in ihr Wesen eingefühlt. (Sachs 1984, 64-65)

Schon hier wird klar, dass es für Sachs eine feste Verbindung zwischen den jüngeren schwedischen Lyrikern und Kafka gab, und aus diesen Worten hört man leise aber unverkennbar die Stimme von einer, deren Erfahrungswelt produktiv im Umbruch ist. Der Einfühlungsprozess, von dem sie spricht, ist eine Einfühlung in die literarische Moderne. „Kafka" funktioniert hier etwa als Inbegriff der Moderne, und der Vergleich, der ja ursprünglich aus Schweden stammte, ist ein Zeichen, dass Sachs in den Kreis der „Modernisten" aufgenommen wurde.

Ein anderer Name einer späten, für Sachs zeitgenössischen Moderne, der oft im Briefwechsel fällt, ist der von Samuel Beckett, den Sachs sogar (wieder), in einem Brief vom 7. Mai 1968 an Alfred Andersch, als „Bruder" bezeichnet (Sachs 1984, 317). Wenn es auch nicht der Fall sein dürfte, dass sich Sachs als Dramatikerin ganz unabhängig von Beckett entwickelt hat, so ist es nicht weniger klar, dass sie mit Hilfe ihrer schwedischen Bildung doch selbst in ein verwandtes Gebiet geraten war – wo es berechtigt schien, von einer „Verwandtschaft mit Beckett" (Sachs 1984, 308) zu sprechen (siehe dazu Fioretos 2010, 295-297). Die Dichterin Nelly Sachs und ihr Werk waren vielleicht so etwas wie das ‚Zentralgestirn' einer späten Moderne, um das sich all diese Namen, Werke und Verbindungen aus Gegenwart und Vergangenheit in stetiger Veränderung bewegten.

*

Einigen, wichtigen dieser Verbindungen und Bewegungen sind die Autoren in ihren Beiträgen für den vorliegenden Band gefolgt. Von früh an, noch bevor sie Deutschland verließ, waren einige der wirkungsvollsten Einflüsse auf Sachs' Werk eingegangen, wie Daniel Pedersen in seinem Beitrag anhand von zwei Fallstudien (zu Selma Lagerlöf und dem Tanz) zeigt. Später, nach ihrer Flucht nach Schweden, waren es nicht allein Dichter und ihre Werke, mit denen Sachs in Verbindung stand (Irene Fantappié und Annja Neumann beleuchten das Verhältnis von Sachs und Paul Celan neu, Jana Hrdlickova und Anna Fenner dasjenige zwischen Sachs und Marie Lusie Kaschnitz), sondern ebenso andere Künste und Künstler (hier sind Chiara Conternos Arbeit zur Bildlichkeit und bildenden Kunst sowie Axel Englunds Studie zu musikalischen Motiven in Sachs' Gedichten und Esbjörn Nyströms Aufsatz zum Konflikt um das Opernlibretto *Eli* zu nennen). Wieder anderen Kontexten widmen sich die Aufsätze von Leonard Olschner (der eine neue Beschreibung und Beurteilung mystischer Kontexte im Werk von Sachs vornimmt) und Jennifer M. Hoyer (die der Vorstellung einer

Heimat in der Sprache in Sachs' Werken folgt). Während die bisher genannten Beiträge überwiegend eine neue Forschergeneration repräsentieren, leitet Aris Fioretos, Herausgeber der kommentierten Gesamtausgabe und Verfasser einer umfänglichen Bildbiographie zu Sachs, die Beiträge mit einem Gespräch ein, welches für diesen Band geführt wurde, und welches die Diskussion über die vielfältigen Kontexte zum Werk von Nelly Sachs eröffnet, weit über den Band hinaus. Ruth Dinesen schließlich, die führende Sachs-Forscherin in den Jahrzehnten nach dem Tod der Dichterin, hat ihren letzten Text zum Werk von Sachs, wie sie schreibt, als eine Art Nachwort für den vorliegenden Sammelband verfasst. Ein relativ kurzer, wie wohl vielsagender, aufschlussreicher Text ist dies, in dem Ruth Dinesen befreit von gewissen Konventionen üblicher Sammelbandprosa einen Ausblick wagt, nämlich auf das Verhältnis von Mensch, Natur und Kosmos im Werk von Nelly Sachs. Sowohl Ruth Dinesen als auch Aris Fioretos sei hier von den Herausgebern gesondert gedankt.

Die Herausgeber danken des weiteren nicht allein den Autoren dieses Bandes für Ihre Beiträge – die teils auf Vorträgen des erwähnten Oxforder Kolloquiums beruhen, teils für diesen Band verfasst wurden –, sondern für die freundliche finanzielle Unterstützung des Kolloquiums auch der Ursula Lachnit-Fixson Stiftung, Berlin, dem John Fell Fund, Oxford, der Modern Humanities Research Association, der Faculty of Medieval and Modern Languages (University of Oxford) sowie dem Queen's College, Oxford.

Bibliographie

Barthes, Roland. *Le plaisir du texte*. Paris: Seuil, 1973.
Celan, Paul und Nelly Sachs. *Paul Celan/ Nelly Sachs. Briefwechsel*, hg. von Barbara Wiedemann. Frankfurt am Main: Suhrkamp, 1996.
Fioretos, Aris: „Außerhalb". *„Lichtersprache aus den Rissen"*. *Nelly Sachs – Werk und Wirkung*, hg. von Ariane Huml. Göttingen: Wallstein, 2008. 243-262.
Margul-Sperber, Alfred: „Notizen" [Auszug aus einem Brief an Otto Basil]. *PLAN. Kunst. Literatur. Kritik*, hg. von Otto Basil. Wien: Erwin Müller. 2. Folge. 6 (1948): 423.
Sachs, Nelly. *Briefe der Nelly Sachs*, hg. von Ruth Dinesen und Helmut Müssener. Frankfurt am Main: Suhrkamp, 1984.
Thoursie, Ragnar. „En syster till Kafka". *Stockholms-Tidningen* (13.10.1947); „Eine Schwester Kafkas", aus dem Schwedischen von Egon Kötting. *Nelly Sachs zu Ehren*. Frankfurt am Main: Suhrkamp, 1961. 68-69.

Nelly Sachs, Schriftstellerin, Berlin/Stockholm (Tonträger).

Weiterschreiben der Wunde
Aris Fioretos im Gespräch mit Charlie Louth und Florian Strob

1 Trauma und Aktualität

Wir wollen mit einer einfachen Frage beginnen: Worin liegt heute die Bedeutung von Nelly Sachs und ihrem Werk?

Die Frage ist einfach zu stellen, aber schwieriger zu beantworten. Sicherlich wäre es klug, zunächst die Gestalt Nelly Sachs – nicht beiseite zu schieben, aber doch zu versuchen, sie dezent in Klammern zu setzen. Mit der Biographie hat man in den letzten dreißig Jahren der Rezeption ihre Dichtung verdeckt. Man liest ihr Werk als Beispiel einer gewissen historischen Erfahrung. Sachs hat selbst oft über diese Erfahrung gesprochen und immer wieder die Verbindung von Leben und Werk hergestellt – aber auch, so meine Vermutung, neu gedacht. Natürlich lässt sich ihre Poesie von ihrem persönlichen Schicksal nicht loslösen. Dennoch glaube ich, dass die biographistische Tendenz immer wieder dazu geführt hat, dass ihre Dichtung nicht als Text gelesen worden ist, sondern eher als Bericht über bestimmte historische Erlebnisse. Ich weiß nicht, wie man sich von dieser Art der Rezeption behutsam entfernen kann, wenn man gleichzeitig der historischen Erfahrung treu bleiben will. Mir kommt es jedoch so vor, als wäre dies notwendig, um ihrem Werk eine Bedeutung für heute und vielleicht auch für morgen zu geben.

Gut möglich, dass man damit anfangen könnte, das Wichtigste – wenigstens was ihre Poetik betrifft – herauszuarbeiten, nämlich das Trauma als solches. Ein Trauma ist nicht nur da anzusiedeln, wo die Erfahrung auf Grund eines historisch bestimmbaren Ereignisses gemacht wurde; es steckt auch nicht nur in dem Moment, in dem später darüber nachgedacht oder affektiv gehandelt wird, sondern das Trauma besteht aus der Beziehung dieser beiden Pole, d.h. es ist eine zeitliche Erfahrung. Es geht, anders formuliert, darum, *mit* der Zeit *in* der Zeit *über* die Zeit nachzudenken. Hier könnte angesetzt werden, um dem Wirken traumatischer Erfahrungen nachzuspüren: wie Sachs selbst damit umgegangen ist, wie diese Erfahrungen – die Trennung der 17-Jährigen von ihrem Geliebten, die sieben Jahre im NS-Staat, die Flucht, der Tod des „Bräutigams" sowie der Mutter und so weiter – in ihrem Werk nicht nur dargestellt, sondern bearbeitet und verformt werden und wie sie zu ihnen über die Jahre immer wieder zurückkehrt, mit einer – man muss schon sagen – Besessenheit sondergleichen. Sachs wird mit diesen seelischen Erschütterungen nicht fertig: Eben das wäre eine Definition des Traumas. Man wird davon heimgesucht, nie in Ruhe gelassen. Man nehme nur beispielsweise Texte wie „Die Suchende" [II, 187-192] oder das Fragment „1825" [II, 252-255], in dem Sachs noch fünfzig Jahre später versucht, alte Wunden lesbar zu machen. Das heißt dementsprechend auch: es gibt etwas, das sich dem Verstehen entzieht. Dieser Widerstand scheint mir mit Sachs' Definition von Poesie verbunden zu sein – das macht sie übrigens, wie ich finde, sehr zeitgenössisch. Das Nichtverstandene gehört bei ihr zur Poesie selbst.

Wenn man bei der Rezeption mit dem Trauma und ihrer Zeitlichkeit, mit der seltsamen Materialität des Widerstands und des Nichtverstehens, beginnt, fängt das Werk an, neue Funken zu schlagen. „Funken" ist eine schlechte Metapher in diesem Zusammenhang, aber Sachs sprach immer wieder von glühenden Rätseln, von einem Leuchten hinter den Wörtern oder in ihrem Inneren; vielleicht war sie da etwas auf der Spur? Wenn die Lektüre in dieser Weise angegangen wird, scheint es mir möglich, das Werk nicht nur auf eine Phase der Geschichte und ihrer sogenannten ,Bewältigung' oder auf eine Epoche der Poesie zurückzuführen, die wir längst verlassen haben – die sogenannte Trümmerlyrik –, sondern es auch und vor allem unter seinen textlichen Bedingungen zu verstehen. Vielleicht würde man dann auch besser verstehen können, warum Sachs ihre Dichtung mal auf die unglückliche Liebe zum anonymen Mann, den sie als 17-Jährige begegnete, mal auf die Shoah zurückführen wollte. Sie sprach in beiden Fällen von der „Quelle" für ihre Poesie. Es gab also zwei Quellen, was aber nicht unbedingt ein Widerspruch darstellen muss. Könnte es sein, dass die Trennung – im ersten Fall eine individuelle, im zweiten eine kollektive Erfahrung –, und das darin enthaltene Trauma, die Konstante in Sachs' Schreiben wäre?

Wenn Sie sagen, dass das Nichtverständnis immer zu ihrer Poesie gehört, besteht dann nicht die Gefahr, es so zu sehen oder zu formulieren, wie es Hans Magnus Enzensberger in seinem Nachwort zu den Ausgewählten Gedichten *tat: „groß und geheimnisvoll" [Enzensberger 1963, 85]?*

Enzensberger bediente sich einer Rhetorik des Pietätvollen, in der die Poesie in der Nähe des Numinosen, des Mysterium tremendum angesiedelt wird. Man muss davon ausgehen, dass er wusste, was er machte, dass ihm klar war, wie diese Aussage aufgenommen werden könnte. Überspitzt gesagt: Hier war sie, die große Nachfolgerin der Propheten und Patriarchen des Alten Testaments. Auf der einen Seite ging es ihm um das Unaussprechbare, das auch Sachs meinte, nicht in Worte fassen zu können, aber ich glaube, auf der anderen Seite ging es ihm darum, dieses Unaussprechbare den interessierten, vielleicht jedoch unsicheren Lesern zumutbar zu machen, indem er es in einer Sprache umschrieb, die auch für jeden, der sonntags noch in die Kirche ging, verständlich war. Ende der Fünfziger, Anfang der Sechziger Jahre konnte noch literaturstrategisch mit Weihrauch gearbeitet werden. Gleichzeitig wurde durch dieses Gewölk, diesen

Schleier aus Rauch und Respekt das Werk verdeckt. Gerade zu einer Zeit, zu Anfang der Sechziger Jahre, als Sachs' Dichtung prägnanter, direkter, umwegloser wurde, eben ohne das Würdevolle auskam, wurde sie also in eine Poetik des Geheimnisvollen eingeschrieben, von der sich ihre Texte zu lösen angefangen hatten. Schade, aber literaturhistorisch vielleicht unvermeidbar.

Sollte man heute Enzensbergers Beobachtung noch treu bleiben wollen, müsste man, glaube ich, anders vorgehen und dieses Schwierigzufassende quecksilbriger verstehen. Es werden in den *Glühenden Rätseln* [II, 153-186] meines Erachtens keine semantischen Versteckspiele betrieben. Das Unaussprechliche wird hier anders konstruiert. Maßgebend scheint mir zu sein, dass Sachs sich nicht länger als Repräsentantin eines kollektiven Schicksals verstehen wollte, wie man es noch in den frühen Gedichten beobachten kann; sie betrachtete sich eher selber als einen Fall. Das hat eben mit dem Trauma zu tun. Sie war ja in gewisser Hinsicht keine Zeugin. Sicherlich, sie hatte vieles erlebt – die Repression, die Verfolgungen und Demütigungen in den Dreißiger Jahren in Berlin –, aber sie war selbst nie inhaftiert oder in ein Lager deportiert worden. Sie sprach als Vertraute der Zeugen, war spätestens ab 1960 jedoch auch zu einem ‚Fall' geworden. Sie litt unter Verfolgungsängsten – eine „Nazi-Spiritisten-Liga", eine „Hitlerversammlung im kleinen" sei ihr auf der Spur –, sie kam mit dem Wahn nicht zurecht. Diese Dimension ihrer Dichtung, wo die traumatischen Energien immer noch weiterwirken, sie in ihrer Komplexität zu analysieren und zu verstehen –, das würde zu einem anderen Urteil über ihr Werk führen, weil es – streng genommen – mit Aktualität verbunden ist.

Vielleicht wäre es möglich, dadurch zur Bedeutung von Sachs' Dichtung heute zu gelangen.

Liegt vielleicht auch darin die Aktualität ihres Werkes, dass sie selbst nicht im Lager war, aber trotzdem darüber schrieb, dies als Grundlage ihres Schreibens nahm, als fast erste Schriftstellerin darüber schreiben konnte, noch vor den eigentlichen Zeugen? Hat sie mit ihrem Werk, anders gesagt, eine Art Grundstein geschaffen für die Literatur über die Lager und gibt sie uns damit eventuell etwas an die Hand, womit wir dann auch noch darüber sprechen können, ohne selbst Zeugen gewesen sein zu müssen?

Sachs war, wenn nicht die Erste, wenigstens eine der Ersten, die über die Lager schrieb. Selber war sie sich wohl nicht im Klaren darüber, was genau das heißt. Das schreckte sie aber nicht ab. Im Gegenteil: Sie empfand das Schreiben als eine Art Pflicht – oder eher: als etwas Unausweichliches. Ich finde bei Sachs und übrigens auch bei anderen Autoren, dass sie in just jenen Momenten am uninteressantesten sind, in denen sie meinen, jetzt zu wissen, was sie sagen möchten, jetzt zu begreifen, warum und worüber sie schreiben. Nicht selten ist es umgekehrt. In dem Moment, in dem der Dichter, die Dichterin nicht wirklich weiß, was er oder sie tut, und dadurch sich dem Unsicheren öffnet, werden die Gedichte vielschichtiger und komplexer, oft auch spannender. Die früheren Arbeiten von Sachs, in denen sie gern als Repräsentantin oder Sprachrohr auftritt, finde ich persönlich nicht so anregend. Wo sie weniger stellvertretend auftritt, bleibt sie sich und ihrer Erfahrung eigentlich treuer.

Sie schreibt übrigens immer wieder, dass ihre Gedichte quasi eruptiv entstanden. Das macht sie zum einen zu einer typischen Lyrikerin –, wenn man mit Poesie im Gegensatz etwa zur Prosa eine Gattung meint, die aus dem Inneren heraus gedacht wird. Der Lyriker ist damit beschäftigt, psychische Spannungen in geordnete Sprache umzusetzen. Das heißt, es bedarf des sogenannten „lyrischen Ich", um die Übersetzbarkeit innerer Erlebnisse in äußerliche Zeichen abzusichern. So dachte, vermute ich, Sachs über ihre eigene Rolle. Sie war niemand, die das Ich aus dem entfernte, was in der Dichtung vor sich ging. Im Gegenteil, in den Briefen spricht sie ja häufig genug davon, dass die Gedichte aus ihr „herausbrachen". Nur ist dieses Ich, um das es hier geht, im Laufe der Jahre durch Wandlungen hindurchgegangen. Das Subjekt, das man zu Beginn der Vierziger Jahre in ihrem Werk vorfindet, ist mit dem Ich der späteren Sachen nicht gleichzusetzen. Jedem, der darüber nachdenkt, wird auffallen: Bei dem Versuch, diese späten Gedichte zu verstehen, kommt man nicht weit, wenn man von einer ungebrochenen Subjektivität ausgeht, die die Kontinuität zwischen dem Ich der Vierziger und dem der Sechziger Jahren sichert.

Wäre Enzensberger weniger mit dem ‚älteren' Ich – es ist das Ich, glaube ich, mit dem er vertraut wurde, vielleicht sogar das Ich, das er kennenlernte, wenigstens das Ich, das er auf die Figur oder die Person, die er kannte, projizierte – wäre er weniger damit beschäftigt gewesen, in der deutschen Literatur dieses Ich etablieren zu müssen und es, wenn man so will, dadurch auch zu kanonisieren oder wenigstens den Grundstein für seine mögliche Kanonisierung zu legen – alles ehrenhafte Bemühungen, keine Frage, nicht zuletzt wenn man die damalige Lage in der westdeutschen Kultur bedenkt – und hätte sich Enzensberger statt dessen mit dem brüchigeren, sich vielleicht sogar erst in der Artikulation zusammensetzenden späteren Ich beschäftigt, hätten die Leser schon damals ein anderes Bild von Sachs erhalten. Dies war wohl aus rezeptionshistorischen Gründen unmöglich. Es ging damals darum, dieser Dichtung in Deutschland erst einmal ein Zuhause zu verschaffen. Es war zu dieser Zeit nicht einfach, den Vertriebenen und im Exil Verbliebenen eine Stimme zu verleihen. Sie wurden zwar hofiert und gelegentlich auch mit Preisen bedacht, aber das reichte dann auch. Sie sollten bitteschön nicht die Art und Weise, in der man sie in die Nachkriegskultur aufnahm – nämlich als etwas Äußerliches –, durch eigene Meinungen stören. Dagegen arbeitete Enzensberger. Denn den Vertriebenen war eine Rolle zugedacht, auf die sie selber wenig Einfluss hatten. Es gab diese Ambiguität, die wohl auch politisch und ideologisch motiviert war, und die wir erst heute, mit Abstand, als solche analysieren können. Wenn man Sachs' Werk einen Gefallen tun möchte, sollte man sich mit dem späteren Ich solidarisieren und es mit Hilfe nachwirkender Traumatisierung zu verstehen versuchen. Dann käme man zu neuen Erkenntnissen.

2 Der Vergleich mit Celan und die Frage nach einer deutschen Literatur

Nun haben Sie öfter Hans Magnus Enzensberger erwähnt. Üblicher ist es aber eigentlich, einen anderen deutschsprachigen Dichter im Zusammenhang mit Nelly Sachs zu erwähnen: Paul Celan. Dem Band Word Traces. Readings of Paul Celan, *einem von Ihnen 1994 herausgegebenen Sammelband mit literaturwissenschaftlichen Arbeiten zum Werk von Celan, stellten Sie ein Gedicht von Celan voran. Dessen letzte Zeile beinhaltet das Wort „Wundgelesenes". Die Wunde ist ein auch für Nelly Sachs bedeutendes Bild. Nicht die einzige ‚verwandtschaftliche' Beziehung der beiden Dichter. Doch während Celans Werke in der Tat ‚wundgelesen' wurden, im Sinne von sehr oft rezipiert und gedeutet wurden, ist Nelly Sachs' Werk weitgehend unbekannt und vor allem ungelesen. Wenn es einen Autor, einen Kontext für Sachs' Werk gibt, der bisher Beachtung fand, dann war es vorrangig das Werk von Celan. Womit erklären Sie sich diese einseitige Kontextualisierung des Sachs'schen Werkes? Ist die geringe (germanistische) Wertschätzung auch aus dieser spezifischen Kontextualisierung zu erklären?*

Die unterschiedlichen Rezeptionen haben viele Erklärungen. Eine davon – warum sollte man sich scheuen, dies auszusprechen? – hat gewiss mit Genderfragen zu tun. Nelly Sachs war eine Frau. Und als Frau in Schweden, in diesem kulturell gesehen nicht sonderlich einflussreichen Land, hatte sie weder die ‚Lobby' (scheußliches Wort), noch den Kontext oder die Beziehungen, die Celan in Frankreich und Deutschland hatte. Vielleicht war sie daran auch nicht interessiert. Aber vor allem war es die Tatsache, dass sie eine Frau war. Das kam manchen, glaube ich, gelegen, sie in diese Ecke zu stellen und zukünftigen Lesern deutlich machen zu können: Sie hat diese tragischen Erfahrungen gemacht, sie schreibt über das Große, das Geheimnisvolle, jetzt gehen wir aber in der Entwicklung der modernen Lyrik weiter. Bei Celan ließ sich das nicht machen; bei seinem Werk wollte man viel eher glauben, der Literaturgeschichte bei der Arbeit zusehen zu dürfen. Das ist ein Grund.

Ein weiterer Grund ist, dass Sachs im Gegensatz zu Celan – obwohl sie eigentlich vor ihm anfing, nicht nur zu veröffentlichen, sondern sich auch in Deutschland als Dichterin ins Gespräch zu bringen –, später rezipiert wurde. Sie war in Schweden untergebracht und diese kurze Phase der bescheidenen Berühmtheit, die sie als Trümmerlyrikerin Ende der Vierziger Jahre in Deutschland hatte, verpuffte Anfang der Fünfziger Jahre, als die Ruinenlyrik nicht mehr zum Programm gehörte – weder für die Öffentlichkeit, noch in der Literatur. Nun galt die Stunde Null, die natürlich mit den Trümmern verbunden war, aber ein neuer

Anfang sein wollte, wo nicht länger rück-, sondern vorwärts geblickt wurde, also weg von den Ruinen mit ihren Erinnerungen an Unheil und Desaster. Für Sachs gab es aber eben eine Zeit vor der Stunde Null. In diesen Jahren wurde Celan, der ebenso wenig mit einer „Stunde Null" anfangen konnte, bekannt. Und er wird das zur gleichen Zeit, als die Gruppe 47 die Öffentlichkeit erobert – auch wenn diese Gruppe, die ja aus Flakhelfern und dem einen oder anderen ehemaligen Mitglied der Waffen-SS bestand, auf eine Art von Sachlichkeit und Nüchternheit setzte, um von dem Pathos und dem Schmerz der Vergangenheit loszukommen.

Diese Putzkolonne, die Deutschland nicht nur literarisch aufräumen wollte, arbeitete mit der Zeit vor allem mit Prosa. Es gab die Dichter, einige davon prägend, aber die Ästhetik und Methodik der Gruppe scheint mir im Grunde eher mit der Prosa und dem Essay, mit dem Pamphlet und der Kritik gemeinsame Sache zu machen. Nichtsdestotrotz hofierte man die Poesie. Aber es gab keinen Platz für viele Poeten. Und die wenigen Frauen, die mit der Gruppe verbunden werden können, waren eher Dichterinnen, wenn ich mich nicht täusche: Bachmann und Aichinger, um genau zu sein. Will man die Lage etwas schwarzweißer betrachten als sie in der Tat war, könnte einem der Verdacht kommen, die Poesie war ein Gebiet, wo die Frauen sich herumtoben durften, oder Dichter vom Schlage Celans. Sie war aber nicht das Terrain, wo diese Kraftprotze – Richter, Andersch, Walser und wie sie alle hießen, später natürlich dann auch Grass, der als Lyriker anfing –, ihren eigenen Rang und Wert in Frage gestellt sahen. Es hatte mit Sicherheit auch ideologische Gründe, warum die Poesie geduldet, aber nicht wirklich ins Selbstbildnis der Gruppe 47 integriert wurde. Auf dem Gebiet der Prosa, wo es sachlich oder erzählerisch, selten aber empfindlich und niemals unkritisch zuging, hatte das lyrische Ich mit seinen unterentwickelten Muskeln und seinem zarten Selbstbewusstsein wenig zu suchen.

Celan gehörte zu den Geduldeten, auch Sachs – wobei bei ihr gefragt werden muss, ob sich mit ihrem Werk wirklich auseinandergesetzt wurde. Der Unterschied zwischen den beiden scheint mir gewesen zu sein, dass Celan an ein paar der Gruppentreffen aktiv teilnahm – auch wenn man ihm ankreidete, er schriebe ja Gedichte mit genauso viel Weihrauch, wie sie vor dem Krieg verfasst wurden; auch wenn man sich über die „Todesfuge" mokierte und unter vorgehaltener Hand meinte, dass es Kakao war, was er da zusammenrührte (schwarze Milch war doch eben Kakao?); auch wenn man sich über seinen Namen lustig machte und seine Poesie als zerbrechliches „Porzellan" abtun wollte. Dies gehört nicht zu den Ruhmesblättern der Gruppe. Trotzdem nahm man Celan ernst. Ich bezweifle, dass Sachs wirklich ernst genommen wurde. Das heißt nicht, dass man ihr nicht Preise geben konnte, aber ob ihr auf Augenhöhe, als Schriftstellerin, begegnet wurde, da habe ich Bedenken. Einfacher war es, sie wie ein Exoticum – als Frau, Exilant, deutsche Jüdin – zu hofieren, als ihr auch die Problemformulierung, vielleicht sogar Deutungshoheit zu gönnen.

Das ist übrigens ein weiterer Grund dafür, dass es zu Sachs keine Tertiärliteratur gibt wie im Fall von Celan. Allerdings muss man hinzufügen: Celan dachte die Rolle der Poesie historisch, politisch, ideologisch und nicht zuletzt ästhetisch komplizierter und eigentlich kompatibler mit der Entwicklung in der Literatur, als sie es wohl tat. Wenigstens geschah es bei ihm in expliziter Weise. Sachs mag genau so gekonnt gedacht haben in ihrer Dichtung. Doch wurde es auch poetologisch formuliert? Wenn man sich Celans theoretische Äußerungen im Vergleich mit denen von Sachs anschaut, finde ich, dass in der dann zu Tage tretenden Evolution der Poetik schon ein paar Kapitel dazwischen liegen. Das schmälert Sachs' Werk in keiner Weise. Ausschlaggebend ist etwas anderes: Celan konnte sich, wenn man so will, verteidigen. Er hatte das theoretische Repertoire, er war zudem mit vielen wichtigen Namen entweder durch Lektüre vertraut oder persönlich bekannt, von Émile Benveniste bis Peter Szondi, von Otto Basil bis Louis Althusser, traf sich mit Derrida, Michaux und Cioran, kannte und las Heidegger, Blanchot, Jabès, alle diese Menschen, die Paris – und Deutschland auch – Ende der Fünfziger, Anfang der Sechziger Jahre unruhig und kreativ machten, mit ihnen war er vertraut. Es genügt, sich die Bibliotheken beider anzuschauen, und man sieht sofort den Unterschied.

Dieser Unterschied hat wohl dazu geführt, dass es einfacher ist, Celans Dichtung zu rezipieren und weiter über das Werk nachzudenken. Es fällt nicht aus dem theoretischen Rahmen. Außerdem wurde es leider, wie ich finde, zum Verhängnis von Sachs, dass sich die Germanistik vor allem der Siebziger Jahre gleichzeitig in zwei prägenden Bewegungen artikulierte: die eine war der Feminismus in seiner emanzipatorischen Frühphase – nichts dagegen, verstehen Sie mich nicht falsch, aber viel Fingerspitzengefühl für ästhetische Fragen gab es da noch nicht. Die andere Bewegung war eben die Aufarbeitung des großen Traumas der deutschen Geschichte, des Holocaust, und die damit zusammenhängende ideologiekritische Auseinandersetzung mit der Gesellschaft. Diese beiden Trends haben sich in einer fatalen Weise bei Sachs gekreuzt, so dass die Rezeption mehrfach von Frauen betrieben wurde, die selber in den Institutionen durch ihre Forschung Fuß fassen wollten, und die, von beiden Bewegungen beeinflusst, ihre Dichterin zu positionieren versuchten. Wenn man sich die Dissertationen aus dieser Epoche heute anschaut (glücklicherweise gibt es Besseres zu tun), geht es ins seltsam Quietistisch-Soziale, so als wäre Sachs' Dichtung etwas für Sozialpädagogen, für die Sündenfall und Gnade noch operative Kategorien sind. Das Fromme daran ist verständlich im historischen Kontext, aber hat dazu geführt, vermute ich, dass Kollegen, die sich sonst vielleicht mit dem Werk beschäftigt hätten, sich lieber andernorts betätigten. Zudem ist Sachs oft von esoterischen Interessen vereinnahmt worden. Googeln Sie einmal ‚Sachs + Sehnsucht', und Sie werden Anlass haben, zu weinen. Diese frühe Rezeptionsphase hat den Weg zu ihrem Werk lange versperrt. Vielleicht wird es erst jetzt möglich, sich der Dichtung ohne den Ballast mittlerweile dreißig Jahre alter Forschung wieder zu nähern.

Sie erwähnten einen gewissen Lobbyismus und die Lobby, die sich Celan in Deutschland und Frankreich quasi erarbeitet hat (nicht im pejorativen Sinn verstanden), unter anderem dadurch, dass er einfach präsent war. Nelly Sachs war nur zweimal nach dem Krieg und dies nur für jeweils kurze Zeit in Deutschland, war nicht präsent wie Celan. Kann man nicht dennoch sagen, dass Nelly Sachs sehr bewusst versucht hat, sich diese Lobby zu erschreiben, nämlich unter anderem mit ihren Briefen? Sie war ja doch in Kontakt mit sehr vielen bekannten Schriftstellern und Künstlern ihrer Zeit. Ersichtlich wird dies etwa an der sehr früh einsetzenden Korrespondenz mit Albrecht Goes, den sie „einen Mörike oder Stifter der heutigen Zeit" [Brief vom 4. 12. 1947, DLA Marbach] nannte, dies gut ein Jahrzehnt bevor ihr Celan ein Hölderlin ihrer Zeit wurde [Celan/Sachs 1996, 25].

Selbst soll sie angeblich die Schwester von Kafka gewesen sein.

Und selbst die Schwester von Kafka. Das führt zu meiner nächsten Frage: Ist das Referenzsystem, wenn man denn von einem solchen ‚System' bei Sachs sprechen kann, die deutschsprachige Literaturgeschichte? Inwiefern sah sich Sachs als eine ‚deutsche' Schriftstellerin und inwiefern ist sie innerhalb dieses Referenzsystems zu verstehen (und also gegen die Verleihung des Nobelpreises oder Berendsohns Rede von der „Dichterin jüdischen Schicksals" [Berendsohn 1974])?

Ein komplexes Thema. Sachs wusste sicherlich, was sie tat, als sie diese Briefe schrieb. Sie war eine Netzwerkerin, nur arbeitete sie dabei eben in Form der Korrespondenz. Der sowohl zeitliche als auch räumliche Abstand, der die Bedingung eines Briefwechsels ist, scheint ihr gut getan zu haben. Sie spielt gekonnt mit Erwartungen und dem Zwischen-den-Zeilen-lesen, kann ihre persönlichen Sehnsüchte intim formulieren, sie dabei aber auch zum Kern ihrer Dichtung erklären. Dies ist schwieriger, glaube ich, wenn auf Abstand in Zeit und Raum verzichtet wird, wenn der konkrete soziale Umgang das Netzwerken bestimmt.

Man sieht es deutlich im schwedischen Kontext, der für die deutsche Germanistik kaum bekannt zu sein scheint. Schon kurz nach ihrer Ankunft im Mai 1940 hat sie die damals jungen, aber bereits wichtigen Namen kontaktiert, ihnen ihre Gedichte geschickt, mit der Bitte, sie zu übersetzen – oder, umgekehrt, mit der Bitte, etwas von ihnen ins Deutsche übertragen zu dürfen. Man muss festhalten: Sachs hat früh und konsequent, sogar systematisch, damit begonnen, sich zu vernetzen. Das führte dazu, dass sie in Schweden einen Stellenwert bekam, den sie in Deutschland erst fünfzehn Jahre später erhalten sollte. Hier liegt eine Art Jetlageffekt vor, der für Literaturhistoriker von großem Interesse sein sollte. Sachs wurde zunächst in Schweden rezipiert und als Dichterin wahrgenommen. Ohne die Vernetzung in unserem Land hätte sie kaum ihren ersten Gedichtband so kurz nach dem Krieg publizieren können. Es war ja Curt Trepte – ein deutscher Kommunist, der zur Zeit des Krieges in Schweden im Exil lebte, ein Schauspieler, der einst mit Piscator gearbeitet hatte –, der das Manuskript von *In den Wohnungen des Todes* 1946 mit nach Deutschland, in die sowjetische Besatzungszone nahm. Auf diesem Weg gelang es in die Hände von Johannes R. Becher, der es dem Aufbau-Verlag empfehlen konnte. Das wäre sicherlich nicht passiert, wäre Sachs nicht in Schweden bereits gut vernetzt gewesen.

Im Übrigen führte sie im Unterschied zu Celan nur in geringem Ausmaß Diskussionen über poetologische oder politische Fragen in ihren Briefen. Celan ließ wohl auch keine drei Tage verstreichen, ohne die deutschen Zeitungen in Paris wahrzunehmen. Ich vermute, dass Sachs dies eher selten tat. Sie bekam den *Aufbau* von ihrem Cousin aus New York, Manfred George, und sie schaute sich ab und zu die Zeitungen in der Königlichen Bibliothek oder in der Nobelbibliothek an. Aber sie hatte kein Geld. Das erste, was man in einer solchen Lebenslage macht, ist kaum, sich eine deutsche Zeitung zu leisten, die in Schweden dann das Dreifache kostet und schon vier Tage alt ist. Auch aus diesem Grund hielt Sachs sich nicht auf dem Laufenden. Sie musste zunächst in Schweden Fuß fassen und las, wenn überhaupt, heimische Zeitungen.

Würde es denn helfen, oder müssten wir Nelly Sachs denn deutlicher und bewusster in der deutschen Literatur verorten, weil sie sich scheinbar selbst dort gesehen hat? Auch wenn sie sicher anfangs in Schweden Fuß zu fassen versuchte, versuchte sie Ähnliches dann auch relativ schnell in Deutschland (vielleicht mit den falschen, nicht sehr wirkungsvollen Mitteln).

Die Frage könnte noch grundsätzlicher gestellt werden. Es geht nicht darum, ob Sachs zur deutschen Literatur gehört oder nicht. Sie schrieb auf Deutsch, wohin sollte sie sonst gehören? Es geht eher um die Frage: Was ist denn Nationalliteratur? Die Auffassungen davon, die uns bisher begleitet haben, besonders deutlich während der Jahre nach dem Krieg, haben sich dermaßen geändert, dass man eigentlich jetzt erst, u.a. mit Hilfe von Sachs und Celan, diesen Begriff neu verstehen kann. Die Dichter zeigen uns, dass Nationalliteratur nicht wirklich durch Territorien definierbar ist. Auch muss man kein sogenannter Muttersprachler sein, um zu einer gewissen Literatur gehören zu können. Das „portative Vaterland", von dem Heine einst sprach, enthält heute eine Menge Bagage – so als gäbe es in dem Koffer weitere, fremde Gepäckstücke, ähnlich den Babuschkas.

War es nicht gerade in der deutschen Literatur schon immer so, dass es diese Nationalliteratur gar nicht geben konnte? Kafka, um noch einmal auf den Titel des Sammelbandes anzuspielen, nur als eines der heute bekanntesten Beispiele für die These. Die interessantesten literarischen Dinge fanden oft außerhalb der Grenzen deutscher Nationalstaaten statt.

Natürlich. Wir wissen ja nicht zuletzt dank Novalis, dass es schade wäre, wenn die Poesie auf die Theorie warten müsste. Die Theorie hinkt nicht immer, aber oft genug hinterher. Das institutionelle Wissen, die normative oder auktoritative Bestimmung der Literatur findet größtenteils noch immer in den Universitäten statt. Dort hat der alte Begriff von Nationalliteratur lange überleben können. Die Literatur hingegen trieb schon immer ihre Blüten, wo sie wollte. Irgendwann kamen die Züchtiger und ordneten sie. Was klassifikatorisch nicht sein konnte, wurde selten registriert. Die Linnés der Literaturgeschichte, erst in unserer Zeit fangen sie an zu verstehen: eine Rose ist eine Rose ist eine Rose. Sie muss nicht auf deutschem Boden gedeihen, um eine deutsche Rose zu sein.

Diese Frage wäre es wert, mit Hilfe von Dichtern, wie den von Ihnen erwähnten, neu gestellt zu werden. Das Ergebnis wäre bestimmt erschütternd für manche, die sich der Aufgabe gewidmet haben, sauber zu halten, was nicht sauber zu halten ist. Sachs hat darunter gelitten, dass diese Hüter lange das Sagen hatten: ‚Du lebst im Ausland, du hast eine schwedische Staatsbürgerschaft, also gehörst du eigentlich nicht zu unserer Literatur. Du bist zwar vertrieben worden, aber jetzt bist du dort in Schweden aus freien Stücken, du hättest auch zurückkommen können, also gehörst du nicht zu unserem Kanon.' Ach, dieses ‚eigentlich': von Adorno wissen wir wohin ein solcher Jargon gehört.

Sachs war bewusst, wie über Nationalliteratur gedacht und durch sie ausgegrenzt wurde. Als sie ihre Preisreden hielt, kam sie oft darauf zurück und sagte, dass sie eine Hoffnung für die „jüngere Generation" hat. Dagegen setzte sie keine großen Hoffnungen in ihre Altersgenossen. Es ging ihr darum, dass es einmal anders aussehen könnte – auch in der Literatur. Einmal würde man Sprachen und Literaturen nicht territorial oder geografisch eingrenzen. Insofern ist sie ein Zwitter, oder war lange Zeit ein Zwitter. Ich finde diese Position heute, nachdem sie so lange ein Hindernis für Sachs und die Rezeption ihres Werks gewesen ist, etwas Positives. Es lässt sich durchaus als etwas Aktuelles bei ihr wahrnehmen.

3 Eine andere Form der Lektüre und die Art der späten Gedichte

Man spricht viel von ihrer Person, wir auch –, kommen wir zurück zu ihrem Werk. Sie schreiben in ihrer Bildbiographie, dass die Gedichte eher zum Lesen als zum Deuten da seien. Ich würde gern wissen, was das heißt. Darüber hinaus: wie liest man Sachs eigentlich? Das scheint mir eine echte Frage zu sein, denn im Grunde weiß man das nicht. Vielleicht wird ihr Werk so wenig gelesen, weil den allermeisten unklar ist, wie man sie lesen sollte oder muss.

Sachs sagte selbst, und das wäre vielleicht das Motto einer jeden Lektüre ihres Werks –ob akademisch orientiert oder nicht –, sie sagte, es gehe darum, die

Wunde „lesbar" zu machen. Was will das heißen? Ich habe versucht, diese Aussage in meinem Buch zu erhellen, indem ich vorschlug: Vielleicht geht es darum, die Wunde nicht zu schließen. Das, könnte man meinen, wäre eigentlich sinnvoll. Das Unheil soll vernarbt nicht länger walten können. Für Sachs bedeutet jedoch die Wunde lesbar zu machen, sie zwar weniger destruktiv zu machen, aber nichtsdestotrotz ihrem Wirken und Wehtun gerecht zu werden. Das meine ich mit der Distinktion zwischen Lesen und Interpretieren: Hermeneutisch interpretieren wir; wir versuchen einen semantisch haltbaren Inhalt aus dem Gedicht herauszutransportieren, in andere Worte zu fassen, um das Gedicht besser zu begreifen. Das macht jeder bei der Lektüre. Das ist normal, kann erwünschens- oder erstrebenswert sein. Wo kommt man sonst hin, wenn man nicht verstehen will? Aber auch Verstehen will verstanden werden. Ich denke Lesen als eine Fähigkeit, die der Interpretation nicht unbedingt – jedenfalls in ihrer klassischen hermeneutischen Konzeption – zugänglich ist, nämlich als eine Art Weiterschreiben der Wunde. Wie genau dies Weiterschreiben funktioniert, bleibt offen. Es ist jedoch möglich, dass es Sachs darum ging, Rezeption als eine Art Weiterschreiben des Nichtbegriffenen, Weiterschreiben des Nichtverständlichen zu konzipieren. Sie empfand es offensichtlich als schmerzvoll, und verstand es wohl auch als eine Art Gewaltakt, wenn die Wunde freigelegt wurde, um den schmerzlichen Inhalt mit dem Balsam des Verständnisses zu bestreichen. Dadurch wurde das Gedicht zu einem Platzhalter degradiert. Das war nicht Dichtung, wie Sachs sie verstehen wollte. Die Wunde „lesbar" zu machen, bedeutete für sie vielmehr: das Medium der Lektüre ist nicht grundsätzlich verschieden vom Medium des Gedichts selbst. Sollte man sich auf diese Vorstellung einlassen, müsste man das Verhältnis zwischen Text und Analyse anders denken. Dann könnte die Lektüre zu einem Umgang mit dem Gedicht werden, der ein Weiterschreiben ermöglicht.

Ist Sachs sich dieses Punktes nicht eigentlich sehr bewusst und geht poetologisch vor und hat es auch poetologisch formuliert? Es ist eben nicht intuitiv. „Wir alle sind Betroffene." So ist ihre Meersburger Rede überschrieben [IV, 80]. Und sie spricht häufig vom Durchschmerzen. Gerade diesen Aspekt, der so wichtig ist, hat sie dann doch poetologisch reflektiert.

Betroffen zu sein, heißt für Sachs, eben verwundet zu sein. Es geht – in der Verlängerung dieser Denkweise – um Verwandlung. Sie findet immer wieder neue Begriffe oder Bilder für diese Transformation. Sie verstand wohl nicht nur das Schreiben, sondern auch das Lesen als eine Art von Durchschmerzen. Nur dadurch war die Dimension einer Erkenntnis erreichbar, um die es für sie letztendlich ging.

Das könnte bedeuten, dass ihr Werk weniger eine wissenschaftliche, als eine literarische Rezeption verlangt.

Wenn man sich überlegt, was Celan zur selben Zeit schreibt, als Sachs ihre letzten Gedichte verfasst, dann sind das Gedichte, die kürzer, kompakter, kristalliner werden; die Gedichte, die zwar auch Verben beinhalten, bestehen oft genug aus einer einzigen Satzfügung, werden selbst fast zu mineralogischen Gegenständen. Was tut Sachs gleichzeitig? Durch syntaktische Unterbrechungen, durch Aposiopese und Gedankenstriche kommt Wind rein, alles wird offener, der Text wird zu einem konkreten und dennoch schwebenden Gefüge. Auch hier werden die Worte weniger, aber ihre Knappheit wirkt nicht karg. Ein Gedicht wie zum Beispiel „Die Suchende" lebt von Flüchtigkeit. Sachs schränkt nicht ein, kristallisiert nicht, kontrahiert nicht, sie schreibt eher auseinander.

Bei ihr werden die Gedichte trotzdem immer kürzer, gerade in den Glühenden Rätseln *und brechen mit diesem sehr signifikanten Gedankenstrich ab ins Schweigen. In ihrer Einfachheit werden sie dunkler.*

Oder eben konkreter.

Sie verlieren in jedem Fall einige der doch vielen literarischen Referenzen, die sie gerade in den Vierziger und Fünfziger Jahren in ihren Dichtungen unterbringt, und geradezu mixt, montiert.

Diese Gedichte lassen sich nicht in der Art übersetzen, wie es bei früheren manchmal der Fall war. Das eine schließt jedoch das andere nicht aus. Die Texte werden drastischer, sie verzichten auf den Schnickschnack des Pathos und das Ornament der symbolischen Gebärden. Sie sind weniger lyrisch, auch nicht so sonor. Keine „Stimmen", keine „Chöre". Trotzdem sind es nicht Texte, die versteinern oder sich in sich kehren; aber nein, sie sind beweglich, diese kleinen Dinger. Sie brechen mit dem Gedankenstrich ab, doch gerade das öffnet das Gedicht in alle Richtungen. Das ist das Paradoxe bei Sachs' später Dichtung: sie verzichtet auf vieles, ohne das es früher nicht ging, und gewinnt so viel mehr.

4 Lyrisches Ich und biographisches Geheimnis

Bevor wir zur Werkausgabe kommen, noch eine letzte Frage zum Zusammenhang von Werk und Biographie, auch in Bezug auf Ihre Bildbiographie. Dort zitieren Sie Sachs zu Anfang: „Du wirst ... meine wiederholt ausgesprochene Bitte verstanden haben, daß ich hinter meinem Werk verschwinden will, daß ich anonym bleiben will ... [Ich] will, daß man mich gänzlich ausschaltet – nur eine Stimme, ein Seufzer für die, die lauschen wollen." Sie nennen Sachs daraufhin „eine Autorin, die hinter ihrem Werk zu verschwinden wünschte" [Fioretos 2010, 6-7]. Ist dieses Bild eventuell als eine Folge aus den von Sachs bewusst vorgenommenen breiten Kontextualisierungen zu verstehen? Oder anders gesagt: tritt „der Worte Adernetz" [II, 39] an die Stelle der Autorin? Einerseits beziehen sich Sachs' Texte im Laufe der Jahre immer mehr auf Biographisch-Tatsächliches, während das Ich in den Texten aber mehr und mehr gestrichen wird.

Das Ich schwindet als pronominale Instanz und vielleicht als organisierender Nukleus – quasi als Sprechzentrum – der Gedichte, aber es verschwindet ja nicht aus den Gedichten, eher geht es in ihnen auf. Es mutiert ein wenig, wie Sie sagten, zum Adernetz. Das lyrische Ich, das in den frühen Texten mehr oder weniger intakt war (es konnte als Sprachrohr eines Volkes auftreten, auch wenn es ein Rollen-Ich war), dieses Ich gibt es in den späten Gedichten so nicht mehr. Sie zitieren aus einem Brief an Walter A. Berendsohn. Gerade in dem Moment, in dem Sachs' Gedichte beginnen, bekannt zu werden, will sie ihm klar machen: ‚Tue mir bitte den Gefallen, hole das biographische Ich nicht wieder rein in einer Interpretation meines Werkes. All das, was ich dir mal gesagt habe, lieber Walter, in Vertrautheit, bitte schreib das nicht in deinem Büchlein', das ja dann einige Jahre später erschienen ist [Berendsohn 1974]. Gerade in dem Moment, in dem es um die Dichtung ging, drohte diese Dichtung wieder zurückgeholt zu werden ins Biographische, und zwar in einem positivistischen Verständnis von Biographie. Das spürte Sachs, glaube ich, und das wollte sie vermeiden. Davon abgesehen, geht es natürlich auch um private Angelegenheiten, die sie nicht unbedingt gedruckt sehen wollte.

Also verstehen Sie die zitierte Äußerung weniger poetologisch?

Es ist schon eine poetologische Aussage. Auf der einen Seite gab es den Wunsch, in der Dichtung aufzugehen – welcher Dichter möchte das denn eigentlich nicht? –, auf der anderen Seite ein genauso großes Bedürfnis danach, die Privatperson einfach Privatperson bleiben zu lassen. Wer hätte nicht auch dieses Bedürfnis? Hinzu kommt, dass Sachs in diesem Zusammenhang mit Licht- und Schattenmetaphern arbeitet. In der Biographie versuchte ich es so zu verstehen – Sie wissen es –, dass das Ich als Instanz verschwindet, aber im Dunkeln weiter vorhanden ist. Sie will, betont sie, „daß man mich gänzlich ausschaltet – nur eine Stimme, ein Seufzer für die, die lauschen wollen." Das Ich wird nicht eliminiert, es tritt zurück.

Das Geheimnis, auf das Sachs immer wieder hinweist.

Das auch.

Grundsätzlich gesagt, löste das Geheimnis in der Rezeption bisher, weil sie so biographisch war, die Neugier – wenn es sie denn gab –, aus. Was ist eigentlich dieses Geheimnis? Wer oder was ist der Mann, die große Liebe?

Sie war selbst nicht unschuldig daran. Sachs hat dieses Rätsel sozusagen als offenes Geheimnis in die Öffentlichkeit getragen. Warum man so etwas tut? Vielleicht aus Nervosität, vielleicht um wahrgenommen zu werden, vielleicht um endlich dem tatsächlichen oder bloß imaginierten Rätseln darüber, warum sie alleine lebte, ein Ende zu setzen. Es gibt hundert psychologisch orientierte Möglichkeiten dafür, so etwas zu erklären. Sie werden uns aber nicht besonders helfen, die Gedichte besser zu verstehen. Dieses ‚Geheimnis‘ hat leider Schaden angerichtet. Viele scheinen zu glauben, den magischen Schlüssel zu Sachs' Werk zu erhalten, wenn bloß dieses Geheimnis gelüftet werden könnte. Ich glaube, mittlerweile zu wissen, worum es sich dabei handelte. Doch ich sehe nicht ein, was es zum Verständnis ihrer Gedichte wirklich beitragen könnte.

Kann man nicht auch das Geheimnis poetologisch verstehen und sagen: gerade in den späten Gedichten hat sie es geschafft, die Semantik, von der Sie gesprochen haben, außer Kraft zu setzen? Das Zeichen ist noch da, aber die Bedeutung des Zeichens verortet sie in einem Jenseits. Ob es sich hier um das Jenseits der Toten handelt oder um welches Jenseits auch immer: das Geheimnis scheint nicht hier und für uns vorhanden zu sein. Das Geheimnis (oder Nichtverstandene, Nichtverstehbare mithin) als ein Nukleus ihrer Gedichte.

Noch soviel zu diesem Thema: Wenn wir von Geheimnis im Zusammenhang mit dem „toten Bräutigam" sprechen – es war wohl kein Mr. MacGuffin, wie Hitchcock einst den Kunstgriff nannte, eine belanglose Person, die selbst ohne Bedeutung war, einzuführen, um die Spannung in Gang zu halten und die Handlung voranzutreiben.

5 Editionen und Frühwerk

Sprechen wir also über die Werkausgabe. Ruth Dinesen und Günter Holtz planten Anfang der Neunziger Jahre eine neue Werkausgabe, ähnlich wie es sie jetzt gibt: nicht historisch-kritisch, aber doch als textgeschichtliche Dokumentation, vergleichbar der Günter Eich Ausgabe, vier Teilbände, etwa 1500 Seiten. Obwohl die Herausgeber dem Verlag und Sachs' Wünschen (vertreten durch Hans Magnus Enzensberger) entgegen kommen wollten, kam es zu keiner neuen Ausgabe [vgl. Holtz 1994]. Können Sie uns einen kurzen Einblick geben, wie es nun doch zu dieser Ausgabe kommen konnte? Was änderte sich um 2010 im Vergleich zu 1992/1993? Ist das Tabu des Frühwerks vor 1940 zukünftig zu brechen und wenn ja, mit welcher Begründung? Sie scheinen einen Kompromiss gefun-

den zu haben: eigentlich wollte Sachs nichts vor 1943 veröffentlicht sehen; Sie haben alles ab 1940 in Ihre Ausgabe hineingenommen. Mehrere Fragen, die aber durchaus zusammenhängen.

Dass die Eich-Ausgabe als Model dienen sollte, höre ich zum ersten Mal. Ich kenne die Vorgeschichte nicht. Ich weiß nur, dass Ruth Dinesen versucht hat, den Verlag für eine Sachs-Ausgabe zu interessieren. Es ist gescheitert. Die Gründe dafür sind mir nicht bekannt. Ich weiß auch nicht, wie die damalige Ausgabe konzipiert wurde. Vielleicht war gerade dieses Nicht-Wissen ein Grund dafür, dass die Ausgabe endlich zustande gekommen ist?

Es gab wohl ursprünglich den Plan, das Frühwerk als Teil der Werkausgabe zu veröffentlichen. Dann haben sie den Plan ein bisschen verändert und gesagt: gut, wir machen das Frühwerk nicht. Im Prinzip schien das Frühwerk aber eines der Probleme zu sein.

Das erste Buch, die *Legenden und Erzählungen*, wurde ja von Dinesen faksimiliert, wohl ohne Zustimmung [Dinesen 1987]. Das mag nicht unbedingt geholfen haben. So sehr es für uns Sachsianer von Interesse ist, diesen Band, den man sonst kaum irgendwo findet, lesen zu können. Davon abgesehen, vermute ich, dass meine Ignoranz etwas Hilfe leistete. Du kannst einfacher Ideen zur Geltung bringen, wenn du nicht mit jeder, manchmal sicherlich schmerzvollen Wendung der Geschehnisse in der Vergangenheit vertraut bist. Das war ein Grund. Ein zweiter war: ich bin mit Enzensberger bekannt. Vielleicht hatte er daher von vornherein ein gewisses Vertrauen in das Unternehmen. Natürlich will er möglichst viele Leser für Sachs finden. Nur hat er – und das ist eine Einstellung, die ich, wie ich zugeben muss, teile – eine gewisse Abneigung gegen Germanisten. Er ahnte möglicherweise, dass er mit mir jemanden finden würde, der sich auf der Seite der Literatur befindet, aber trotzdem wissenschaftlich geschult ist; jedenfalls so geschult, dass er philologisch verantwortlich arbeitet. Ich weiß es nicht. Es war wohl wenigstens kein Hindernis, dass ich mit einigen Personen im Verlag vertraut bin und wir uns über die Jahre immer wieder gesehen haben. All das mögen gute Voraussetzungen gewesen sein. Aber an erster und letzter Stelle steht wahrscheinlich die gute, alte Ignoranz.

Kam der Impuls von Ihnen oder von Hans Magnus Enzensberger?

Ich fürchte, er kam von mir. Als Schwede bin ich protestantisch erzogen worden. Zu dieser Disposition gehört die Unfähigkeit, Sachen liegen zu lassen. Ich wollte ursprünglich, Mitte der 1980er Jahre, meine Dissertation über Sachs schreiben. Aus verschiedenen Gründen wurde daraus nichts. Seitdem hatte ich aber ein schlechtes Gewissen. Auch für protestantisch erzogene Nicht-Protestanten ist so etwas Gift. Es hat 25 Jahre gedauert bis ich mich davon befreien konnte. Bei einer Gelegenheit saß ich mit meinem Freund Thomas Sparr [Geschäftsführer des Suhrkamp Verlags] zusammen. Wir kamen auf das Bild, das man von diesem Verlag hat, zu sprechen. Der Suhrkamp Verlag versucht ja eigentlich nur einem Satz treu zu bleiben, es ist praktisch sein Motto: er bringt nicht Bücher heraus, sondern Autoren. Mit anderen Worten: es gibt die Werkloyalität. Das lässt sich in zwei verschiedene Richtungen verstehen. Mal in die Richtung des Textes, das heißt der Philologie: es gibt meines Wissens keinen anderen deutschen Verlag, der fundiertere textkritische Ausgaben macht. Mal in die andere Richtung, das heißt, in die des Autors: man bleibt dem Schriftsteller treu. Egal was er im Greisenalter von sich geben mag, es wird eigentlich immer publiziert. Das finde ich ehrenvoll. Also habe ich Thomas Sparr gefragt: Wie kann es denn sein, dass der Verlag dieses Ethos so bewundernswert verteidigt, aber kaum noch Bücher von Sachs verlegt? Die Treue hört doch nicht mit dem Tod des Autors auf? Anders gesagt: Wie wäre es mit einer Werkausgabe? Ich dachte, damit würde ich mein schlechtes Gewissen endlich loswerden. Ich wollte ja die Ausgabe nicht selbst machen. Im Gegenteil, ich hatte andere Sachen vor und dachte, der Verlag würde schon jemanden finden. Wenn sie wollten, hatte ich sogar ein paar Namen parat. Thomas Sparr meinte jedoch, dass es nicht nur jemand sein müsse, der Schwedisch und Deutsch spräche und beide Literaturgeschichten beherrsche, sondern auch sein Leben nicht mit der schlechten Bezahlung bestreiten müsse. Letzteres ist wohl oft genug ein Grund dafür, warum es ewig lang dauert, bis textkritische Ausgaben fertig gestellt werden. Kurzum: „Du machst es", sagte er, „oder es wird nichts." Die reinste Erpressung. [Lachen.]

Aufgrund dieser Autorenloyalität nach wie vor die Befolgung des Wunsches von Nelly Sachs, das Frühwerk auszulassen, obwohl es sicherlich auch den philologischen Anspruch auf Vollständigkeit gab?

Die Hoffnung ist noch immer, das Frühwerk irgendwann herausbringen zu können. Aber dafür müsste Enzensberger noch altersmilder werden. Er hat uns – sehr entgegenkommend – ermöglicht, eine kleine, aber repräsentative Auswahl aufnehmen zu können. Persönlich finde ich es insofern nicht bedauerlich, dass das Frühwerk nicht ediert werden konnte, weil ich es für keine sonderlich überzeugende Literatur halte. Aber es ist sowohl historisch, als auch werkimmanent hoch spannend. Vor allem der letzte Aspekt dürfte ausschlaggebend für die kleine Hoffnung sein, die man noch haben könnte und sollte, diesen Teil des Gesamtwerks irgendwann doch zugänglich zu machen. Denn nur wenn man das Frühwerk kennt – immerhin um die dreihundert Gedichte und ein paar dutzend Prosatexte und szenische Dichtungen – sieht man die thematischen Konstanten. Viele Muster und Motive werden wiederholt. Natürlich werden sie später, nach der Flucht nach Schweden, verarbeitet, anders eingeschätzt, ausgelegt und so weiter – einiges wird wohl auch „durchschmerzt". Aber kennt man das Frühwerk nicht, wird einem die erstaunliche Konstanz innerhalb des Werkes nicht klar.

Dadurch wird der Bruch, der mit der Flucht stattfindet, aber überhaupt erst bemerkenswert. Historisch und biographisch ist dieser Bruch immens wichtig, doch literarisch gesehen ist er ebenso zentral und diese Bedeutung versteht nur der, der das Frühwerk kennt. Die deutlichste thematische Konstante bei Sachs ist wahrscheinlich die Trennung. Der Verlust zieht sich durch das Werk hindurch. Er wird immer wieder umrissen. Mal ist er Abschied, mal ist er das Nichts, und stets bedeutet er Schmerz. Das ist doch bemerkenswert, dass gerade die Trennung die Kontinuität – und also das Verbindende – erzeugt.

Sie kennen den Band mit Neuen Interpretationen *von Kessler und Wertheimer. Dort bemerken die Herausgeber im Vorwort: „Die deutschen Originale der Werke erscheinen seit 1961 in zum Teil durchaus auf Repräsentativität abstellenden Ausgaben. / Was auf den ersten Blick wie ein besonderer Glücksfall erscheint, erwies sich für die nachfolgende Rezeption rasch als Handikap" [Kessler/Wertheimer 1994, IX]. Sehen Sie auch bei der jetzigen Edition die Gefahr einer die Rezeption eher hemmenden Repräsentativität? Bedürfte es zunächst nicht einer neuen, zugänglichen Ausgabe, um das Lesepublikum wieder oder erstmals an das Werk heranzuführen?*

Was verstehen Sie unter „zugänglicher Ausgabe"?

Eine kleine Auswahl vielleicht. Gerade vor dem Hintergrund der neuen, aber doch recht teuren Ausgabe.

Meinetwegen gern. Die jetzige Ausgabe ist ja nur eine vorläufige. Es gab nie den Wunsch, eine textkritische Ausgabe zu machen. Sie steht noch bevor. Auf der anderen Seite wollten wir die Bücher nicht nur wieder zugänglich machen, sondern strebten eine Balance dazwischen an. Der Begriff dafür lautete im Verlag lange Zeit: „diplomatische Ausgabe". Was das Teure und Wohlausgestattete früherer Ausgaben betrifft, wäre es sicherlich hilfreich, wenn eine kleinere, gern kommentierte Auswahl in billigerem Format hinzukäme. Würde man etwa hundert Gedichte aus allen Phasen wählen – vielleicht würde Enzensberger zustimmen, ein paar frühere Sachen erneut mit aufnehmen zu lassen –, hätte man ein nicht nur schönes, sondern ziemlich verlässliches Bild von diesem Werk und auch von den vielen Veränderungen, die sich im Laufe der Jahre ereigneten.

Sie erwähnen für eine potentielle Auswahl die Gedichte. Dennoch gibt es auch die szenischen Dichtungen, die Prosa und die Übersetzungen, die gern und oft vergessen werden – ob zu recht oder nicht, sei dahin gestellt. Sie haben die Ausgabe nach Gedichten, Prosa, szenischen Dichtungen und Übersetzungen eingeteilt. Inwiefern kann man beim Werk von Sachs jedoch noch von Gattungen sprechen?

Das sind wohl eher Krücken.

Sicherlich, nur Krücken. Doch wonach könnte man das Werk strukturieren, um es sinnvoll zugänglich zu machen?

Ebenso krückenartig wäre sicherlich eine Aufteilung nach Themenbereichen. Liebe, Holocaust, Sehnsucht etc. Schrecklich.

Und auch überhaupt nicht durchzuführen, weil vieles in den gleichen Texten vorkommt.

Ich finde an und für sich nichts Verwerfliches an der Aufteilung nach Gattungen. Sie sind letztendlich Hilfsmittel, um sich zu orientieren. Nichts schließt aus – es wird in der Werkausgabe geradezu empfohlen –, dass man quer liest. Sachs nimmt oft ein Thema in einer anderen Gattung wieder auf, oder in einer anderen Sorte von Text. Natürlich ist diese vierbändige Ausgabe aufgrund ihres Preises, aber auch aufgrund der wissenschaftlichen Kommentare, nicht ideal dazu geeignet, sich das Werk zu Herzen zu nehmen, sodass eine breite Auswahl, inklusive einiger Briefe, hilfreich wäre. Wie genau diese Auswahl aussieht, bleibt den mutmaßlichen Herausgebern überlassen.

Nicht dass Sie mich falsch verstehen, ich finde Ihre Einteilung nach Gattungen überhaupt nicht verwerflich. Im Gegenteil, ich kann die Verwendung dieser Krücken sehr gut verstehen. Nach welchen Kriterien wollte man bei Sachs sonst vorgehen? Chronologie ist bei ihr ganz schwierig. Eine genetische Ausgabe könnte man ebenso wenig machen...

Zumal Sachs selbst ein produktives Verhältnis zur Frage der Chronologie hatte. [Lachen.] Ihre Datierungen sind manchmal, sagen wir, kreativ. Wir schmunzeln jetzt darüber. Aber eigentlich sollte man weitergehen und fragen, wieso sie manche Texte beispielsweise vordatierte. Gibt es etwas in diesem Vordatieren, das ein anderes Verständnis des Werks ermöglichen würde? Ich glaube ja. Es hat nicht zuletzt mit ihrer Traumatisierung zu tun, die ich eingangs erwähnte. Eins der deutlichsten Charakteristika von traumatisierten Menschen ist, dass die Zeiten durcheinander geraten. Ursache und Folge können den Platz tauschen und neue Quasi-Kausalitäten erzeugen. Es ist nicht einfach so, dass Sachs ihr Werk chronologisch so neu ordnen wollte, wie es ihr zu einem gewissen Zeitpunkt gefiel. Es ging und geht um Grundsätzlicheres, glaube ich, was ihr nicht unbedingt bewusst gewesen sein muss.

6 Zeit und Raum

Ist Zeit nicht ein generell sehr wichtiger Aspekt in all ihren Texten? Fällt nicht alle Zeit bei ihr zusammen? Ist nicht alles Jetztzeit im Gedicht? Zumal sie, um auf die Kontexte zurückzukommen, gleichzeitig die verschiedensten Texte, Literaturen zusammenbringt.

Zusammenfallen? Da bin ich mir nicht sicher. Aber vielleicht ist es hier doch erlaubt, bei einem der Vertreter der Gruppe 47 Hilfe zu suchen, Günter Grass. Er prägte mal den Begriff der „Vergegenkunft". Die „Vergegenkunft" ist sozusagen die vierte Dimension der Zeit: aus Vergangenheit, Gegenwart und Zukunft bestehend. Vielleicht ist diese hybride Dimension das Medium von Sachs' Gedichten. Da fließen die Zeiten durcheinander, natürlich mit Differenzierungen, denn Geschehnisse finden ja noch in Abständen zueinander statt, aber dann handelt sich eben um eine andere Form der Kausalität als die, die wir aus dem konventionelleren Verständnis der Chronologie kennen. Zeitlich sind Ursache und Folge für Sachs nicht unbedingt, was wir uns beim Eierkochen vorstellen.

Hängt mit diesem spezifischen Verständnis von Zeit vielleicht auch der Raum zusammen? Das „unsichtbare Universum"?

Durchaus. Dieser Raum wurde meines Wissens zuerst von Beda Allemann beleuchtet, in einem frühen Essay [Allemann 1961]. Aber er ist mir noch immer ein Mysterium. Wie stellt Sachs sich ihn vor? Handelt es sich um die Immanenz der göttlichen Sphäre? Ist es das verborgene Paradies, das durch das Sammeln versprengter Splitter wieder zur Geltung kommen würde? Ich weiß nicht, was es ist. Sachs hat ein sonderbares Raumverständnis.

Wir haben damals die Ausstellung gemacht [Flucht und Verwandlung. Nelly Sachs, Schriftstellerin, Berlin/Stockholm. Wanderausstellung 2010-2012], um das Verständnis für ihr Werk zu ermuntern. Das ließ sich am einfachsten dadurch erreichen, indem man auf ihr bewegtes Leben aufmerksam machte. Dann würde sich der Besucher früher oder später von den Biographemen, die vorhanden sind, hoffentlich emanzipieren und zum Werk kommen. In der Ausstellung jedenfalls wurde der Raum dann zur wichtigsten Kategorie – als Topos und Vorstellung, etwa in dem Nachbau der „kleinen Kajüte", wie Sachs ihre Küchenecke nannte, wo sie nicht nur aß, sondern auch schrieb und schlief.

Autoren haben ihre Sonderbarkeiten. Der finnlandschwedische Dichter Gunnar Björling schrieb vierzig Jahre lang in einer Einzimmerwohnung, die einst eine Sauna gewesen war. Das war sein Raum, dieses holzgetäfelte Zimmer, im Stadtpark von Helsinki. Nelly Sachs hatte eben ihre Kajüte, ein paar Quadratmeter, das genügte ihr; das war der Mittelpunkt in ihrem Leben, aber auch in ihrem poetischen Universum, denn von hier dehnte sich die Welt aus. Wie genau dieser Raum, der ab und zu explizit in ihren Werken erwähnt wird, verstanden wurde von ihr, das kann nicht mit wenigen Worten umrissen werden. Als wir die Ausstellung machten, war es jedoch verlockend, sich Gedanken dazu zu machen. Zum Beispiel lässt sich der Raum bei Sachs nicht verstehen, ohne einen Begriff von Durchschmerzung zu haben. Durchschmerzung findet nicht nur auf einer zeitlichen Ebene statt, sondern eben auch im Raum. Der „Worte Adernetz", der „Meridian" – das sind räumliche Metaphern, die ebenso eine zeitliche Dimension andeuten. Das Adernetz ist ohne Puls kaum denkbar. Und unsere Zeit ist sowieso durch Meridiane aufgeteilt, in Zeitzonen.

7 Mystik und Religion

Zeit und Raum sind auch in einem weiteren Kontext im Werk von Sachs von Bedeutung, nämlich in dem der Mystik. In der Rezeption von Sachs ist Mystik als Kontext sehr oft herangezogen worden. Sie selbst hat einmal von sich selbst in einem Brief gesagt: „Ich bin Mystikerin" [zit. nach Grittner 1999, 169]. Das wurde oft wortwörtlich verstanden. Inwiefern ist dieser Kontext aber nicht doch nur ein literarischer Kontext unter vielen? Mystik als Literatur – und übrigens als ein Punkt in den Lektüren von Sachs und Celan, wo sich beide treffen.

Treffen ist wahrscheinlich das richtige Wort, Verstehen bleibt eine weitere Frage. Darum geht es nicht zuletzt in Celans berühmtem Gedicht „Zürich, Zum Storchen": um verschiedene Auffassungen vom Jüdischen und dabei auch vom Mystischen. Mir scheint es, als ob sich Sachs nicht immer treu ist. Warum sollte man auch versuchen, gerade die Mystik systematisch und widerspruchsfrei zu bearbeiten? Sie nimmt das auf, was sie interessiert, ein Bild oder eine Vorstellung, die sie in ihrer Dichtung umsetzen möchte. Bei aller Willkür gibt es jedoch Formen von Mystik, die auf sie nachhaltigeren Einfluss hatten als andere. Eine wäre die Kabbala. Kurz nach dem Tod der Mutter bekam Sachs ein Büchlein, es war das erste Kapitel des *Sohar* in der Übersetzung von Scholem. Das war für sie wichtig, denn diese Auslegung des Anfangs der Genesis hat ja auch mit Raum und Zeit zu tun, mit Durchschmerzen. Ein weiterer Bereich wäre die chassidische Mystik, die sie vor allem durch Buber aufnimmt. Das ist nicht unbedingt dieselbe Mystik wie im *Sohar*. Eher geht es um den Versuch, mit Gott direkt in Kontakt zu kommen, ohne die mühsame Lehre, durch Tanz oder Gebet. Das Ekstatische war für Sachs stets wichtig. Dann nimmt sie aber auch Elemente aus christlichen Strömungen auf. Und darüber hinaus gibt es Buddha, den Hinduismus, das tibetische Todesbuch etc. Das eine schließt das andere nicht aus. Dafür war sie zu wissbegierig.

Religiöse Institutionen, hat sie ja in einem frühen Brief an Hugo Bergmann geschrieben, seien wie alle Institutionen nach 1945, oder mit der Shoah, obsolet [vgl. Sachs 1984, 85].

Wobei sie ab und zu in die Synagoge ging und später nach Sigtuna fuhr und dort auch religiöse Erlebnisse hatte. Sachs wusste, an wen sie was schreiben sollte. Aber ich stimme zu, das institutionell geregelte religiöse Leben war weniger ihre Sache.

Die Kabbala zum Beispiel, die so wichtig für sie war, war ja nicht nur für sie so wichtig. Sie hat sie bei Jakob Böhme, im christlichen Kontext, und im literarischen Kontext bei den Romantikern als Einfluss wieder gefunden.

Es scheint mir noch immer hilfreich, an diese Beobachtung von Bengt Holmqvist zu erinnern: Sachs nimmt alles auf. *Dass* sie es tat, ist das Wichtige, nicht genau *was* es war. Bei Celan sieht dies anders aus.

Sie haben es, wenn ich mich recht erinnere, auch in ihrer Biographie erwähnt, dass man Sachs eben ganz schwierig systematisieren kann, während man es bei Celan zumindest sehr gern versucht.

Die Auseinandersetzung bei Celan ist schon expliziter und systematischer.

Man versucht sie schnell als intuitiv abzutun.

Das liegt nah.

Und gerade mit dem Hinweis auf Mystik; dass es alles mystisch erfahren sei. Wobei Sachs natürlich selbst damit spielte.

Als ich diese eine Stelle fand, in der Übersetzung von Scholem, wo vom „Urpunkt" gesprochen wird und wo sie einen Punkt mit dem Kugelschreiber im Marginal gesetzt hatte, dachte ich: Donnerwetter. Dieser Punkt war nicht zufällig. Man kann nicht meinen, dass Sachs da intuitiv gelesen hat.
Im Übrigen kann sie auch lustig sein – schroff, eigenwillig, manchmal sogar drollig.

Sie ist auch oft ironisch.

Das passiert.

Bis hin zum Sarkasmus.

Das kann vorkommen. Aber wir haben es nicht gerade mit Heiner Müller zu tun.

8 Religiöse Mysterienspiele und Aufführungspraxis

Heiner Müller ist jedoch ein gutes Stichwort, um über die szenischen Dichtungen zu sprechen, die wir bisher in diesem Gespräch vollkommen ignoriert haben und die auch sonst vollkommen ignoriert wurden, vor allem im Theater. Da fragt man sich, warum? Sie nennen in ihrer Biographie Beckett als einen Kontext, besonders für die späten, sehr kurzen szenischen Dichtungen. Würde es helfen, noch mehr Kontext sichtbar zu machen, noch mehr Kontext anzubieten, um sie vielleicht auch auf dem Theater oder zumindest als Theaterautorin literaturwissenschaftlich zu rezipieren?

Die ersten szenischen Dichtungen, die sie nach dem Krieg schrieb, oder eigentlich noch während des Schlachtens und Tötens, waren nicht unbedingt mit einer konventionellen Bühne im Sinn geschrieben worden. Sie waren somit schwierig umzusetzen. Schon damals hatte Sachs – nicht zuletzt durch ihre frühere Beschäftigung mit dem Puppentheater – das Bedürfnis, Gattungen oder Darstellungsformen zu mischen. Ihr Traum war wahrscheinlich so etwas wie ein Allkunstwerk – Tanz, Mimus und Musik; die verschiedenen Ausdrucksformen sollten einander durchdringen. Das wurde aber erst später, bei den kürzeren Sachen, wo Tanz und Mimus ebenbürtig mit dem gesprochenen Wort behandelt werden, zur Geltung gebracht. Da sehe ich eine erstaunliche Aktualität zur heutigen Bühnenpraxis.

Übrigens hatten wir auf einige Aufführungen der Stücke gehofft, als wir die Ausstellung konzipierten. Ich war im Gespräch mit Sasha Waltz hierzu. Doch sie hatte „larger fish to fry".

Gerade mit so einem bekannten Namen hätte man an der Situation vielleicht etwas ändern können.

Verstehen Sie mich nicht falsch, aber man hätte wohl diese Stücke von dem Ballast an Symbolen befreien und dem heutigen Publikum zumutbar machen können. In ihren Stücken ist Sachs ziemlich früh ziemlich weit gegangen. Es ist schade, dass diese Texte entweder nie aufgeführt wurden oder nur von enthusiastischen, aber recht hilflosen Studententheatern in der deutschen Provinz in den Siebziger Jahren. Sie erreichten damit nie einen Einfluss. Da wäre noch einiges zu machen. Auch *Das Haar* [III, 317-411] – dieses frühe, monströse, scheinbar nie enden wollende Stück –, auch das könnte man abgespeckt oder vielmehr frisiert bringen. Dafür bräuchte es freilich radikale Eingriffe, aber warum nicht? Am ehesten sollte man wohl so ein Stück als „Material" verwenden, im Sinn von Heiner Müller. Es gibt zudem die Gattung des religiösen Mysterienspiels, für das Sachs sich interessierte. Das für unsere Zeit neu zu erfinden, wäre eine reizvolle Aufgabe.

Aber sind es religiöse Mysterienspiele?

Sicherlich nicht im konventionellen Sinne. Es gibt diese historische Gattung aus dem Mittelalter und Sachs bewegt sich auf ihren Spuren, vielleicht versucht sie sogar, die Tradition weiterzuschreiben. Ob ihre Stücke selber religiös sein wollten, möchte ich dahinstellen. Ich glaube, sie interessierte das Mysterienspiel nicht zuletzt, weil es eine Form bot, in der die Distinktion zwischen dem Fiktiven und dem Realen, der Illusion oder Suggestion und der Aktualität unklar wurde. Das Mysterienspiel gehört ja zur Gattung des Magischen: was dargestellt wird, soll auch realiter geschehen. Derjenige, der teilnimmt, ist am Ende des Spiels nicht mehr dieselbe Person wie am Anfang des Geschehens. Das hat Sachs fasziniert. Hier war eine Form, die sich nicht damit begnügte, bloßes Illusionstheater sein zu wollen.

Es hat Versuche gegeben, Sachs in diese Richtung zu inszenieren. Ich kann mich selber an die Aufführung vom *Magischen Tänzer* in Stockholm erinnern. Anfang der 1980er Jahre war das, in einer Produktion von Inge Waern, der langjährigen Freundin von Sachs. Ich fand die Produktion leider nicht überzeugend. Hier wurde das Unaussprechliche eher weiter mystifiziert, mit Videos und Bettwäsche. Man sollte in die Gegenrichtung gehen, meine ich. Nicht unbedingt um zu entmystifizieren. Aber das bereits Mystische muss doch nicht noch unfassbarer gemacht werden.

Bibliographie

Allemann, Beda. „Hinweis auf einen Gedichtraum". *Nelly Sachs zu Ehren. Gedichte, Prosa, Beiträge*. Frankfurt am Main: Suhrkamp, 1961. 37-44.
Berendsohn, Walter A. *Nelly Sachs. Einführung in das Werk der Dichterin jüdischen Schicksals. Mit unveröffentlichten Briefen aus den Jahren 1946-1958*. Darmstadt: Agora Verlag, 1974.
Celan, Paul und Sachs, Nelly. *Briefwechsel,* hg. von Barbara Wiedemann. Frankfurt am Main: Suhrkamp, 1993.
Dinesen, Ruth. *„Und Leben hat immer wie Abschied geschmeckt". Frühe Gedichte und Prosa der Nelly Sachs*. Stuttgart: Verlag Hans-Dieter Heinz, Akademischer Verlag, 1987.
Enzensberger, Hans Magnus. „Nachwort". Sachs, Nelly: *Ausgewählte Gedichte*. Frankfurt am Main: Suhrkamp, 1963.
Fioretos, Aris. *Word Traces: Readings of Paul Celan*, hg. von Aris Fioretos. Baltimore: John Hopkins University Press, 1994.
Fioretos, Aris. *Flucht und Verwandlung: Nelly Sachs, Schriftstellerin, Berlin/Stockholm. Eine Bildbiographie*. Übersetzt von Paul Berf. Berlin: Suhrkamp, 2010.
Grittner, Sabine. *Aber wo Göttliches wohnt – die Farbe Nichts. Mystik-Rezeption und mystisches Erleben im Werk der Nelly Sachs*. St. Ingbert: Röhrig Universitätsverlag, 1999.
Holtz, Günter. „Mitteilung über ein verabschiedetes Projekt". *Nelly Sachs: neue Interpretationen. Mit Briefen und Erläuterungen der Autorin zu ihren Gedichten im Anhang,*

hg. von Michael Kessler und Jürgen Wertheimer. Tübingen: Stauffenburg, 1994. XXI-XXII.

Kessler, Michael und Wertheimer, Jürgen. „Vorwort". *Nelly Sachs: neue Interpretationen. Mit Briefen und Erläuterungen der Autorin zu ihren Gedichten im Anhang*, hg. von Michael Kessler und Jürgen Wertheimer. Tübingen: Stauffenburg, 1994. IX-XVII.

Sachs, Nelly. *Briefe der Nelly Sachs*, hg. von Ruth Dinesen und Helmut Müssener. Frankfurt a.M.: Suhrkamp, 1984.

Unveröffentlichtes Zitat

Brief von Nelly Sachs an Albrecht Goes vom 4. 12. 1947, DLA Marbach.

Daniel Pedersen

Early influences on Nelly Sachs
Two case studies

Abstract
This contribution is a case study in two parts. It examines the influence of two female artists, the author Selma Lagerlöf and the dancer Niddy Impekoven, on Sachs's early works written in Germany before 1940. It deals with Sachs's engagement with Lagerlöf in her early prose book *Legenden und Erzählungen* (1921) and especially their different versions of the legend about Saint Catherine of Siena. The second part deals with one of three poems that Sachs wrote influenced by Impekoven's dances. The question of continuity between her early and late work is given special attention in a general discussion, which focuses on the similarities between first the relationship of victimhood and holiness, and, second, dance and transcendence.

Dieser Beitrag ist eine Fallstudie in zwei Teilen. Im Fokus stehen die Einflüße zweier weiblichen Künstlerinnen, der Schriftstellerin Selma Lagerlöf und der Tänzerin Niddy Impekoven, auf jene Texte Sachs', die sie noch in Deutschland vor 1940 verfasst hat. Der Beitrag behandelt im besonderen Lagerlöfs Einflüsse auf Sachs' frühes Prosawerk *Legenden und Erzählungen* (1921), und hier vor allem die verschiedenen Fassungen der Legende von der heiligen Katharina von Siena. Der zweite Teil behandelt eines von drei Gedichten, das Sachs unter dem Einfluss von Impekovens Tänzen geschrieben hat. Die Frage nach der Kontinuität zwischen Früh- und Spätwerk findet sich durch eine allgemeine Diskussion besonders berücksichtigt. Die Diskussion fokussiert die Ähnlichkeiten erstens zwischen dem Verhältnis von Opfer und Heiligkeit und zweitens der Beziehung von Tanz und Transzendenz.

In a comment to the Swedish translation of his essay on Nelly Sachs, "Die Sprache der Sehnsucht", the literary critic Bengt Holmqvist briefly states that his essay was written after lengthy discussions with the poet herself, and due to this close collaboration the text can be seen as authorised by her. This fact gives weight to the conclusions he reaches since we know that Sachs was not afraid to criticise scholars and critics she felt had abused her confidence, or for that matter had "misunderstood" her work. The fourth section of Holmqvist's essay begins with the poignant question: "Wie wurde eine literarische Erscheinung wie Nelly Sachs möglich?" (Holmqvist 1968, 23). The fact that Holmqvist then fails to elaborate on Sachs' early life in Germany and her pre-war writings is probably due to the poet's constant wish to brush over her early work. Later she even wanted to completely disappear as a person behind her poetry. It seems that every reader who faces her collected works, now available in four volumes, has to reflect on Holmqvist's question and the fact that this *œuvre* appears to be the result of an inspired and almost volcanic eruption that took place after the war and continued for the last twenty years of her life. It is in the time-span from 1947 to 1968 that Sachs publishes everything that she will be remembered for. Sachs undoubtedly wanted to be seen as "eine literarische Erscheinung". To the general public she gave the impression that her creation was more an act of mediation of something beyond this world than an act of independent literary creation, first mediating the voices of the dead, and then later an invisible and mystical universe. Her will to leap over her early work is quite understandable in light of the Shoah. After the gruesome events nothing could be more important from Sachs' perspective than to give voice to the murdered and speak on their behalf. Whatever led to that point surely must be irrelevant. Even if most scholars would sympathize with that intention on a personal level, one has to acknowledge that even a leap is a leap from somewhere. But, in fact, Sachs' creative leap did not, as some would have it, begin with her spatial move from Berlin to Stockholm but a few years later with her growing knowledge of the Shoah. The first years in her new Swedish *Heimat* she continued to write in very much the same way as she had done in Germany. With the new edition of her collected works the poems written during the first years in Swedish exile are for the first time accessible to a larger public to verify this.

Sachs was throughout her life a poet who wrote in close dialogue with texts, authors or for that matter the victims to whom she felt that she gave voice. This is painfully obvious when after the war she chose her own family of "brothers and sisters". Once her own family was gone, and for that matter the whole milieu she was a part of in Berlin, she had to create her own familial bonds. As has been pointed out, the brothers were fellow poets, and with the sisters she shared other parts of her life (Fioretos 2011, 196). In what follows I will go even further back in time to Sachs' earliest work in Germany and present two cases where Sachs was influenced by other works of art, and especially two female artists. One is a close literary dialogue with Selma Lagerlöf and the second is a short cycle of poems written to the dancer Niddy Impekoven. The reason for selecting these two examples are that there are reminiscences of them in her later work, a fact that I will briefly pursue in the second part of the paper and the closing discussion concerning dance.

When Lagerlöf celebrated her 63rd birthday in 1921 she received a gift from Berlin. It was a book with the following inscription: "Dieses Buch soll Selma Lagerlöf zu ihrem Geburtstag einen innigen Gruß aus Deutschland bringen. Es ist geschrieben von einer jungen Deutschen, die in der großen schwedischen Dichterin ihr leuchtendes Vorbild verehrt" (Sachs 1984, 17). The author was Nelly Sachs, and the title of the book was familiar: *Legenden und Erzählungen*. Twenty years earlier a collection of Lagerlöf's legends and stories had been translated and published under that title. Sachs was sending both a literary reply and a homage to Lagerlöf. Lagerlöf's collection contains seven legends and seven stories, whereas Sachs' has only five legends and three stories. One can assume that Sachs' book was not a commercial publication and the printing was probably covered by her father, William Sachs. It is not unlikely that the whole endeavour was staged so that Sachs could send her "leuchtendes Vorbild" the book as a birthday gift. A critical comparison between the two books shows that there are many similarities in themes, but sometimes Sachs departed from Lagerlöf and found inspiration elsewhere. The most important and notable example of this is the legend "Wie der Zauberer Merlin erlöst ward". The figure of Merlin will follow Sachs from early on to the end of her life, and during that course take several different forms.[1] One common trait in both books is the loose adherence to the legend genre in the religious sense. There is no definite dividing-line between the stories and legends, and a few of them could easily be swapped round.

Later in her life Sachs played down her early writings and dismissed them as childish literary efforts. It is understandable that she felt this way when she saw her early carefree life in Berlin through the lens of war, mass murder and the Shoah. Her literary preferences later were also quite different. In a letter to Walter Berendsohn from 1967 Sachs writes about the authors that she read as a young girl:

> Nach dem ersten Weltkrieg war es vor allem Dostojewski dessen Lektüre ich mich ganz hingab. Die Romantiker und Selma Lagerlöf kamen von meinem 15ten bis ungefähr 18ten Lebensjahr. Außer Novalis, Hölderlin, Böhme die mich immer begleiteten.
> (Quoted in Dinesen 1987, 13)

It is however wise to be cautious when it comes to Sachs' own statements on her literary development, due to all the reasons mentioned above. It is probable that Lagerlöf became increasingly important for Sachs during the 1910s, when Sachs herself was in her twenties. She was after all thirty years old when she sent *Legenden und Erzählungen* to Lagerlöf, and there are no strong indications that the book was written in her late teenage years, even if some texts might have first been conceived then. Besides the exception already mentioned, all of the legends were inspired by Lagerlöf. But they differ in degrees of influence. Firstly there are those that simply remind one of Lagerlöf in tone and style but have a different literary content. Secondly there are some that seem to be under a more direct influence and are quite similar in literary content, and also make indirect reference to Lagerlöf. And thirdly there are a few that seem to be almost literary adaptations of Lagerlöf's legends, make direct references to their literary *Vorbild*, and mirror Lagerlöf's style. One example of the third kind is the legend "Die Närrin von Siena" where the story lies very close to Lagerlöf. For the benefit of readers who aren't acquainted with the story, I'll summarize it: in a valley out-

---

[1]   See Fioretos 2011, 64-74.

side the city of Siena, Monna Lapa lives and grows fruit and vegetables to sell at the market, where she usually meets with contempt and insults. One of the worst offenders is a young boy named Pietro, who never grows tired of insulting her. He leads a pack of children who try to destroy her merchandise. Whatever little money she makes is taken by her greedy children, but despite their treatment she has only kindness and love for them. Lapa is also tormented by religious visions, a reason for her children to see her as half crazy. As time goes by their greed leaves her penniless and forces her to leave home. One night Saint Catherine of Siena comes to her in a celestial light, and as she places her hand on Monna's head she says: "Du wirst eines seligen Todes sterben, Monna Lapa" (Sachs 1921, 25).[2] A few days later she wanders off. Instead of taking any of her belongings she adorns her donkey with a golden quilt in honour of Saint Catherine. On her way through Siena, where the people are engaged in celebrating Saint Catherine, the mere appearance of the radiant Lapa stops a fight, helps a mother to end her grief, and everywhere she goes she makes people smile blissfully. When she reaches a meadow she encounters the children and they start throwing stones at her. One stone accidentally hits Pietro and Lapa rushes to him, calling him an angel. When Pietro sees Lapa standing over him he screams. Another boy thinks she is hurting Pietro and throws a heavy stone at her. She dies immediately and her soul leaves her body. She is taken to the Dominican church, where she is treated like a saint and people kneel beside her. In a final scene her body is taken through the city in a funeral procession and everyone is united in sorrow. Her two children proudly walk beside the coffin, and in the procession one also finds Pietro and the boy who threw the fatal stone. Lilies and roses are scattered in honour of Saint Catherine. In this passage the line between Lapa's and Saint Catherine's life seems blurred. In a quite peculiar epilogue Sachs finishes the story with the information that a few years later a plague hit the city and that almost everyone, including Lapa's children, died.

Monna Lapa embodies two important features that reoccur in many of Sachs' *personas* in her early writing: the victim and the holy fool. In the Russian Orthodox tradition the holy fool is a person who dares to tell the truth, and especially in a way that is best summed up: "speak truth to power". There it could be seen as a role played or a strategy, for example in Dostoyevsky's novel *The Fool*, but the "foolishness" takes a more naive form in Sachs' version. Lapa is simply an incarnation of goodness and simplicity, and it is the judgement of others that makes her seem a fool. Another theme that is present in Sachs' early work is complex family relationships, especially between parents and their children. The longest unpublished manuscript from Sachs' early period is her early prose work *Chelion*.[3] The manuscript is eighty-five pages long and consists of thirty shorter

---

[2]   See also the reprinted facsimile in Dinesen 1987.

[3]   It lies in the nature of things while discussing Sachs early work that references will be made to poems and other literary works that are unpublished and therefore difficult for the general reader to access.

episodes. The framework of the story is probably biographical, with Chelion as a young child living in a big house with her parents. They have many animals and a winter garden. *Chelion* is basically a catalogue of themes that will resonate through Sachs' early writings, and in some cases even echo in her later work. It is to my mind possible to make the argument that *Chelion* predates *Legenden und Erzählungen*, or at least was written simultaneously. The argument against this view is that *Chelion* was read as late as April 1937 at an evening of recitals arranged in the Klubheim des Jüdischen Frauenbundes. There was a review published in *Jüdische Rundschau* deeming that Sachs "enttäuschte in der Skizze 'Chelion' durch ihre Versüßlichung von Kindergefühlen" (see Dinesen 1987, 97).[4] One might find it odd that Sachs chose to present *Chelion* together with her poetry based on biblical themes, poems that the reviewer found interesting. The literary tone of *Chelion* would however lend credence to the notion that it was written at an early age, and one hypothesis is that Sachs wrote it as a gift for her father. Another possibility is that she was imitating a childlike way of writing. All this is mentioned here to illustrate the complex task of dating Sachs' early manuscripts since a clear line of development seems to be missing. The relationship between parents and children can be contrasted with the way that Sachs described her own childhood, for example in relation to dance (see below). Lapa's ungrateful children are just one example of Sachs' interest in complex emotional family structures, another is the constantly scared child Chelion. Yet another example of the opposition between parent and child is present in another legend from *Legenden und Erzählungen*: "Vom Manne der am Tage der unschuldigen Kindlein starb". Here Sachs uses the same narrative as an early prose text from the unpublished manuscript *Apfeltraumallee* with the title "Die Kuckuckspfeife oder Vom Manne der am Tage der unschuldigen Kindlein starb". A third and final adaptation is made to a "Puppenspiel" with the title *Vom Bauer der durch die unschuldigen Kindlein in den Himmel kam*. A short summary of the plot runs: a farmer on his death-bed is scolded by his family, his so-called friends and his employees for being a terrible person, but eventually avoids being sent to hell by a toy held in his hand, a gift from his youngest child. The father who failed to recognise his harshness and would not change until it was too late can easily, perhaps too easily, be transposed in biographical terms to Sachs' life. The "childish" perspective of the world, i.e. naive and innocent, is also present in of Sachs later writings. The young poet constantly sides with the children and lets innocence prevail. But let us now return to Siena.

The literary *Vorbild* for "Die Närrin von Siena" is Lagerlöf's legend *Santa Caterina av Siena* (Saint Catherine of Siena). The legend is included in the German translation *Legenden und Erzählungen*. As Ruth Dinesen has pointed out there are parallels between Lagerlöf's and Sachs' legends, especially in the description of Siena – a city that Sachs never visited. Other examples are that the

---

[4] In Fioretos 2011, 87, there is a reproduction of the review.

main characters both live "below the Dominican church" and the story is set at a
time of year when the city honours Saint Catherine (Dinesen 1987, 26-27). Sachs
has also borrowed the name Lapa from Lagerlöf's legend in which Catherine's
mother has that name. But where Lagerlöf tells the story of the saint Sachs fo-
cuses on something different. The story in Lagerlöf's legend is much closer to
the Christian legend about Saint Catherine, including references to the fact that
Catherine doesn't want to marry and cuts her hair short so that no man will love
her. She has already chosen a celestial groom and promised him chastity.[5] The
theme of love goes through both stories. In one case it is the love for all fellow
men and in the other love of God. What unites them, despite the rhetoric, is non-
sexual love. In Lagerlöf's legend the young beautiful nobleman Nicolas Tungo is
sentenced to death after having insulted the signorina of the city. Enraged he
refuses to see a priest to get absolution before he dies. In the end someone sug-
gests that they should bring Catherine so that she can talk to him. He agrees to
the prospect of being alone with a young beautiful woman. She comes and he
falls in love with her. Within Tungo an interesting moral dilemma develops as he
sees that Catherine is heart-broken over his impending execution. In the end he
welcomes the execution since he otherwise fears that he would seduce her and in
so doing "drag the glowing heavenly bride down to earth" ("hunnit dra ned den
strålande himlabruden till jorden"; Lagerlöf 1933, 47). Once again a pure non-
corporeal love stands in opposition to love's "earthly articulation". One could
compare this unfulfilled love with one of the sonnets that Sachs sent to Lagerlöf
in 1923.

> Wie fromme Frauen wallen mit Brevier
> Nur hingegeben Einem, nie Verführte
> Von keiner Erdenlust je Angerührte
> So war mein Sein verebbend nur in Dir.[6]

The key scene in both legends is the death scene, and it is set as a variation of the
pietà motive. In Lagerlöf's legend Tungo rests his head on Catherina's lap in
prison, a scene he asks her to repeat once he has been beheaded. One can com-
pare Tungo's death with the Romantic idea of "Liebestod", a recurring theme in
Sachs' early poetry. In Sachs' legend Monna stands over Pietro while caring for
his wounds. In both legends humility comes through suffering. Sachs is from
early on influenced by the Christian idea of suffering, as a way both to show
piety and to close the distance to God. In both Lagerlöf's and Sachs' legends
liberation through death is at the centre of the story. Many saints became saints
simply by virtue of rejecting this world for the love of a world beyond, choosing
to die rather than compromise their faith in and love of God. Both characters first

---

[5]   The very interesting and complex relationship between Sachs's "toter Bräutigam" and
      the Christian idea of Christ as a bridegroom must be left alone in this context.
[6]   Kungliga Biblioteket, Stockholm, Selma Lagerlöf Collection, L 1:331:4.

lose their earthly belongings and thereafter their lives. It is as if step by step they are relieved of material goods and thereby come closer to a divine and spiritual sphere. One important difference between the stories is the reality of death. Lagerlöf describes the pain and anxiety of the doomed man and the discrepancy between his prior arrogance, his humility and self sacrifice is striking. The emotional range is much narrower in Sachs' legend. Monna is from the very start at the bottom of society and gladly accepts her fate of dying "eines seligen Todes". Her ascent to sainthood is by contrast more explicit. She is celebrated with a cortege through the city whereas Lagerlöf's story is more subtle. Tungo's spiritual ascent is contrasted to his radical social descent. When love transforms him it takes place within. When he dies he takes this sacrifice with him, and leaves in Catherine only a reminiscence of his feeling. For him it is enough to have changed in Catherine's eyes.[7] Lagerlöf focuses on the relation between the earthly and the divine, and Sachs' story builds up to the public revelation of Lapa's goodness. Lagerlöf here follows the religious understanding of Saint Catherine whereas Sachs works with contrasts: Monna's "ugly" outside in comparison to her beautiful inside. Of course, the different uses of literary strategies is due to the fact that Lagerlöf is writing about the actual saint whereas Sachs writes about someone who mimics saintly actions. The similarities between the details in the stories are striking, especially the theme of sacrifice and death as a price to pay for the purity of the soul. Both main characters are inspired by Catherine to act with such grace that they lose their life, as if such goodness cannot be part of a human world.

*

Throughout her life Sachs was fascinated with the issue that today we would call intermediality, the mixing of genres and medial forms. This is obvious in her writing for the stage, where she combines technology (the tape recorder for example), music, dance, puppets, stage sets and so on. But it was not just the combination of media that interested her, but also their individual modes of expression. Dance for example is appreciated as a wordless, *wortlos*, art. In a letter of 25 January 1959 Sachs writes to Berendsohn, after he had asked about her youth and the role of dance and music:

> Da ist hier in erster Linie die Musik meines Vaters, die er oft stundenlang des Abends nach seinem Beruf auf dem Klavier phantasierte und die ich mit Hingegebenheit und gänzlicher Fortgerissenheit von Kindheit auf im Tanze begleitete. Mein höchster Wunsch schon als Kind war: Tänzerin zu werden. Darum sind auch alle die tänzerischen und Musikgedichte am meisten charakteristisch für meine

---

[7] One could in this respect compare Nikolas Tungo to Merlin, a comparison that Sachs probably made in her reading. In both cases a sexually potent man sacrifices his life to avoid doing evil and corrupting the person he loves.

Jugendzeit, denn sie sind ganz aus dieser gemeinsamen Atmosphäre, die meinen
Vater und mich so gut wie wortlos und doch im Innersten verband, erwachsen.

And in the same letter she writes:

Der Tanz war meine Art des Ausdrucks noch vor dem Wort. Mein innerstes Ele-
ment. Nur durch die Schwere des Schicksals, das mir betraf, bin ich von dieser
Ausdrucksweise zu einer anderen gekommen: dem Wort!
(Sachs 1984, 200-201)

It is interesting that dance is said to be the first artistic expression for Sachs. She
writes that she connects her early poetry to dance and music, but the first poems
that I have located on this specific theme, if one disregards the implicit dance
references in the sonnets sent to Lagerlöf, is from the latter part of the 1920s. But
leaving this question aside, dance played an important role in her life. In her later
poetry it is, with the image of the butterfly, the predominant figure of transfor-
mation and transfiguration. Dance is a silent expression that seems to transcend
what can and cannot be said. And it is apparent that dance had a seductive power
from the very start. In the sonnet already quoted above, sent to Lagerlöf, Sachs
turns to a women who is the "Schwester meiner Seele", whose hair is enlight-
ened by the evening sun. It is probable that it is the Virgin Mary that is being
addressed in the poem since her smile announces the Saviour who both demands
and serves:

Dass deiner Schritte Tanz sich ihr vermähle
Erweckte Erde Blüten, dir verbündet
Und feiler Staub durch Düfte sich entzündet
Die Kargheit in dem Schimmer sich verhehle.[8]

It is of course tempting to say something about the fact that "Staub" and "Tanz"
go so closely together here. It is worth noting that some of the later imagery is
present from early on. There are in addition other early poems that explicitly
thematise dancing and mention it in the title. For example "Tanzende Engel" and
"Maientanz".[9] In the sonnet quoted from above the dancer is anonymous. The
only living and contemporary artist that Sachs names in her poetry is Niddy
Impekoven (1904-2002), a Berlin dancer who from an early age was considered
to be a *Wunderkind*. There seem to be quite a few similarities between the two of
them. Impekoven was at a very young age considered to be a great talent. In a

[8]   Kungliga Biblioteket, Stockholm, Selma Lagerlöf Collection, L 1:331:4.
[9]   For "Tanzende Engel": Kungliga Biblioteket, Stockholm, Nelly Sachs Collection, L
      90 5:8:2. For "Maientanz": Kungliga Biblioteket, Stockholm, Papers of Gudrun
      Dähnert, Acc 1997_8.

book that was released when she was only eighteen years old in 1922, *Werdegang*, she writes that she found "Erlösung" in dancing. She also writes that: "Mein Ziel ist, mich immer mehr vom 'gedanklichen' Tanz zu entfernen. Die Zeit bestrebt in jeder Beziehung einfach zu werden. Vollkommenste Einfachheit ist auch mein innerstes Muß. Der reinste, natürlichste Tanz ist für mich die besinnungslose Hingabe an die Musik" (Impekoven 1922, 31). The view of dance as a liberating force, as surrendering, is something that they both share. But there seems to be something else about Impekoven that fascinated Sachs, especially when it comes to their focus on the childlike and children. It is telling that Impekoven's autobiography of 1955, *Die Geschichte eines Wunderkindes*, only follows her life to the age of 14. In 1926 John Schikowski observed that, despite their evolution toward a mature phase, Impekoven's dances are "immer die Tänze eines Kindes", and he continues:

> In der Kindlichkeit der Bewegungen, die einer Welt naiver Gefühle scheinbar unentwickelten Formausdruck geben, liegt der charakteristische Reiz dieser unvergleichlichen, unwiderstehlich fesselnden und bezauberenden Kunst. Klein ist diese Welt, aber sie ist voller Schönheit und Märchenglanz. Aus großen, umflorten, seltsam glänzenden Augen blickt dieses Kind, wehes Lächeln auf den Lippen. Ein krankes Kind. Selbst über umhertollender Ausgelassenheit schwebt ein melancholisches Wölkchen. Rührend das drollige Auftrumpfen, die grimassierende Gebärde. Ergreifend die kleinen Sehnsüchte, die zum Himmel streben, nicht sich aufschwingen, sondern hilflos zu klettern suchen.
> (Schikowski 1926, 153-54)

This description makes it easy to understand how Sachs was moved by Impekoven's dances and felt an emotional connection to her. And Impekoven herself writes about her childhood and the relation to her father:

> Papa war immer ganz abwesend, wenn er am Phonola saß; sein Oberkörper wogte hin und her im Rhythmus der Musik, und sein Blick war gebannt auf die Walze gerichtet, die man hinter einem Glasfenster ablaufen sah. So fühlte ich mich ganz ungestört bei meinem Tun: zu tanzen, wobei ich wohl sein Hingegebensein an die Musik zum Vorbild hatte.
> (Impekoven 1955, 22)

One can compare this with Sachs' musical relationship with her own father whose piano-playing "ich mit Hingegebenheit und gänzlicher Fortgerissenheit von Kindheit auf im Tanze begleitete". Sachs was very probably aware of the parallel herself. In 1937 she published three poems about dance in *Der Morgen*. They were all in relation to older dances that were danced as a social activity, and not dancing as an performative art form. One of the poems has the title: "Rameau: Gavotte" and Rameau also returns in a poem written to Impekoven: "Rameau: Passepied". The example where Sachs' follows a particular dance most closely is the poem "F.S. Bach – Tränensarabande", a title that Sachs took

from Impekoven's performance to the music of Bach. We do not know if Sachs
saw the performance that Impekoven made of *Tränensarabande*, but it is likely
that she did. Impekoven retired around 1933/1934 and her final programmmes
were somewhat more conservative than earlier. Thereafter she lived in Switzer-
land, which she had considered her home since 1923, the year she married. The
dances that Sachs writes about in relation to Impekoven were performed earlier.
According to the programmes *Tränensarabande* was performed from 1925 on-
wards. In an overview of the dances that Impekoven performed from 1918 to
1929 it is clear that *Tränensarabande* was performed quite late, it has number 49
of 51 in the summary. Annelise Neff remembers seeing a wonderful performance
together with Sachs, but it is unlikely that Impekoven was the dancer since this
must have been later than May 1933 (Fioretos 2011, 48). The performance that
Sachs wrote about was probably seen earlier. A post card from Impekoven to
Sachs was sent in 1935, thanking her for the poems Sachs had apparently sent
her (Fioretos 2011, 48). The fact that Sachs sought contact with Impekoven years
later says something about the impression her performances left in Sachs' mind.
Sachs was probably fascinated with and perhaps envied the young Niddy
Impekoven. When it comes to the relationship between Impekoven's dance and
Sachs' poems it is almost impossible to say anything about the correspondence
between them. Whether the three poems published in 1937 were written for
Impekoven is impossible to say. If so the reference to Impekoven was later re-
moved. In addition, we do not know how many poems Sachs sent to Impekoven.
In Impekoven's *Nachlaß* in the Deutsches Tanzarchiv in Cologne there is no
trace of them. The short cycle "Drei Tänze getanzt von Niddy Impekoven" con-
sists of three poems: "F.S. Bach – Tränensarabande", "Lamento della
Biancafiore" and "Rameau: passepied".[10] The dance sarabande is a "somewhat
erotic dance" and usually seen as a symbol for repressed longing and passion
(Crane and Mackrell 2010, 418). This restrained expression of emotions goes
well together with the poem "Tränensarabande":

> O Springquell! leises Weinen steigt und steigt
> Und muss zu seiner Sehnsucht hin sich ranken
> Die Seele schluchzt in ihres Leibes Schranken
> Und steigt und fällt, der Erde zugeneigt
> Die Demut hat den Engel nicht erreicht
> Und wie Vergessnes zittert sie und bleicht
> Die Hände sinken, müde Weidenzweige
> Hinab in Wasser drinnen Abschied rauscht
> Die Liebe ungelöscht der Liebe lauscht
> Die in der Träne spiegelt ihr Verschweigen. – [11]

---

[10] Kungliga Biblioteket, Stockholm, Nelly Sachs Collection L90:5:8:2.
[11] Kungliga Biblioteket, Stockholm, Nelly Sachs Collection L90:5:8:2. Reproduced in
Fioretos 2011, 48.

Here we notice the verticality that is so present in Sachs' later poems, the dialec-
tic between an ascent towards heaven, stars and light, and a descent towards the
earth and the grave. Also tears are present: in her early poems these are a corpo-
real expression for an inner state, for a heartfelt longing. Later they express the
silent suffering of the victims. Tears figure, like dance, as a silent bearer of
meaning that transcends human language. It is clear that dancing in Sachs' view
is not merely something that one does for fun, it is an expression and an act of
communication. It also seems to be a mode of escape. Through movement it
seems possible for the dancer to leave her body and ascend towards the heavens
and the divine. In this poem however there is no subject. It is as if the body is
superfluous to its expressions, as if tears could be wept without an eye to weep
them. There is a movement, just as in dance, up and down. The person that once
longed is absent, only the expression remains. It seems that Sachs not only to
answers William Butler Yeats' famous question from his sequence "Among
School Children": "How can we know the dancer from the dance?" (Yeats 1955,
245), but also go further: how can we know the difference between feelings and
the person who feels them? In this poem Sachs has reduced the feelings to a pure
liquid, as if there could be pure dance or longing without the weight of a body.
One can compare the poem with the *Grabschrift* "Die Tänzerin" that Sachs
wrote for Dora Horowitz, née Jablonski, which was included in her debut collec-
tion *In den Wohnungen des Todes* (1947):

DIE TÄNZERIN [D. H.]

DEINE FÜSSE wußten wenig von der Erde,
Sie wanderten auf einer Sarabande
Bis zum Rande —
Denn Sehnsucht war deine Gebärde.
Wo du schliefst, da schlief ein Schmetterling
Der Verwandlung sichtbarstes Zeichen,
Wie bald solltest du ihn erreichen —
Raupe und Puppe und schon ein Ding
In Gottes Hand.
Licht wird aus Sand.
(I, 26)

I do not claim that this poem, written some 15 years later, was inspired by
"Tränensarabande" or Impekoven. There are however some undeniable similari-
ties. The dance in the poem is a "Sarabande", the vertical ascension and trans-
formation is also present. Here Sachs connects dancing with the butterfly, an
insect famous both for its beauty and the transformation it undergoes. That "Die
Tänzerin" knew little of earth can be read both as a comment on her spiritual
focus and as a reference to how she danced her way through life, barely touching

earth. Dance seems to indicate something more than merely a social activity. One could even go so far as to claim that dance for Sachs became the very essence of transformation. If the butterfly is the sign for transformation, dance represents the process.

*

This essay has focused on two specific influences on Nelly Sachs' early writings. The influence of Lagerlöf and Impekoven stands out in two important respects. First of all Sachs was in personal contact with them. Secondly they were women. Almost all other literary references in her work are with a very few exceptions to male authors. Any attempt to sketch Sachs' literary tastes in the early years cannot for example leave Novalis or Jacob Böhme out of account. In relation to dance, however, they play little if any role. When it comes to comparing Lagerlöf and Impekoven, the greatest difficulty is that we are dealing with two quite different artistic phenomena. How the choreography, stage set, music and so forth combined in Impekoven's performance is today impossible to say, and even with the help of reviews and second-hand information we are reduced to guesswork. There aren't, to my knowledge, any recordings of Impekoven's dancing. But even if there were, what would matter would be the poet's impression of what *she* saw, not what actually took place.

When one tries to investigate an early body of work that has largely been ignored, there are two strategies. One can search for similarities between earlier and later work, or focus on the "break" and the remarkable literary development Sachs underwent. I have here focused on some similarities. This doesn't mean that there aren't any breaks in Sachs' work. There are, but not to the extent the author herself would have us believe. One could of course as easily have focused on all the things that change. One also has to distinguish between different types and modes of influence. Sachs continued throughout her life to be fascinated by dance and its transformative power, but the context of dance in her poetry changes. Later on dance becomes a possibility of metaphysical transcendence and not a wordless art for human communication. The connecting thread that runs through her work is not straight. It alters, goes through radical metamorphoses and sometimes disappears to later emerge in a new context. Her choice of poetic themes, and her fascination with certain words or images, is striking from early on. Quite a few of her early themes will resonate in her later work, and even if she herself was unwilling to admit to the fact, there are some constants in her lyrical universe from its very inception. With Lagerlöf's fable it is the idea of the Christian sanctification of suffering and the victim she focused on. This choice is probably influenced by the Romantic *Jenseitssehnsucht* that she was familiar with from Novalis. The basic idea is that the relationship between the living and the dead, especially the beloved dead, doesn't end with death. It continues, and transfer between living and dead seem possible for her. This is one side of the story of influence. On the other side, one has to acknowledge that Sachs does not continue to write fables after learning of the Shoah. Possibly she saw it as "barbaric", to use Theodor W. Adorno's worn-out word, not to find the proper and true form to express what had happened. The idea of transcendence, however, lives on and comes to serve as a lyrical impetus in her dialogue with the murdered. The themes mentioned here all intersect in the human body. Dancing, suffering and loving all happen within the body, and in her later poetry they all seem to have the possibility to leave the body and appear as pure trans-formative powers. Love, suffering and dancing are all "capsules" with the po-tentiality to go beyond. But beyond what? For Sachs they have the power to bring her closer to a mystical universe, and finally to God. In the end there is no way of separating the different powers at play in Sachs' work. The only thing that one can say for sure is that they all found a home, as she did, in an element that she herself could create and fully master: words.

Bibliography

Crane, Debra, and Judith Mackrell. *The Oxford Dictionary of Dance*. 2nd ed. Oxford: Oxford University Press, 2010.

Dinesen, Ruth. *"Und Leben hat immer wie Abschied geschmeckt". Frühe Gedichte und Prosa der Nelly Sachs*. Stuttgart: Akademischer Verlag, 1987.

Fioretos, Aris. *Nelly Sachs. Flight and Metamorphosis*. Tr. Tomas Tranæus. Stanford: Stanford University Press, 2011.

Holmqvist, Bengt. "Die Sprache der Sehnsucht". *Das Buch der Nelly Sachs,* ed. by Bengt Holmqvist. Frankfurt am Main: Suhrkamp, 1968. 7-70.

Impekoven, Niddy. *Werdegang*. Dresden: Alwin Huhle Verlag, 1922.

Impekoven, Niddy. *Die Geschichte eines Wunderkindes*. Zürich: Rotapfel-Verlag, 1955.

Lagerlöf, Selma. "Legender". *Skrifter av Selma Lagerlöf*. Stockholm: Albert Bonniers Förlag, 1933.

Sachs, Nelly. *Legenden und Erzählungen*. Berlin: F. W Mayer Verlag, 1921.

Sachs, Nelly. *Briefe der Nelly Sachs,* ed. by Ruth Dinesen and Helmut Müssener. Frankfurt am Main: Suhrkamp, 1984.

Schikowski, John. *Geschichte des Tanzes*. Berlin: Büchergilde Gutenberg, 1926.

Yeats, William Butler. *Collected Poems*. London: Macmillan, 1955.

Axel Englund

Cosmos and Corporeality
Notes on Music in Sachs's Poetry

Abstract
A thread of music is woven into the texture of Nelly Sachs's poetry. Her verses evoke a host of musical motifs, in her early work mostly derived from the tradition of Romantic poetry in which music plays so important a part. As Sachs's language progresses into her mature style, however, the configuration of these motifs is marked by an increasing idiosyncrasy. This article traces the development of two such musically tempered motifs, which recur throughout Sachs's oeuvre. The first is the notion of a cosmic music: songs sung by the stars and the earth, the moon and the tide. This motif is rooted in the concept of the *musica mundana*, which organizes the universe but which, in Sachs's interpretation, has been profoundly disturbed by earthly terror. The second is the conflation of music with emphatically corporeal images of death. In formulations reminiscent of the medieval *Totentanz*, Sachs casts the dead or wounded body as an instrument played upon by external agencies. These two musical motifs, moreover, are interconnected through a highly personal mysticism that posits a link between the microcosm of the human body, steeped in the concrete, painful experience of everyday existence, and the macrocosm of an intangible and hidden universe beyond the visible world. Thus, not only Sachs's most original employment of melopoetic imagery, but also the outlines of a worldview that lies at the very core of her poetic project, can be found at the point of intersection between corporeal and cosmic music.

In die Textur von Nelly Sachs' Lyrik ist ein musikalischer Faden eingewoben. Ihre Verse evozieren eine Reihe musikalischer Motive, die sich im Frühwerk meistens von der Tradition der romantischen Lyrik herleiten, wo der Musik eine so wichtige Rolle zukam. Als aber Sachs ihren reifen literarischen Stil findet, werden sie von einer zunehmenden Idiosynkrasie gekennzeichnet. Dieser Artikel verfolgt die Entwicklung zweier solcher musikalischer Motive, die durch das ganze Oeuvre von Sachs hindurch wiederkehren. Das erste ist die Idee einer kosmischen Musik: Gesänge von den Sternen und der Erde, vom Mond und den Gezeiten. Dieses Motiv gründet auf dem Gedanken der *Musica Mundana*, die das Universum organisiert. In Sachs' Deutung ist sie jedoch von irdischem Terror gestört worden. Das zweite stellt die Verbindung von Musik mit betont körperlichen Bildern vom Tod dar. In Formulierungen, die den mittelalterlichen Totentanz in Erinnerung rufen, stellt Sachs den toten oder verwundeten Körper als ein Instrument dar, auf dem von externen Kräften musiziert wird. Diese beiden musikalischen Motive sind überdies durch einen persönlich geprägten Mystizismus miteinander verknüpft. Dieser Mystizismus schafft eine Verbindung zwischen dem Mikrokosmos der menschlichen Körper, der in der konkreten, schmerzhaften Erfahrung der alltäglichen Existenz verstrickt ist, und dem Makrokosmos eines ungreifbaren und verborgenen Universums jenseits der sichtbaren Welt. Nicht nur Sachs' eigenartigste Verwendungen von melopoetischen Bildern,

sondern auch die Umrisse einer Weltanschauung, die im Zentrum ihrer dichterischen
Tätigkeit steht, lassen sich somit am Schnittpunkt der körperlichen und kosmischen Mu-
sik verorten.

In January 1937, Nelly Sachs published a short poem entitled "Eine alte Spieluhr
spielt Menuett aus Don Juan", in *Der Morgen*. In its entirety it reads:

> Wie im Abendschein die Töne gehn,
> Fern im Traum, ein altes Puppenspiel!
> Pagen halten einen Rosenstiel,
> Windgekräuselte Standarten wehn.
>
> Kleine Wasser kichern und vergehn.
> Pause. Wenn ein Rosenblatt entfiel,
> Töne geistern in ein fernes Ziel,
> In den Lüften sie gleich Tränen stehn.
> (Fioretos 2010, 34)[1]

In view of the oft-noted derivative character of Sachs's Berlin poetry, with its
stark contrast to her later modernist verse, it should come as no surprise that
traditional figures of music and song occur frequently in these early attempts.
Given their central position in the German Romantic poetry on which she drew
for inspiration, she could hardly have avoided them. In many ways, this poem
epitomizes a standardized version of Romanticism's understanding of music
which was to remain important to Sachs, but which, as I will argue, she subse-
quently developed into an idiosyncratic emblem of the world-view contained in
her mature work.

Most obviously, music functions in these sweet-sounding stanzas as a vehicle
of uninhibited sentimentality and nostalgia. The musical box produces images of
the past: on the one hand, the historical past suggested by Mozart's eighteenth-
century minuet, by the old figurines of pageboys and by wind-blown banners; on
the other, the personal past of Sachs's childhood – the musical box in question
belonged to the poet's uncle, who used to let her listen to it as a child (Fioretos
2011, 33). A mild melancholia – which seems almost unworldly considering the
increasing anti-Semitic terror that surrounded Sachs at this time – accompanies
the loss of this past: as the fall of the rose petal announces autumn, the notes
sound like tears and haunt like ghosts.

The second line of the second stanza, however, gives us pause: it evokes a
silence that is an essential part of the music, but the part that is most intangible,
most emphatically beyond our reach. By linguistically enacting the gaps between
the phrases of Mozart's minuet, the full stops surrounding the word "Pause"

---

[1]   The English edition of Fioretos's biography (Fioretos 2011) has the same pagination
      as the German edition.

point to the close relation between the sonorous flow of the verses and the melody of the musical box. The attention to this brief absence of sound, which in spite of its silence is part of what we hear, stresses the association of music with a world beyond the one available to our senses. The notes of the musical box seem to tell of a distant, ungraspable realm: the "fern im Traum" from which they originate, and the "fernes Ziel" at which their spectral existence is directed.

It is through the opening of this small caesura that loss and death may enter into an interpretation of this poem. If one listens beyond the saccharine tone of Sachs's stanzas, important aspects of the poetics that she was to develop in her later texts can be heard. The real, palpable object of the musical box serves as the link to a realm that lies beyond us – be it in the past, in a distant future goal, or in a parallel universe otherwise unavailable to us. Music, in other words, leads a double existence. On the one hand, it is firmly grounded in the physical world of the instruments upon which it is played and the bodies that produce and perceive it. On the other hand, it is repeatedly imagined as a direct link to the intangible realm that cannot be reach by our senses. From this perspective, it becomes the sign of the potential re-establishment of a connection between the human world and the spiritual world that lies beyond it.

In a letter from the end of December 1957, Sachs stresses the importance of the interpermeability of these spheres. She writes: "Ich glaube an die Durchschmerzung, an die Durchseelung des Staubes als an eine Tätigkeit, wozu wir angetreten. Ich glaube an ein unsichtbares Universum, darin wir unser dunkel Vollbrachtes einzeichnen" (30.12.57 to Margit Abenius: Sachs 1984, 181).[2] The very idea of a sign, of course, evokes a connection between the physical world of the senses and the spiritual world of secret sense: the material signifier, as it were, corresponds to the "Staub", which through "Durchseelung" is infused with an immaterial signified. Precisely because it is the locus where the palpable everyday existence of the body comes into contact with the secret universe, music itself can be understood as an emblem of this signification. In Sachs's hands, music becomes an emblem of the process of "Durchschmerzung" and "Durchseelung". To demonstrate what I mean, I would like to follow the thread of music that runs through the texture of Sachs's poetry, and point to the different patterns by which it repeatedly weaves together the earthly existence of our physical bodies with a spiritually impregnated universe.[3]

---

[2]   For a sustained discussion of Sachs's concept of "Durchschmerzen", see Olsson 2013.

[3]   The literature focused specifically on Sachs's relation to music is relatively limited. By far the most extensive work so far is Gesine Schauerte's meticulous and monumental *Glühende Rätsel äugen sich an: Nelly Sachs und Heinz Holliger* (2007), which focuses primarily on five poems from *Glühende Rätsel* and the various contexts with which an interpretation of these poems may establish a dialogue. Among these contexts, it is Heinz Holliger's musical settings, first performed in 1964, that receive the lion's share of Schauerte's careful attention. Two essays by the musicologist Siglind Bruhn (2008) and the composer Otfried Büsing (2008) address other musical compo-

(Un)earthly feet and dancing dust

The most obvious connector between bodily matter and the immateriality of music is dance. Sachs was fascinated with dancing from an early age: as a child, she used to perform improvised dances to the accompaniment of her musically gifted father's piano playing (Achberger 2008, 205; Fioretos 2010, 20, 29, 45). In a 1959 letter to Walter Berendsohn, she made the following remarks: "Mein höchster Wunsch schon als Kind war: Tänzerin zu werden" and "Der Tanz war meine Art des Ausdrucks noch vor dem Wort. Mein innerstes Element" (Fioretos 2010, 49). This interest in bodily manifestations of music entered into her poetry, for instance in the poems published in *Der Morgen* in 1937 evoking the music of Rameau and, in the poem quoted above, Mozart (2010, 48). What is interesting from the perspective that I am pursuing here is that Sachs associates the markedly bodily activity of dancing with an otherworldly universe, thus letting it form a musically tempered link between the corporeal and the cosmic. Her innermost element, as she calls it, becomes a direct link to a mystical vision of outer space. In her early prose work of idealized childhood memories, *Chelion*, Sachs's alter ego, who also dances to the piano playing of her father, comments that "die Töne, die der Vater spielt, sind eine Vorübung für die himmlische Musik" (Fioretos 2010, 21).

In a similar vein, the poem "Die Tänzerin [D. H.]" from the series of "Grabschriften in die Luft geschrieben" in her first collection of poetry, includes an evocation of dance as a paradoxical conflation of the physical world and its transcendence:

> Deine Füße wußten wenig von der Erde,
> Sie wanderten auf einer Sarabande
> Bis zum Rande –
> Denn Sehnsucht war deine Gebärde.
> (I, 27)

These lines live off the tension between the human body and immaterial music in a play on the traditional idea of dancing as a physical manifestation of music. Beneath the dancer's feet, the sound of a sarabande – perhaps from one of the Bach solo suites: an earlier series of poems included a "Tränensarabande" after Johann Sebastian Bach (Fioretos 2010, 49) – is transformed into solid ground. Through her movements, music becomes palpable presence, strong enough to carry the body of the dancer. Or, conversely, her body is dissolved in the dance,

---

sitions based on Sachs's poetry. While these authors take little interest in Sachs's use of music as a motif, this aspect has previously been addressed by Paul Kersten (1970, Ch. 11) and Karen R. Achberger (2008).

until it reaches the same level of immateriality as musical sound.[4] The metrical surprise contained in the brevity of the third line, underscored by the dash and the emptiness beyond it, corresponds to the caesura in the musical-box minuet: it opens up a space of silence in the midst of music, a vertiginous glimpse over the edge of the phenomenal world.

The feet of the dancer are defined by their lack of knowledge of the physical world. The overtones of escapism and denial implied by this image were soon to disappear from Sachs's poetry. A decade later, in *Und niemand weiß weiter* (1957), similar images are evoked in a radically different manner:

> IN DER BLAUEN Ferne,
> wo die rote Apfelbaumallee wandert
> mit himmelbesteigenden Wurzelfüßen,
> wird die Sehnsucht destilliert
> für Alle die im Tale leben.
>
> Die Sonne, am Wegesrand liegend
> mit Zauberstäben,
> gebietet Halt den Reisenden.
>
> Die bleiben stehn
> im gläsernen Albtraum,
> während die Grille fein kratzt
> am Unsichtbaren
>
> und der Stein seinen Staub
> tanzend in Musik verwandelt.
> (II, 24)

The notion of dance as a musical dissolution of matter persists, along with its role in the longing for a transition from earthly to heavenly existence. The present scene, however, is no longer a vision of the harmonious fulfilment of this longing, but is marked by its arrest in a dissonant and surreal nightmare. As the humans try to travel, they encounter the cosmic symbol of the sun, which has, apocalyptically, fallen from the sky and is now lying by the side of the road. The music of this poem is no longer that of a stylized baroque dance movement, but the scratching sounds of a cricket. The invisible universe is realized here as confining glass, upon which the unsettling piece of the cricket is performed. To this accompaniment, the rock, which epitomizes immobility and material concreteness, begins to dance and transmutes into music. The humans, meanwhile, re-

---

[4]   Kersten points to a study of the "enge Verknüpfung der 'Musik-' und 'Tanz-'Motivik mit dem Zentralthema der entmaterialisierenden Verwandlung" as a desideratum, but makes no attempt of his own since his principal focus is on making an inventory of motifs rather than interpreting them (1970, 186).

main standing, unable to transcend the confines of their terrestrial life. Unlike the dancer walking on the sarabande, they are only too well acquainted with the earth. The roots of the upside-down apple trees may wander off like feet into the distance, and the rock may dissolve into dance – but the "Reisenden" remain riveted to the spot, feet firmly on the ground.

The Orphic corpse and the dances of death

In the opening pages of his biography *Flucht und Verwandlung*, Aris Fioretos describes Nelly Sachs's self-understanding as that of a poet with an "Orphic" mission. She is "less active than passive. She does not compose poems, but rather is overwhelmed by them. She is more receiver than sender" (Fioretos 2010, 8). The image of Orpheus, poet-singer supreme, seems indeed to hold a particular relevance for Sachs's poetry. The thematic source of her lyrical beginnings is, as it once was for Orpheus, the mourning for lost love. Furthermore, the function of music as a mediator between the physical world and the spiritual realm beyond it, which I am attempting to trace through Sachs's work, lies at the core of the most imposing Orpheus of the twentieth century, whom we encounter in Rainer Maria Rilke's Sonette an Orpheus (1923).

Fioretos's emphasis, however, lies on the idea of the poet as a passive instrument animated by poetry. Of the various episodes from the Orpheus myth, none illustrates this point more clearly than his death at the hands of the Maenads, which concludes his story in Ovid's *Metamorphoses*. After he has been massacred and dismembered, and his body has been scattered across the land, his severed head floats along the river, mid-stream, singing the name of his beloved. Albeit admittedly grotesque, the vision of a mutilated body possessed by music is the ultimate emblem of the poet as passive mouthpiece. Even in death, he is being played upon, animated by a force beyond his control. In an analogous manner, the musically animated bodies in Sachs's poetry are often marked by the experience of death – even when, like Sachs herself, they are survivors. In Sachs's first collection, *In den Wohnungen des Todes* (1947), the "Chor der Geretteten" sings:

> Wir Geretteten,
> Aus deren hohlem Gebein der Tod schon seine Flöten schnitt,
> An deren Sehnen der Tod schon seinen Bogen strich –
> Unsere Leiber klagen noch nach
> Mit ihrer verstümmelten Musik
> (I, 33)

Unlike Orpheus, and unlike most of their kin, the collective subject of this poem has, miraculously, survived. Yet they are, in the poem's distinctly macabre vision, undead: the encounter with death was so close that it still possesses their bodies. Even the choir in which they are singing these words is orchestrated by that experience. Phrases like these, which clearly inscribe themselves in the medieval tradition of the *Totentanz*, occur in all stages of Sachs's oeuvre, all the way through to the posthumously published cycles *Teile dich Nacht*: "dem Flötengebein der ermordeten Kinder", "Wundkorallen aus zerbrochenen Kehlen-flöten", "spielend auf mondenen Gebeinen der Toten", "Von der gewitternden Tanzkapelle / wo die Noten aus ihren schwarzen Nestern fliegen / sich umbrin-gen –", "Das Flötengerippe der Toten" (I, 59; II, 46; II, 94; II,189 and II, 201).

Like the early "Chor der Geretteten", the following late poem, published in the fourth cycle of *Glühende Rätsel*, turns toward a past experience permeated by the conflation of death – or near-death – and music. Here, however, Sachs is less interested in the dwelling on the macabre image of corpses-cum-instruments than in the unearthly and emphatically strange aspects of the music experienced:

> DIE MUSIK
> die du hörtest
> war eine fremde Musik
> Dein Ohr war hinausgerichtet –
> Ein Zeichen nahm dich in Anspruch
> aß deine Sehweite
> kältete dein Blut
> stellte Verborgenheit her
> zog den Blitz vom Schulterblatt
> Du hörtest
> Neues
> (II, 181)

What the "you" of the poem has heard is something new. Its ear – Sachs chooses to emphasize the corporeality of the experience by speaking of the actual an-atomy of the human body – was directed towards a hitherto unknown music, as if it had suddenly been predisposed or attuned to a different world of sound. Notably, it is a *sign* that has laid claim to the very being of the "you". As the "you" is taken over by a metaphysical music, the appropriation itself appears to be a semiosis of sorts. The experience evoked is thus very close to the idea of the Orphic poet, who is guided or even forced into the process of musico-poetic creation by an unknown force – a force that, in this poem, is brought about by, or even co-extensive with, music. Once more, this appropriation of the poet's mind and body has lethal overtones that are made explicit by reference to the human body: the fact that this sign consumes the "you"'s field of vision and makes its blood run cold again emphasizes its vicinity to death. To the degree that this musical sign makes audible the hidden universe, it also drains the body of life.

Brine, blood and the bridge from here to there

Sometimes, however, the conflation of corporeal death and music making places less emphasis on the grotesque than on the longing for a metaphysically tinted love. Consider the opening stanzas of a poem from *Flucht und Verwandlung*:

> TOD
> Meergesang
> spülend um meinen Leib
> salzige Traube
> durstlockende in meinem Mund –
>
> Aufschlägst du die Saiten meiner Adern
> bis sie singend springen
> knospend aus den Wunden
> die Musik meiner Liebe zu spielen –
> (II, 103-104)

The body of this lyrical 'I', like the floating-singing head of Orpheus, is played upon in another uncanny conflation of death and life, which at the same time confirms a passionate devotion. It is in the blend of ocean brine and blood, of all-encompassing nature and human flesh, that the music of love is reanimated. Like Orpheus, whose post-mortem song kept obsessively repeating Eurydice's name even after the bodily fulfilment of his desire had been conclusively thwarted by his and her demise, the love of Sachs's lyrical 'I' is expressed in music beyond, even through, corporeal death. In both cases, however, the thirsty yearning is irreducible to the desire for an erotic object. Rather, the erotic longing appears to be invoked as a symbol of the wish to become one with the world, to let the 'I' dissolve and disappear into the maternal murmur of the ocean, to return to what a poem from the same collection calls "den Klippen des Anfangs / bei der Wogenmütter / Welt einrollender Musik" (II, 111). Music, in these poems, becomes simultaneously the sounding sign of erotic yearning and transcendent death wish. As Eros and Thanatos are intertwined in Sachs's poetic vision, a strange music resounds, the promise of which is to dissolve corporeality.

The notion of music produced by open arteries also occurs in a poem from *Und niemand weiß weiter*. In these earlier lines, however, they are not "aufgeschlagen", and their opening implies neither wound nor violence; indeed, these arteries are a bodily image for something beyond the body. They simply open up into a nominalized Nothing, which, similarly, belongs to a marine landscape:

> Adern öffnen sich im wundenlosen Nichts
> der Meerfahrenden,
> singend in der Sarabande
> der Sterne –
> Die Zeit malt ihr Ende

mit einem blitzenden Widdergehörn –
(II, 58; "In zweideutiger Berufung")

Even though we are still in the temporal world – of life and language, painted images and sung music – the efforts of these lines are completely aimed at the eternal: time creates the image of its own undoing by musical means, in the lightning-like blast of the ram's horn, the Shofar. Moreover, the sarabande, on which the dancer once walked with feet that knew little of the earth, returns again as a link to the stellar realm.

As these examples imply, Sachs repeatedly construes the ocean – and particularly the ocean as a source of musical sound – as one possible link between the world of the senses and the secret universe that lies beyond it. In the poem "Du / in der Nacht", Sachs speaks of "der singenden Landkarte eines verborgenen Meeres / das sammelte in der Muschel deines Ohres die Noten / Brücken-Bausteine / von Hier nach Dort" (II, 122). Here, the "Muschel" conflates the notions of the seashell, in which the sounds of an imagined ocean can be heard, and the "Ohrmuschel", the outer ear. Sachs's use of the word "Muschel" itself, then, can be read as a symbol of the way in which music constructs a path from the human body – the receiver organ – to a secret world beyond the senses. The listening ear and the shell that is pressed against it are superimposed on each other, and between them the musical sounds flow to create a connection between the corporeality of human existence and the secret universe that lies beyond it. The "you" is absorbed by a conscious or quasi-conscious "Verlernen der Welt". Much as the open arteries and the ocean song of death in the aforementioned poems, then, the yearning of the "you" to leave the body behind is again a strong suggestion of thanatic longing. The same seashell, full of music, reappears as an artefact of Eros in the following lines:

Liebende
halten die Muschel mit dem Konzert
der Tiefsee ans Ohr
Ein Stern öffnet sich zum Eingang
(II, 179)

As the "Muschel" of the seashell is once again pressed against that of the ear, it is love rather than death that conducts the oceanic sound. This time, the music is specified as a concert, which seems less likely to suggest public performance – let alone the concerto as a specific genre – than to etymologically connote coming-together and communality. Perhaps we should think of this union as projected rather than consummated. It is difficult to conceive of two people listening into the same seashell at the same time: the act is clearly a solitary one. At any rate, the constant element in these seashell poems is the figure of music as a link between the oceanic and the celestial realms. In the harmonies of the ocean, the listening subject finds an entrance into the distant universe, as in these lines from

Und niemand weiß weiter: "O die Schlafmuschel, / die in der Milchstraße singend kreist / und sich öffnet" (II, 21). All of these examples suggest the idea of a connection between the ocean and the stars – or, more accurately perhaps, an influence exerted on the former by the latter – which is permeated by a great longing typically involving both Eros and Thanatos. In lines like the following, also from *Und niemand weiß weiter,* longing is even more explicitly painful, piercingly so: "schleift an Gestirnmusik / den weißen Sehnsuchtsdorn, // sticht ihn durch der Mondmeere Schlafleib" (II, 20). If the "Mondmeere" are understood as a reference to the influence of the moon on the seas – rather than, say, the *Mare Tranquillitatis* – the movements of the tide, in Sachs's understanding, are also a musical phenomenon: "Einen Akkord spielen Ebbe und Flut" (II, 13). The painful pull exerted on earthly entities by the heavenly bodies, then, is itself a source of music.

Cosmic songs and earthly screaming

This brings me to one of the most consistent musical motifs in Sachs's output, already alluded to in several of the poems addressed above: the idea of a cosmic music, to which she returns over and over again throughout her oeuvre.[5] While the stars form a part of the physical universe outside the earth's atmosphere, they also, and certainly more centrally, function in Sachs's poetry as mystical figures of the invisible universe. Sometimes they seem to retain a metaphysical promise for Sachs, as when "Musizierende Gestirne / rauschten wie Wein / in Abram's Ohr" (II, 38), or when a terrifying angel – clearly reminiscent of Rilke's *Duineser Elegien* – "läßt Musik, / daran die Welten hängen, klingen, / der Liebe Inbegriff!" (II, 40). At other times, however, the cosmic world order has been fundamentally disturbed, and the stellar harmony is twisted into harsh dissonance, a "Musik der Agonie / ins Ohr des Universums" (II, 133). Ultimately, the concept of stellar music is rooted in the Pythagorean doctrine of the harmony of the spheres, according to which the numeric proportions and movements of the celestial bodies give rise to music. Medieval thinkers later developed the system, suggesting that this *musica mundana* governs the inner workings of our bodies and souls, which they called *musica humana*. The music actually played or sung by humans, known as the *musica instrumentalis*, ideally mirrors the other kinds, but is nevertheless – or, from a Platonic perspective, precisely therefore – inferior to them. In this light, then, music is the sign of a mystical correspondence between the human being/body and the cosmos. The cosmic music itself, in this tradition, is not actually audible to human ears, but can be experienced only in a state of sublime rapture. The basic outline of this system, then,

[5]   The importance of this topos has previously been pointed out by Achberger (2008, 206). See also Kerstens (1970, 64–65).

corresponds to Sachs's idea of an imperceptible universal order, which is different from yet linked to the human world of "Staub", and which, in particular moments, may reveal itself to us. The experience evoked by the opening stanza of a poem from *Sternverdunkelung* (1949) takes place in an ambiguous moment somewhere between physical existence and what lies beyond it:

> MUSIK IN DEN Ohren der Sterbenden –
> Wenn die Wirbeltrommel der Erde
> leise nachgewitternd auszieht –
> wenn die singende Sehnsucht der fliegenden Sonnen,
> die Geheimnisse deutungsloser Planeten
> und die Wanderstimme des Mondes nach dem Tod
> in die Ohren der Sterbenden fließen,
> Melodienkrüge füllend im abgezehrten Staub.
> (I, 90)

In a rhetorical gesture that, as we shall see, recurs in several poems, Sachs juxtaposes here the music of the earth with the music of the suns and planets. That of the earth is, significantly, a snare drum, connoting militaristic and violent music (and the word "Wirbel" adds tumultuous overtones that mingle with the remaining echoes of the thunderstorm implied by "nachgewitternd"). The suns and the moon, by contrast, are paradoxically anthropomorphised by the human connotations of voices and songs.

After the initial line, which announces this particular music as a principal object of interest, the poem continues with two extended "wenn"-clauses, which attempt to define the moment when this music takes place: it thus seems to concentrate on a specific point in time, or perhaps a moment poised between time and what comes after temporality. On the one hand, the listening subjects are not exactly dead, but dying, and the reverberations of the earth are still there, if fading. On the other hand, the wandering voice of the moon is heard after death.

Sachs is explicit about the corporeality of the receiving organs into which the melodies are being poured: she speaks of the actual ears of the bodies, and makes them even more physically palpable by conflating them with jugs or vases filled by the liquid substance of music. To the extent that we think of this music as being *heard* by the dying-dead this poem aligns itself with the suggestions of undeadness in the above-mentioned poems that allude to the *Totentanz* tradition: reactivating their sense of hearing, music animates the bodies of the dead. Or perhaps a more appropriate way of putting it would be that the music of the spheres, typically thought inaudible to human ears, might reach those ears only after they have left their sense of hearing behind.

The moment evoked by the poem is thus deeply ambiguous: it is a singular moment, yet its position in relation to life and death cannot be definitely pinpointed. The listeners are located in an indefinable borderland that appears to include both their corporeal existence and its discontinuation. For her elaboration on this paradoxical moment, Sachs employs the figure of music: its ambiguous position between the earthly and the unearthly makes it the perfect emblem of that passage into the unknown.[6] At the ambiguous threshold moment, simultaneously in and after time, the two kinds of music flow into each other: the echoes of the harsh drumming are fading but still audible, and the inaudible singing voices of the planets are already pouring their melodies into the ears of the dying-dead. The sounds of earthly violence, then, are intermingled with the music of the spheres. In the following lines, from an earlier poem in *Sternverdunkelung* ("Auf dass die Verfolgten nicht Verfolger werden"), a similar notion is suggested:

> Schritte der Henker
> über Schritten der Opfer,
> Sekundenzeiger im Gang der Erde,
> von welchem Schwarzmond schrecklich gezogen?
>
> In der Musik der Sphären
> wo schrillt euer Ton?
> (I, 50)

The steps of the hangmen and their victims are envisioned as the second-hand of a clock, their progression as unfaltering and interminable as the ticking of time itself and dragged on, horribly, by a dark moon. As in the poems evoking oceans and tides, then, the heavenly bodies are exerting an influence on the terrestrial goings-on. In the case of the relation between executioners and executed, however, the influence does not seem to be unidirectional. The poem inquires after the sound that their steps are making in the music of the spheres: the terrifying yet almost dance-like dynamic between them, Sachs seems to suggest, must sound a shrill note in the stellar harmony. Another instance of such discordance can be found in another of the choruses from *In den Wohnungen des Todes*. Here, the stars themselves are singing:

> Wir Sterne, wir Sterne
> Wir wandernder, glänzender, singender Staub –
> Unsere Schwester die Erde ist die Blinde geworden
> Unter den Leuchtbildern des Himmels –
> Ein Schrei ist sie geworden
> Unter den Singenden –
> (I, 38-39; "Chor der Sterne")

These lines conflate the notion of stellar harmony with the topos of the blind singer, evoking a tradition that reaches from Homer to Hölderlin and beyond.

---

[6]   The poem describes, in Achberger's words, "den von Musik begleiteten Prozeß des Sterbens, des Übergangs in eine andere Welt, die des Himmelskosmos" (2008, 208).

For Tiresias, Oedipus and others, it is an excess of insight that leads to blindness, according to which the loss of eyesight gives birth to an inner vision, often expressed in song. Blinded by the horrors that she has witnessed, the earth has become a prophetess, but one incapable of harmonious song: she can only scream in panic. From this perspective, it would seem that Sachs suggests a reversal of the direction of influence. It is no longer obvious that the heavenly bodies govern the earthly tidal currents or the inner movements of the human soul. The stars who are singing watch their sister's transformation estranged, with a sense of dread: it is that which has happened on earth that has turned her song into the anguished cry that disturbs the former euphony. A more explicit and macabre development of this reversal can be found the following poem from 1960:

> ICH KENNE NICHT den Raum
> wo die ausgewanderte Liebe
> ihren Sieg niederlegt
> und das Wachstum in die Wirklichkeit
> der Visionen beginnt
> noch wo das Lächeln des Kindes bewahrt ist
> das wie zum Spiel in die spielenden Flammen geworfen wurde
> aber ich weiß, daß dieses die Nahrung ist
> aus der die Erde ihre Sternmusik herzklopfend entzündet –
> (II, 148)

Sachs's treatment of music here can be read as a direct inversion of the traditional concept of the harmony of the spheres. The source of the earth's contribution to the stellar music is the casually committed murder of a child (and these lines recall the third chapter of the book of Daniel, where three Jewish boys are thrown into a blazing furnace but delivered through divine intervention). The link between the terrestrial and the celestial remains, but the trauma played out in the former sphere is so cruel that the latter is shaken to its very foundations. Instead of the cosmic order providing the governing principles, both of the inner music of the human body and of the instrumental music that this body performs, the causal chain has been reversed: the earthly *Totentanz* of the Holocaust – the music played on the bodies of the dead – sends its repercussions all the way out into the stellar realms. As a response to the destruction of human bodies, the celestial bodies themselves acquire an anthropomorphic corporeality: the earth has a heart, beating presumably with dread or rage. The music, moreover, is "entzündet", set on fire. Sachs's *Sternmusik*, then, reverses the mimetic trajectory implied by the idea of the *musica mundana*, by reproducing on a cosmic level the terrestrial fire and the bodies consumed by it. Music thus becomes an expression of human cruelty and death as the pivot upon which the universe itself is twisted out of joint.

Counterpoint death

The music of death appears once again, very differently and on an ostensibly much smaller scale, in a brief lyric from September 1962, published in Sachs's first cycle of *Glühende Rätsel*:

> ICH WASCHE MEINE Wäsche
> Viel Sterben im Hemd singt
> da und dort Kontrapunkt Tod
> Die Verfolger haben ihn mit der Hypnose
> eingefädelt
> und der Stoff nimmt willig auf im Schlaf –
> (II, 156)

In an important sense, this is a poem about doing the laundry. To me, it reveals in a striking manner the extent to which trauma permeates the small-scale situations of quotidian life, how terror and paranoia are woven into the very fabric of the everyday. The image of counterpoint, which in this context can hardly fail to evoke Paul Celan's "Todesfuge", conveys the perverted craftsmanship with which the persecutors have gone about their work.[7] Death and terror is now everywhere: not only in the streets of Berlin in 1939, but also in a laundry room in Stockholm in the 1960s. Distinct points in time and space – here and there, past and present – resound together in a texture of deadly polyphony.[8]

Moreover, the contrapuntal texture – the poem emphasises the idea that musical melodies resemble threads that come together to form texture and textile – evokes the by-now-familiar intertwinement of the visible and the invisible world, and the collocation of music and death marks once again the passageway between them. One may note that this late poem has a basic gesture in common with the early one in which a musical box was playing the minuet from *Don Giovanni*: in both poems, music serves as the link between a small, material thing and an immaterial world that appears to be just out of reach. In the early poem, music moves from the physical object into the unknown, whereas, in the later poem, the trajectory is the opposite: here, music travels, by way of metaphor, from a secret, invisible world into the palpable material of the shirt. In both

---

[7]   For a discussion of "Todesfuge", its treatment of music and its critical reception by literary scholars and composers, see my chapter "Play Death Sweeter: Music, Metaphoricity, Murder" (Englund 2012, Ch. 3).

[8]   The idea of counterpoint also mirrors here the predicament of expatriation. As Edward Said once put it: "Most people are principally aware of one culture, one setting, one home; exiles are aware of at least two and this plurality of vision gives rise to an awareness of simultaneous dimensions, an awareness that – to borrow a phrase from music – is contrapuntal" (Said 2000, 186).

cases, music traverses the divide between the visible and the invisible world. But the texts, of course, are worlds apart: while the musical box evoked a dreamlike nostalgia, the laundry evokes murder and persecution. Sachs still ascribes to the palpable object the capacity to put the observer – a generalized subject in the early poem, but a markedly singular lyrical 'I' in the late one – into contact with the impalpable side of the universe. The vision evoked in this poem, however, is no longer framed by a sentimental state of mind, but by paranoia and psychosis. Here, there is nothing reassuring or elevating about the musical opening into the universe beyond our senses: it, too, has been taken over by the persecutors.[9] The idea of a world that eludes our sight has ceased to serve as source of consolatory visions, and turned into a lurking horror behind one's back which is all the more horrifying precisely because it can never be seen.

*

Music, for Sachs as for Celan, is no longer a self-evidently benign force. In Sachs's work, however, it retains for better or worse the role of a mediator be-tween the two sides of existence. In contrast to Achberger, who claims that "[die] Musik bei Nelly Sachs [...] selten dieser Welt an[gehört]" (2008, 206), I would argue that music cannot be relegated to the sphere of the otherworldly. Rather, its significance to Sachs depends precisely on its repeated occurrence as the emblem of a transition between, or an interlocking of, the phenomenal world and the invisible universe, of the earthly and the unearthly, or the physical and spiritual. Sometimes the other world is very distant, in outer space, sometimes it seems close enough to touch, if it only had a palpable existence. It is beyond us, yet directly linked to us, and music is repeatedly cast as a conduit between the two. Sometimes this link is a source of consolation, sometimes a source of pro-found terror.

All in all, Sachs lets the idea of music remain anchored within the German aesthetic tradition, where it has typically been configured as a way of circum-venting logos: either below it, as a bodily experience, or above it, as an agent of the otherworldly and transcendent. Yet she gives it an idiosyncratic reading. Her closest poetic kinship – in this particular respect – is probably with Rainer Maria Rilke. These two poets share a profound preoccupation with the idea of an in-visible universe, which, notably in Rilke's late work, is often associated with music and song (although typically defined in contradistinction to their phenom-enal existence as human music making). The two poets clearly share an interest in employing musical figures to evoke a connection between the physical and the

[9]   As this and several other examples addressed here suggest, one might want to qualify Kersten's generalizing contention that "im Metaphernkontext verwendete Elemente aus den Sinnbereichen 'Musik' und 'Tanz' [signalisieren] stets den von 'Sehnsucht' nach 'Verwandlung' begleiteten Übergangsprozeß der Kreatur in den Kosmos des mystischen Jenseitsraums" (Kerstens 1970, 187).

transcendent, and Sachs's treatment of objects like the musical box and the cloth of the shirt is perhaps indebted to Rilke's *Dinggedichte*. Rilke, too, returns in several poems to the idea of cosmic music. As one of several possible examples, I would like to quote six lines from the last of the three poems that Rilke simply entitled "Musik", written in 1925, which contrasts earthly to cosmic music, strongly preferring the latter:

> Schlag an die Erde: sie klingt stumpf und erden,
> gedämpft und eingehüllt von unsern Zwecken.
> Schlag an den Stern: er wird sich dir entdecken!
>
> Schlag an den Stern: die unsichtbaren Zahlen
> erfüllen sich; Vermögen der Atome
> vermehren sich im Raume. Töne strahlen.
> (Rilke 1996, II: 398)

The earth and the stars are struck as if they were stringed instruments, but while the notes of the latter radiate through space, the former makes only a dull sound, because it is muted by our desires and purposes. The music idealized by Rilke, then, is defined in contradistinction to both earthly music-making and to our earthly endeavours in general. It stands above the humans precisely by being essentially directionless, disinterested: "Du mehr als wir ..., von jeglichem Wozu / Befreit...." (Rilke 1996, II: 399; the closing lines of the poem). Rilke's cosmic music is fundamentally unaffected by human affairs. The human cry, in the famous opening line of the *Duineser Elegien*, would go unheard by the angels. Rilke goes as far as to pose the question – "Schmeckt denn der Weltraum, / in den wir uns lösen, nach uns?" – but has to conclude that the cosmic beings probably take no notice: "Sie merken es nicht in dem Wirbel / ihrer Rückkehr zu sich. (Wie sollten sie's merken.)" (Rilke 1996, II: 206). For Sachs, as we have seen, the situation is radically different: she envisions the invisible universe as profoundly disturbed by what takes place in the human world. According to the credo that I quoted at the outset of this paper – "Ich glaube an ein unsichtbares Universum, darin wir unser dunkel Vollbrachtes einzeichnen" – whatever we accomplish is inscribed in that elusive realm. Perhaps these earthly doings, described by Sachs in terms of darkness, can be taken to imply both horror and hope. On the one hand, the profound darkness of historical trauma leaves its terrifying marks on that other, invisible world. The disinterested and directionless quality of Rilke's ideal music is utterly unthinkable in Sachs's poetic universe, where the earthly *Totentanz* of persecution and murder sends its repercussions all the way into outer space. There, the song of the stars is twisted into a dissonance of inconceivable proportions, and echoes back as a lethal counterpoint that, in turn, permeates human existence. On the other hand, of course, the idea of "einzeichnen" evokes the inscriptions of poetry. The "dunkel Vollbrachtes" could also be understood as an image of the *Dichterin* who, at night, wrote in darkness so as not to disturb her mother's sleep by lighting a lamp in the small room where they lived (Fioretos 2010, 8). On this view, the music of poetry becomes a faint glow of hope in the all-encompassing night, a near-silent voice that sings in the great choir of the cosmos.

Bibliography

Achberger, Karen R. "'Ein Schrei – unter den Singenden': Musik und Leiderfahrung in der Lyrik von Nelly Sachs." *"Lichtersprache aus den Rissen": Nelly Sachs – Werk und Wirkung*, ed. by Ariane Huml. Göttingen: Wallstein, 2008. 203–214.
Bruhn, Siglind. "Die musikalische Deutung schmerzlichen Erinnerns: Walter Steffens Oper *Eli* nach dem Mysterienspiel von Nelly Sachs." *"Lichtersprache aus den Rissen": Nelly Sachs – Werk und Wirkung*, ed. by Ariane Huml. Göttingen: Wallstein, 2008. 215–236.
Büsing, Otfried. "Nelly Sachs' 'Chor der Schatten': Ein kompositorischer Reflex." *"Lichtersprache aus den Rissen": Nelly Sachs – Werk und Wirkung*, ed. by Ariane Huml. Göttingen: Wallstein, 2008. 237–242.
Englund, Axel. *Still Songs: Music In and Around the Poetry of Paul Celan*. Farnham: Ashgate, 2012.
Fioretos, Aris. *Flucht und Verwandlung: Nelly Sachs, Schriftstellerin, Berlin / Stockholm: eine Bildbiographie*. Trans. Paul Berf. Berlin: Suhrkamp, 2010.
Fioretos, Aris. *Nelly Sachs: Flight and Metamorphosis. An Illustrated Biography*. Trans. Tomas Tranaeus. Stanford: Stanford University Press, 2011.
Kersten, Paul. *Die Metaphorik in der Lyrik von Nelly Sachs. Mit einer Wort-Konkordanz und einer Nelly Sachs-Bibliographie*. Hamburg: Hartmut Lüdke, 1970.
Olsson, Anders. "Aching Through: Nelly Sachs's Poetics of Exile." *Languages of Exile: Migration and Multilingualism in Twentieth-Century Literature*, ed. by Axel Englund and Anders Olsson. Oxford: Peter Lang 2013. 221-242.
Rilke, Rainer Maria. *Werke. Kommentierte Ausgabe in vier Bänden*. Ed. Manfred Engel, Ulrich Fülleborn, Horst Nalewski and August Stahl. Frankfurt am Main and Leipzig: Insel, 1996.
Sachs, Nelly. *Briefe*, ed. by Ruth Dinesen and Helmut Müssener. Frankfurt am Main: Suhrkamp, 1984.
Said, Edward W. "Reflections on Exile." *Reflections on Exile and Other Essays*. Cambridge MA: Harvard University Press, 2000. 173–186.
Schauerte, Gesine. *Glühende Rätsel äugen sich an: Nelly Sachs und Heinz Holliger*. Heidelberg: Winter, 2007.

Chiara Conterno

Meridiane des Schmerzes und des Trostes
Über Lyrik und bildende Kunst im Werk von Nelly Sachs

In Erinnerung an Walter Busch
Mit aufrichtiger Dankbarkeit
für die anregenden, leider plötzlich
unterbrochenen Gespräche
über Dichtung und Kunst

Abstract

Um Gefühle und Empfindungen in der Lyrik und in den Briefen auszudrücken, greift Nelly Sachs auf einige künstlerische Motive und Bilder zurück. In diesem Beitrag wird versucht, die *bildnerischen* Linien zu verfolgen, die nach Sachs „Meridiane" genannt werden. Da sich die künstlerischen Rückgriffe in Bilder des Schmerzes, Bilder des Trostes und „gemischte" Bilder unterteilen lassen, wird hier vom Meridian des Trostes, vom Meridian des Schmerzes und von den Polen gesprochen, in denen sich die zwei Meridiane berühren.

Ziel des Beitrags ist es, zu zeigen, dass Nelly Sachs auf die *Bildersprache* zurückgreift, wenn gewöhnliche Worte nicht mehr ausreichen, um besondere Seelen- und Lebenszustände zu benennen. Da ersetzen Malen und Zeichnen das Sprechen, denn sie können Horizonte öffnen, die dem Wort verschlossen sind.

In order to express feelings and sensations in her poems and letters, Nelly Sachs resorts to certain motifs and images which derive from the visual arts. This paper attempts to trace these various artistic lines, which are referred to as "meridians". Since the artistic strategies she pursues can be divided into images of suffering, images of consolation and mixed images, I will speak about the meridian of suffering, the meridian of consolation and the two poles where the meridians meet. This paper attempts to show that Nelly Sachs turns to language relating to the visual arts when ordinary language cannot represent particular states of mind. Pictures and sculptures replace speech, as they can open new horizons precluded to the human word.

Eine Hoffnung in die ich jahrelang meine innigste Kraft gesammelt hatte, ging damals in Scherben – ich wurde krank, so traf es mich. Lieber Paul Celan wir wollen uns weiter einander die Wahrheit hinüberreichen. Zwischen Paris und Stockholm läuft der Meridian des Schmerzes und des Trostes.

Immer Ihre / Nelly Sachs
(Celan/Sachs 1996 [1993], 25)

Mit diesen an Paul Celan gerichteten Worten beschrieb Nelly Sachs am 28. Oktober 1959 ihren psychischen und seelischen Zustand. Sie war sich dessen bewusst, dass sie damals zwischen Schmerz und Trost schwankte. Der berühmte Meridian symbolisiert nicht nur die fragile, unsichtbare und immaterielle Verbindung zwischen Sachs und Celan, sondern steht im übertragenen Sinn auch für jene dünnen Seile, auf denen sich die Dichterin wie eine Seiltänzerin oder eine Akrobatin bewegt. Sehr schwierig ist es, auf diesen Seilen das Gleichgewicht zu halten. Um ihr inneres Oszillieren zwischen Angst, Schmerz und Verzweiflung auf der einen Seite, und Hoffnung, Trost und Zuversicht auf der anderen Seite auszudrücken, greift Sachs auf mehrere künstlerische Motive zurück, die sie aus der Kunstgeschichte kennt. Im Folgenden versuche ich, diese *bildnerischen* Meridiane anhand der Meisterwerke der Malerei und Bildhauerei zu verfolgen, die aus dem reichen Fundus der Kunstgeschichte in den Gedichten und Briefen von Nelly Sachs wieder auftauchen. Da sich die Bilder in Bilder des Schmerzes, Bilder des Trostes und „gemischte" Bilder (d.h. des Schmerzes und Trostes zugleich) unterteilen lassen, werde ich die drei Aspekte getrennt analysieren, wobei ich vom Meridian des Schmerzes, vom Meridian des Trostes und von den Polen sprechen werde. Letztere sind Schnittpunkte der Meridiane, wo sich Leiden und Trost berühren.[1]

1 Der Meridian des Schmerzes

Um ihre Erschütterung angesichts des Attentats auf Folke Bernadotte[2] und die darauffolgende Verzweiflung darzustellen, schreibt Nelly Sachs am 9. Oktober 1948 an Gudrun Dähnert:

> Ich habe versucht, in meiner neuen Gedichtsammlung [*Sternverdunkelung*, C. C.] diese apokalyptische Zeit zu fangen, aber auch die ewigen Geheimnisse dahinter schimmern zu lassen. Unsere Zeit, so schlimm sie ist, muß doch wie alle Zeiten in der Vergangenheit in der Kunst ihren Ausdruck finden, es muß mit allen neuen Mitteln gewagt werden, denn die alten reichen nicht mehr aus. Ich erhielt eine große Monographie des norwegischen Malers Munch, dem Genie des Nordens. Wie war er seiner Zeit voraus, wie wurde er mißverstanden, wie einmal auch Rembrandt und Dante, und heute ist es so selbstverständlich, daß er die zerrissene Seele seiner Zeit mit Farben dichtete, die immer nahe am Verbluten sind.
> (Sachs 1984, 98)

---

[1]   Von der Definition des *Brockhauses* ausgehend meine ich mit Meridian „jede[n] von Pol zu Pol reichende[n] und senkrecht auf dem Äquator stehende[n] ‚Halbkreis'" (Weiß 2005, 4006).

[2]   UNO-Beauftragter für Palästina, wurde am 17. September 1948 von jüdischen Terroristen in Jerusalem ermordet (Sachs 1984, 98).

Es handelt sich um einen bedeutenden Brief, kündet er doch von Nelly Sachs' poetologischer Zielsetzung: Sie möchte die apokalyptische Zeit in ihrer Lyrik darstellen und gleichzeitig hintergründige Geheimnisse durchschimmern lassen. Geheimnis ist dabei ein Begriff, der auch in späteren Briefen verwendet wird und bei Nelly Sachs eine wichtige Rolle spielt. Ihre Zeit solle in der Kunst ihren Ausdruck finden. Sie fordert zum Erwerb neuer Ausdrucksmittel auf, denn die alten reichten nicht mehr aus. Als Beispiele für eine neue Ausdruckskunst nennt sie Munch, Rembrandt und Dante, die lange missverstanden wurden. Dante ist zwar kein Maler, aber seine Verse besitzen eine stark figurative Kraft, auf die später noch eingegangen wird.

Ein aufschlussreicher Ausgangspunkt für die Analyse des Meridians des Schmerzes ist die Auseinandersetzung mit dem erwähnten norwegischen Maler Edvard Munch. Angst, Verzweiflung, Desorientierung sind Stichworte für seine Gemälde. Durch kantige Zeichen und grelle Farben gelang ihm die Darstellung des Entsetzens und der Vereinsamung –, Emotionen und Gefühle, die auch die Lyrik von Nelly Sachs verarbeitet und zu vermitteln versucht. Zahllos sind ihre *munchartigen* Gedichte. Sehr nah an *Der Schrei* von Munch ist z.B. „Schweigender Schrei":

> SCHWEIGENDER SCHREI!
> Inneres Lösewort für die unterirdisch Leidenden.
> Dein befreites Ohr hört,
> was sich hier losreißt vom Blut.
> (II, 234)

Über die Erwähnung des Schreis hinaus sticht die vom Blut hervorgerufene rot gefärbte Stimmung hervor. Ein weiterer berühmter Schrei bei Nelly Sachs ist derjenige des Gedichts „Als der große Schrecken kam" (II, 167-168), in dem auf das schockierende Verhör angespielt wird, dem sich die Dichterin im nationalsozialistischen Berlin unterziehen musste. Beides sind stumme Schreie, die in der Kehle bleiben, die niemand hören wird, wie auch niemand den Schrei von Munch hören wird. Der *schweigende* bzw. *lautlose Schrei* ist ein wiederkehrendes Motiv in der Lyrik von Nelly Sachs. In diesem Zusammenhang sticht das Gedicht „Landschaft aus Schreien" (II, 46-47) hervor, das verborgene, geborgene, verschlossene oder bewahrte Schreie evoziert und darstellt:[3] „Abrahams Herz-Sohn-Schrei, / am großen Ohr der Bibel liegt er bewahrt" (V. 6-7), „Schreie, mit zerfetzten Kiefern der Fische verschlossen," (V. 13) „Hiobs Vier-Winde-Schrei / und der Schrei verbogen im Ölberg / wie ein von Ohnmacht

---

[3] Mit diesem Thema hat sich Barbara Wiedemann auseinandergesetzt. Sie setzt das Gedicht „Landschaft aus Schreien" in Beziehung zu dem Prosatext „Leben unter Bedrohung", in dem es auch um stumme Schreie bzw. verbotene Sprache geht. Vgl. Wiedemann 1996, 301–310.

übermanntes Insekt im Kristall." (V. 26-28), „O die Hieroglyphen aus Schreien, / an die Tod-Eingangstür gezeichnet." (V. 8). Alle diese Schreie entstehen unter der Bedrohung durch den Tod. Jedoch bleiben sie latent, ersticken oder münden in die Stummheit: Für laute Schreie bräuchte man kein großes Ohr; im Berg wird der Schrei unhörbar und im Stein wird er aufbewahrt; die Fische stoßen stumme Schreie aus, die in blutigen Kiefern angehalten und unterdrückt werden. In letzter Instanz verwandelt das unmögliche Verlauten die stummen Schreie in deren figurative Darstellung: Sie werden zu „Hieroglyphen" auf der Schwelle zwischen Leben und Tod. Die Bezugnahme auf die „Hieroglyphen" zeigt, dass Nelly Sachs auf eine graphische bzw. zeichnerische Aktivität zurückgreift, um *stumme Laute* wiederzugeben und um das Schweigen zu umgehen.

Andere Maler, die sich in Nelly Sachs' Meridian des Schmerzes einfügen, sind Hieronymus Bosch und Pieter Brueghel. Am 3. Oktober 1960 schrieb Nelly Sachs an Hilde Domin:

> Hilde,
> es ist so entsetzlich, was man getan hat gegen mich, daß ich alle Bosch- und Breughel-Höllen durchschritt und schließlich zusammenbrach. Nun werde ich bald in ein Genesungsheim übersiedeln. Habe niemandem geschrieben, nur gelitten – gelitten. Kalt verraten von allen, die ich liebte.
>   Leb wohl   Deine Li
> (Sachs 1984, 255)

Als sie diesen Brief schrieb, durchlebte Nelly Sachs eine psychisch äußerst labile Zeit: die nationalsozialistischen Verfolgungen kehrten in Form von Wahnvorstellungen wieder. Die Zeilen erreichten Hilde Domin aus der psychiatrischen Klinik Beckomberga nahe Stockholm. Um ihre Gefühle auszudrücken und die inneren Verfolgungen zu beschreiben, greift die Lyrikerin auf die Gemälde der niederländischen Maler Hieronymus Bosch (um 1450-1516) und Pieter Brueghel (um 1525/1530-1569) zurück, deren Werke visionäre Elemente aufweisen und in gewisser Weise das künstlerische Ergebnis von Visionen sein könnten.

Auf Bosch bezieht sich Nelly Sachs explizit in „Dornengekrönt", denn das Gedicht ist dem Maler gewidmet:

DORNENGEKRÖNT

Hieronymus Bosch

Immer wieder
durch einen verhexten Handgriff
den Nabel der Liebe gesprengt.
Immer wieder
der Folterer über schwanengebogenem Rücken
die Geißel lange schon im Traume erprobt.

Immer wieder
die zerpeitschte Aura
über dem entblätterten Leib.

Immer wieder
die Sehnsucht, aller Gräber Frühlingsknospe
mit dem Steinzeitfinger zur Träne zerdrückt.

Immer wieder
die Blutschlange züngelnd
im Hautwams der Henker.

Immer wieder
die Blicke des Opfers zugedeckt
mit Gott – Auszug – Asche –[4]
(II, 53-54)

Obwohl es nicht sicher ist, auf welches Bild von Bosch Nelly Sachs sich bezieht, lässt sich vermuten, dass der Rückgriff Boschs Gemälde *Ecce Homo* (*Schaustellung Christi vor dem Volke*) gilt: Im Gedicht werden die Dornenkränze, die Peitsche, die Folterung, die Geißelung, die zugedeckten Blicke des Opfers erwähnt. Daher wird der Text als Bildgedicht betrachtet (vgl. Kranz 1992). Jedoch nimmt Nelly Sachs nur eine Figur, Jesus, unter die Lupe; sie zoomt auf Christus, als ob der Rest bedeutungslos wäre. Keine Rolle spielen in „Dornengekrönt" Pilatus oder die schreiende Masse.

Dass die jüdische Dichterin Nelly Sachs in diesem Gedicht auf Jesus anspielt, soll nicht erstaunen: Für sie ist Christus das Symbol des menschlichen Leidens schlechthin.[5] Hier steht Jesus für die ganze Judenheit, für das ganze jüdische Volk, das im Laufe der Jahrtausende den Verfolgungen, Austreibungen und Schicksalsschlägen ausgesetzt wurde. Das Wiederkehren der Unglücke, Folterungen und Katastrophen wird im Gedicht durch die anaphorische Wiederholung von „Immer wieder" am Anfang jeder Strophe wiedergegeben und unterstrichen. Damit zielt das Gedicht darauf ab, diese uralte Tatsache ins Bewusstsein der Leser zu rufen. Zahlreich sind die Hinweise auf die Unmenschlichkeit der beschriebenen Leiderfahrung. Das Tun der Henker wird als „verhext" bezeichnet, was an übermenschliche, magische bzw. satanische Mächte denken lässt (Kranz 1972, 28). Die Folterungen entstellen die Körper: Der Rücken ist „schwanengebogen" (V. 5-7: „Immer wieder / der Folterer über schwanengebogenem Rücken / die Geißel lange schon im Traume erprobt."), der Leib wird „entblättert", als ob

---

[4] Derselbe Ausdruck findet sich in „Leben unter Bedrohung" wieder: „Und dies geschah auf dieser Erde. Geschah und kann geschehen. Und das Kind hatte neue Schuhe bekommen und wollte sich nicht von ihnen trennen. Und im Blick des Greises lag schon Gottes-Auszug-Asche" (IV, 13).

[5] Dazu siehe Conterno 2010, S. 159, 176; Weissenberger 1976, 55; Rey 1970, 274.

er ein fragiler Baum im Sturm wäre. Die Quälereien treffen nicht nur den Leib,
sondern erreichen auch die Tiefenschichten der Seele: die natürlichen
Beziehungen zwischen Mutter und Sohn werden geschnitten (V. 3), die Geißel
erscheint und verletzt sogar im Traum (V. 6), die Aura, d.h. die „besondere
[geheimnisvolle] Ausstrahlung" bzw. „die Erweiterung des Bewusstseins [...]"
(Klosa 2001, 194), wird „zerpeitscht" (V. 8) (vgl. Kranz 1972, 28-29). Jeder
Funke Hoffnung wird ausgelöscht und in Tränen verwandelt (V. 11-12). Die
„züngelnd[e]" „Blutschlange" (V. 14), die u.a. an die Schlange im Paradies
denken lässt, evoziert das Feuer der Verbrennungen (Flammenzungen), das
durch die Erwähnung der Asche im letzten Vers seine zerstörende Aufgabe
erledigt zu haben scheint. Dieser Vers (V. 18) ist äußerst mehrdeutig, vor allem
ist Gottes Rolle widersprüchlich. Damit könnte sowohl Jahwe gemeint sein, der
die Städte wie Tonkrüge zerschmettert (Jes. 19; oder Psalm 2, 9) und auch sein
Volk bestraft, als auch der barmherzige Gott, der sein Volk rettet und es aus der
Knechtschaft befreit. Auch „Auszug" könnte zweideutig sein und sowohl den
Auszug aus Ägypten, als auch die Verschleppung in die babylonische
Gefangenschaft meinen. „Asche" ist in diesem Zusammenhang meines
Erachtens eindeutig negativ konnotiert: sie kann auf die Asche der Todesstrafe
(2. Makkabäer 13, 5-8) oder, ins zwanzigste Jahrhundert transponiert, auf die
Asche der Krematorien anspielen.[6]

Vom berühmten Gemälde von Bosch ausgehend, berührt Sachs heikle The-
men wie die Verfolgungen und Versuche der Ausrottung der Juden, die mehr-
mals im Laufe der Jahrtausende erfolgt sind und wieder im zwanzigsten Jahr-
hundert, in einer zugespitzten Form, stattgefunden haben. Um diese unbegreifli-
chen und unvorstellbaren Ereignisse sowie ihre psychischen und physischen
Folgen darzustellen, findet die Lyrikerin die Bildersprache des niederländischen
Malers geeignet. Mit dieser Bildersprache war sie vertraut, denn sie verfügte
über Hieronymus Bosch, *Garten der Lüste. Einführung von Hans Rothe* (1959).[7]
Dieser Band spielt für die Dichterin eine zentrale Rolle, denn auf dem rechten
Innenflügel des Triptychons *Garten der Lüste* befindet sich eine Darstellung der
Hölle[8], und als „Bosch- und Breughel-Höllen" bezeichnet Nelly Sachs ihre Lei-
denszeit im zitierten Brief an Hilde Domin vom 3. Oktober 1960.

---

[6]   Gisbert Kranz behauptet dagegen, dass die Asche auch welche meinen könnte, aus der
      der Phönix zu neuem Leben ersteht oder wahrscheinlicher die Asche der Buße (Jona
      3,6) und der Trauer (Jesaja 61,3), die als Symbol der Demut und Zerknirschung die
      Vergebung Gottes herbeiführt. Seiner Meinung nach enthält der letzte Vers somit Ent-
      setzen und Hoffnung zugleich (vgl. Kranz 1972, 29).

[7]   Die Signatur dieses Buches, das sich in Kungliga Biblioteket von Stockholm befindet,
      lautet: Kungliga Biblioteket, NS/868. Im Folgenden werden die Bücher aus Sachs'
      Bibliothek im Haupttext mit der Sigle NS und der entsprechenden Nummer nachge-
      wiesen.

[8]   Die Hölle ist ein sehr beliebtes Motiv von Bosch. Man denke z.B. auch an *Die Hölle*
      auf dem rechten Innenflügel des Gemäldes *Der Heuwagen*.

Beeindruckend ist in Boschs *Hölle* aus dem *Garten der Lüste* das Gewimmel von entstellten Menschen und Figuren sowie die im oberen Teil dargestellte Landschaft, die in ihrer rot durchglühten Finsternis einem Zechenbrand gleicht und deren unheimliche Wirkung auf dem Kontrast zwischen den schwarz erstarrten Bauten und dem aufgeregten Flammenspiel beruht (Fraenger 1985, 44-107). Noch erschütternder wirkt im unteren Teil desselben Gemäldes *Die Musikantenhölle* (vgl. Fraenger 1985, 55-59), in der die Musikinstrumente als Folterwerkzeuge eingesetzt werden. Ein wehrloser Mensch ist z.B. in die Saiten einer Harfe eingespannt, während ein zweiter Mensch von einer großen Flöte niedergedrückt wird und ein dritter unter einer Laute gefangen ist. Letzterer kann sich nicht bewegen und auf seinem Gesäß sind Noten geschrieben, nach denen einige Nachbarn singen müssen. Diesen malerischen Darstellungen kommen einige Gedichte der Nelly Sachs nahe. Hierbei handelt es sich um keine expliziten Bezüge, in dem Sinne, dass die Dichterin den Namen des Malers nicht ausdrücklich erwähnt, sondern eher um freie Anleihen und Anspielungen, die aber im Hintergrund die Werke von Bosch durchschimmern lassen. In „Wieder Mitte geworden" aus *Teile dich Nacht* kommen einige Elemente vor, die auch in *Die Hölle* von Bosch anwesend sind, beispielsweise der Bezug auf die Musik und das Ohr, wobei Klang und Gehör als infernalischer Raum erscheinen:

WIEDER MITTE GEWORDEN
für abgezogene Musikskelette
im Gehörraum
die Hölle gegründet
mit Bienensang
verirrt im Ohr –
Oasen wo Tod die Raumräuber
Schweigen lehrt
Ihr göttlichen Verstecke
schlagt die Augenlider auf –
(II, 204)

Die Verbindung zwischen Tod und Musik ist ein wiederkehrendes Motiv bei Nelly Sachs, man denke an das Gedicht „Die wahre Musik" (II, 209-210), das von der auf der Blutharfe gestrichenen Musik am Jüngsten Tag erzählt, an die „Wundkorallen aus zerbrochenen Kehlenflöten" aus „Landschaft aus Schreien" (II, 46) oder an den „Chor der Geretteten" (I, 33): „Wir Geretteten, / Aus deren hohlem Gebein der Tod seine Flöten schnitt, / An deren Sehnen der Tod schon seinen Bogen strich –". In diesem Bild klingt das mittelalterliche Totentanzmotiv an, das jedoch hier bis zur Groteske zugespitzt wird, um die Verfolgten – entsprechend der historischen Realität der nationalsozialistischen Konzentrationslager – zu entmenschlichen.

In dieselbe Richtung geht auch das Gedicht „Geheime Grabschrift", in dem von einem „harfend[en] Tränenholz" zu lesen ist:

GEHEIME GRABSCHRIFT

O welche Rune schreibt der Erdenschoß
mit einer Eiche qualverborgenem Geäst
in diese Luft, die Zeit mit Schreckenmuster malt.

Greis mit dem Kaftan –
Mantel aus der großen Einsamkeit geschnitten,
von vielen Tod- und Weihekerzen angeraucht –
Greis in der heimatlosesten der Sprachen seufzend –

Der eiserne Soldat ließ dich in Wellen
an dem Baume leiden,
nachschaffend eine windverrenkte Erdenflucht.

Zenit des Schmerzes!
Harfend Tränenholz
und Krähen die den Sterbebissen kauen
den Grausamkeit noch übrig ließ –

Vielleicht ist hier die Stelle
wo dieser Stern, die schwarzversiegelte
Geheimnisfülle sprengt
und furchtbar überkocht
in unfaßbare Ewigkeit hinein!
(I, 68)

Die Körperhaltung dieses Greises mit dem Kaftan ist unmenschlich, der Körper
ist wie in Wellen gebogen; der entstellte Mensch leidet unermesslich. In gewis-
ser Hinsicht erinnern diese Figuren an die *verrenkten*, schmerzgeladenen Prota-
gonisten sowie an die düsteren Landschaften einiger Bilder von Francisco Goya
(1746-1828). Man denke beispielsweise an *Das ist schlimmer* aus *Desastres de
la Guerra* oder an *Torheit der Furcht* aus *Disparates*. Ferner ruft dieser Körper
die Figur des Muselmanns[9] ins Gedächtnis (vgl. Busch 2012, 102-103), jenes
zumeist jüdischen Lagerinsassen, von dem Primo Levi im Kapitel „Die Verlore-
nen und die Geretteten" aus *Ist das ein Mensch? Erinnerungen an Auschwitz*
(1979) erzählt. Nach Levi hat der Muselmann schon Wochen vor dem Tod die
Fähigkeit, zu beobachten, sich zu erinnern und auszudrücken, verloren. Diese
Menschen seien weder Tote noch Lebende, sondern in einem Zwischenstadium
gefangen: Lebendig-Tote (Agamben 1998, 13-36). Ihre gequälten und entstellten
Körper werden zu ohnmächtigen Zeugen, zum Zeichen eines unmenschlichen
Schmerzes. Das Leiden spricht sich in „Tränenholz", in „Schreckenmuster" und
„Runen" aus.

[9] „Mit *Muselmann* bezeichneten die Lagerveteranen aus mir unerfindlichen Gründen
die schwachen, untauglichen und selektionsreifen Häftlinge" (Levi 1979, 92).

„Geheime Grabschrift" schlägt Brücken zu weiteren Meisterwerken der Kunst und der Literatur. „Eiche" und „Baum" könnten auch ein transfigurierter Bezug auf Caspar David Friedrich sein, ein Maler, auf den im Folgenden noch eingegangen wird. „Tränenholz" und „qualverborgene[s] Geäst" können ferner Hinweise auf Dantes Hölle sein, was auch folgende Verse belegen: „WAS FÜR SPRECHENDE Sprößlinge / auf dem Fensterbrett der Nacht" (II, 205) und „Die Tanne hat eine Träne geweint / in die Tischlerhand / Ist sie tot?" (II, 218). All diese Verse rufen die weinenden und seufzenden Bäume des XIII. Gesangs der *Hölle* ins Gedächtnis. Es handelt sich um die Selbstmörder, die als Vergeltung in Bäume verwandelt wurden, da sie in ihrem Leben ihre menschlichen Körper gehasst und getötet haben. Deswegen leiden sie, wenn die Zweige zerbrochen werden:

Drum sprach zu mir der Meister : „Wenn du brichst
ein Zweiglein nur von einer dieser Pflanzen,
so wird, was du gedacht, sich falsch erweisen."

Da streckt' ich meine Hand ein wenig aus
und brach von einem großen Strauch ein Ästchen,
da schrie der Stamm : „Was reißt du mich in Stücke?"

Und als er dann von dunkelm Blut gebräunt,
da schrie er wieder : „Was zerreißt du mich?
Hast du vom Geist des Mitleids keine Spur?

Wir waren Menschen, jetzt sind wir Gestrüpp:
Wohl sollte deine Hand barmherzger sein,
wärn wir von Schlangen Seelen nur gewesen."

So wie ein grünes Scheit, das angesengt
an einem Ende, an dem andern seufzet
und knistert von dem Dampf, der draus entweicht,

So drangen aus dem nackten Stamm zugleich
Worte und Blut, drum ließ das Reis ich fahren
und stand wie einer, der vom Schreck gebannt.
(Alighieri 1963, 182)[10]

Die Bäume schreien, weinen und seufzen, ähnlich wie das „Tränenholz" bei Nelly Sachs. Die Gründe für diese entmenschlichte Verwandlung sind unterschiedlich: Während die Protagonisten des XIII. Gesangs sich das Leben genommen haben, thematisiert Nelly Sachs das grausame Schicksal von Opfern und Verfolgten, denen das Leben gewaltsam genommen wurde. In beiden Fällen

---

[10] In den zitierten Dante-Übersetzung sind die Doppelpunkte ungewöhnlich gesetzt.

handelt es sich jedoch um unnatürliche Todes- oder Sterbensarten, eine Verbindung, die Sachs' Verse mit neuem Licht beleuchtet. Diese Anspielungen und Resonanzen rufen den zitierten Brief an Gudrun Dähnert vom 9. Oktober 1948 ins Gedächtnis, in dem die Lyrikerin Dante unter den missverstandenen und hellsichtigen Dichtern wähnt. Dass Nelly Sachs Dantes Verse kannte und davon beeindruckt war, wird durch die Exemplare der *Göttlichen Komödie* bezeugt, die sich noch heute in ihrer Bibliothek finden (Dante Alighieri, *Göttliche Komödie*. Übertragung von Stefan George, 1922, NS/179; Dante Alighieri, *Göttliche Komödie. Das hohe Lied von Sünde und Erlösung*. Übersetzt von Hermann A. Prietze, 1952, NS/180).

Dantes XIII. Gesang mit seinen weinenden, seufzenden und leidenden Bäumen klingt auch im „verrenkte[n] Schmerzensbaum" aus dem Gedicht „Dies ist der dunkle Atem" an, in dem ein weiteres, Kunstwerk erwähnt wird, das unermessliches Leiden ausdrückt: die Skulptur des *Laokoon*.

DIES IST DER dunkle Atem
von Sodom
und die Last
von Ninive
abgelegt
an der offenen Wunde
unserer Tür.

Dies ist die heilige Schrift
in Landsflucht
in den Himmel kletternd
mit allen Buchstaben,
die befiederte Seligkeit
in einer Honigwabe bergend.

Dies ist der schwarze Laokoon
an unser Augenlid geworfen
durchlöchernd Jahrtausende
der verrenkte Schmerzensbaum
sprießend in unserer Pupille.

Dies sind salzerstarrte Finger
tränentropfend im Gebet.

Dies ist Seine Meeresschleppe
zurückgezogen
in die rauschende Kapsel der Geheimnisse.

Dies ist unsere Ebbe
Wehegestirn
aus unserem zerfallenden Sand –
(II, 69-70)

Die Statue der Laokoon-Gruppe, die berühmte Darstellung des Todeskampfs Laokoons und seiner Söhne, die wir in ihrer plastischen Stattlichkeit kennen, ist hineingerissen in das subjektive Sehen und den einzigartigen Blick der Lyrikerin. Der Schmerz überbrückt augenblicklich die verschiedenen Medien von Lyrik und Plastik. Als Inbegriff der leidenden Menschen betrachtet wird die antike Marmorgruppe mit einem „verrenkte[n] Schmerzensbaum" verglichen.

In „Dies ist der dunkle Atem" ist kein Platz für die Schönheit und die Anmut, auf denen Goethe und Winckelmann hinsichtlich des berühmten Meisterwerks beharren. Bei Sachs vermittelt die Spannung der Muskeln der Laokoon-Gruppe nur Schmerz, so dass die weiße Marmorstatue „schwarz" wird. Warum schwarz? Wie Paul Kersten in seiner Studie gezeigt hat, steht die Farbe Schwarz bei Nelly Sachs für die Akzentuierung und die Evokation des Dunklen und des Bedrohlichen (Kersten 1970, 244). Oft bezeichnet die Dichterin gerade diejenigen Objekte als „schwarz", die eigentlich helle Farben besitzen. Man denke beispielsweise an die „schwarze[...] Sonne" (I, 36), oder an den „schwarze[n] Apfel" (II, 13) sowie an den „Schwarzmond" (I, 50; II, 58) und an „schwarzes Licht" (II, 124). Schwarz bezeichnet die Trennungen, steht für die Abschiede und vor allem für den endgültigen Abschied: den Tod (Kersten 1970, 247-251). Damit ist immer der gewaltsame, durch Mord herbeigeführte Tod gemeint. Gleichzeitig rückt das Schwarz auch die Schwarzen Löcher[11] ins Gedächtnis, die astronomischen Objekte, die Materie verschlucken und dies auf ewig. In beiden Fällen versinnbildlicht das Schwarz das unermessliche Leiden der Opfer und Verfolgten sowie das ominöse Schicksal, das kein gutes Ende hat und jede Rückkehr zum glücklichen Leben ausschließt. Chiffriert findet sich das Motiv des *schluckenden Schwarzes* in folgendem Gedicht:

LEONARDO
mit einem Korn Sand spielend
das düsterste Schwarz suchend
ganz mit Tod getränkt
die Auferstehung

der Täufer –
(II, 200)

---

[11] Schon im 18. Jahrhundert wurde über solche Phänomene spekuliert. Frühere Bezeichnungen dafür waren „dunkle Sterne" oder „dunkle Körper". Wichtige Forschungen in diesem Bereich wurden dann in der ersten Hälfte des 20. Jahrhunderts betrieben, bis der Begriff „schwarzes Loch" 1967 etabliert wurde. Vgl. Gribbin 2005, 64-66.

Gemeint ist das Gemälde *Hl. Johannes der Täufer*[12] von Leonardo da Vinci
(1452–1519). Der Vers „Das düsterste Schwarz" ist wohl eine Anspielung auf
Leonardos Entdeckung, dass Schwarz auf der Leinwand alle Farben schluckt.
Mit Leonardo hatte sich Nelly Sachs auseinandergesetzt: Sie verfügte über die
Biographie von Kenneth Clark, *Leonardo da Vinci in Selbstzeugnissen und Bild-
dokumenten* (1969; NS/873), sowie über Leonardos *Philosophische Tagebücher*
(1958; NS/712).

Obwohl in den zitierten Versen von der Auferstehung und vom Wegbereiter
Jesu (Johannes dem Täufer) die Rede ist, sind sie vom Tod geprägt. Der Tod
überschattet und schließt jede Möglichkeit einer Auferstehung, einer Wiederge-
burt bzw. eines Wiederanfangens aus, wenn man das schluckende Schwarz auf
da Vincis Entdeckung als auch auf die bereits erwähnten Schwarzen Löcher
bezieht. Schwarz steht ferner für das ursprüngliche Chaos, als die Materie und
das Wort noch formlos waren:

> ES IST EIN Schwarz wie
> Chaos vor dem Wort
> Leonardo suchte dieses Schwarz
> hinter dem Schwarz
> (II, 184)

Dieser Exkurs in die Bedeutung der Farbe Schwarz lässt besser verstehen, was
die Verse „der schwarze Laokoon" und „der verrenkte Schmerzensbaum" be-
deuten: Es geht um die Darstellung eines unermesslichen Leidens, dessen mate-
rielle Spuren in der Welt nicht mehr vorhanden, aber in den dichterischen Bil-
dern enthalten sind. Jedoch überschreiten diese Bilder die Grenzen der Lyrik
und, miteinander verschmolzen, finden sie Einzug in die poetologischen Briefe
von Nelly Sachs, die am 22. Januar 1959 folgende Zeilen an Walter Berendsohn
schickt:

> Ich schrieb ihm,[13] daß ich mich wohl mit diesen Jungen [junge Dichter, C. C.] in
> ihrer Bemühung, der Ehrlichkeit und dem Ernst ihrer Aussage verwandt fühle,
> wenn auch ihre Linie oft nüchtern erscheint, so ist die meine aus dem gleichen
> Suchen entstanden – wenn sie auch die schmerzgekrümmte Laokoon-Linie zeigt.
> (Sachs 1984, 199)

---

[12] Johannes der Täufer war Vorläufer, Wegbereiter und Jünger Jesu. Siehe z.B. Mk. 1,
      2-15. Sachs kannte das Motiv von Johannes dem Täufer auch aus dem Gedicht „Zur
      Kunst des Unmöglichen" von Gunna Ekelöf, das sie ins Deutsche übersetzte: „So
      trägt auf den Ikonen Johannes der Täufer das Haupt / teils auf heilen Schultern / teils
      und zugleich vor sich her auf einer Schüssel" (III, 184).
[13] Wahrscheinlich meint Nelly Sachs hier Peter Hamm, der ihr Beda Allemanns *Über
      das Dichterische* (1957) geschenkt hatte (Sachs 1984, 200).

Um die Quelle ihrer Dichtung zu bezeichnen, greift die Dichterin auf das Bild des „schmerzgekrümmte[n] Laokoon" zurück.[14] Auch hier wird der bildnerische Verweis zu einer essenziellen Formel ihrer Sprache. Außerdem verkündet diese Nachricht Sachs' Bewusstsein, dass das Leiden das Element ist, aus dem ihre Dichtung entsprungen ist und das ihr Werk nährt. Das Leiden wirkt wie eine Signatur,[15] die ihr Werk nicht nur unauslöschlich prägt, sondern auch bedingt. Wie sie selbst gesteht, sind ihre Metaphern im Endeffekt ihre Wunden.[16] Sachs zielt darauf ab, das Leiden so unmittelbar wie möglich darzustellen, damit die ansonsten unsichtbaren Kräfte zum Ausdruck gebracht werden, denn das Leiden ist nicht nur Schrecken, sondern auch Treue den Dahingegangenen gegenüber (Busch 2009, 72).[17] Durch die Sprache – vor allem mit ihren Bildern sowie mit ihren formalen Aspekten, ihrer Struktur samt ihrer Veränderungen bzw. Entstellungen (Gedankenstriche, Brüche, Unterbrechungen) – zeigt Nelly Sachs meisterhaft das Leiden.

Welche Sprache spricht zusammenfassend das Leiden bei Nelly Sachs?[18] Wie stellt sie das Leiden dar? In gewisser Weise geht sie wie der Maler Francis Bacon vor: Sie versucht die unsichtbaren und schwer spürbaren Kräfte zu fangen[19] und sichtbar zu machen.[20] Somit kann ihre Lyrik die Gefühle zeigen, die diese ursprünglich kaum vernehmbaren Kräfte verursachen. Darauf zielt sie ab: Empfindungen und nicht Effekte zu zeigen.[21] Ihre Lyrik weist auf ein Fühlen hin, das durch den deformierten Filter des Schreckens und des Entsetzens hindurchgehen muss. Somit nimmt ihre Dichtung Abstand von allen Formen der geformten Darstellung und besteht auf dem rohen, vorgeblich nicht geformten Gefühl. In ihrem dichterischen Wort muss die Kraft eines unvergesslichen Mo-

---

[14]   Der Brief wurde ein Jahr nach dem Gedicht „Dies ist der dunkle Atem" geschrieben, das 1958 entstanden war.

[15]   Vgl. den Begriff von *Segnatura* in Agamben 2008.

[16]   Vgl. folgendes Briefzitat: „[…] der Tod war mein Lehrmeister und meine Metaphern sind meine Wunden" (Brief an Herrn Dr. Kreuzberger vom 24. Januar 1967, Kungliga Biblioteket, Stockholm, L 90:2; zit. nach Conterno 2010, 117).

[17]   Aufschlussreich in diesem Kontext ist der präzise Essay „Testimonianza, trauma e memoria" von Walter Busch (2007, 547-564).

[18]   Zu der Sprache des Leidens bei Nelly Sachs siehe Conterno 2011, 125-138.

[19]   Vgl. den Begriff „Kräfte auffangen" (Deleuze 2005, 117-118).

[20]   „In der Kunst, in der Malerei wie in der Musik kommt es nicht darauf an, Formen nachzuahmen oder zu erfinden, sondern es geht darum, Kräfte aufzufangen. Aus diesem Grund ist keine Kunst figurativ. Nichts anderes bedeutet Klees berühmte Formel: ‚nicht das Sichtbare darstellen, sondern sichtbar machen'. Die Aufgabe der Malerei versteht sich als der Versuch, unsichtbare Kräfte sichtbar zu machen. Auf dieselbe Art und Weise bemüht sich die Musik, klanglose Kräfte klingend zu machen. Das ist einleuchtend. Die Kraft ist in enger Beziehung zur Empfindung: Es reicht, dass eine Kraft an einem Körper, d.h. an einem bestimmten Punkt der Welle, wirkt, damit Empfindung entsteht" (Deleuze 2005, S. 117).

[21]   Vgl. die Begriffe „Empfindung" und „Wirkungen" (Deleuze 1981, 118-119).

ments wiedererkannt werden, das die Sprache nicht darstellt, sondern eher ergreift und spürbar macht. Als ob das Gefühl und die Empfindung aufhörten, repräsentativ und stellvertretend zu sein, und wahr würden (vgl. Busch 2009, 65). Um diese ursprünglichen, schmerzgeladenen Gefühle auszudrücken, greift Nelly Sachs auf die bildnerische Sprache bzw. auf die Sprache der bildenden Kunst zurück. Somit ist sie imstande, Empfindungen und Wahrnehmungen direkt zu vermitteln und wiederzugeben; somit gewinnt die Darstellung des Leidens an einprägender Kraft. Ihre Verse prägen sich in die Erinnerung der Leser ein und hinterlassen unauslöschliche Spuren. Eben in der Verbindung des Ausdrucks mit der Erinnerung und Wahrnehmung besteht nach Walter Busch die authentische poetische Aktivität. So werde das Leiden in das Kunstwerk hineingenommen; dann würden seine Zeichen artikuliert, damit eine Figur des Gefühls entstehe. Auf diese Weise erneuerten jede Strophe und jedes Bild die Aktualität und Anwesenheit der Katastrophe (2009, 65). Genau das verwirklicht Nelly Sachs' Meridian des Schmerzes.

2 Die Meridianpole

Am südlichen und am nördlichen Pol, wo sich die Meridiane des Schmerzes und des Trostes begegnen, sind die *gemischten* Bilder zu verorten und zu behandeln, die Trauer und Trost zugleich vermitteln und spenden. Dazu gehören einige Gemälde von Caspar David Friedrich (1774-1840), einem Maler, den Nelly Sachs sehr schätzte,[22] wie der Brief vom 30. August 1950 an Gudrun Dähnert verdeutlicht:

> Und nur falls Du noch einmal im Leben ein kleines Büchlein mit Bildern von Caspar David Friedrich und etwa Eichendorffs „Schloß Durande" finden würdest (aber nur falls es ganz billig ist), so wären meine Sehnsüchte erfüllt. Caspar David Friedrichs Erscheinung steht mir mit einer alten Eiche drüben am anderen Ufer des Wassers auf einer Felsenhöhe jeden Tag durch den Blick aus meinen Fenstern vor Augen. Der einsame Baum. Und Eichendorff kam mit den Büchern damals nicht mit.
> (Sachs 1984, 120)

In diesem Brief bezieht sich Sachs wahrscheinlich auf Friedrichs Gemälde *Der einsame Baum*, in dem eine einzige Eiche, deren Krone abgestorben ist, in den Himmel ragt und in einer weiten Landschaft mit feuchten Niederungen und Bergen im Hintergrund dargestellt wird. Einzelne Bäume, vor allem die Eiche, und Baumgruppen sind ein bevorzugtes Motiv Friedrichs. Auf den ersten Blick muten sie inhaltlich anspruchslos an, jedoch liegt ihnen eine ikonographische und

---

[22] Sachs verfügte über *C.D. Friedrich: 1774-1840. Acht farbige Gemäldewiedergabe.* Text von Eva Herbig (NS/629).

literarische Tradition zugrunde (Friedrich 1974, 46), dank der sie über reine Naturstudien[23] hinausgehen. Das wird besonders an *Der einsame Baum* sichtbar, denn die Eiche wird zum bedeutsamsten Bildgedanken der Landschaftsdarstellung erhoben (Friedrich 1974, 46).

Die Einbindung der Eiche in eine riesige Landschaft und die dadurch bewirkte Monumentalisierung (Friedrich 1974, 47) haben zur Folge, dass der kleine, an den Baum gelehnte Schäfer[24] im Bild fast verschwindet. Einsamer als der Baum ist der Schäfer. Somit vermittelt das Bild nicht nur die Schönheit und die Stattlichkeit der Natur, die aber vom dürren abgestorbenen Ast an der Baumspitze ein wenig überschattet wird, sondern drückt auch die Einsamkeit des kleinen Menschen aus, der seine Begrenztheit erfährt. Diese Aspekte werden in anderen Gemälden Friedrichs zugespitzt: in *Der Rabenbaum* ist z.B. keine Spur mehr von menschlicher Präsenz, nur ein kahler, von Krähen und Raben umgebener Baum dominiert die Szene. In dieselbe Richtung gehen *Eiche im Schnee* und *Abtei im Eichenwald*, in denen gefrorene und beschneite Elemente dargestellt sind, wobei totale Vereinsamung herrscht. In der schwedischen bzw. Stockholmer Landschaft vor ihrem Fenster sieht Nelly Sachs Friedrichs Gemälde oder Details davon widergespiegelt und wahrscheinlich spürt sie in ihrer Seele jene Einsamkeit und Verlassenheit, die solche Bilder trotz oder, besser gesagt, wegen der prächtigen Landschaft zusprechen.

Ähnliche Landschaften begegnen wir in Sachs' Gedichten, die mit Bäumen und insbesondere auch mit Eichen übersät sind. Diese werden häufig negativ konnotiert. Oft sind die Zweige der Bäume geschlungen, gewunden, verkrümmt oder an ihnen hängen verstorbene Kreaturen. Einige Verse seien zitiert: „In dem märtyrerhaft geschlungenen Gezweige / Der alten Eichen?" (I, 18), „Die Eiche seufzte aus dem Ahnenschrein / Und das Vergangne feierte Begegnung." (I, 27), „am Baum gehenkte Puppen und Larven der Totgeburten" (II, 144), „unterm grabesduftenden Buchsbaum" (II, 136), „ein geschüttelter Baum im Geisterwind" (II, 149). Jedoch stechen auch positiv konnotierte Bäume hervor; man denke an die Bäume, die den Gejagten Frieden zusprechen, „Eurer Fußspuren letzte Angst löscht aus in unserem Frieden / […] / Wir zeigen in ein Geheimnis / Das mit der Nacht beginnt" (I, 41), oder an die Bäume, die mit der verwandelnden Kraft der Sehnsucht verbunden sind:

> haben sich die Bäume ausgerissen
> die mit ihren Wurzeln
> die Verwandlung des Staubes
> zwischen Heute und Morgen fassen.
> (I, 60)

---

[23] Friedrich hat zahlreiche Baumstudien gefertigt.
[24] Solche Verbindung greift auf eine andere Gemäldetradition zurück (Friedrich 1874, 47).

Man begegnet dem „Lebensbaum" (I, 74), die Bäume werden zum Verbindungs-
glied zwischen Himmel und Erde, „Aus dem Wüstensand treibst du deine Bäume
wieder hoch / die nehmen die Quellen hin zu den Sternen –" (I, 78), und öffnen
sich zum neuen Leben, „Die heimatlosen Jahrtausende / [...] / schlagen aus in
neuer Herrlichkeit / [...] / frische Äste überwinterter Bäume" (I, 80). Aufschluss-
reich sind ferner folgende Verse, die eine sehnsuchtsvolle Atmosphäre darstel-
len: „In die blaue Ferne gehn / Berge und Sterne und Apfelbaumalleen" (I, 29).

Auch beschneite Landschaften, die an Friedrichs *Eiche im Schnee* oder *Ge-
büsch im Schnee* erinnern,[25] treten bei Sachs in Erscheinung. Oft weist der
Schnee auf den Tod hin, „immer hinter dem Rücken / des Schneeläufers Tod"
(II, 20), „vom Todesengel magnetisch / angezogen / an seinem Schneerock" (II,
71). Jedoch schimmert häufig in den verschneiten Landschaften die Transendenz
durch: „Mörder, aus welchem Grabstaub warst du einmal so schrecklich beklei-
det? / Trug ihn ein Wind von einem Stern, den ein Nachtmahr behext / Wie To-
tenschnee hinab auf eine Schar, die sich zu Gott hindurchleidet" (I, 20). Schnee-
fälle versinnbildlichen Gottes Präsenz: „Dein Haus, mein Geliebter, ich spür / Ist
ganz von Gott verschneit" (I, 23). Schließlich ist der Schnee mit dem Alter und
mit dem Heimweh verbunden: „DIESE SCHNEEBLUME GESTÜTZT am Stab / der
vor Heimweh mit ihr wandern muß" (II, 131); „Schneeflocken des Heimwehs, /
schmelzend im Winterschlaf" (II, 57). Hierbei handelt es sich um ein Heimweh
nach einer Heimat, die außerhalb der menschlichen Existenz liegt, wobei ein
Streben nach dem Jenseits zu spüren ist.

Über diese gemeinsamen Motive hinaus könnte Sachs' Vorliebe für
Friedrichs Werke auch durch die romantische Stimmung verursacht worden sein,
die seine Gemälde prägt. In diesem Kontext spielt der Begriff der Sehnsucht, der
schon angedeutet wurde, eine zentrale Rolle, denn er ist ein Schlüsselwort im
Werk der Dichterin.[26] In Sachs' Lyrik sind die Erwähnungen der Sehnsucht und
die Anklänge an das Sehnsuchtsmotiv der Frühromantik zahllos. Bei Sachs wird
die Sehnsucht zu einem „transzendierten Grundantrieb" (Sager 1970, 80), einem
tiefen Verlangen nach dem Tod, das ein Streben nach dem Jenseits symbolisiert.
Von Anfang an bedeutet Sachs' Sehnsucht das Sehnen nach dem Staublosen,
nach dem Übermenschlichen (Conterno 2009, 81-101). In diesem Kontext erhält
die Sehnsucht nach dem Tod eine positive Bedeutung, denn sie zeigt den Weg
für die Überschreitung der menschlichen Grenzen und das Hineintreten in eine
übermenschliche Dimension. Hier einige Beispiele: „Deine Füße wußten wenig
von der Erde, / Sie wanderten auf einer Sarabande / Bis zum Rande – / Denn
Sehnsucht war deine Gebärde" (I, 27); „Die Schwalbe baute in Elias Haaren / Ihr
Nest; bis er in Sehnsucht aufgefahren" (I, 29); „VIELLEICHT ABER BRAUCHT Gott

---

[25]   Friedrich hat zahlreiche Bilder mit Schneemotiven dargestellt; man denke an *Mönch
       im Schnee, Winterlandschaft im Schnee mit der Ruine des Klosters Eldena, Kloster-
       friedhof im Schnee.*
[26]   Sachs war von der Romantik fasziniert; man denke an ihre Verehrung für Novalis.
       Dazu siehe Dähnert 2009, 226-257; Michel 1981, 185–193; Conterno 2010, 70-77.

die Sehnsucht, wo sollte sonst sie auch bleiben, / Sie, die mit Küssen und Tränen und Seufzern füllt die geheimnisvollen Räume der Luft – / Vielleicht ist sie das unsichtbare Erdreich, daraus die glühenden Wurzeln der Sterne treiben –" (I, 21). Selbstverständlich ist das, was sich außerhalb der Grenzen der menschlichen Existenz befindet, übermenschlich. Es geht um eine überlegene, unfassbare und ungreifbare Dimension, die wegen ihrer Erhabenheit die Menschen erschrecken kann.

Was Friedrich angeht, sind seine Gemälde für Nelly Sachs Verkörperung der romantischen Sehnsucht geworden. Man denke beispielsweise an *Der Wanderer über dem Nebelmeer*. Im Zentrum des Bildes steht ein einsamer Mensch, der dem Betrachter den Rücken zuwendet und in die Unendlichkeit und Grenzenlosigkeit schaut. Jedoch, indem Friedrich dem Wanderer eine unermesslich große Natur gegenüberstellt, zeigt er seine existentielle Einsamkeit. Ferner wird das menschliche Auge nicht befriedigt, denn der Nebel verhindert die Visualisierung und Wahrnehmung der Landschaft. Im Nebel entmaterialisiert sich die Welt: Bäume, Büsche, Gipfel verlieren ihre Umrisse und ihre Bodenhaftung. Obwohl der Wanderer in einer erhöhten Position ist, gewährt seine Lage keine Überschaubarkeit, denn der Nebel verrätselt die Umgebung. Die visuellen Barrieren und Hindernisse der dargestellten Landschaften verweisen auf die menschlichen Grenzen und somit erfährt der Mensch nochmal seine Beschränktheit. Ein weiteres romantisches Bild ist *Mönch am Meer*.[27] Darin herrscht eine unfassbare Sehnsucht, denn das Gemälde stellt die Unendlichkeit und Unbegrenztheit dar, wonach der Mensch von Natur aus strebt. Jedoch ist die dargestellte Figur völlig allein, wobei diese Verlassenheit in der Natur zum Grundmotiv des Gemäldes wird. Zwischen dem Mönch und der unbegrenzten Landschaft entsteht eine tiefe Kluft und der Mensch erfährt diese unüberbrückbare Distanz.[28] Solches Gefühl, das als „Pathos der Distanz" (Friedrich 1974, 77) bezeichnet werden kann, veranlasst Selbstreflexion. Die Größe und die Erhabenheit der dargestellten Landschaften schlagen in die Ungewissheit und Unvertrautheit der Menschen um, die die Bedingtheit ihres Handelns erfahren.[29]

Aus diesen Beobachtungen kann man schlussfolgern, dass Friedrich zu einem Bezugspunkt für die Lyrikerin wurde, weil seine Gemälde sowohl schmerzliche

---

[27] Eine kongeniale Ausdeutung dieses Gemäldes hat im Essay „Empfindungen vor Friedrichs Seelandschaft" Heinrich von Kleist geliefert, der sich auf ein umfangreiches Manuskript von Clemens Brentano stützte, an dem auch Achim von Arnim mitgearbeitet hatte (Friedrich 1974, 162).

[28] Was Edmund Burke (Friedrich 2000, 58) in *A philosophical enquiry into the origin of our ideas of the sublime and beautiful* und Friedrich Schiller in *Das Erhabene* über das Schöne und das Erhabene postulieren, findet seine Bestätigung und malerische Anwendung bei Caspar David Friedrich.

[29] Ferner spricht Friedrichs Gemälde auch die Betrachter an, die mit der erschreckenden Erfahrung der Entfremdung und Entrückung konfrontiert werden und somit ihre Beschränktheit und existentielle Einsamkeit spüren.

Vereinsamung als auch tiefe Sehnsucht nach einer grenzenlosen, übermenschlichen Dimension, mit den Worten von Nelly Sachs, nach einem Außerhalb, vermitteln. In diesem Kontext gewinnt auch die Todessehnsucht an positivem Sinn, denn sie ist Voraussetzung für die „Fahrt ins Staublose".

Ein weiterer Künstler, der an den Polen der Meridiane seinen Platz findet, ist der vorher erwähnte und als „missverstanden" bezeichnete Rembrandt (1606-1669). Folgenden Brief schrieb Nelly Sachs an Gudrun Dähnert am 30. August 1950:

> In dieser Leidenszeit ist nun das Drama [*Abraham im Salz*] entstanden und 21 Elegien zum Andenken an meine geliebte Mutter auf der Schwelle zwischen Leben und Tod. Ich lege Dir die letzte Elegie anbei. Ich habe mit der kleinen Reproduktion aus Deinem Rembrandt-Heft „Jakobs Segen" förmlich gelebt diese Zeit. Und das große Geheimnis, wie ein scheinbar „Nichtgutes" (die Vertauschung Jakobs und Esaus), die falsche Segnung, doch durch die Geheimnisse gewandelt zum wirklichen Segen wird, ist auch der Inhalt des letzten Aktes meines sonst bis in alle Wehegründe hineintastenden Dramas.
> (Sachs 1984, 120)

Bei der dem Brief beigefügten Elegie handelt es sich laut Herausgeber des ersten Bandes der kommentierten Werkausgabe – *Gedichte 1940-1950* – um das Gedicht „O der falsche Segen" (I, 313):

> O der falsche Segen
> über Jakobs Haupt!
> O der rechte Segen
> über Jakobs Haupt –
> der längst
> an der Geheimnisse
> Angelrute hing.
> [...]
> (I, 192)

Die erwähnte Reproduktion Rembrandts ist *Jakob segnet seine Enkel Ephraim und Manasse*. Nelly Sachs kannte das betreffende Gemälde und seine Bedeutung: noch heute befindet sich Herbert von Einems Abhandlung *Der Segen Jakobs von Rembrandt van Rijn* (1948) in ihrer Bibliothek (NS/880). Rembrandts Bild zeigt eine bekannte biblische Geschichte: Da Jakob seine Rechte auf das Haupt des Zweitgeborenen Ephraim legt, versucht Joseph, diese auf Manasses Haupt zu ziehen. Jakob beharrt aber darauf und verheißt Ephraim eine große Zukunft (Gn. 48). Die falsche Segnung erweist sich als geheimnisvoll und gottgewollt, weswegen sie zu der erwähnten „wirklichen" Segnung wird. Was anfänglich als falsch betrachtet wurde, zeigt sich als gute Tat. In gewisser Hinsicht wiederholt dieser Segen den Ablauf einer anderen berühmten Segnungsgeschichte: Jakob betrügt Esau um den Segen Isaaks, indem er sich Felle von Ziegenböckchen um Hände und Hals legt. Auf diese Weise bringt Jakob seinen Zwillingsbruder Esau durch eine List um seine Rechte als Erstgeborenen (Gn. 25, 27-34). Auch in diesem Fall haben wir es mit einer Segnung zu tun, die ursprünglich als ein Betrug verstanden wird, aber dann Gottes Plan offenbart.

In ihren Gedichten beschreibt Nelly Sachs teilweise die eine, teilweise die andere Segnung. Die chronologisch erste Segnung – die Segnung von Jakobs Haupt – kann als Voraussetzung für Jakobs Lebenslauf und somit als Voraussetzung für die zweite Segnung angesehen werden. Aus der ersten falschen Segnung ist Ephraims Segnung entstanden, und die Geschichte des Volks Israel hat sich daraus entwickelt. Was dahinter steckt, ist ein Geheimnis. Die erste Segnung kommt in „Alles weißt du unendlich nun" – „Auch des Esaus / ins Fell der Niederlage / geweinte Träne" (I, 191) – und in „Jakob" vor:

JAKOB

O Israel,
Erstling im Morgengrauenkampf
wo alle Geburt mit Blut
auf der Dämmerung geschrieben steht.
(I, 57)

Auf die von Jakob erteilte Segnung bezieht sich „Lange sichelte Jakob", in dem Rembrandt explizit genannt wird:

LANGE
sichelte Jakob
mit seines Armes Segen
die Ähren der Jahrtausende
die in Todesschlaf hängenden
nieder –
sah
mit Blindenaugen –
hielt Sonnen und Sterne
einen Lichtblick umarmt –
bis es endlich hüpfte
wie Geburt aus seiner Hand
und
in Rembrandts Augenhimmel hinein.

Joseph
schnell noch
versuchte den Blitz
des falschen Segens
abzuleiten
der aber brannte schon
Gott-wo-anders auf –

> Und der Erstgeborene losch
> wie Asche –
> (II, 89)

Der Ausdruck „Rembrandts Augenhimmel" findet sich auch in folgender Passage aus den *Briefen aus der Nacht* desselben Jahres:

> Abraham dankt zuerst sichtbar. Dann Hiob – Rembrandt dankt mit dem Pinsel. Nach 5000 Jahren hat sein Licht immer noch ein Dunkel zu besiegen, das Blutdunkel der Dämonengötter Babyloniens, die arbeitende Beschwörung in den Nachtmasken der Elfenbeinküste. Rembrandt wußte von dem „rechten" Segen Jakobs. Er, der alle Morgendämmerungskämpfe mit Blut aus seinem Augenhimmel schrieb.
> (IV, 40)

Auf Rembrandts Gemälde geht Nelly Sachs außerdem in dem Brief vom 24. August 1950 an Walter Berendsohn ein:

> In großer Ermüdung habe ich mir sehr lange in einer kleinen Reproduktion Rembrandt's „Segen Jakobs" angesehen. Einmal hat hier das „nicht Gute" (die Vertauschung Jakobs und Esaus) himmlische Folge gehabt. Wer weiß welche geheimnisvollen Wege ein Gottgewollter Segen geht.
> (Berendsohn 1974, 152)

Auch im Briefwechsel mit Celan erwähnt Sachs die rechte Segnung und den bewunderten Maler; am 18. Mai 1960 schreibt sie an Celan: „So werden wir uns dennoch in der Hoffnung begegnen – in dunkler Sternzeit aber doch in der Hoffnung! Rembrandt: ‚Segen Jakobs'. In der Nacht blüht der Segen auf dem falsch – und doch Gott-richtig Gesegneten auf" (Celan und Sachs 1996 [1993], 40). In der Tat „blüht" in Rembrandts sehr dunklem Bild der Segen als heller Schein. Alle diese Passagen zeigen die Bedeutung des Gemäldes für die Autorin. Rembrandt gehört zu den Meridianpolen, weil seine Bilder ein anfänglich als negativ verstandenes Unternehmen darstellen, das sich dann zum Positiven entwickelt bzw. etwas Positives und Hoffnungsvolles offenbart.

Die hier erwähnten Gemälde Friedrichs und Rembrandts erscheinen als Hybride, denn sie enthalten nicht nur negative Elemente sondern auch positive Zeichen oder haben einen positiven Ausgang, was Hoffnung schenkt. Indem Sachs auf diese berühmten Werke der Kunstgeschichte anspielt oder hinweist, deren Botschaft auch ohne zusätzliche Worte wirkt, zielt sie darauf ab, die Möglichkeit eines – obwohl schwer erreichbaren – Glücks zu verkünden. Somit schafft der Rückgriff auf Rembrandt und Friedrich die Verbindung zum Meridian des Trostes.

3 Der Meridian des Trostes

Zu diesem Meridian, der die Pole auf der anderen, (um im Bild zu bleiben) sozu-
sagen hellen Seite der Erde verbindet,[30] gehören einige wichtige, von Nelly
Sachs sehr geschätzte Maler, Klee, Matisse und meines Erachtens auch Chagall,
sowie die Ikone der *Panhagia*. Im Brief vom 30. Oktober 1957 an Walter
Berendsohn schreibt die Dichterin:

> Wie sehr gelten Hofmannsthals Worte für die heutige Situation der modernen Ly-
> rik noch. (Übrigens machte mir ein bekannter Verleger auch den Vorwurf, daß ich
> mich direkt in die Sprache werfe), aber auch sonst fühle ich mich diesem Streben,
> in dem es im Grunde nur darauf ankommt, ein geheimes unsichtbares Universum
> zu entdecken oder wenigstens anklopfen zu dürfen, sehr verwandt. Denn es muß,
> wie Klee sich so schön ausdrückte, darauf ankommen, das Geheimnis sichtbar zu
> machen.[31]
> (Sachs 1984, 173)

Darin liegt ihre Vorliebe für Klees Bilder: Sachs ist von seiner Fähigkeit faszi-
niert, das in der Welt verborgene Geheimnis sichtbar zu machen. Die Bilder von
Klee bestehen aus gefärbten oder ungefärbten Zeichen und Figuren, deren Be-
deutung jenseits ihrer selbst liegt. Sie werden zu Spuren, zu rätselhaften, krypti-
schen, geheimnisvollen Elementen, die über sich selbst hinausweisen. Der auf-
merksame Zuschauer kann das im Bild versteckte Geheimnis entdecken und
vielleicht, wenn auch nur teilweise, entziffern. Selten sind Klees Gemälde wirk-
lich figurativ; meistens deuten sie durch Symbole an. Sie bestehen aus Zeichen
und schematischen Darstellungen, die auf andere Dimensionen hinweisen
(Spiller 1990). Das zieht Nelly Sachs an. In ihren Gedichten geht sie in ähnlicher
Weise vor. Sie verstreut in ihren Versen Rätsel, macht sie gar zu *Glühenden
Rätseln*. Geheimnis ist in ihrem Werk ein Schlüsselwort, ein wiederkehrendes,
zentrales Motiv. Selten spricht sie direkt von etwas, meistens spielt sie an und
drückt sich durch Chiffren aus, die für den Leser zu Indizien auf dem Weg zu
einer nie ganz gelingenden Deutung werden.[32] Aber „Geheimnis" hat bei Sachs
auch eine tiefere, eine sakrale Bedeutung, die auf die Rolle des Geheimnisses in
der Mystik der Kabbala zurückgeht:[33] „Viel lese ich im Sohar, dem Buch des
Glanzes! Und die Chassidim. Das erste ist voller kosmischer Geheimnisse, das
andere der durchseelte Alltag." (Sachs 1984, 138) Ein dem Sohar gewidmeter
Zyklus ist *Geheimnis brach aus dem Geheimnis. Sohar: Schöpfungskapitel* (II,
39-41) betitelt, eine deutliche Anspielung auf Scholems *Die Geheimnisse der
Schöpfung. Ein Kapitel aus dem Sohar*. Ferner ist das Geheimnis in den Gedich-

---

[30] Es handelt sich um die zweite Hälfte des Längenkreises.
[31] Dieses Zitat ist bei Klee bisher nicht nachgewiesen worden (Sachs 1984, 174).
[32] Siehe dazu Enzensberger 1977 [1968], 355-356.
[33] Dazu siehe Michel 1981; Grittner 1999.

ten häufig mit dem Jenseitsbereich, dem Übermenschlichen, dem Absoluten und dem Göttlichen verbunden (Conterno 2010, vor allem 128): „O Du / [...] / der du im Sande der abtropfenden Sintfluthügel / die sausende Muschel / des Gottesgeheimnisses fandst –" (I, 56), „Alles ist Heil im Geheimnis / und das Wort lief aus / das atemverteilende Weltall" (I, 86), „Der Tod aber ist offen / Erst dahinter leben die Geheimnisse" (II, 218), „In meinen Armen liegend / kostest du das Geheimnis / das Elia bereiste –" (I, 82), „Geheimnis an der Grenze des Todes / ‚Lege den Finger an den Mund: / Schweigen Schweigen Schweigen' –" (II, 178).

Die Tatsache, dass Nelly Sachs in Klees Bildern das Geheimnis, bzw. die Zeichen, die auf das Geheimnis anspielen, findet, gibt ihr Hoffnung und Trost: Klees Bilder haben eine therapeutische Wirkung, sind Mittel zur Linderung für ihre strapazierte und erschütterte Seele. Klee wächst Nelly Sachs ans Herz; sie verschenkt Kunstpostkarten mit Klee-Bildern: „Habt Ihr Lieben – Lieben – Freunde den Klee oder Flykt bekommen?" fragt sie am 30. April 1961 Hans Magnus Enzensberger (Sachs 1984, 266). Zudem besitzt sie zu Hause, in ihrer Bibliothek, einige Bücher mit Bildern von Paul Klee: *Vogel-Begegnung* (1960; NS/894), *Im Land Edelstein* (1952; NS/892) und *Traumlandschaft mit Mond* (1964; NS/893), sowie Literatur zu Paul Klee.[34]

Ein weiterer Maler, der eine wichtige Rolle für Nelly Sachs spielt, weil er ihr Trost zuspricht, ist Henri Matisse.[35] Am 27. April 1961, während eines Krankenhausaufenthalts, schreibt die Lyrikerin: „Matisse ist auch so ein Trost. Streng – genial, welche Verantwortung, und das ist so wichtig. Ich habe mich nun auf Krankenhaus eingerichtet" (Sachs 1984, 265). Trost benötigt man, um die schweren Zeiten zu überstehen. Im psychischen Sinn versüßt der aus Matisses Werken strahlende Trost das Leben der Schriftstellerin. Mit den Worten des Psalmisten: „Ich hatte viel Kummer in meinem Herzen, / aber deine Tröstungen erquickten meine Seele" (Ps 94, 19). Außerdem sind im lyrischen Werk von Nelly Sachs einige Figuren zu finden, die wegen ihrer Leichtigkeit – trotz des schweren Schicksals – an die Figuren des berühmten Gemäldes von Matisse *Der Tanz* erinnern: die Tänzerin und die Abenteuerin, zwei Protagonisten der *Grabschriften in die Luft geschrieben* (Conterno 2013).

Trost findet Nelly Sachs außerdem in einem anderen Bild: in der Ikone der *Panhagía*, die „Schmerzensreiche" genannt. Es geht um eine Ikone aus dem Besitz von Gunnar Ekelöf, dem schwedischen, von Nelly Sachs ins Deutsche übersetzten Dichter, der wiederum Sachs' Gedichte ins Schwedische übertrug und ein vertrauter Freund der Dichterin wurde (Dinesen 1994, 317-326). Ekelöf und Sachs tauschten dieses Bild aus, wenn es ihnen besonders schlecht ging.

---

[34] Außerdem verbinden einige Themen und Motive Sachs' und Klees Werk: beide Künstler hatten eine Vorliebe für Fische und Engel.

[35] In Sachs' privater Bibliothek befindet sich Werner Bergengruens Buch *Glückwunschgabe: mit einem Zuspruch auf alle Fest-, Pest-, Jahres- und Wochentage. Zeichnungen von Henri Matisse* (NS/103).

Damit erneuerte sich das Vertrauen in sich selbst und die Welt. Folgenden Brief schickte Nelly Sachs an Ekelöf am 16. August 1962:

> Gunnar –
> Die Schmerzensreiche mit den Bildern meiner geliebten Erlösten bei mir und Dich und Deine Familie einmal getroffen und Deine Welt in den Gedichten in mir – lege ich Dir diese Worte aus der Nacht anbei. Ich kann sie ja nicht sprechen, darum schreibe ich seit Jahren Stummes auf. Dies ist ein Geheimnis – nur ganz wenige Freunde sollen dies Stumme erfahren, es geht übermenschliches Leiden in die Minute ein.
> [...]
> 16. 8. 62 PS Soeben Telefon von Eva-Lisa. Ich packe „Die Schmerzensreiche" ein: zum Segen für Dich. Ich kann Dir die Aufzeichnungen aus Nacht nicht beilegen, da Du selber leidest –
> (Sachs 1984, 287)

Die *Panhagia* ist auch Thema des folgenden Gedichts:

> WAS SIEHST DU Auge
> in meinem Tisch
> im Holz eingegraben –
> haben wir die gleiche Sprache des Blicks
> bist du in der Untiefe Nacht
> näher dem Lichte verwandt
> ich grüße dich
> geheimnisbeladenes Geschwister –
> (II, 207)

Ein Maler, der weder in den Gedichten noch in den Briefen erwähnt wird, der aber in gewisser Weise über den dichterischen Landschaften der Nelly Sachs schwebt, ist meines Erachtens Marc Chagall (1887-1985). Nelly Sachs war sein bildnerisches Werk sicher bekannt, da sie über das Buch *Marc Chagall*, herausgegeben von Jacques Damase, verfügte (1963; NS/875). Die fliegenden Protagonisten der Gedichte von Nelly Sachs können mit den fliegenden Figuren von Chagall (vgl. *Der Spaziergang*, *Die Braut*, *Das Brautpaar*) in Verbindung gebracht werden. Man denke an die Himmelfahrt Elias, „Die Schwalbe baute in Elias Haaren / Ihr Nest; bis er in Sehnsucht aufgefahren" (I, 29), und an „Die Tänzerin", deren Füße wenig von der Erde kennen:

> DIE TÄNZERIN [D. H.]
>
> Deine Füße wußten wenig von der Erde,
> Sie wanderten auf einer Sarabande
> Bis zum Rande –
> Denn Sehnsucht war deine Gebärde.
> (I, 27)

Andere Beispiele sind die Kranken der Frauenstation, die sich auf visionäre und *gefühlte* Himmelsreisen begeben, beispielsweise die „Närrin in der Spirale der Eile" aus „Noch feiert der Tod das Leben in dir" (II, 135) sowie die schwebende Patientin der Krankenstation: „Der Fuß in der Traumkunst des Schwebens unterwiesen / von der sprengenden Kraft des Dunkels" (II, 138). Ferner stellen auch die fliegenden Engel ein wiederkehrendes Motiv sowohl bei Sachs als auch bei Chagall dar. Nelly Sachs ist aber weniger *verspielt* als Chagall. Sie stellt sozusagen eine verdüsterte Chagall-Welt dar.

Insgesamt besteht der Meridian des Trostes aus Bildern, die Tröstung spenden, deren Nelly Sachs sich selbst bewusst ist, wie die oben erwähnten Briefe bestätigen, oder er besteht aus Figuren, die auf dem Weg zu einer *anderen* Dimension sind, wobei sich die Dimensionen des Wirklichen und Imaginären durchdringen. Der Flug, bzw. die Bewegung der Figuren ist von der Sehnsucht in Kraft gesetzt, wie die Lyrikerin mehrmals wiederholt. Hier spürt man einen Durst, ein Sehnen nach einem unbekannten, geheimnisvollen Bereich, nach dem Unendlichen, nach dem Übermenschlichen, mit den Worten von Nelly Sachs, nach dem Außerhalb (Fioretos 2008). Nelly Sachs greift auf die genannten Gemälde zurück, weil diese unmittelbar hoffnungsvolle Sehnsucht und Trostgefühle zusprechen, die wie Balsam wirken und die Leiden lindern. Ferner bekräftigen die Rückgriffe auf die verschiedenen Werke der Kunstgeschichte Nelly Sachs' Aussagen: Durch diese externen Bezüge gewinnen ihre dichterische Sprache und ihre persönlichen, privaten Briefe an expressiver Kraft. Es ist, als ob die schriftliche Sprache durch den Rückgriff auf die Malerei und Bildhauerei kraftvoller, reicher und expressiver würde.

4 Fazit

Zusammenfassend lässt sich sagen, dass Nelly Sachs auf die *Bildersprache* zurückgreift, wenn gewöhnliche Wörter nicht mehr ausreichen. Das Malen und das Zeichnen ersetzen das Sprechen, wenn es um Geheimnisse, Tod, außerordentliches Leiden, übermenschliche Dimensionen, extreme Gefühle geht. Wenn die Gedichte solche Seelen- und Lebensumstände tangieren, scheitert das menschliche Wort, weil es Gefahr läuft, diese Bereiche falsch zu benennen. Die Sprache der Kunst kann hingegen Horizonte öffnen, die dem Wort verschlossen sind. Denn das Bildnerische kann andeuten, ohne den Gegenstand festzulegen, ohne die Geheimnisse zu entschlüsseln, ohne die Rätsel ganz zu entziffern, ohne die großen Mysterien des Lebens und des Todes zu entweihen, ohne das für die Menschen Unverständliche zu bagatellisieren. Deshalb sind Brueghels und vor allem Boschs Gemälde angemessen, um die *Hölle* d.h. die psychisch und innerlich schwierige Zeit wiederzugeben, worin sich das lyrische Ich und Sachs selbst befinden, sowie um die Grausamkeit der Verfolgungen in Erinnerung zu rufen.

Die Laokoon-Gruppe samt den Hinweisen auf Dantes *Göttliche Komödie* erweisen sich als adäquate Darstellungen des unermesslichen Schmerzes während und nach der Shoah. Leonardos Bilder vertreten die schwarze Seite – die Rätselhaftigkeit und das Leiden – des Lebens. Zusammen bilden diese Kunstwerke den Meridian des Schmerzes, an dessen Enden sich die Pole befinden, in denen Trost und Leiden gleichzeitig anwesend sind. Zu diesen Polen gehören Friedrichs und Rembrandts Gemälde, die das Oszillieren zwischen Hoffnung und Hoffnungslosigkeit, Trost und Leiden, Leben und Tod darstellen. Auf dem anderen Meridian, der auf der anderen Seite der Erde als die zweite Hälfte desselben Längenkreises verläuft und seinerseits die Pole verbindet, liegen die Bilder des Trostes. Inbegriffe dieses zweiten Meridians sind Klees, Matisses und Chagalls Gemälde so wie die Ikone der *Panhagía*, die der Betrachterin positive und hoffnungsvolle Empfindungen und Gefühle zusprechen. Die hier gewählten Beispiele für den Meridian des Trostes sind eindeutig weniger als diejenigen für den Meridian des Schmerzes. Dafür haben sie jeweils schon eine überaus starke tröstende Wirkung. Selbstverständlich sind alle diese Kunstwerke nicht immer leicht entschlüsselbar, man denke an Klees abstrakte Werke. Aber diesen unentzifferbaren Rest haben sie mit Sachs' Gedichten gemeinsam. Mit den Worten von Enzensberger komme es eben auf diesen Rest an:

> Von solcher Art sind die Gedichte der Nelly Sachs: hart, aber durchsichtig. Sie lösen sich nicht in der Lauge der Deutungen auf. Leicht, auf Anhieb, sind sie nicht zu lesen. [...] Bei Nelly Sachs ist sie [die Schwierigkeit, C. C.] niemals technischer Herkunft; sie hat weder Verfremdung noch Kalkül im Sinn, ihre Poesie ist weder Codeschrift noch Vexierbild; wir haben es hier mit Rätseln zu tun, die in ihrer Lösung nicht aufgehen, sondern einen Rest behalten – und auf diesen Rest kommt es an.
>
> (Enzensberger 1977, 355-356)

Wie hat Nelly Sachs die Künstler und ihre Werke ausgewählt? Sie ist wie mit ihren literarischen Quellen vorgegangen: sie hat die Malerei und die Kunst nicht systematisch studiert, sondern sie hat viel gelesen, durchgeblättert und bewundert.[36] Dann hat sie genommen, was sie intensiv angesprochen hat. Zuletzt hat sie die Bilder, Gemälde, Statuen, oder Details davon, in ihre eigenen Gedichte eingefügt, wobei sie sie ihren Zwecken angepasst hat.

---

[36] U.a. befindet sich in ihrer Privatbibliothek Jean Bazaines Buch *Notizen zur Malerei der Gegenwart* (NS/867). Ferner verfügte die Dichterin über unterschiedliche Kunsthandbücher, z.B. Ulrich Christoffels *Albrecht Dürer: Gestalt und Charakter in seiner Kunst* (NS/1569); *Buntes Dürerbüchlein: 29 farbige Handzeichnungen von Albrecht Dürer*. Geleitwort von Eberhard Hanfstaengl. (NS/878); Otto Stelzers *Paula Modersohn-Becker* (NS/919); Joseph Wiesners, *Die Kunst des Alten Orients* (NS/925); *Wandmalereien der Mayas in Mexiko* (NS/924).

Warum hat sie sich an die Sprache der Kunst gewandt? Diese Vorliebe für das Figurative und Bildnerische sowie der offensichtliche Rückgriff auf Werke der Kunstgeschichte sind eng mit Nelly Sachs' malerischer Gabe verbunden. Schon als Mädchen und junge Frau zeichnete sie und schmückte ihre Texte mit Zeichnungen. Auf diese persönliche Leidenschaft ist auch die überraschende Häufigkeit der Verben „malen" und „zeichnen" in ihren Gedichten zurückzuführen. Zeichnen und Malen dienen zur Kontur- und Gesichtsfindung und nehmen eine wichtige Rolle bei der Verdeutlichung von Unsichtbarem und Geheimnisvollem ein. Sie befinden sich auf der Schwelle zwischen Sichtbarem und Unsichtbarem.[37] Bei Sachs finden das Malen und das Zeichnen oft in nicht mimetischen Zusammenhängen statt: man malt oder zeichnet die Luft (bzw. in die Luft), die Wolken oder den Rauch.[38] Häufig sind das Malen und das Zeichnen eng mit dem Tod verbunden: „Das Kind malt im Sarg mit Staub / den Nabel der Welt –" (II, 145) Wenn man ganz nah am Tod ist, ist man nicht mehr imstande zu sprechen, zu erzählen, zu berichten. Man kann aber noch mit den Fingern malen, so dass das Malen zum letztmöglichen Ausdrucksmittel der Menschen wird:

> Du
> in der Nacht
> mit dem Verlernen der Welt Beschäftigte
> von weit weit her
> dein Finger die Eisgrotte bemalte
> mit der singenden Landkarte eines verborgenen Meeres
> das sammelte in der Muschel deines Ohres die Noten
> Brücken-Bausteine
> von Hier nach Dort
> diese haargenaue Aufgabe
> deren Lösung
> den Sterbenden mitgegeben wird.
> (II, 122)[39]

Dass die Protagonisten der Gedichte malen bzw. zeichnen,[40] bedeutet, dass das Malen und das Zeichnen das Schreiben überholen und ersetzen; sie werden zu

---

[37] Auch unkörperliche, haltlose, unwirkliche Wesen sind bei Sachs imstande zu malen. So werden die Schatten zu Malern, zu Totenmalern: „Engel der Bittenden, / im Wald, der nicht rauscht, / wo die Schatten Totenmaler sind / und die durchsichtigen Tränen der Liebenden / das Samenkorn" (I, 48). Sogar die Zeit malt: „Und hier in den vier Wänden nichts / als die malende Hand der Zeit / der Ewigkeit Embryo" (II, 149).

[38] „Ich weiß, daß dein Finger im Sterben / Menohrah, den Sinai-Feuer-Leuchter / zeichnete in der Luft – // Geführt war dein Tasten ins klare Bild" (I, 182).

[39] Besonders faszinierend sind außerdem die Gedichte, in denen das lyrische Ich über die eigene Krankheit und den Tod nachdenkt: „Ich mache einen Strich / schreibe das Alphabet / male den selbstmörderischen Spruch an die Wand" (II, 172).

Kunstmitteln der Lyrik.[41] Besonders aussagekräftig sind dann diejenigen Texte, in denen das lyrische Ich zum Maler wird und das gesamte Gedicht malt, beispielsweise „Ich male die ganze Nacht...",[42] sodass der Schreibende, der Dichter selbst zum Maler wird. Dieses Gedicht ist so etwas wie eine Allegorie des Malens: Die erdachten Qualitäten von Sehnsucht, Liebe und Tod werden figurativ. Eigentlich handelt es sich hierbei um kein Schriftparadigma, sondern um eines der Visualisierung von Qualitäten und Gefühlen. Diese Visualisierung emanzipiert sich von der rein schriftlichen Sprache. Sie ist wie ein Vulkan, der ausbricht und dessen Lava strömend die betroffene Erde verändert: die rein schriftliche Sprache verwandelt sich zu einer malenden Sprache, wodurch die Wirksamkeit der dichterischen Sprache gesteigert wird.[43] Nicht eine Sprache der Worte und vielmehr als eine Sprache des Schweigens ist Sachs' Sprache eine Sprache der Bilder.

Bibliographie

Agamben, Giorgio. *Quel che resta di Auschwitz*, Torino: Bollati Boringhieri, 1998.

Agamben, Giorgio. *Signatura Rerum. Sul metodo*. Torino: Bollati Boringhieri, 2008.

Alighieri, Dante. *Die Göttliche Komödie*. Aus dem Italienischen übersetzt von Ida und Walther von Wartburg. Kommentiert von Walther von Wartburg. Mit 48 Illustrationen nach Holzschnitten von Gustave Doré. Zürich: Manesse, 1963.

Berendsohn, Walter. *Nelly Sachs. Einführung in das Werk*. Darmstadt: Agora, 1974.

Busch, Walter. „Testimonianza, trauma e memoria". *Memoria e saperi. Percorsi transdisciplinari*, hg. von Elena Agazzi und Vita Fortunati. Roma: Meltemi, 2007. 547-564.

Busch, Walter. „Che lingua parla il dolore? Le prime raccolte poetiche di Nelly Sachs". *L'esperienza dell'esilio nel Novecento Tedesco*, hg. von Anna Maria Carpi et al. Roma: Artemide, 2009. 63-74.

[40] Auch der Maler tritt als Figur einiger Gedichte in Erscheinung; vgl. das Gedicht „DER ABEND UND die Töter" (II, 200-201). Und der Malerin wird eine ganze Grabschrift gewidmet (I, 30).

[41] Sachs' Gedichte weisen auch ein Beispiel von Ekphrasis auf: Im erst 2010 veröffentlichten Zyklus *Miniaturen um Schloß Gripsholm*, der offenbar auf einen Ausflug zu dem königlichen Schloß Gripsholm, am Mälarsee, zurückgeht – wobei auch das Wort „Miniatur" gängig in der Kunstgeschichte ist –, sticht das Gedicht „Im Ahnensaal" hervor, das ein im genannten Saal aufgehängtes Gemälde beschreibt (I, 102).

[42] „Ich male die ganze Nacht, / Und habe keine Farben. / Da habe ich die Farbe der Sehnsucht erdacht / Und male wie sie darben. // Ich male die ganze Nacht, / Und habe keine Farben. / Da habe ich die Farbe der Liebe erdacht / Und male die Wunden als Narben. // Ich male die ganze Nacht, / Und habe keine Farben. / Da habe ich die Farbe Tod erdacht / Und male wie sie starben" (I, 106).

[43] Vgl. den abschließenden Beitrag von Ruth Dinesen, laut der Sachs' Gedichte wie eine „Sammlung abstrakter Gemälde" sind.

Busch, Walter. „In welcher Sprache schweigen die Gedichte der Nelly Sachs?". *Weibliche jüdische Stimmen deutscher Lyrik aus der Zeit von Verfolgung und Exil,* hg. von Chiara Conterno und Walter Busch. Würzburg: Könighausen & Neumann, 2012. 101-112.

Celan, Paul. *Gesammelte Werke in sieben Bänden.* Band III, hg. von Beda Allemann und Stefan Reichert. Frankfurt am Main: Suhrkamp, 2000.

Celan, Paul, und Nelly Sachs. *Briefwechsel.* Frankfurt am Main: Suhrkamp, 1996 [1993].

Conterno, Chiara. „Die Sehnsucht der Liebenden im lyrischen Werk von Nelly Sachs". *Mauerschau.* 2, 2009: 81-101.

Conterno, Chiara. *Metamorfosi della fuga. La ricerca dell'Assoluto nella lirica di Nelly Sachs.* Padova: Unipress, 2010.

Conterno, Chiara. „Welche Sprache spricht das Leiden in der Lyrik von Nelly Sachs?". *Texträume. Perspektiven – Grenzen — Übergänge. Festschrift für Walter Busch,* hg. von Isolde Schiffermüller und Elmar Locher. Bozen: Sturzflüge, 2011. 125-138.

Conterno, Chiara. „,Considerazioni sugli Epitaffi scritti sull'aria'". *Epitaffi scritti sull'aria. Grabschriften in die Luft geschrieben,* hg. von Chiara Conterno. Bari: Progedit, 2013. 17–45.

Dähnert, Gudrun. „Wie Nelly Sachs 1940 aus Deutschland entkam". *Sinn und Form.* 61, 2009, 2: 226-257.

Deleuze, Gilles. *Francis Bacon. Logica della sensazione.* Macerata: Quodlibet, 2005.

Dinesen, Ruth. *Nelly Sachs. Eine Biographie.* Frankfurt am Main: Suhrkamp 1994.

Dinesen, Ruth. „Nelly Sachs im Spiegel ihrer Biblothek". *Exil: Forschung, Erkenntnisse, Ergebnisse.* 1, 2008: 82-95.

Enzensberger, Hans Magnus. „Über die Gedichte der Nelly Sachs." *Das Buch der Nelly Sachs,* hg. von Bengt Holmqvist. Frankfurt am Main: Suhrkamp 1977 [1968]. 355-362.

Fenner, Anna Magdalena. *„Alles weißt du unendlich nun". Die Elegiene auf den Tod meiner Mutter von Nelly Sachs.* Marburg: Tectum, 2009.

Fioretos, Aris. „,Außerhalb'". *Lichtersprache aus den Rissen. Nelly Sachs – Werk und Wirkung.* Göttingen: Wallstein, 2008. 243-262.

Fraenger, Wilhelm. *Hieronymus Bosch.* Berlin: Rixdorfer Verlagsanstalt, 1985.

Friedrich, Kaspar David. *Caspar David Friedrich 1774–1840,* hg. von Werner Hofmann. München: Prestel, 1974.

Friedrich, Kaspar David. *Caspar David Friedrich,* hg. von Gerhard Eimer. Frankfurt am Main: Insel, 1976.

Friedrich, Kaspar David. *Caspar David Friedrich,* hg. von Werner Hofmann. London: Thames & Hudson, 2000.

Fritsch-Vivié, Gabriele. *Nelly Sachs, mit Selbstzeugnissen und Bilddokumenten.* Reinbek bei Hamburg: Rowohlt, 1993.

Gribbin, John. *Enciclopedia dell'Astronomia e della Cosmologia,* hg. von Libero Sosio, Milano: Garzanti, 2005.

Grittner, Sabine. *Aber wo Göttliches wohnt – die Farbe Nichts. Mystik-Rezeption und mystisches Erleben im Werk der Nelly Sachs.* St. Ingbert: Röhrig Universitätsverlag, 1999.

Kersten, Paul. *Die Metaphorik in der Lyrik der Nelly Sachs.* Hamburg: Ludke, 1970.

Klosa, Annette et. al., *Duden. Deutsches Universalwörterbuch.* Mannheim [u.a.]: Dudenverlag, 2001.

Kranz, Gisbert. „Nelly Sachs. Dornengekrönt (Hieronymus Bosch)". *27 Gedichte interpretiert.* Bamberg: C. C. Buchners Verlag, 1972. 27-30.

Kranz, Gisbert. Das Bildgedicht: „Geschichte und poetologische Betrachtung". *Literatur und bildende Kunst. Ein Handbuch zur Theorie und Praxis eines komparatistischen Grenzgebietes*, hg. von Ulrich Weisstein. Berlin: Schmidt, 1992. 152-157.

Levi, Primo. *Ist das ein Mensch? Erinnerungen an Auschwitz.* Frankfurt am Main: Fischer, 1979.

Levi, Primo. *Die Untergegangen und die Geretteten.* München: Hanser, 1990.

Martin, Elaine. *Nelly Sachs. The Poetics of Silence and the Limits of Representation.* Berlin/Boston: De Gruyter, 2011.

Michel, Peter. *Mystische und literarische Quellen in der Dichtung von Nelly Sachs.* Freiburg i. B.: Diss., 1981.

Miglio, Camilla. „Mutterland, Muttersprache, nomadische Sprachmütterlichkeit". *Weibliche jüdische Stimmen deutscher Lyrik aus der Zeit von Verfolgung und Exil*, hg. von Chiara Conterno und Walter Busch. Würzburg: Königshausen & Neumann, 2012. 45-58.

Rey, William. „Zum Tode der Dichterin Nelly Sachs". *Germanic Review* 45:4 (1970): 273-288.

Sachs, Nelly. *Briefe der Nelly Sachs*, hg. von Ruth Dinesen und Helmut Müssener. Frankfurt am Main: Suhrkamp, 1984.

Sager, Peter. *Nelly Sachs. Untersuchungen zu Stil und Motivik ihrer Lyrik.* Bonn: Diss., 1970.

Scholem, Gershom (Hg.). *Die Geheimnisse der Schöpfung. Ein Kapitel aus dem Sohar.* Berlin: Schocken, 1935.

Spiller, Jürg (Hg.). *Das bildnerische Denken.* Basel: Schwabe & Co, 1990.

Weiß, Joachim (Hg.). *Der Brockhaus in zehn Bänden.* Band VI (Lit-Norc). Leipzig/Mannheim: Brockhaus, 2005.

Weissenberger, Klaus. *Zwischen Stein und Stern. Mystische Formgebung in der Dichtung von Else Lasker-Schüler, Nelly Sachs und Paul Celan.* Bern: Francke, 1976.

Wiedemann, Barbara. „Stumme Schreie. Zu einem Gedicht von Nelly Sachs". *Hermeneutik – Hermeneutik. Literarische und wissenschaftliche Beiträge zu Ehren von Peter Horst Neumann*, hg. von Holger Helbig, Bettina Knauer und Gunnar Och. Würzburg: Königshausen & Neumann, 1996. 3013-10.

Bücher aus der Privatbibliothek von Nelly Sachs, heute in der Kungliga Biblioteket von Stockholm:

Alighieri, Dante. *Göttliche Komödie.* Übertragung von Stefan George. Berlin: Bondi, 1922 (NS/179).

Alighieri, Dante. *Göttliche Komödie. Das hohe Lied von Sünde und Erlösung.* Übersetzt von Hermann A. Prietze. Heidelberg: Schneider, 1952 (NS/180).

Bazaine, Jean. *Notizen zur Malerei der Gegenwart.* Frankfurt am Main: Fischer, 1959 (NS/867).

Bergengruen, Werner. *Glückwunschgabe: mit einem Zuspruch auf alle Fest-, Pest-, Jahres- und Wochentage.* Zeichnungen von Henri Matisse. Zürich: Arche 1958 (NS/103).

Bernal, Ignacio. *Wandmalereien der Mayas in Mexiko.* München: Piper, 1963 (NS/924).

Bosch, Hieronymus. *Garten der Lüste.* Einführung von Hans Rothe. München: Piper, 1959 (NS/868).

Clark, Kenneth. *Leonardo da Vinci in Selbstzeugnissen und Bilddokumenten.* Reinbek bei Hamburg: Rowohlt, 1969 (NS/873).

Christoffel, Ulrich. *Albrecht Dürer: Gestalt und Charakter in seiner Kunst.* Burg b. M.: Hopfer, 1939 (NS/1569).

Damase, Jacques (Hg.). *Marc Chagall.* München/Berlin: Verlag Lebendiges Wissen, 1963 (NS/875).

Da Vinci, Leonardo. *Philosophische Tagebücher.* Hamburg: Rowohlt, 1958 (NS/712).

Dürer, Albrecht. *Buntes Dürerbüchlein: 29 farbige Handzeichnungen von Albrecht Dürer.* Geleitwort von Eberhard Hanfstaengl. München: Bruckmann, 1955 (NS/878).

Einem, Herbert von (Hg.). *Der Segen Jakobs von Rembrandt van Rijn.* Berlin: Mann, 1948 (NS/880).

Friedrich, Kaspar David. *C.D. Friedrich: 1774-1840. Acht farbige Gemäldewiedergaben.* Text von Eva Herbig. Leipzig: Seemann, 1956 (NS/629).

Klee, Paul. *Im Land Edelstein.* Baden-Baden: Woldemar Klein, 1952 (NS/892).

Klee, Paul. *Vogel-Begegnung.* München: Piper, 1960 (NS/894).

Klee, Paul. *Traumlandschaft mit Mond.* Frankfurt am Main: Insel, 1964 (NS/893).

Stelzer, Otto. *Paula Modersohn-Becker.* Berlin: Rembrandt Verlag, 1958 (NS/919).

Wiesner, Joseph. *Die Kunst des Alten Orients.* Frankfurt am Main/Berlin: Ullstein, 1963 (NS/925).

Esbjörn Nyström

Held oder Heiliger?
Sachs, Pergament und die Frage der Gestaltung von Michael in der Arbeit am Opernlibretto *Eli*

Abstract

Die Rundfunkoper *Eli* gab 1959 Anlass zu einem Konflikt zwischen dem Komponisten Moses Pergament und seiner guten Freundin Nelly Sachs, Autorin des im Libretto bearbeiteten Mysterienspiels. Einige der entscheidenden Punkte in diesem Konflikt, nicht zuletzt die Charakterisierung des Protagonisten Michael, waren jedoch keineswegs neu. Der Aufsatz untersucht das erhaltene Arbeitsmaterial zum deutschsprachigen Libretto *Eli*, an dem Pergament und Sachs im Frühjahr 1958 zusammenarbeiteten, mit dem Schwerpunkt auf der Frage nach der Charakterisierung von Michael. Es wird gezeigt, wie zuerst formal ausgerichtete Änderungen schwerwiegende thematische Folgen haben konnten und wie Nelly Sachs mehrere neue Textstellen wieder mehr im Sinne ihres ursprünglichen Mysterienspiels verfasste. Auch der wichtige Einfluss des Senders Sveriges Radio auf die Textgestalt wird berücksichtigt.

The radio opera *Eli*, of 1959, gave rise to a conflict between the composer Moses Pergament and his friend Nelly Sachs, author of the mystery play adapted in the libretto. However, some of the key aspects of this conflict, not least the characterization of the protagonist Michael, were by no means new to the adaptation. The paper examines the surviving documentary material of the German libretto *Eli* on which Pergament and Sachs cooperated in the spring of 1958; it focuses specifically on the question of the characterization of Michael. It shows how changes undertaken for primarily formal reasons had serious thematic consequences and how Nelly Sachs wrote a number of new passages closer to the spirit of her original mystery play. The important influence of the radio company Sveriges Radio on the text is also taken into account.

Die Ursendung der Rundfunkoper *Eli* am 19. März 1959 wurde zum Anlass eines Streits zwischen zwei Urhebern der Oper (und zugleich guten Freunden): zwischen Nelly Sachs und dem Komponisten Moses Pergament (1893-1977). Die Sekundärliteratur zu Sachs hat diesen Streit und den wohl unter anderem mit diesem zusammenhängenden Nervenzusammenbruch der Autorin mit unterschiedlichen Ausgangspunkten beschrieben.[1] In der ersten Jahreshälfte 1958 hatte Sachs aber, in Zusammenarbeit mit Pergament, aktiv an der Umgestaltung ihres Textes in ein Opernlibretto gearbeitet. Unter anderem für diese Arbeit er-

---

[1] Vgl. Bahr 1982, 169-170, Dinesen 1992, 236-241, Schauerte 2007, 367-370, Bruhn 2008, 215-218, Sommerer 2008, 71-72, Fioretos 2010, 204-206.

hielt sie auch ein Honorar, und zwar vom Auftraggeber, dem öffentlich-rechtlichen schwedischen Rundfunk, Sveriges Radio,[2] oder Radiotjänst, wie der Betrieb bis 1957 geheißen hatte.

Die Uneinigkeit nach der Ursendung ist bekannt; auch, dass Sachs' Einschätzung der Oper wohl durch die Rezension von Kajsa Rootzén in *Svenska Dagbladet* vom 20. März 1959 mitgeprägt wurde.[3] Rootzén meinte in den Äußerungen des Protagonisten Michael mehrmals Rachegefühle und am Ende den Ausdruck des Triumphs zu vernehmen. Ebenfalls bekannt ist die darauffolgende Äußerung Nelly Sachs' in einem Brief an Pergament vom 21. März 1959, in dem sie unter anderem die Ausmaße des Gesangs in der Oper bemängelte, aber auch – mehr librettobezogen – schrieb:

> Michael ist bei Dir und dem Sänger ein Schuhmachergesell, der einen Mörder sucht und zum Schluß eine Art Triumph spürt, als er ihn findet und der Mörder seinen gerechten Lohn erhält.
> Bei mir ist Michael der geheime Gottesknecht, der eingehüllt in die Gestalt eines jungen Schuhmachers (wie in Jesaja der Herr seine geheimen Berufenen wieder in den Köcher steckt) leise, fast flüsternd durch diese Legende geht – nur um den göttlichen Abglanz seines Angesichts dem Mörder zu zeigen, an dem dieser in Reue zerfällt.
> (Sachs an Pergament, 21.3.1959, Sachs 1984, 205-207, hier 206)[4]

Siglind Bruhn hat darauf hingewiesen, dass die Reaktion Sachs' „möglicherweise die Folge eines Missverständnisses" war, denn in seiner Vorrede zur Sendung hatte Moses Pergament ausdrücklich davon gesprochen, dass Michael keinen Racheakt ausübe –, eine Vorrede, die Bruhn zufolge „die Annahme, er

---

[2]   Sachs steht auf der im Dokumentenarchiv von Sveriges Radio erhaltenen Gehaltsliste, und soll demnach 2000 SEK als Honorar bekommen. Vgl. auch den Brief von Palle Brunius (Teateravdelningen [bzw. Radioteatern], Sveriges Radio) an Moses Pergament vom 4. März 1958, aus dem hervorgeht, dass Brunius nicht nur die Verwendung des Mysterienspiels, sondern auch „hennes (Sachs') nyskrivna tillägg" [„ihre [Sachs'] neu geschriebenen Ergänzungen"], die Pergament zu diesem Zeitpunkt bereits vorausgeschickt haben muss, mit eingeschlossen hat. Gehaltsliste und Brief befinden sich beide im Dokumentenarchiv von Sveriges Radio, Stockholm, RTEA, Korrespondens, extern, allmän, M – Ö, 1958, Signum: E I, Vol. 24. Übersetzungen aus dem Schwedischen stammen im Folgenden durchgängig von E.N.

[3]   Bruhn schreibt, dass die Reaktion Sachs' durch die Kritik Rootzéns „geschürt, wenn nicht überhaupt erst eigentlich ausgelöst" wurde (Bruhn 2008, 217). Das trifft sicherlich für die unmittelbare Reaktion zu; auf die Vorgeschichte ist im Folgenden einzugehen.

[4]   Original in Kungliga Biblioteket, Stockholm, NS 1970/107:1, wie auch andere zitierte Briefe von Sachs an Pergament. Hier, wie in einigen weiteren Fällen, sind die zitierten Briefe auch in der Ausgabe von Dinesen und Müssener (Sachs 1984) abgedruckt; wenn allerdings Abweichungen zwischen der Textgrundlage und der Edition auftreten, wird in der Regel nach der Textgrundlage zitiert.

habe Nelly Sachs' Charakterisierung des Michael falsch verstanden und das Mysterienspiel in ein Drama der Vergeltung verwandelt, überzeugend widerlegt" (Bruhn 2008, 217). In der Tat ist Pergaments Formulierung in der Vorrede unmissverständlich,[5] und es läge vor diesem Hintergrund nicht fern, anzunehmen, Sachs hätte hier eine nicht existente Kontroverse mit dem Komponisten mehr oder weniger aus der Luft gegriffen.

Zweifellos meinte Sachs selbst nach der Ursendung Unstimmigkeiten zwischen ihr und Pergament, zentrale Punkte im Werk betreffend, feststellen zu können: Die Charakterisierung des Protagonisten Michael, das damit zusammenhängende Verhältnis des Werkes zum metaphysischen bzw. transzendentalen Bereich und darüber hinaus die Aufgaben von Wort und Musik in der Opernkunst bzw. in der davon höchst verschiedenen Art von Theater, die Sachs vorschwebte.

Neu als Diskussionsthema in Bezug auf die *Eli*-Oper war allerdings nur die Frage der Gewichtung von Wort und Musik. Gerald Sommerer deutet an, dass die Nicht-Beachtung des „transzendenten Gehalt[s]" durch die Rezipienten vor allem der untergeordneten Stellung des Wortes in diesem Opernkunstwerk zuzuschreiben wäre (Sommerer 2008, 72). Und so können in der Tat Äußerungen von Sachs gedeutet werden, wie: „Das Wort, das eine Botschaft bringen soll, darf nicht verdeckt werden mit Gesang" (Sachs an Pergament, 21. März 1959, Sachs 1984, 206).

Dabei ist jedoch zu bemerken, dass auch der Text nicht mehr derselbe war; nicht nur deswegen, weil er in übersetzter Form vorgetragen wurde, sondern auch deswegen, weil er bereits vor der Übersetzung und vor der Vertonung wesentliche Änderungen erfahren hatte, wie im Folgenden gezeigt werden wird. In Wirklichkeit lassen sich die Linien der Uneinigkeit fast genau ein Jahr zurückdatieren (also auf das Frühjahr 1958) und auch anhand von praktischer Textarbeit belegen.

Es sollte betont werden, dass der Fokus der folgenden Untersuchung damit auf einen Zeitraum, Februar bis Mai 1958, gerichtet wird, in dem noch keine Musik zur Oper bestand. Erst am 1. Juli begann Pergaments Arbeit an der Vertonung, wie aus dem Tagebuch des Komponisten ersichtlich ist (vgl. MP/Tb, 1.

---

[5] „Operan handlar om hur den unge skomakaren Michael, ett av Guds trettiosex sändebud på jorden (se Sohar, den judiska mystikens bok) drar ut för att söka Elis mördare – inte för att hämnas utan för att i kraft av sin gudomliga kallelse väcka dennes samvete." [„Die Oper handelt davon, wie der junge Schuhmacher Michael, einer von Gottes sechsunddreißig Gesandten auf Erden (siehe Sohar, das Buch der jüdischen Mystik) auszieht, um Elis Mörder zu suchen – nicht um sich zu rächen, sondern um kraft seiner göttlichen Sendung das Gewissen des Mörders zu wecken."] („ELI. Inledning av Moses Pergament". Typoskript, 2 S. Dokumentenarchiv von Sveriges Radio. Vgl. auch die Vorstufen im Moses Pergament-Archiv, Musik- och teaterbiblioteket, Gäddviken, Nacka, Vol. 9).

Juli 1958).[6] Vom Februar bis Mai waren Pergament und Sachs noch mit dem Libretto beschäftigt. Diese Arbeit wurde von Pergament am 31. Mai 1958 als abgeschlossen bezeichnet (vgl. MP/Tb, 31. Mai 1958). Weitere Änderungen folgten jedoch auch danach; ein im Moses Pergament-Archiv in Musik- och teaterbiblioteket, Torsgatan, Stockholm, befindliches Typoskript dürfte die endgültige Fassung des deutschsprachigen Librettos darstellen.[7] In dieses Typoskript gingen die im Frühjahr 1958 entstandenen Änderungen und Korrekturen Sachs' in den allermeisten Fällen ein; an der Endgestalt des Librettos war Sachs jedoch nicht beteiligt.

Untersucht wird im Folgenden also an sich nicht die *Eli*-Oper, sondern das *Eli*-Libretto.[8] Dabei handelt es sich ausschließlich um das deutsche Libretto, denn die angegebenen vier Monate, Februar bis Mai 1958, stellen außerdem einen Zeitraum dar, in dem es noch keine vollständige Übersetzung ins Schwedische gab. Mit der Übersetzung der ersten Szenen begann Johannes Edfelt im Mai 1958. Der deutsche und der schwedische Text finden sich später beide in Pergaments Partitur integriert.[9]

Das Libretto wird hier besonders im Hinblick auf die Gestaltung des Protagonisten Michael in seinen wechselnden Ausführungen aus dem erwähnten Zeitraum analysiert, und also textgenetisch als ein Arbeitsprozess betrachtet, der in sich selbst interpretatorisch auszuwerten ist. Manch ein Einzelblatt wird mit

---

[6]   Es handelt sich um in einen vorgedruckten Kalender („Arkivkalendern") eingeschriebene Notizen. Moses Pergament-Archiv, Musik- och teaterbiblioteket, Gäddviken, Nacka, Vol. 2.

[7]   Das endgültige deutschsprachige Opernlibretto, das als Typoskript im Zusammenhang mit der Vollendung der Oper selbst hergestellt wurde, findet sich in drei Exemplaren (Durchschlägen) in einer Archivschachtel mit der Aufschrift „Pergament | ELI | (ljuskop.)", Moses Pergament-Archiv, Musik- och teaterbiblioteket, Torsgatan, Stockholm.

[8]   Die literaturwissenschaftliche Librettoforschung, wie sie in den letzten Jahrzehnten maßgeblich von Albert Gier (vgl. u. a. Gier 1998) geprägt wurde, sieht es als ihre Aufgabe, in erster Linie den verbalsprachlichen, dichterischen Text, der *für* eine Vertonung geschrieben wird bzw. den Text, so wie er eigenständig ohne musikalische Notation (vor allem in der Form eines Textbuches) erscheint, zu untersuchen. Diese methodische Ausrichtung wird durch eine konsequent texthistorische Perspektive gestärkt, die den entstehenden Text ggf. eben unabhängig von einer dabei noch nicht bestehenden Musik betrachtet, wohl aber beachtend, dass gewisse Rücksichten bei der Textkonstitution musikalischer Natur sein können. Zur (vor allem editionswissenschaftlichen) Debatte zum Libretto und zu meiner eigenen Position darin, vgl. Nyström 2012, hier besonders 108–110. Eine Untersuchung der *Eli*-Oper als musikalisches Kunstwerk steht also immer noch aus; dem Wunsch Bruhns (vgl. Bruhn 2008, 217-218) nach einer solchen, musikwissenschaftlich ausgerichteten Studie schließe ich mich gerne an.

[9]   Eingesehen im Moses Pergament-Archiv, Musik- och teaterbiblioteket, Torsgatan, Stockholm.

seinen verschiedenen Korrekturschichten von verschiedenen Händen zum Schauplatz von Kontroversen über Handlungsstrukturen, Ideen und nicht zuletzt über ästhetische Ausdrucksmittel.

Die frühere Literatur zu Nelly Sachs hat wie erwähnt zwar den Streit zwischen Sachs und Pergament beleuchtet, die Entstehungsgeschichte des Librettos und der Oper dagegen nicht sehr detailliert beschrieben. Ruth Dinesen kommt dem am nächsten, kommentiert aber lediglich Teile des Briefwechsels und nicht die überlieferten Texte selbst. Dinesen und auch Gesine Schauerte können anhand von Briefen, u. a. den oben zitierten, zeigen: „das Scheitern [der] Zusammenarbeit zeichnete sich [...] bereits auf der Ebene der Textbearbeitung ab, als sich nämlich die dramatischen Intentionen PERGAMENTs mit den mystischen von Nelly SACHS nicht vereinbaren ließen" (Schauerte 2007, 368). Dies ist eine zumindest vorläufig recht adäquate Zusammenfassung, doch die Züge der „Textbearbeitung" sind in der bisherigen Sekundärliteratur nur kurz und ohne Hinweise auf diese Texte selbst beschrieben worden. Zur betreffenden Phase in Moses Pergaments Schaffen existieren kaum Forschungsbeiträge. Der vorliegende Beitrag ist der erste, der sich mit dem betreffenden Textmaterial zum *Eli*-Libretto selbst auseinandersetzt.

Quellen

Die untersuchten Texte sind zum allergrößten Teil nur archivalisch zugänglich,[10] und zwar im kleinen Vorlass Pergaments im Anschluss an das Nelly-Sachs-Archiv, Kungliga biblioteket, Stockholm (im Folgenden: KB), teilweise im Nelly-Sachs-Archiv selbst sowie in den beiden (separaten) Pergament-Archiven von Musik- och teaterbiblioteket, eins im Hauptsitz der Bibliothek in Torsgatan, Stockholm, eins in der Filiale in Gäddviken, Nacka,[11] und schließlich dem Dokumentarchiv von Sveriges Radio.

Wenn auch in aller Kürze und ohne Anspruch auf Vollständigkeit, soll hier das Material in der Archivschachtel mit Materialien zu *Eli* im Pergament-Vorlass im Anschluss an das Nelly-Sachs-Archiv (NS 1970/107:4), in dem sich insge-

---

[10] Für das Recht, aus unveröffentlichtem Material zu zitieren, und für freundliches Entgegenkommen danke ich den jeweiligen Rechtsinhabern:
- für Sachs © Suhrkamp Verlag und Dr. Hans Magnus Enzensberger
- für Pergament © Ann-Charlotte Pergament, Katerina Pergament, Björn Saul, Peter Saul und Simone Saul
- für Grevenius © Ulla Olsson.
Danken möchte ich auch Börje Sjöman, Dokumentenarchiv von Sveriges Radio, für die Klärung einiger rechtlicher Fragen und außerdem Inger Enquist, Musik- och teaterbiblioteket, Stockholm, für die Bereitstellung von Dokumenten aus den beiden Pergament-Archiven.

[11] Dieses Archiv wurde bis 2010 in Musikmuseet, Stockholm, aufbewahrt.

samt zehn Mappen finden, verzeichnet werden; sämtliche Mappen haben mit dem *Eli*-Libretto von Pergament und Sachs zu tun. Eine weitere Mappe – mit demselben Signum gekennzeichnet, aber nicht in der erwähnten Archivschachtel aus dem Pergament-Vorlass befindlich – enthält eine vollständige Fotokopie von Pergaments Exemplar des gedruckten Mysterienspiels (Malmö 1951). Die römische Nummerierung (und ggf. Buchstabennummerierung) in eckigen Klammern ist von mir ergänzt worden;[12] die Mappen enthalten je eine archivalische Beschreibung, aber keine Einzelnummern. Die Anzahl der Blätter wird nach den archivalischen Notizen auf der jeweiligen Mappe angegeben; sie ist in einigen Fällen auch von mir kollationiert worden.

NS 1970/107:4

[I] Typoskripte, insgesamt 4 Blätter: [a] Sachs, Hörspielfassung der letzten Szene des Mysterienspiels (Anlage zum Brief an Pergament vom 2. April 1958), [b] Sachs, Liste der Textveränderungen, die von Sachs für die Stuttgarter Hörspielinszenierung vorgenommen wurden (Anlage zum Brief an Pergament vom 22. Mai 1958), [c] Sachs, Beschreibung des Mysterienspiels *Eli*. Datierung: April-Mai 1958.

[II] Typoskripte, insgesamt 6 Blätter: [a] Irmfried Wilimzig, Kopie eines Briefes an Pergament, 25.4.1958, [b] Wilimzig, Typoskript (in zwei Exemplaren) mit Änderungsvorschlägen für Pergaments Musik zur Stuttgarter Hörspielinszenierung. (Daneben ein handgeschriebener Zettel „ELI" sowie archivalische Zettel.) Datierung: April 1958.

[III] Typoskript (Durchschlag), insgesamt 54 Blätter: [a] Sachs (?), Titelblatt und Werktext zum Mysterienspiel *Eli* mit einigen handschriftlichen Eintragungen Pergaments. Datierung unsicher (1946?).

[IV] Typoskripte und Handschriften, insgesamt 5 Blätter: [a] Sveriges Radio, Typoskript, Personenverzeichnis, mit Kennzeichen der Theaterabteilung von *Sveriges Radio*, [b] Pergament, Handschrift, Personenverzeichnis, [c] Pergament, Typoskript (in zwei Exemplaren), Personenverzeichnis. Datierung: [a] 1959, [b] und [c] 1958 oder 1959.

[V] Typoskripte (teilweise Durchschläge), insgesamt 67 Blätter: Pergament, Einzelblätter zum Opernlibretto *Eli* mit handschriftlichen Eintragungen von Pergament und Sachs. Datierung: Februar-April 1958.

[VI] Typoskript (teilweise Durchschläge), insgesamt 45 Blätter: Pergament, Werktext zum Opernlibretto *Eli* mit handschriftlichen Eintragungen von Pergament und Sachs. Notiz Pergaments auf dem ersten Blatt: „Nellys Exemplar [sic]. (Dvs. <u>mitt</u> libretto, sedan hon ändrat och fyllt ut efter mina anvisningar)".

---

[12]   Im Folgenden wird bei Hinweisen auf eine der Mappen in NS 1970/107 als Sigle lediglich die jeweilige römische Nummer in eckigen Klammern angeführt.

[„Nellys Exemplar. (D. h. mein Libretto, nachdem sie nach meinen Anweisungen geändert und ausgefüllt hat."] Datierung: Februar-Mai 1958; einzelne spätere Eintragungen.

[VII] Typoskript (teilweise Durchschläge), insgesamt 42 Blätter: Pergament, Werktext zum Opernlibretto *Eli* mit handschriftlichen Eintragungen von Pergament, Sachs und Grevenius. Notiz Pergaments auf dem ersten Blatt: „Grevenius -> Brunius exemplar". Datierung: Februar-Mai 1958; einzelne spätere Eintragungen.

[VIII] Typoskript, insgesamt 2 Blätter: Grevenius, Promemoria (Strukturvorschlag) zum Opernlibretto *Eli*. Notiz Pergaments auf dem ersten Blatt: „Grevenius' (första) synopsis". [„Grevenius' (erste) Synopse".] Datierung: Spätestens Februar 1958.

[IX] Typoskript, insgesamt 48 Blätter und eine Fotokopie: Grevenius, Werktext, Bearbeitung des Opernlibrettos *Eli* (einschl. eingestreuter Anweisungen an die Autoren) mit handschriftlichen Eintragungen Pergaments. Notiz Pergaments auf dem ersten Blatt: „Grevenius' plattityd" [„Grevenius' Plattitüde"]. (Enthält auch eine Fotokopie eines Briefes von Palle Brunius an Pergament vom 10. Mai 1958.) Datierung: Grundschicht vor dem 10. Mai 1958; spätere handschriftliche Eintragungen.

[X] Typoskript, insgesamt 40 Blätter (und drei kleine Zettel): Johannes Edfelt, Werktext, Übersetzung des Opernlibrettos *Eli* ins Schwedische. Datierung: Sommer 1958.

[XI, nicht in der Archivschachtel, sondern in einer separaten Mappe unter demselben Signum wie die Schachtel] Vollständige Fotokopie vom Druck: Nelly Sachs: *Eli. Ein Mysterienspiel vom Leiden Israels.* Malmö 1951. Enthält eine Widmung an Moses und Ilse Pergament von Nelly Sachs sowie zahlreiche handschriftliche Eintragungen Pergaments. Datierung der Eintragungen: Wohl Februar 1958; einzelne Eintragungen dürften späteren Datums sein.

Im Mittelpunkt der folgenden Untersuchung stehen vor allem die Mappen [V], [VI] und [VII], wiewohl auch mehrere andere angeführt werden. Wenn im Folgenden römische Ziffern in eckigen Klammern vorkommen, beziehen sich diese Kürzel auf die entsprechende Mappe in NS 1970/107:4 (nach dem obigen Verzeichnis).

Es sind zwei Mappen, die beide jeweils ein Typoskript des eigentlichen deutschsprachigen Opernlibrettos, enthalten, [VI] und [VII]. Für beide Typoskripte gilt, dass die verschiedenen Einzelblätter zu verschiedenen Zeitpunkten auf zwei verschiedenen Schreibmaschinen getippt worden sind und zu jeweils einem Typoskript zusammen montiert sind. Zum größten Teil handelt es sich bei den gleichen Seitenzahlen in den Typoskripten um Durchschläge bzw. Originale desselben Tippprozesses, soweit also identische Seiten, auf denen sich dann aber auch separate hand- oder maschinenschriftliche Eintragungen von vor allem Pergament und Sachs finden. Manchmal tippt Pergament zum Beispiel nur einige Zeilen oder eine halbe Seite auf Maschine und ergänzt sie dann später hand- oder maschinenschriftlich auf den jeweiligen Durchschlägen.

Die stemmatischen Verhältnisse zwischen [VI] und [VII] müssten auf der Ebene des Einzelblattes beschrieben werden; manchmal repräsentiert [VI], manchmal (etwas öfter) [VII] die spätere Bearbeitungsstufe. Dasselbe betrifft folglich auch die Datierung; die meisten Seiten dürften im Februar oder März 1958 zustande gekommen sein, einige jedoch mit Sicherheit erst im Mai. Die Paginierung enthält Lücken; in diesen Fällen wird auch handschriftlich (von Pergament) angegeben, dass fehlende Seiten gestrichen sind. Entweder [VI] oder [VII] oder aber ein nicht erhaltener, teilweise mit ihnen identischer Durchschlag dürfte die Übersetzungsvorlage Johannes Edfelts dargestellt haben.

Nicht weniger wichtig ist [V], die Einzelblätter zu verschiedenen Seiten eines vollständigeren Librettotyposkripts enthält (die Seitenzahlen stimmen mit denen der beiden vollständigen Typoskripte überein). Die maschinenschriftliche Grundschicht vieler Seiten ist ebenfalls mit der Grundschicht der entsprechenden Seiten von [VI] und [VII] identisch, aber hier finden sich auch Seiten mit einer früheren Grundschicht; so gut wie durchgängig repräsentieren die Einzelblätter dieser Mappe eine frühere Bearbeitungsstufe. Es handelt sich bei [V] genauer genommen um in dieser Form ausgeschiedene und in den später fertiggestellten Werktyposkripten durch neu geschriebene Seiten ersetzte Blätter. Die hier z. B. von Sachs handschriftlich eingetragenen Änderungen finden sich in den vollständigen Typoskripten [VI] und [VII] oft entweder handschriftlich durch Pergament oder maschinenschriftlich eingetragen.

In den beiden Moses Pergament-Archiven von Musik- och teaterbiblioteket, Stockholm bzw. Nacka, befinden sich, was unten angeführte Materialien angeht, unter anderem Librettotyposkripte aus der Endphase der Arbeit an der Oper (Stockholm) sowie Pergaments Tagebuch von 1958 (Nacka). Im Dokumentenarchiv von Sveriges Radio liegen die Korrespondenz mit den Beteiligten, eine Gehaltsliste und die Vorrede bzw. Einführung zur Sendung von Moses Pergament. In Nelly Sachs' samling in KB ist das duplizierte Typoskript der Stuttgarter Hörspielbearbeitung von *Eli* von 1958 zu finden (L 90:5:5).

Daten zum Arbeitsprozess

Bevor auf die überlieferten Librettotyposkripte eingegangen wird, soll anhand von vor allem Tagebuchnotizen und (teils bereits bekannten, teils eher unbekannten) Briefen die Chronologie des Entstehungsprozesses in den Monaten Februar bis Mai 1958 gezeichnet werden.

Nelly Sachs und Moses Pergament dürften sich, wie Dinesen schreibt, die Möglichkeiten einer Zusammenarbeit musikalischen Charakters gerade im Falle *Eli* schon Jahre vor dem Beginn der konkreten Arbeit an einem Opernlibretto überlegt haben. Bereits 1946 hatte Pergament das Mysterienspiel zu lesen bekommen (vgl. Dinesen 1992, 213-214).

Im Jahre 1958 kam es schließlich so weit; Pergament hatte einen Auftrag von der Theaterabteilung von Sveriges Radio (im Folgenden: Radioteatern) bekommen und er hatte eigenständig *Eli* als Textgrundlage für ein Funkopernlibretto gewählt, das seinerseits die Grundlage für eine von ihm vertonte Oper darstellen sollte. Von früh an waren sowohl ein deutsch- als auch ein schwedischsprachiges Libretto geplant. Die Oper war zwar zuerst für den Rundfunk gedacht; Pergament scheint jedoch die Möglichkeit einer späteren Bühnenaufführung nie aus dem Auge verloren zu haben.

Aus Pergaments Tagebuch geht die Chronologie der Entstehung des Librettos deutlich hervor. So notierte er am 25. Februar 1958, dass er mit der Bearbeitung des Mysterienspiels in ein Opernlibretto begonnen habe, und er fügte hinzu: „(hade fått ett förslag till scenindelning o. förkortningar av Grevenius, men gjorde mest efter mitt eget huvud.)" (MP/Tb, 25.2.1958) [„(hatte einen Vorschlag zu Szeneneinteilung und Kürzungen von Grevenius bekommen, habe aber meistens nach meiner eigenen Art gemacht.)"]

Der Dramatiker und Theaterkritiker Herbert Grevenius (1901-1993) war zu diesem Zeitpunkt Dramaturg an Radioteatern, nachdem er kurz zuvor als Leiter derselben Abteilung zurückgetreten war. Als Dramatiker hatte er sich in erster Linie mit realistischen Dramen, manchmal im Arbeitermilieu, einen Namen gemacht. Seine Dialoge spiegeln in der Regel die zeitgenössische schwedische Alltagssprache wider. Grevenius veröffentlichte zudem Monografien zu Shaw und Brecht. Als Drehbuchautor hatte er sowohl mit Ingmar Bergman als auch mit Carl Theodor Dreyer zusammengearbeitet. Sein Engagement für das Hörspiel und für Radioteatern reicht in die 1930er Jahre zurück, und er leitete die letztgenannte Institution zwischen 1950 und 1957 (vgl. Ericson 1991, 171).

In Grevenius' von Pergament im Tagebuch erwähnten Strukturvorschlag [VIII] heißt es zum letzten Bild des Mysterienspiels, dass dieses „måste göras klarare och sceniskt gripbarare, helst utan symboliserande attribut" ([VIII], 2) [„klarer und szenisch greifbarer gemacht werden muss, am liebsten ohne symbolisierende Attribute"]. Außerdem möchte Grevenius den Aufbruch Michaels zur Wanderung deutlicher markiert sehen. Im Allgemeinen macht er vor allem Vorschläge zu Streichungen von ganzen Bildern des Mysterienspiels, alternativ Kürzungen und Zusammenlegungen von Bildern; es sind dies Vorschläge, die zum Teil umgesetzt werden; und hierauf, wie auch zur Aufforderung, symbolisierende Darstellungsmodi zu vermeiden, ist zurückzukehren.

Pergament beschäftigte sich in den Tagen nach dem 25. Februar weiter mit der Bearbeitung. Aus dieser Zeit stammen mutmaßlich die handschriftlichen Eintragungen Pergaments in sein Exemplar vom Druck des Mysterienspiels aus dem Jahr 1951 ([XI]) und ein erstes vollständiges Librettotyposkript (das sich heute, an sich unvollständig erhalten, allem Anschein nach größtenteils in [V],

[VI] und [VII] integriert, wiederfindet).[13] Am 28. Februar beendete er bereits seine Bearbeitung, denn an eben diesem Tag las er den Text Grevenius und dem neuen Chef von Radioteatern, Palle Brunius, vor. Gutgeheißen wurde der Text, wie es im Tagebuch heißt, „efter små ändringar" (MP/Tb, 28.2.1958) [„nach kleinen Änderungen"].

Eine gute Woche später, am 9. März 1958, wurde Nelly Sachs in die Arbeit mit einbezogen:

> Hos Nelly. Vi arbetade på "Eli" (min version) ända till kl 19[15] Sen bjöd hon på middag. Hon accepterade helt o. begeistrad min bearbetning för radion och skall göra de tillägg jag bad om.
> [„Bei Nelly. Wir haben an 'Eli' (meiner Fassung) bis 19.15 Uhr gearbeitet. Dann hat sie mich zum Abendessen eingeladen. Sie hat meine Bearbeitung für den Rundfunk ganz u. begeistert akzeptiert und wird die Ergänzungen machen, um die ich gebeten habe."]
> (MP/Tb, 9.3.1958)

Einen etwas anderen Eindruck macht jedoch ein Brief, den Sachs am folgenden Tag (10. März 1958) an Pergament schrieb, ausdrücklich vor dem Hintergrund „unseres Gespräches über die Gestalt Michael", worüber sie „lange [...] nachgedacht" habe. Sie erwähnt hier einige für sie besonders wichtige und auf Michael bezogene Textstellen im Mysterienspiel, die Michael als „Boten der etwas ihm selbst rätselhaftes zu erfüllen hat (eines unsichtbaren Königs Befehl wie bei Kafka)" erscheinen lassen. Sachs unterstreicht, dass Michael „niemals ein aktiver Rächer" sei. Weiter schreibt sie darüber:

> Nun mußte sovieles leider was zu diesem Verständnis beitrug fortfallen. Ich verstehe, es ging nicht anders, aber die Centralgestalt darf keineswegs ihr Antlitz ändern. Dies ist ein Gottbeauftragter der nur gleichsam zu erscheinen hat, um den Mörder an seiner eigenen Schuld zu Grunde gehn [sic] zu lassen. So darf kein Wort in seinem Mund gelegt werden {was nicht dem entspricht} und keine irdische Rächergeste ihn verunstalten.
> (Sachs an Pergament, 10. März 1958 [1. Brief])[14]

Bereits im März 1958, am Tag nach Kenntnisnahme des neu bearbeiteten und noch nicht fertig gestellten Textes, äußerte Sachs also Bedenken gegen die Bearbeitung, gerade in einem der wichtigen Punkte und auch mit ähnlichen Argu-

---

[13]   Es handelt sich dabei um Eintragungen, teilweise in deutscher, teilweise in schwedischer Sprache, bzw. um Typoskripte fast ausschließlich in deutscher Sprache. Der aus Helsinki stammende Pergament, gebürtiger Finnlandschwede (Finne mit Schwedisch als Muttersprache), seit 1919 schwedischer Staatsbürger, beherrschte die deutsche Sprache auf hohem Niveau. Unter anderem hatte er Anfang der 1920er Jahre in Berlin studiert und war seit jener Zeit auch mit einer deutschen Frau verheiratet.

[14]   In den Zitaten markieren die Schweifklammer handschriftlich hinzugefügte Wörter.

menten wie nach der Ursendung: Die Erscheinung der „Centralgestalt" Michael sieht sie entgegen ihrer Intentionen verändert. Sachs findet es bereits hier nötig zu unterstreichen, dass Michael auf gar keinen Fall mit einem Rächer bzw. – wie es hier heißt – „aktive[n] Rächer" gleichzusetzen ist.

Nelly Sachs arbeitete den Librettotext schnell durch. Schon später am selben Tag gab sie in einem zweiten Brief an Pergament (Sachs an Pergament, 10. März 1958 [2. Brief]; vgl. Sachs 1984, 187f.) an, damit fertig zu sein, wobei sie noch zu einer Szene insbesondere unterstreicht, dass die Darstellung dort nicht allzu „realistisch" werden dürfe.

Eine Woche später schrieb Sachs dem designierten Übersetzer des Librettos Johannes Edfelt. In diesem Brief fasste Sachs den Kern der Problematik aus ihrer Sicht wie folgt zusammen:

> Mit dem „Eli" hier am Radiotjänst war es au[c]h schwer alles was ans Metaphysische grenzte sollte gestrichen werden und so mußte ich die Übergänge neu arbeiten. Denn Michael ist doch der unsichtbar getriebene Bote und kein irdischer Rächer. Eine durchsichtige Gestalt, ein Sechsunddreißiger (S. 52) auf de~~enn~~ nach der chassidischen Mystik die Welt ruht. Aber alles was {darauf} dahin deutet ist so ziemlich fortgenommen, aber ich weiß das [sic] Deine visionäre Übersetzungskunst ihn doch noch zum Leuchten bringen wird.
> (Sachs an Edfelt, 18. März 1958)[15]

Die weitgehende Streichung des Metaphysischen, die Sachs im Brief an Edfelt als erstes Problem anspricht, und das offensichtlich nicht wegzudenkende Risiko, dass Michael als eine Rächergestalt aufgefasst wird, sind zwei miteinander eng verbundene Tendenzen, die Sachs bei der Umarbeitung identifizierte. Aber von wem stammten eigentlich diese tendenziellen Verschiebungen?

Pergament stand von Anfang an im Dialog mit Grevenius und mit Palle Brunius (1909-1976). Brunius, erfahrener Hörspielregisseur, war nicht nur unlängst der neue Chef der Theaterabteilung von Sveriges Radio (Radioteatern) nach Grevenius geworden, sondern sollte später bei der Aufnahme der *Eli*-Oper auch selbst Regie führen.

Nelly Sachs ihrerseits schien sich dessen bewusst zu sein, dass gerade von Seiten des Rundfunks „alles[,] was ans Metaphysische grenzte", unerwünscht war. Sie schob im Brief an Edfelt indirekt Sveriges Radio (das sie noch beim alten Namen Radiotjänst nennt) die Schuld für die damit zusammenhängenden Kürzungen zu. Noch deutlicher wurde dies bereits im zweiten der beiden Briefe an Pergament vom 10. März, in dem Sachs meinte, Pergament habe sie gut verstanden, bezüglich ihrer Überarbeitung des Librettos aber die Hoffnung aus-

---

[15] Johannes Edfelt-Archiv, Uppsala universitetsbibliotek, Vol. 24. Die Seitenangabe „S. 52" im Brief Sachs' bezieht sich auf die Erstausgabe des Mysterienspiels (Sachs 1951).

drückte, „das [sic] Radiotjänst damit nun doch zufrieden ist" (Sachs an Pergament, 10. März 1958, [2. Brief], vgl. Sachs 1984, 187-188, hier 188).

Einen neuen Text in zwei Exemplaren (es dürfte sich dabei unter anderem um eine frühe Fassung von [VII] handeln) reichte Pergament laut seinem Tagebuch am 13. März bei Brunius ein. Palle Brunius schrieb Pergament einige Tage später zum Libretto, dass „vi på vårt håll ännu inte haft möjlighet att göra vår egen uppfattning gällande i samtal med Dig – vi har inte ens kommit fram till den ännu" [„wir von unserer Seite aus noch keine Möglichkeit gehabt haben, unsere eigene Auffassung im Gespräch mit Dir geltend zu machen – wir sind noch nicht einmal zu dieser gelangt"]. Trotz der spielerischen Formulierung ist der Hinweis von Brunius ernst gemeint, denn vor dem erwähnten Hintergrund sei ihm zufolge in Pergaments Kontakten mit Johannes Edfelt, das Libretto betreffend, noch Vorsicht geboten (Brunius an Pergament, 18. März 1958).[16]

Dadurch wird bereits deutlich, dass Brunius und Grevenius, die Ende Februar noch die dann vorgelegte Fassung gutgeheißen hatten, die neue, und von Sachs maßgeblich mitgeprägte Fassung nicht unmittelbar akzeptierten. Brunius schlug ein Telefongespräch mit Pergament später in der Woche vor. Ob es noch dazu kam, ist unsicher; es lässt sich nicht nachweisen. Später sollte sich auf jeden Fall erweisen, dass Herbert Grevenius, und zwar von der am 13. März erhaltenen, vorläufigen Fassung ausgehend, an einer eigenen Bearbeitung des Opernlibrettos arbeitete.

Neben dem Opernlibretto nahm im März und April ein anderes *Eli*-Projekt die Aufmerksamkeit von Sachs und Pergament für einige Wochen in Anspruch: Es handelt sich um die Hörspielfassung des Süddeutschen Rundfunks. Sachs hatte Pergament als Komponist für die Hörspielmusik empfohlen (vgl. Dinesen 1992, 233) und eine formale Anfrage erreichte ihn auch am 20. März (vgl. MP/Tb, 20. März 1958). Einige Tage später besuchte Irmfried Wilimzig, Textbearbeiter und Regisseur in Stuttgart, Sachs und Pergament in Stockholm (vgl. MP/Tb, 23. März 1958).[17]

Die Hörspielbearbeitung zeitigte auch für die Textgestalt des Opernlibrettos gewisse Folgen. Auch das Opernlibretto war ja zuerst, wenn auch nicht ganz ausschließlich, für den Rundfunk konzipiert worden. Die gattungstypische Umwandlung von Regiebemerkungen in Repliken konnte deswegen in einigen Fällen auch für beide Texte übernommen werden, etwa in der Schlussszene. Dort hatte Sachs unter anderem die Regiebemerkung aus dem Mysterienspiel, „Die Luft hat sich in Kreisen geöffnet. Es erscheint im ersten Kreis DER EMBRYO im Mutterleib mit dem brennenden Urlicht auf dem Kopf" (Sachs 1951, 73; vgl. III, 75) in eine neue Replik Michaels umgewandelt, mit der Regiebemerkung „visionär" versehen:

---

[16] Moses Pergament-Archiv, Musik- och teaterbiblioteket, Gäddviken, Nacka, Vol. 31.

[17] Zum Hintergrund und zur Durchführung der Stuttgarter Hörspielproduktion, vgl. Naumann 1986, 100-102.

Es öffnet sich die Luft in Kreisen –
Es wächst der Embryo im Mutterleib –
Auf seiner Stirn das Urlich{t} leuchtet –
Kind mit dem Gotteslicht
lies in den Händen des Mörders –
([I])

Die Veränderung wurde ursprünglich für Stuttgart vorgenommen, dann aber auch ins Opernlibretto übertragen. Den neuen Wortlaut der Schlussszene teilte Sachs in einem Brief an Pergament vom 2. April 1958 und in einem Brief an Edfelt vom 8. April mit, beide Male übrigens mit dem Hinweis auf die zentrale Dimension der Transzendenz und deren Verbindung mit Michaels Charakter; im Brief an Pergament heißt es zu dieser Änderung wie folgt, wobei die Formulierung ohne Zweifel indirekt in erster Linie auf das Opernlibretto bezogen ist: „Man fand das sehr wichtig um die Transendenz [sic] dieser Scene nicht verloren gehn [sic] zu lassen und somit Michaels Gestalt als geheimen Gottesknecht zu verdeutlichen" (Sachs an Pergament, 2. April 1958). Sachs schreibt hier wohlgemerkt nicht „ich", sondern „man" und bezieht sich damit indirekt auf Irmfried Wilimzig, auf dessen Initiative die Umwandlung von Regiebemerkungen in Repliken auch höchstwahrscheinlich zustande kam. Dagegen stammt die spezifische Begründung wohl nicht von ihm. Wie Dinesen zu einer späteren musikbezogenen Stelle im selben Brief festhält, „nutzte" Sachs auch hier, durch einen Hinweis auf andere, „die Gelegenheit, um ihre eigenen Vorstellungen zu betonen" (Dinesen 1992, 234).[18]

Gleichzeitig schickte Nelly Sachs dem Komponisten ebenfalls eine Fassung ihrer „Erläuterung" zu *Eli* zu. Auch dieser Text unterstreicht die genannten Aspekte mit einer gewissen Vehemenz.

Einige Tage später äußerte Sachs folgende Bitte an Moses Pergament:

> Würdest Du so lieb sein und einen Durchschlag des „Eli" Ilschen[19] mitgeben da ich keinen bisher erhielt und ich muß ja bevor Johannes für die Übersetzung das Manus bekommt alles durchgesehen haben und die Verbesserungen gemacht die ich für Stuttgart machte.
> (Sachs an Pergament, 6. April 1958)

Sachs hat diesen Durchschlag allem Anschein nach kurz danach erhalten; hier trug sie auch die verschiedenen Änderungen ein, die sie im Brief vorausgeschickt hatte (es betrifft unter anderem „Wortfehler", ferner den Abzählvers im vorletzten Bild des Mysterienspiels, „und so giebt es noch verschiedenes mehr";

---

[18] Vgl. aber zu der von Dinesen besprochenen Stelle die Einwände Schauertes (vgl. Schauerte 2007, 370).

[19] Ilse Pergament, geb. Kutzleb (1906-1960), Moses Pergaments Ehefrau.

ebd.). Die von Sachs überarbeitete Fassung erreichte Brunius und Grevenius vermutlich nicht; wohl auch deswegen, weil Pergament fast den ganzen Monat mit der Hörspielmusik für Stuttgart beschäftigt war.

Offensichtlich noch auf der Grundlage der am 13. März eingereichten Textfassung (die eine frühere Fassung von [VII] darstellt) hatte nun Herbert Grevenius eine neue Bearbeitung des Librettos mit etlichen Änderungen, Umstellungen, Ergänzungen und Vorschlägen ([IX]) fertig gestellt. Von Brunius auf der beigelegten Postkarte an Pergament als „nästa steg i libretto-utvecklingen" [„der nächste Schritt in der Libretto-Entwicklung"] bezeichnet, ging Grevenius' Typoskript Pergament am 10. Mai zu (Brunius an Pergament, 10. Mai 1958).

Pergament schrieb auf das Titelblatt dieses Typoskripts (unklar wann, möglicherweise erst im Zusammenhang mit der Übergabe an die KB) handschriftlich die vernichtenden Worte „Grevenius' plattityd" [„Grevenius' Plattitüde"]. Er erwähnt in seinem Tagebuch im Mai 1958 mehrmals die seiner Meinung nach sehr geringe Qualität des Grevenius-Textes[20] und notiert auch, wie „förskräckt" [„erschrocken"] Nelly Sachs am 26. Mai 1958 nach der Lektüre dieses Textes gewesen sei (MP/Tb, 26. Mai 1958). Einige Tage später, nach zwei Arbeitstreffen mit Palle Brunius, notierte Pergament deutlich zufrieden: „Grevenius' version blev det inte många ord kvar av" [„Von Grevenius' Fassung sind nicht viele Worte übrig geblieben"]. Stattdessen ging man nun, offensichtlich einhellig, von Pergaments Fassung mit Sachs' Zusätzen aus; diese wurde dem Tagebuch zufolge sowohl ergänzt als auch gekürzt (vgl. MP/Tb, 30. Mai 1958). Am 31. Mai, nach einem nochmaligen Arbeitstreffen mit Palle Brunius, notierte Pergament die Vollendung seines *Eli*-Librettos (vgl. MP/Tb, 31. Mai 1958). Danach musste er die beiden Typoskripte [VI] und [VII] in erster Linie handschriftlich soweit eingerichtet haben, dass beide nun so gut wie textidentisch waren.

Sachs wurde in dieser Schlussphase wieder zu Rate gezogen; sie schickte Pergament am 22. Mai eine Liste der Änderungen, die sie für den Stuttgarter Hörspieltext vorgenommen hatte. Andererseits hatte Sachs aber die endgültige Übersetzungsvorlage von Pergament zuerst nicht einmal bekommen, was sie in einem Brief an den Übersetzer Johannes Edfelt auch ausdrücklich beklagte (vgl. Sachs an Edfelt, 1. Juli 1958). Schon am 19. Mai hatte Pergament Edfelt einige Seiten zugeschickt (vgl. MP/Tb, 19.5.1958), wohl einen Teil eines weiteren Durchschlags. Edfelt arbeitete danach an seiner Übersetzung bis in den Juli 1958. Wie schon erwähnt, begann Pergament an der Arbeit mit der Vertonung am 1. Juli 1958 (MP/Tb, 1. Juli 1958).

---

[20] „Grevenius' hemska version" (MP/Tb, 25. Mai 1958) [„Grevenius' schreckliche Fassung"], „Ilse o. jag arb. hela dan på Grevenius' urusla version av Eli" (MP/Tb, 26. Mai 1958) [„Ilse u. ich arb. den ganzen Tag an Grevenius' lausiger Fassung von Eli"], „Hos Palle Brunius Vi gick igenom Grevenius' 'version'" (MP/Tb, 27. Mai 1958) [„Bei Palle Brunius Wir haben die ‚Fassung' von Grevenius durchgearbeitet"].

Die Michael-Gestalt: Einige Varianten und Korrekturkonflikte

Wie bereits aus der obigen Übersicht über die Arbeit am Libretto zwischen Februar und Mai 1958 ersichtlich ist, hat Sachs den Aspekt des Transzendentalen und dessen Verbindung mit der Gestalt des Michael schon in der ersten Entstehungsphase von Libretto und Oper in ihren Briefen mehrmals deutlich betont. Den näheren Hintergrund wird die folgende Besprechung von einigen besonders wichtigen Textpassagen und von deren Entwicklung im angegebenen Zeitraum erläutern.

Die Eigenarten der Bearbeitung bzw. Umarbeitung in ein Opernlibretto sind in vielfacher Hinsicht von der Gattungsveränderung herzuleiten. *Eli* ist an sich eine sogenannte Literaturoper, die das konkrete Wortmaterial eines Sprechdramentextes in oft verkürzter Form direkt übernimmt.[21] Aber gerade die Kürzung des Textes und die Vereinfachung der Handlungsebene sind kennzeichnende Merkmale einer Librettisierung.[22]

Es handelt sich also um Kürzungen des Textes und Vereinfachungen der Intrige; hier ist aber an die Worte Gérard Genettes zu erinnern, der spezifischer zu quantitativen Veränderungen festhielt:

> Ein Text [...] läßt sich weder reduzieren noch vergrößern, ohne auch andere, für seine eigentliche Textualität wesentliche Veränderungen zu erleiden; und zwar aus Gründen, die natürlich auf seinem nicht räumlichen und immateriellen Wesen beruhen, das heißt auf seiner spezifischen Gedanklichkeit.
> (Genette 1993, 314)

Auf einer grundlegenderen Ebene unterscheidet Genette zwischen *formalen* Transpositionen, bei denen Veränderungen des Sinns als Folgeerscheinungen vorkommen, nicht aber primär beabsichtigt sind, und einem weiteren Verfahren, das mehr zielgerichtet in die Thematik selbst eingreift: Es sind dies die „unverhohlenen und absichtlich *thematischen* Transpositionen" (Genette 1993, 288). Es ist fruchtbar, diese Einteilung auch bei der Analyse einzelner Textstellen, einzelner Varianten in zwei oder mehreren verschiedenen Fassungen eines Werkes (in diesem Fall des deutschsprachigen *Eli*-Librettos) anzuwenden. Hierbei sind sowohl die Varianten Pergaments bei seiner Bearbeitung des Mysterienspiels als auch die danach entstandenen neuen Varianten Sachs' (gerade im Vergleich zur vorangehenden Textgestalt Pergaments) zu beachten. Es kann schwierig sein, die Grenze zwischen den beiden Formen der Transposition zu ziehen; zumindest im

---

[21] Zur Wörtlichkeit als Kriterium, vgl. Dahlhaus 1983, 55, der sie mit der „eigentlichen Literaturoper" verknüpft, und Gier 1998, 6: „Ältere oder neuere Sprechdramen, die von Komponisten des 20. Jahrhunderts mehr oder weniger stark gekürzt, aber sonst weitgehend unverändert vertont werden [...]".

[22] Vgl. Gier 1998, 6 und Fricke 1985, 96, zur Kürze als allgemeinem Gattungsmerkmal des Opernlibrettos im Verhältnis zum Schauspieltext.

ersten der folgenden Beispiele handelt es sich bei Pergaments Varianten wohl eher um eine formale Transposition mit thematischen Folgen.

Dieses Beispiel gehört zu den Änderungen gegenüber dem Mysterienspiel, die von Pergament durchgeführt wurden, jedoch auf Vorschläge von Grevenius zurückzuführen sind: Es handelt sich um die Zusammenlegung des vierten und des fünften Bildes des Mysterienspiels; Pergament entwirft sie, offensichtlich dem Vorschlag von Grevenius in [VIII] folgend,[23] bereits im Handexemplar [XI]. Sie findet sich dann in der Grundschicht der beiden vollständigen Typoskripte ausgeführt ([VI], 12, mit handschriftlichen Ergänzungen von Sachs und [VII], 12, mit denselben Ergänzungen maschinenschriftlich eingetragen[24]). Die Fusion der beiden Bilder hat, wie im Folgenden zu sehen, Folgen für die Darstellung von Michaels Handeln und dessen Motivation. Im vierten Bild des Sachs'schen Mysterienspiels findet Michael verschiedene Paare Schuhe und er wird dadurch an ihre verstorbenen Träger erinnert. Zuletzt findet er Elis Schuhe (vgl. Sachs 1951, 20-22; III, 24-26). Im folgenden Bild sucht dann Michael Samuel, Elis Großvater, auf und erkundigt sich bei ihm über das Aussehen des Soldaten, der Eli erschlug; bei Samuel bekommt er auch eine Vision vom Gesicht des Täters (vgl. Sachs 1951, 23-25; III, 27-29).

In den verschiedenen Fassungen des Librettos wird Michael ebenso an Eli erinnert, indem er dessen Schuhe findet. In gerade diesem Augenblick kommt jedoch Samuel zu Besuch bei Michael; dieser trägt das Hemd und die Hirtenpfeife Elis mit sich. Somit spielt der stumme Samuel eine aktivere Rolle im Geschehen verglichen mit dem Mysterienspiel, und der Eindruck liegt nahe, dass Samuel Michael gar den entscheidenden Auftrag gibt.

Moses Pergament spricht in einer späteren Opernsynopse auch ausdrücklich von einer „uppmaning" [„Aufforderung"] Samuels, die Michael versteht und dann vollzieht: „SAMUEL stiger in, överräcker stumt Elis skjorta och herdepipa till Michael som förstår den ordlösa uppmaningen."[25] [„SAMUEL tritt herein,

---

[23] Hier schreibt Grevenius zu den Bildern 4 und 5: „Bindes samman" („Werden miteinander verbunden"). [VIII], 1.

[24] Die Librettotyposkripte enthalten im Unterschied zum Mysterienspiel sowohl eine Bild- als auch eine Szenenzählung. Die beiden Bilder aus dem Mysterienspiel gehören in den Librettotyposkripten beide dem dortigen zweiten Bild an, das durchgängig in Michaels Werkstatt spielt; eine neue Szene (die 7.) beginnt jedoch beim Eintritt Samuels.

[25] „ELI. Kammaropera av Moses Pergament. Efter en dramatisk legend med samma namn av Nelly Sachs. Synopsis." Typoskript Pergaments, S. [2], das in vier von der Grundschicht her identischen Exemplaren vorliegt; zwei davon (darunter das Originaltyposkript) sind eingelegt in den Band mit Hans Holewas Klavierauszug zur Oper *Eli*, ein drittes in ähnlicher Weise in den Band mit der vollständigen Partitur der Oper, während ein viertes sich in der Schachtel mit der Aufschrift „Pergament | ELI | (ljuskop.)" findet, alles im Moses Pergament-Archiv, Musik- och teaterbiblioteket, Torsgatan, Stockholm.

überreicht stumm Elis Hemd und Hirtenpfeife an Michael, der die wortlose Aufforderung versteht."] Diese Transmotivation – um noch einmal mit Genette zu sprechen (vgl. Genette 1993, 439-441) – ist ein Beitrag zur Gewichtsverschiebung in Bezug auf die Michael-Gestalt. Wenn ein Mensch, zumal ein Angehöriger des getöteten Kinds, Michael auffordert, den Mörder zu suchen, ist Michael von seiner Rolle als göttlicher Gesandter schon halbwegs entfernt und nimmt stattdessen Züge einer traditionellen Rächergestalt an.

Nelly Sachs bezieht sich unter anderem auf die Begegnung Michaels mit Samuel im Mysterienspiel (ohne irgendwie die Änderungen für das Libretto zu kommentieren), wenn sie im ersten Brief an Pergament vom 10. März 1958 die Gestalt des Michael als geheimen und unbewussten Träger eines göttlichen Auftrags erläutert. Dennoch hatte Sachs die Zusammenlegung der beiden Bilder selbst mitgetragen und dafür (am 9. oder am 10. März) auch zwei verbindende Verszeilen Michaels neu verfasst, kennzeichnenderweise als Ersatz eines sehr viel prosaischeren Wortlauts bei Pergament;[26] Sachs' Variante lautet: „Ein Wind von Sterben bläst mich an – | Du bringst mir Elis Hemd!" ([VI], 12). Wahrscheinlich fasste die Autorin die Zusammenlegung noch als einen formalen Eingriff auf; die Folgen für den gedanklichen Inhalt mögen ihr in diesem Fall entgangen sein.

Bei Pergament waren schon früh mehrere Hinweise auf Michaels göttliche Sendung und die Anbindung dieser Vorstellung an den Chassidismus verschwunden. Bereits in seinem Handexemplar [XI] hatte er mehrere davon getilgt. Das Mysterienspiel bringt im Dialog zwischen der Wäscherin und der Bäckerin das Wort „Balschemblick" in Bezug auf Michael (vgl. Sachs 1951, 10; III, 16); dies ist eine Verszeile, die Pergament bereits im Handexemplar zur Tilgung vorgesehen hatte (vgl. [XI], 10) und die in sämtlichen erhaltenen Librettotyposkripten fehlt. Dasselbe Schicksal traf auch sofort (als Teil einer größeren Tilgung, vgl. [XI], 52) die Vermutung des Hausierers Mendel, Michael könne „[e]in Sechsunddreißiger [...] sein, | auf dessen Taten die Welt ruht –" (Sachs 1951, 52; vgl. III, 55), im zehnten Bild des Mysterienspiels. Genau diese Stelle zitierte Sachs schon in ihrem ersten Brief anlässlich der Librettobearbeitung vom 10. März 1958 zur Illustration der Michael-Gestalt. Jene Gestalt verliert durch die zwei Tilgungen zweifellos große Teile ihres mythisch-religiösen Hintergrunds[27] und rückt näher an eine irdische Held- und Rächer-Logik. Die Streichungen haben somit schwerwiegende thematische Folgen.

Ungewiss bleibt, ob diese Tilgungen auf ganz eigenständige Entscheidungen Pergaments zurückzuführen sind, oder ob sie bereits durch frühe (und nicht mehr zu ermittelnde) Gespräche Pergaments mit Grevenius oder Brunius zu allgemeinen Themen und Aspekten des Mysterienspiels angeregt wurden. Wenn Sachs'

---

[26] Handschriftlich von Pergament ins Typoskript eingetragen, dann wieder ausradiert, bei Belichtung aber immer noch lesbar. Vgl. [VI], 12.
[27] Zum chassidischen Hintergrund der Michael-Gestalt, vgl. Bahr 1982, 168-170, Sommerer 2008, 61-67 und den Textstellenkommentar von Fioretos in III, 551-557.

Eindruck des Widerstands gegen das Metaphysische gerade bei den Vertretern von Sveriges Radio stimmt, ist eine Einflussnahme nicht unmöglich. Der Eindruck erscheint auch plausibel, betrachtet man Grevenius' Aufforderung in Mappe [VIII] zur Vermeidung von sogenannten „symboliserande attribut" [„symbolisierenden Attributen"] in der gerade im metaphysischen Bereich spielenden Schlussszene und in noch stärkerem Maße seine spätere Bearbeitung des Librettos (vgl. [IX]). Wenn dies zutrifft, könnte es sich bei den frühen Änderungen Pergaments auch um bewusste thematische Transpositionen handeln. Zumindest was die vereinzelte Streichung der Verszeile mit dem Wort „Balschemblick" angeht, scheint die Hypothese recht naheliegend zu sein.

Ein formales, ja gattungsbedingtes Problem scheint den Hintergrund einer anderen Änderung gegenüber dem Mysterienspiel zu bilden. Im Mysterienspiel ist der Protagonist Michael in mehreren Bildern abwesend und er wird auch nicht erwähnt, in den verschiedenen Fassungen des Librettos dagegen wird er stattdessen mehrmals kurz eingeführt, offensichtlich damit der Hörer der späteren Oper ihn als Hauptgestalt der Handlung nicht aus dem Auge (bzw. dem Ohr) verliert. Nach einem deutlich hervorgehobenen Aufbruch Michaels zur Wanderung und Suche nach dem Mörder Elis hatte Grevenius in seinem frühen Strukturvorschlag gefahndet (vgl. [VIII], 1).

Eine von Pergament stammende Textstelle, die von Sachs am 9. oder am 10. März 1958 gestrichen wurde, hängt gerade mit diesem Wunsch zusammen. Dies betrifft die Entsprechung des sechsten Bildes aus dem Mysterienspiel; am Ende dieses auf dem Marktplatz spielenden Bildes lässt Pergament in seinem ersten Typoskript (heute in [V]) Michael auftreten. Die ganze, zuerst handschriftlich mit Bleistift eingetragene Passage, die mindestens drei Verszeilen umfasst, ist mit Radiergummi getilgt worden, und zwar nachdem die letzte Verszeile von Sachs durchgestrichen wurde. Nur die zwei letzten Worte der Passage sind nicht radiert, sehr wohl aber von Sachs durchgestrichen; sie lauten: „zu rächen". Darunter steht eine handschriftliche Notiz von Nelly Sachs: „Keine Rache!". Sachs trug als Ersatz eine Replik Michaels aus dem fünften Bild des Mysterienspiels (vgl. Sachs 1951, 24; III, 28) ein: „Wieviele Millionen Menschen hat die Erde?" usw. ([V], 19 / 2. Blatt).

In der Tat scheint die radierte Formulierung einem ursprünglichen Verständnis des Mysterienspiels bei Pergament zu entsprechen; im Handexemplar des Mysterienspiels ([XI]) hatte er jedenfalls zur entsprechenden Stelle im Mysterienspiel (Ende des sechsten Bildes) als erwünschte Ergänzung notiert: „Här måste Michael dyka upp […] M:s monolog, som uttrycker än en gång hans beslut att söka hämnas på Elis mördare" ([XI], 31) [„Hier muss Michael auftauchen […] M:s Monolog, der noch einmal seine Entscheidung ausdrückt, zu versuchen, sich an Elis Mörder zu rächen"]. Dass Pergament das Mysterienspiel von Sachs in diesem Punkt zuerst anders verstanden hatte, als von Sachs intendiert, geht zumindest aus dieser Notiz deutlich hervor.

Vielleicht wollte Pergament Grevenius entgegenkommen, der in seinem Strukturvorschlag wie erwähnt eine stärkere Markierung des Aufbruchs Michaels zur Wanderung vorgezeichnet hatte, wiewohl nicht im sechsten, sondern im achten Bild (vgl. [VIII], 1). Grevenius' Vorschlag ist nicht thematisch, sondern formalstrukturell bedingt. Dasselbe betrifft Pergaments davon wohl beeinflussten Vorschlag eines neuen Monologs, der auch durch die gattungseigene Struktur des Opernlibrettos bedingt wird: Die dort stark betonte „Selbständigkeit der Teile" (Gier 1998, 14, vgl. auch 6-8) bzw. die Erscheinung der „lyrische[n] Singanlässe" (Fricke 1985, 96) mag ebenfalls eine Rolle für den Wunsch Pergaments nach einem Monolog des Protagonisten spielen. Obwohl also formal orientiert, greift der Vorschlag, da er sozusagen nebenbei das Textverständnis Pergaments entblößt, sehr tief in die gedankliche Materie der Sachs'schen Dichtung ein, und Sachs weist ihn deswegen unmittelbar zurück. Ihre Aufhebung der Pergament'schen Variante ist dann wiederum zwangsläufig in höchstem Maße thematisch ausgerichtet.

Es ist aber ein allem Anschein nach folgenreicher Korrekturkonflikt: Gerade in der Lektüre der später radierten Passage in Pergaments Hand scheint der konkrete Grund für Sachs' wiederkehrende Äußerungen zum Thema Rache in den Briefen an sowohl Pergament als auch Edfelt zu liegen, besonders für den klarstellenden Kommentar, dass „keine irdische Rächergeste [Michael] verunstalten" dürfe. Bereits in diesem offenkundigen Unterschied im Verständnis von Michaels Handeln dürfte auch die Keimzelle der um ein Jahr späteren Reaktion Sachs' auf die fertige Oper und auf die Rezension Rootzéns liegen.

Pergaments deutliche Worte zum Thema Rache in der Vorrede zur Ursendung zeigen, dass er sich an der Auffassung Sachs' orientiert hatte und diese öffentlich vortrug, so wie er sich übrigens in so gut wie jede Änderung von Seiten der Autorin fügte; seine skizzierten Worte in einer frühen Fassung des Opernlibrettos scheinen aber nichtsdestotrotz in Sachs' Erinnerung geblieben zu sein.

Ein weiterer Korrekturkonflikt entsteht schon früh um Pergaments handschriftliche Ergänzungen zum Ende des dreizehnten Bildes im Mysterienspiel. Nelly Sachs' Feststellung im ersten Brief vom 10. März 1958 wegen nicht allzu realistischer Darstellung betrifft insbesondere dieses Handlungsmoment, und somit lässt sich diese Änderung exakt datieren. An der betreffenden Stelle im Mysterienspiel steht lediglich die folgende Regiebemerkung:

> MICHAEL pfeift. KINDER, KÄLBER, SCHAFE und FOHLEN springen heran. DIE MÜTTER heben ihre Kleinen hoch; einige MÄNNER, mit der Sichel in der Hand, senken ihre Köpfe.
> (Sachs 1951, 63; vgl. III, 66)

Noch einmal handelt es sich bei Pergaments Vorgehen im Grunde genommen um eine formale Transposition, wiewohl mit semantischen und thematischen Folgen: Erstens hatte er einen Übergang zur Entsprechung des fünfzehnten Bildes im Mysterienspiel, das gleich in der Schuhmacherwerkstatt spielt (vgl. Sachs 1951, 66-68; III, 68-71), zu schaffen; diese beiden Bilder zusammenzulegen, war ein Vorschlag von Grevenius gewesen (vgl. [VIII], 2); Pergament band auch die beiden Bilder zu einem einzigen (dem 6. des Opernlibrettos, aus zwei Szenen bestehend) zusammen, und schaffte zugleich einen Übergang zwischen den beiden nicht am selben Ort spielenden Szenen dieses Bildes.[28] In diesem neu geschaffenen Übergang war es dann naheliegend, den folgenden Schauplatz, die Schuhmacherwerkstatt zu thematisieren. Zweitens wandelt Pergament außerdem – mit Rücksicht auf die medialen Begrenzungen des Rundfunks –, die Reaktionen auf Michaels Pfeifen in Figurenrede und in Regiebemerkungen, akustische Elemente betreffend, um. Der neue Dialog, zuerst im Handexemplar ([XI]), dann so gut wie wortgleich im Typoskript ([VI]) handschriftlich eingetragen, lautet wie folgt:

> Michael: Kinder, wer von euch will mir den Weg zum Schuhmacher zeigen?
> Das erste Kind, ein kleines Mädchen: Ich, ich, wir wohnen ganz neben ihm!
> Michael: Schön, komm, Kleine!
> (Man hört sie gehen, wiederum Gemurmel, das still wird.)
> Mädchen: Spiele doch etwas auf der Pfeife!
> Michael: Gefällt sie dir so gut?
> Mädchen: O, ja!
> Michael pfeift. Man hört Kuhglocken und Kinderstimmen näher kommen.
> Mädchen: Sieh, die Kühe kommen uns nach! (Michaels Pfeife klingt
> immer schwächer, während sie sich entfernen. [...]
> ([VI], 36 / 2. Blatt)[29]

Nelly Sachs streicht diese Textpassage in [VI] als Ganzes, und begründet auch diese Tilgung am Seitenrand. Zuerst bemerkt sie, dass die Passage überflüssig ist: „Bauer auf Seite 35 wies ja schon den Weg." Dann zur selben Replik: „Viel zu rationalistisch | wird ja geführt | unsichtbar". Gerade „zu rationalistisch" erscheint als ein Schlüsselwort in den Korrekturkonflikten. Der Ersatz von Sachs, ebenfalls handschriftlich auf einen eingeklebten Zettel eingetragen, unterstreicht hier noch einmal eine verglichen mit Pergaments Vorschlägen umgekehrte Tendenz; es ist eine Regiebemerkung, die wie folgt lautet: „Michael geht

---

[28] Die Streichung des vierzehnten Bildes ist von Grevenius in [VIII], S. 2, vorgeschlagen worden und auch durch Pergament ausgeführt worden; so entsteht überhaupt die Möglichkeit der Verbindung der auf beiden Seiten dieses Bildes befindlichen Bilder.

[29] Die ganze Textpassage ist in [VI] handschriftlich von Pergament (Bleistift) unter der letzten maschinenschriftlichen Zeile, die nur kurz unter der Mitte des Blattes zu finden ist, eingetragen worden. Später ist sie mit blauem Kugelschreiber von Sachs durchgestrichen und mit Kommentaren versehen worden; schließlich wird auch ein Teil der Textpassage durch einen eingeklebten Zettel mit neuem Wortlaut gedeckt, siehe unten im Text. Die dadurch überdeckten handschriftlichen Worte Pergaments sind aber unter Belichtung immer noch klar und deutlich zu lesen.

pfeifend wie somnambul gezogen in die Schuhmacherwerkstatt alle Kinder und Herden folgen" ([VI], 36). Wie auch sonst richtet sich Pergament in diesem Fall nach den Änderungen durch Sachs.

Die Formulierung bleibt also in den späteren Fassungen des Librettos stehen, ist aber deutlich als Antwort auf Pergaments ursprünglichen Vorschlag entstanden. Ohne Pergaments, laut Sachs, „viel zu rationalistisch[e]" Darstellung als Folie wäre die Formulierung „wie somnambul gezogen" wahrscheinlich nicht nötig gewesen. Es ist auffallend, dass sie akustisch nicht umsetzbar ist. Selbstverständlich sind Regiebemerkungen generell auch für das Lesen außerhalb der praktischen Umsetzung gedacht,[30] doch in diesem Fall ist die Funktion der Änderung vielleicht auch nicht in erster Linie die einer Regiebemerkung, sondern die einer Stellungnahme zur Gestalt des Michael.

Im zweiten Brief vom 10. März 1958 heißt es dann verdeutlichend:

> Und als Michael ins Dorf kommt zuletzt, pfeifend, so darf man nicht zu realistisch werden. Es genügt, wenn er vom Bauer die Erklärung bekommt, als Bestätigung, was er ja ahnt, das [sic] die Schuhmacherwerkstatt dort liegt. Das Kind darf keinesfalls ihn führen. Kinder und Herde gehen wie verzaubert mit als {während} er pfeift und findet, wie beim Rattenfänger in Hameln. Das geschieht alles wie in einer anderen Dimension.
> (Sachs an Pergament, 10. März 1958 [2. Brief], vgl. Sachs 1984, 187-188)

Sachs sah sich zudem veranlasst, eine weitere Änderung in Bezug auf die Michael-Gestalt vorzunehmen (diese findet sich zuerst in [V]). Wie in einem der obigen Beispiele geht es auch hier um die Anwesenheit Michaels in einem der Bilder, in denen er im Mysterienspiel nicht vorkommt. In der Entsprechung des siebenten Bildes aus dem Mysterienspiel, in einem religiösen Kontext, beim Eingang zum Betzelt, hatte Pergament zuerst den folgenden Dialog handschriftlich eingefügt:

> Eine Stimme: Da sitzt Michael, unser Held
> Eine andere Stimme: Wie vergrämt er aussieht.
> ([V], 21 / 2. Blatt)

---

[30] Eine Publikation des schwedischsprachigen Librettos in der von Sveriges Radio herausgegebenen Reihe *Svenska radiopjäser*, in der eine Auswahl der im letzten Jahr gesendeten Hörspiele abgedruckt wurde, stand wohl in Aussicht. *Eli* wurde nach der Ursendung auch vom Herausgeber Claes Hoogland in einem Brief an Palle Brunius vom 8. Juli 1959 für die Auswahl vorgeschlagen. Brunius' undatierte Antwort weist die Idee zurück: „*Eli är otänkbar* Sachs är förbannad på Moses Pergaments version" [„*Eli ist undenkbar* Sachs ist stocksauer auf die Fassung von Moses Pergament"]. Beide Briefe im Dokumentenarchiv von Sveriges Radio, RTEA, Korrespondens, intern, 1959. Signum: E 2, Vol. 5.

Diese Passage wurde von Sachs durchgestrichen und durch einen neuen Replik-
wechsel ersetzt. Am Dialog störten Sachs mit Sicherheit sowohl der Inhalt als
auch der unpoetische Stil. Was den Ausdruck „unser Held" betrifft, ist anzumer-
ken, dass Sachs im ersten Brief vom 10. März 1958 diese Bezeichnung für
Michael generell ganz ausdrücklich zurückweist: „Kein Held, ein Heiliger."[31]
    Der Ersatz von Sachs setzt einen völlig anderen Akzent als Pergaments Vari-
ante, sowohl in formaler (stilistischer) als auch in thematischer Hinsicht:

> Eine Stimme:
> Ist dies da Michael?
>
>
> Zweite Stimme:
> {Ja} ~~nein~~ – siehst du nicht
> wie es in dunkler Ecke flammt –
> ein Cherub ist's aus Tod
> und Feuer –
> ([V], 21 / 1. Blatt)

Diese Repliken gingen später im März während des Besuchs von Wilimzig, und
zwar mit der hier gestrichenen Variante „Nein", auch in die Hörspielfassung für
den Süddeutschen Rundfunk ein.[32] Die Tatsache, dass der Wortlaut dort immer
noch „Nein" ist, stellt einen Beleg dafür dar, dass Sachs die Änderung in „Ja"
erst bei einer späteren Gelegenheit, wohl nachdem sie im April ein Typoskript
zur Eintragung neuer Änderungen bekommen hatte, eintrug. Auch eine später
ausgeschiedene Seite des Librettotyposkripts enthält die „Nein"-Variante[33] ([V],
21/ 3. Blatt).[34]

---

[31]   Sommerer weist auf „[d]ie wenig heldenhafte Erscheinung Michaels" in einer
       Regiebemerkung zum vierten Bild des Mysterienspiels hin (Sommerer 2008, 71, Fuß-
       note 186; vgl. Sachs 1951, 20; III, 24).

[32]   Vgl. Radio-Essay. Sendung am 23. Mai 1958. ELI. Ein Mysterienspiel vom Leiden
       des jüdischen Volkes von Nelly Sachs mit einer Einführung von Walter A.
       Berendsohn. Musik: Moses Pergament. [Dupliziertes Typoskript.] KB Stockholm, L
       90:5:5, S. 30: „Eine Stimme: Ist dies da Michael? | Zweite Stimme: Nein – siehst du
       nicht, | wie's in der dunklen Ecke flammt – | ein Cherub ist's aus Tod und Feuer – ".
       Bemerkenswert ist die Variante „in der dunklen Ecke" statt „in dunkler Ecke".

[33]   Die im Hörspieltext vorliegende Variante „in der dunklen Ecke" kommt auch hier
       vor, und zwar als handschriftliche Änderung des Wortlauts der Grundschicht, die
       noch mit Sachs' ursprünglicher Replik identisch ist.

[34]   In sowohl [VI] als auch [VII] ist die betreffende Textstelle, ausschließlich mit der
       Variante „Ja" (und der ursprünglichen Variante „in dunkler Ecke"), nachweislich spät
       eingetragen worden. In [VI] finden sich drei Blätter für die S. 21; der betreffende
       Dialog ist hier zuerst handschriftlich von Pergament eingetragen worden und dann auf
       einer besonderen Typoskriptseite neu eingetippt worden. In [VII] handelt es sich um
       eine neue, auf einer anderen Schreibmaschine getippte Typoskriptseite, auf der aller-

In Sachs' Ersatz, zumal mit der neueren Variante „Ja", wird Michael gerade nicht als irdische Gestalt dargestellt, sondern stattdessen sehr stark mit einer biblisch-mythischen Welt verbunden. Sachs tut ihr Bestes, um der verweltlichten Charakterisierung Michaels entgegenzuwirken, und gibt dem Leser oder Hörer also sogar auf, Michael mit einem biblischen Cherub zu identifizieren.[35] Es ist zu fragen, ob Sachs in diesem Fall ihr Streben, Michael vom Eindruck einer rein irdischen Gestalt zu befreien, nicht geradezu überbetont. Die Verschiebung von „Nein" zu „Ja" weist jedenfalls auf eine diesbezüglich deutliche Verschärfung hin.

Abschließende Diskussion

Das deutschsprachige Opernlibretto *Eli* entstand weitgehend zwischen Februar und Mai 1958 in Zusammenarbeit zwischen Sachs und Moses Pergament mit dem letztgenannten als hauptsächlichem Bearbeiter, allerdings auch unter maßgeblicher Beteiligung oder maßgeblichen Versuchen, sich zu beteiligen, von Sveriges Radio, dort vor allem von Herbert Grevenius. Pergaments Äußerung in einem wesentlich späteren Brief an Sachs ist nicht in Frage zu stellen: „Meine Oper Eli ist – was das Libretto dazu betrifft – in enger Zusammenarbeit mit Dir enstanden [sic], was unsere damalige Korrespondenz deutlich aufweist" (Pergament an Sachs, 4. Dezember 1965[36]).

   Nelly Sachs ist ohne Zweifel als Mitlibrettistin zu betrachten, und zwar nicht in erster Linie deswegen, weil das Libretto fast nur aus den Worten ihres Mysterienspiels besteht, sondern wegen ihrer aktiven Mitarbeit am Libretto selbst und ihrer neu geschriebenen Textpassagen. In einem Variantenverzeichnis einer künftigen kritischen Ausgabe von *Eli* hätte man zumindest die direkt von ihr stammenden Varianten sowohl für das Opernlibretto als auch für die Stuttgarter Hörspielbearbeitung zu berücksichtigen. Dagegen ist es sehr fraglich, ob es wirklich eine von ihr als autorisiert anzusehende Textdarbietung des vollständigen deutschsprachigen Librettos gibt (es wäre dann auf jeden Fall nicht dessen endgültige Fassung, die eine von Pergament im Zusammenhang mit der Vollendung der Vertonung selbstständig hergestellte Fassung darstellt). Auch wegen Pergaments Hauptautorschaft wäre es in einem editorischen Kontext zweifelhaft, den Eindruck zu erwecken, das Libretto als Ganzes wäre so etwas wie eine (von Sachs autorisierte) Fassung des Mysterienspiels.

   Der oben zitierte, von Gesine Schauerte skizzierte Konflikt zwischen Pergaments „dramatischen Intentionen" und den „mystischen" von Sachs

---

     dings ein Teil einer früheren Typoskriptseite (auf der ersten Schreibmaschine getippt) eingeklebt worden ist (die Replik des Rabbiners „Aber ich sage euch" usw.).

[35] Vgl. zum Cherub(im)-Motiv in Sachs' Lyrik (und in ihrem Drama *Beryll sieht in der Nacht*) Wallmann 1966, Kersten 1970, 166-175, und Michel 1981, 51-52.

[36] KB Stockholm, NS 1970/107:2.

(Schauerte 2007, 368) ist zum Teil auch im Textmaterial nachzuvollziehen. Zweifellos sind Differenzen in der Interpretation des Mysterienspiels, vor allem in Bezug auf die Michael-Gestalt, zwischen Pergament und Sachs zu beobachten, und Pergament scheint gewissen Elementen chassidischer Mystik fremd gegenüber zu stehen. Er neigt häufig zu „rationalistischen" Erklärungsmodellen und dies aus eigener Anschauung, ob nun von Sveriges Radio hierin wesentlich beeinflusst oder nur bestärkt.

Die als Korrekturkonflikte zu bezeichnenden Bearbeitungsvorgänge zur Michael-Gestalt zeigen, dass die Änderungen, die Pergament auf formaler Ebene durchführte, oft Folgen für die Thematik und die Bedeutung des Textes haben, ohne dass derartige Folgen eigentlich intendiert waren. Im Hintergrund liegt aber auch ein zumindest bei Sveriges Radio offensichtlich vorhandener Wunsch, die metaphysischen Elemente im Libretto weitgehend zu streichen. Man kann von einem komplexen Zusammenspiel zwischen unmittelbar formalen und vielleicht mittelbar thematischen Ausgangspunkten gewisser Revisionen sprechen. Die spezifischen Vorstellungen, die durch die Änderungen Pergaments zum Ausdruck gebracht werden, stießen manchmal auf den Widerstand von Nelly Sachs. Ihre eigenen Änderungen in der Pergament'schen Textgestalt, die ihr am 9. März 1958 vorlag, sind deswegen in erster Linie gedanklich, thematisch ausgerichtet: Sie versuchte, so viel wie möglich von den Grundideen ihres eigenen Mysterienspiels ins entstehende Opernlibretto hinüberzuretten (dasselbe betrifft übrigens auch unter anderem stilistische, also doch noch formale Faktoren), und es gelang ihr weitgehend, obwohl besonders die Gestalt des Michael aus ihrer Sicht weiterhin unter einigen Kürzungen leidet. Die Korrekturen von Sachs knüpfen also an ihr Mysterienspiel an, setzen aber manchmal neue Akzente und geben somit den Eindruck von Stellungnahmen, von Statements; so wenn Michael beispielsweise als Engel, als Cherub aufgefasst wird, offensichtlich auch um die Distanz zum Pergament'schen Vorschlag „unser Held" hervorzuheben.

Es ist wichtig, darauf hinzuweisen, dass Pergament sich durchgängig den Änderungen von Sachs anpasst, obwohl sie sich nicht selten in polemischer Weise gegen seine eigenen Vorschläge richten, und er dürfte sie auch in den Gesprächen mit Sveriges Radio verteidigt haben. Überhaupt muss seine deutliche Mittlerrolle zwischen Sachs und Sveriges Radio hervorgehoben werden.

Der stärkste Gegensatz herrscht stattdessen zwischen Sachs und Grevenius, die sich während der Arbeit an *Eli* vermutlich nicht direkt begegneten. Grevenius übte wohl in Gesprächen mit Pergament und durch seinen frühen Strukturvorschlag ([VIII]) einen gewissen, nachzuweisenden Einfluss aus, obwohl Pergament auch wiederholt auf Distanz zu Vorschlägen von Grevenius gegangen war.

In der Bearbeitung des Librettos durch Grevenius ([IX]) prallen zwei sehr verschiedene Dramatikerstimmen hart aufeinander: Grevenius hat eine sichtbare Vorliebe für Konkretes, Deutlichkeit, Alltagssprache und Prosa, die zwar in vielen Fällen sozusagen funkgerecht erscheint, sich mit Sachs' Mysterienspiel jedoch nicht sehr gut vereinbaren lässt.

In dieser von Pergament sehr negativ bewerteten und Sachs offenbar erschreckenden Bearbeitung versucht Grevenius das Geschehen mit rationalen Erklärungen zu versehen und das Ganze näher an eine realistische Darstellung zu rücken. Eins von mehreren Beispielen ist sein Vorschlag am Ende der drittletzten Szene, in der Michael beobachtet, wie der Zerfall des Mörders beginnt: „Det vore bra om han [Michael] med några rader kunde motivera sitt uppbrott. Mycket nyktert uttryckt: fattar han sin mission som avslutad?" ([IX], 37a) [„Es wäre gut wenn er [Michael] in einigen Zeilen seinen Aufbruch begründen könnte. Sehr nüchtern ausgedrückt: Versteht er seine Mission als abgeschlossen?"].

Grevenius hatte eine lange Erfahrung im Hörspiel vorzuweisen und kannte höchstwahrscheinlich sowohl die medialen Bedingungen des Rundfunks als auch, und vor allem, die Erwartungen des schwedischen Hörspielpublikums besser als sonst jemand; dies alles schlug sich in seinen Gesichtspunkten und Bearbeitungsvorschlägen nieder. Mit Sachs' Sprache, Stil und Botschaft sowie ihrer dahinter liegenden Dramenästhetik waren diese aber schwer zu vereinbaren.

Es wäre fruchtbar, die Ästhetik und Repertoirepolitik von Radioteatern in den 1950er Jahren näher zu untersuchen, denn hier liegt sicherlich ein Schlüssel zur Problematik des *Eli*-Librettos. Die Hörspielinszenierung des *Eli* in Stuttgart, mit der Nelly Sachs so sehr zufrieden war, zeigt jedenfalls, dass diese dramatische Dichtung im Kontakt mit dem Medium Rundfunk nicht unbedingt auf ähnliche Probleme wie im hier behandelten Stockholmer Fall stoßen musste.

Vorübergehend von persönlich geprägten Faktoren abgesehen, scheint die Umarbeitung des Mysterienspiels zum Funkopernlibretto von verschiedenen formalen Faktoren geleitet gewesen zu sein: zum einen die primär hörspielbezogenen, wie die Umwandlung von Regiebemerkungen in Repliken und das häufigere Auftreten des Protagonisten, und zum andern die primär librettobezogenen, wie die Kürzung des ursprünglichen Dramentextes und die Vereinfachung des Handlungsaufbaus.

Die Tendenz zur Vereinfachung der Intrige, mit der die Charakterisierungsfrage zusammenhängt, ist vor allem einer librettospezifischen Konzentration auf das Sichtbare bzw. Wahrnehmbare zuzuschreiben. Der Musikwissenschaftler Carl Dahlhaus sprach von der Oper als „Drama der absoluten Gegenwart" und vom „Primat des Sichtbaren", vom Verzicht auf unter anderem umständliche Vorgeschichten als dem zumindest Idealtypischen für das Libretto in einem Bearbeitungsprozess (vgl. Dahlhaus 1983, 28). Der Literaturwissenschaftler Albert Gier hat später modifizierend vom „Primat des Wahrnehmbaren" gesprochen (vgl. Gier 1998, 12-14); bei einem Funkopernlibretto, wie im vorliegenden Fall des *Eli*, ist diese Präzisierung Giers umso wichtiger.

In *Eli* sind die Vorgeschichte und ihr Wiedererzählen sehr wesentliche Elemente im Handlungsaufbau. Doch bei der selbst im Mysterienspiel nur angedeuteten göttlichen Sendung Michaels, die ihm selbst auch nicht bewusst ist, stößt das „Drama der absoluten Gegenwart" an die Grenzen seines Darstellungsvermögens. Insofern ist es eigentlich nicht unerwartet, dass subtile Anspielungen auf Mythen und Erzählungen wie die Andeutung, Michael wäre ein Sechsunddreißiger, gerade in einem Opernlibretto entfallen mussten. Mit zu diesem Merkmal des Opernlibrettos, wie auch zum Merkmal der Kürze, gehört außerdem das Bedürfnis einer eindeutigeren, leicht verständlichen Intrigenführung. Hier liegt gewiss ein Hintergrund der ständig drohenden Verschiebung der Motivation Michaels: Eine eher persönliche Motivation, die mit dem wahrnehmbaren Auftrag eines Angehörigen und einer Vergeltungslogik zusammenhängt, ist in einem Opernlibretto ein näherliegendes Erklärungsmodell als eine göttliche Mission, die dem Protagonisten nicht selbst bekannt ist und auch in einer Funkoper nicht deutlich akustisch realisiert werden kann.

In dieser literaturwissenschaftlichen Analyse wurden ein präkompositorischer Zeitraum und ein noch literarischer Bearbeitungsprozess analysiert, unter anderem um die Keimzellen der späteren Uneinigkeit in der praktischen Textarbeit nachweisen zu können. Dass darüber hinaus Edfelts Übersetzung und in noch viel höherem Maße Pergaments Musik sowie ihre Interpretation durch die mitwirkenden Sänger und Musiker für den Gesamteindruck der Ursendung eine große Rolle gespielt haben, wird dadurch in keiner Weise geleugnet.

Einige Verschiebungen, die Michael-Gestalt betreffend, die Sachs in der Oper nach der Ursendung und spätestens nach der Kritik Rootzéns festzustellen meinte, hatten sie schon ein Jahr vor der Ursendung beschäftigt. Einige der textlichen Verschiebungen hatte sie selbst mitgetragen, wie die Zusammenlegung des vierten und des fünften Bildes, andere hatte sie mit Bedauern akzeptieren müssen, wie das Streichen der Vorstellungen aus der chassidischen Mystik, aber in einigen weiteren Fällen war es ihr gelungen, weitere Verschiebungen zu verhindern, ja sogar die pointiert nicht-weltlichen Dimensionen dieses „Gottbeauftragten" noch deutlicher herauszuarbeiten. Damit hatte sie sicherstellen können, dass wesentliche Gesichtszüge der „Centralgestalt" Michael doch noch gewahrt blieben.

Bibliographie

Bahr, Ehrhard. *Nelly Sachs*. München: C.H. Beck/München: edition text + kritik, 1980 (Autorenbücher 16).
Bruhn, Siglind. „Die musikalische Deutung schmerzlichen Erinnerns: Walter Steffens' Oper *Eli* nach dem Mysterienspiel von Nelly Sachs". *Lichtersprache aus den Rissen: Nelly Sachs – Werk und Wirkung,* hg. von Ariane Huml. Göttingen: Wallstein Verlag, 2008. 215-236.

Dahlhaus, Carl. *Vom Musikdrama zur Literaturoper: Aufsätze zur neueren Operngeschichte.* München / Salzburg: Musikverlag Emil Katzbichler, 1983.

Dinesen, Ruth. *Nelly Sachs: Eine Biographie.* Aus dem Dänischen von Gabriele Gerecke. Frankfurt am Main: Suhrkamp, 1994.

Ericson, Uno Myggan (Hg.). *Myggans nöjeslexikon: Ett uppslagsverk om underhållning.* 7. Gabo-Hageg. Höganäs: Bokförlaget Bra Böcker, 1991.

Fioretos, Aris. *Flucht und Verwandlung: Nelly Sachs, Schriftstellerin, Berlin / Stockholm. Eine Bildbiographie.* Aus dem Schwedischen von Paul Berf. Berlin: Suhrkamp, 2010.

Fricke, Harald. „Schiller und Verdi: Das Libretto als Textgattung zwischen Schauspiel und Literaturoper". *Oper und Operntext,* hg. von Jens Malte Fischer. Heidelberg: Carl Winter Universitätsverlag, 1985 (Reihe Siegen 60). 95-115.

Genette, Gérard. *Palimpseste: Die Literatur auf zweiter Stufe.* Aus dem Französischen von Wolfram Bayer und Dieter Hornig. Frankfurt am Main: Suhrkamp, 1993.

Gier, Albert. *Das Libretto: Theorie und Geschichte einer musikoliterarischen Gattung.* Darmstadt: Wissenschaftliche Buchgesellschaft, 1998.

Kersten, Paul. *Die Metaphorik in der Lyrik von Nelly Sachs: Mit einer Wort-Konkordanz und einer Nelly Sachs-Bibliographie.* Hamburg: Hartmut Lüdke, 1970.

Michel, Peter. *Mythische und literarische Quellen in der Dichtung von Nelly Sachs.* Freiburg i. Br.: Diss., 1981.

Naumann, Uwe. „Ein Stück der Versöhnung: Zur Uraufführung des Mysterienspiels *Eli* von Nelly Sachs (1962)". *Das jüdische Exil und andere Themen,* hg. von Thomas Koebner et al. München: Edition text + kritik, 1986 (Exilforschung 4). 98-114.

Nyström, Esbjörn. „Wann gehören Partiturtexte zum ‚Werkganzen' eines Opernlibrettos?". *Editio: Internationales Jahrbuch für Editionswissenschaft* 26 (2012): 108-122.

Rootzén, Kajsa. „Judisk tragedi". *Svenska Dagbladet* 20.3.1959.

Sachs, Nelly. *Eli: Ein Mysterienspiel vom Leiden Israels.* Malmö: Forssells boktryckeri, 1951.

Sachs, Nelly. *Briefe der Nelly Sachs,* hg. von Ruth Dinesen und Helmut Müssener. Frankfurt am Main: Suhrkamp, 1984.

Schauerte, Gesine. *„Glühende Rätsel äugen sich an": Nelly Sachs und Heinz Holliger.* Heidelberg: Universitätsverlag Winter, 2007 (Beiträge zur neueren Literaturgeschichte 247).

Sommerer, Gerald. *„Aber dies ist nichts für Deutschland, das weiß und fühle ich." Nelly Sachs – Untersuchungen zu ihrem szenischen Werk.* Würzburg: Verlag Königshausen & Neumann, 2008 (Epistemata. Reihe Literaturwissenschaft 642).

Wallmann, Jürgen P. „Engel mit blutenden Schwingen: Zu einem Motiv in der Lyrik von Nelly Sachs". *Nelly Sachs zu Ehren. Zum 75. Geburtstag am 10. Dezember 1966. Gedichte. Beiträge. Bibliographie.* Frankfurt am Main: Suhrkamp, 1966. 93-105.

Unveröffentlichte Titel

Nelly Sachs-Archiv (Nelly Sachs samling), L 90, Kungliga biblioteket, Stockholm
L 90:5:5
Radio-Essay. Sendung am 23. Mai 1958. ELI. Ein Mysterienspiel vom Leiden des jüdischen Volkes von Nelly Sachs mit einer Einführung von Walter A. Berendsohn. Musik: Moses Pergament. [Dupliziertes Typoskript.]

Moses Pergament, NS 1970/107, Kungliga biblioteket, Stockholm
NS 1970/107:1
- Briefe von Nelly Sachs an Moses Pergament
-- 10.3.1958 [1. Brief]
-- 10.3.1958 [2. Brief], abgedruckt in Sachs 1984, 187-188.
-- 2.4.1958
-- 6.4.1958
-- 21.3.1959, abgedruckt in Sachs 1984, 205-207
NS 1970/107:2
- Brief von Moses Pergament an Nelly Sachs, 4.12.1965
NS 1970/107:4
siehe besonderes Verzeichnis, oben S. 108-109

Moses Pergament-Archiv, Statens musikbibliotek, Torsgatan, Stockholm
Archivschachtel mit der Aufschrift „Pergament | ELI | (ljuskop.)"
- Eli. [Typoskript, deutschsprachiges Libretto in drei Exemplaren, Durchschläge]
- ELI. Kammaropera av Moses Pergament. Efter en dramatisk legend med samma namn av Nelly Sachs. Synopsis. [Typoskript, schwedischsprachige Synopse, Durchschlag]

Partitur
- Eli. Ein Mysterienspiel vom Leiden Israels. Text: Nelly Sachs. Musik: Moses Pergament.
[in den Band eingelegt] - ELI. Kammaropera av Moses Pergament. Efter en dramatisk legend med samma namn av Nelly Sachs. Synopsis. [Typoskript, schwedischsprachige Synopse, Durchschlag]

Klavierauszug
- Moses Pergament. Eli. Opera för radio efter Nelly Sachs' mysteriespel översatt av Johannes Edfelt. Klaverutdrag av Hans Holewa.
[in den Band eingelegt] - ELI. Kammaropera av Moses Pergament. Efter en dramatisk legend med samma namn av Nelly Sachs. Synopsis. [Typoskript, schwedischsprachige Synopse, zwei Exemplare: ein Originaltyposkript, ein Durchschlag]

Moses Pergament-Archiv, Statens musikbibliotek, Gäddviken, Nacka
Vol. 2
- Arkivkalendern 1958 [Gedruckter Kalender mit handschriftlichen Tagebucheinträgen Pergaments]
Vol. 9
- Vad handlar ELI om? [Typoskript mit handschriftlichen Korrekturen.]
Vol. 31
- Brief von Palle Brunius an Moses Pergament, 18.3.1958

Johannes Edfelt-Archiv, Uppsala universitetsbibliotek, Uppsala
24
- Briefe von Nelly Sachs an Johannes Edfelt
-- 18.3.1958

-- 8.4.1958
-- 1.7.1958

Dokumentenarchiv von Sveriges Radio (Sveriges Radios dokumentarkiv), Stockholm
- ELI. Inledning av Moses Pergament. [Typoskript]

E I, Vol. 24
RTEA, Korrespondens, extern, allmän, M – Ö, 1958.
- Brief von Palle Brunius an Moses Pergament, 4.3.1958
- ELI [Typoskript, Gehaltsliste]

E 2, Vol. 5
RTEA, Korrespondens, intern, 1959.
- Brief von Claes Hoogland an Palle Brunius, 8.7.1959
- Brief von Palle Brunius an Claes Hoogland, nicht datiert

Leonard Olschner

Apokalyptische Zeit und die ewigen Geheimnisse
Die Lyrik von Nelly Sachs zwischen Geschichte und Mystik

für Barbara Wiedemann

Abstract

Die Shoah bildet im lyrischen Schaffen von Nelly Sachs eine allgegenwärtige Präsenz, dabei lebt ihre Poetik in paradoxer Weise von der Gleichzeitigkeit der historischen Katastrophe und einer Hinwendung zur Mystik (zur Kabbala, aber auch etwa zu Meister Eckhart). Solche Hinwendung bedeutet jedoch nicht Weltflucht, da, wie der Beitrag unter Berufung auf Scholem und Benjamin zu erörtern versucht, die Historie erst den Kontext für die Mystik bietet, es ist mithin eine Dialektik von Zeit und Zeitlosigkeit ‚nach' der Shoah und zugleich die Sehnsucht nach Heimat neben der Heimatlosigkeit. Die Aporie bleibt, wird jedoch konstitutiv.

While the Shoa is implicitly and explicitly a ubiquitous presence in the poetic writings of Nelly Sachs, the poetics would seem to be grounded – paradoxically – in the simultaneity of the historical catastrophe and a turn to the mysticism of, for example, the Kabbalah or that of Meister Eckhart. Such a turn does not represent a form of escapism since, as evinced by Scholem and Benjamin, history forms a prerequisite for the context of mysticism. A dialectic of time and timelessness, home and homelessness 'after' the Shoa proves to be the consequence, precluding closure.

Unter den „Biblischen Liedern" von Nelly Sachs, die 1937 in der Zeitschrift *Der Morgen* erschienen, finden sich zwei „Abendlieder der Ruth", von denen das zweite lautet:

> Sterne fliegen wie die Vögel nieder,
> kniee ich so still zu Boas' Füßen,
> und verhüllen mit dem Lichtgefieder
> unsre Herzen, sie mit Gott zu süßen.
>
> Hab ich in die Heimat hingefunden,
> die, ein rauschend Mantel, mich umfließt?
> Selig Wort, das tiefer weint als Wunden
> und die Pforte wie ein Tempel schließt.
> (Sachs 1937, 543)

Dieses und andere Gedichte aus der Zeit 1937-38 wirken in ihrem neuromantischen Sprachduktus verträumt, ohne Arg, abgetrennt von den finsteren historischen Tagen dieser Zeit, verwandt anderen, wie aus der ‚inneren Emigration‘ stammenden Texten etwa eines Eberhard Meckel. Für mystisch vermöchte man sie nicht zu halten, aber womöglich für vorbereitende Gesten künftiger, zu diesem Zeitpunkt unerahnbarer Texte.

Mystiker oder Mystikerin sein, klingt für manches Ohr wie ein dauerhafter Zustand weltabgewandten und zeitenthobenen Entrücktseins, wie Lebensverzicht, Weltfremdheit und irrationales Denken, Empfinden und Erleben. Eine solche Annahme wäre voreilig und ein Missverständnis, zumal in der Dichtung festgestellte mystische Erfahrungen – soweit die Kritik dies überhaupt gelten zu lassen bereit wäre (vgl. Kranz-Löber 2001, 84-85) – sich unversehens einstellen können, und sei es punktuell und unnachvollziehbar für Außenstehende. Es wäre verfehlt zu schließen, Nelly Sachs sei eine Mystikerin gewesen, die sich ständig im Zustand der Ekstase befand und Gesichte erlebte –: keine Mystikerin, wohl aber – seit der Shoah – zu mystischen Erfahrungen prädisponiert und fähig. Sie schreibt manchmal über mystisches Erleben und im nächsten Satz über Alltägliches.

Gezeichnet und geschwächt von Verfolgung und unsäglichen Verlusten, erlebte Nelly Sachs eine Intensivierung ihrer wohl latenten Empfänglichkeit für mystisches Denken und Empfinden, für mystische Weltdeutung: dies geschieht subjektiv durch die Wahrnehmung einer einzelnen Schriftstellerin, jedoch nicht eskapistisch im Sinn einer Ersatzhandlung. Es herrschte keine Verdrängung als Flucht aus der Realität; es entstand auch keine Parallelwelt oder -realität, keine Weltfluchtvisionen, dafür war die Shoah viel zu sehr Präsenz, Bedrohung, Realität und mithin ‚zeitlos‘ in ihrer Weise auch ‚nach‘ der Shoah. Als Reaktion auf die Shoah wäre eine mystische Veranlagung, wann immer diese eingesetzt haben mag, zumindest beschreibbar, vielleicht nachvollziehbar, aber nicht konstatiert durch bloße Behauptung durch Sachs selbst; deswegen ist Vorsicht geboten bei der Selbstdeutung der Autorin. Es lässt sich nicht leugnen, dass Sachs sich ihrer Nähe zur mystischen Erfahrungswelt durchaus bewusst war, wie etwa hier rückblickend im Jahr 1968:

> Die deutsche Mystik von der ich in kleinen Auswahlbänden las, in Zusammenhang mit der Romantik, gab damals wohl unbewußt meinem Gefühl, einige Grenzen zu erweitern, ja überschreiten zu können, die Bestätigung einer nahen Verwandtschaft […]. Von meinem Leid tat sich eine Spur zum Universellen auf. / Die Entdeckung der chassidischen Mystik geschah viel später.
> (IV, 109)

Wahrnehmung und Erkenntnis geschehen im historischen Rahmen, das Erfahrene lässt sich hier nicht von der Erfahrenden trennen und sich davon abstrahieren. Die Mystik kann mithin in einem jeweils zu bestimmenden Verhältnis zum

historischen Geschehen stehen – auch dies gehört zu den verschiedentlich ausge-
prägten Paradoxa mystischer Erkenntnis und mystischer Rede. (Vgl. Haas 2007,
bes. das Kap. „Das mystische Paradox", 127-148, et passim.) In *Die jüdische
Mystik in ihren Hauptströmungen* beschreibt Gershom Scholem solche Be-
wandtnis:

> Es wird allgemein angenommen, daß die Welt der Mystik der des geschichtlichen
> Lebens fremd, wenn nicht gar feindselig gegenübersteht. Gerade die historischen
> Momente in der Religion erhalten für den Mystiker im wesentlichen dadurch
> Wert, daß er in ihnen Sinnbilder ewiger oder in der Seele des Menschen sich im-
> mer wiederholender Vorgänge sieht.
> (Scholem 1967, 21; vgl. auch 16)

Wenn Geschichte für die jeweilige Entstehung mystischen Erlebens Vorausset-
zung wird, so haftet jeder mystischen Erfahrung auch eine im Einzelnen zu be-
stimmende Dimension der Zeitlichkeit an. Nützlich in diesem Zusammenhang ist
Benjamins Begriff vom „Zeitkern":

> Entschiedne Abkehr vom Begriffe der ,zeitlosen Wahrheit' ist am Platz. Doch
> Wahrheit ist nicht [...] nur eine zeitliche Funktion des Erkennens sondern an ei-
> nen Zeitkern, welcher im Erkannten und Erkennenden zugleich steckt, gebunden.
> (Benjamin 1982, 578)

Die immer anders sich gestaltende Gleichzeitigkeit, die hier dem entscheidenden
Wort „zugleich" innewohnt, liefert die Grundlage für Sachs' Dichten. Dass
Sachs sich verstärkt der Mystik zuwandte, hängt vermutlich nicht ursächlich mit
der ihr angedrohten Vernichtung zusammen, als hätte sie ein unzeitgemäßes
,Thema' für die zeitgenössische Dichtung gefunden. Dadurch wurde das Werk
aber unzeitgemäß und also angreifbar und wurde entsprechend als randständig
wahrgenommen (vgl. hierzu Olschner 1992).

Bereits 1948 hielt der Verleger Erich Lichtenstein in seiner Rezension des
Gedichtbands *In den Wohnungen des Todes* (1947) dies fest: „Erstaunlich, daß in
einer entgötterten Zeit eine Kraft herangewachsen ist, inspiriert und geformt aus
der Urpoesie der Propheten und der Dichter der Psalmen". „[M]ystischer
Schauer" und „metaphysische Tröstung" seien Merkmal von Nelly Sachs' Poesie
(Lichtenstein 1948, 168). Fast zwei Jahrzehnte später, anlässlich der Verleihung
des Friedenspreises des Deutschen Buchhandels 1965, schrieb Rolf Italiaander:
„Fast möchte man Nelly Sachs eine Dichterin gegen die Zeit nennen. Pathos und
Ekstase, an denen ihr Werk reich ist, gelten doch sonst als unzeitgemäß. Nelly
Sachs hat beiden eine neue Bestimmung gegeben" (Italiaander 1965, 26). Pro-
blematisch am anerkennenden Lob von Sachs' Dichtung ist in beiden Zitaten
deren Verortung im Diskurs der Zeitlosigkeit, die Sachs' Poesie sowohl fern als
auch konstitutiv ist: fern, weil es sich nicht um eine Poesie außerhalb der Zeit
handeln kann, wie dies immer wieder von konservativen Lyrikern seit Ende der

1920er Jahre praktiziert wurde (vgl. Olschner 2005), und konstitutiv, weil die Poesie letztlich und trotz der notwendig andauernden Präsenz der Shoah allgemeingültige Erkenntnis zu vermitteln beabsichtigt. Es ist mithin beides, wie hier die Sprachgestik unverkennbar zeigt: „Aufgerissen ist die Zeit, | diese Wunde vor Gott!" (aus „Die Stunde zu Endor", II, 45; 1954). Zwischen den beiden zitierten kritischen Einschätzungen von Lichtenstein (1948) und Italiaander (1965) liegen poetische Welten der Nachkriegslyrik: neben der stockenden und ungleichmäßigen Aufnahme von Sachs' Lyrik etwa Hugo Friedrichs komparatistische Studie, die weitverbreitete Pflichtlektüre *Die Struktur der modernen Lyrik* (1956), in der Sachs, aber auch Celan nicht vorkommt, oder Walter Höllerers neuartige Anthologie *Transit. Lyrikbuch zur Jahrhundertmitte* (1956), in der Sachs' Gedicht „Im blauen Kristall" (II, 59; *Transit* 1956, 82-83), wie zuvor in *Akzente* 1 (1954), steht, sowie Höllerers Thesen zum langen, entspannteren Gedicht (1965), ganz zu schweigen vom apodiktischen Auschwitz-Diktum Adornos (zuerst 1951), nach Auschwitz Lyrik zu schreiben, sei barbarisch. Dessen Widerlegung erfolgte erst durch die Intervention Enzensbergers aufgrund von Nelly Sachs' Lyrik – allerdings durch Adornos Anerkennung des Leidens als Faktor für die gültige Auflehnung der leidenden Kreatur und die Notwendigkeit von dessen Ausdruck, nicht jedoch durch die Überzeugungskraft von Sachs' Dichtung, von der, soweit ich sehe, Adorno nirgends spricht. Nach anderthalb Jahrzehnten erfolgte 1966 die Rücknahme des Diktums in *Negative Dialektik* in dieser Form:

> Das perennierende Leiden hat soviel Recht auf Ausdruck wie der Gemarterte zu brüllen; darum mag falsch gewesen sein, nach Auschwitz ließe kein Gedicht mehr sich schreiben. Nicht falsch aber ist die minder kulturelle Frage, ob nach Auschwitz noch sich leben lasse, ob vollends es dürfe, wer zufällig entrann und rechtens hätte umgebracht werden müssen.
> (Adorno 1973, 355; vgl. u.a. Olschner 2001)

Bemerkenswert hier ist u.a. die Scheidung von Lebens- und Kulturpraxis, die eine Verschiebung von der Infragestellung der Kultur in Gestalt von Lyrik hin zur Infragestellung des Lebens überhaupt nach Auschwitz zur Folge hat. Die Genese von Adornos Diktum lag jedoch bereits vorgebildet in den 1920er Jahren, als es um Moderne im Zusammenhang mit antibürgerlichem Kunstverständnis ging (in diesem Fall um vertonte Alltagstexte durch Hanns Eisler (*Zeitungsausschnitte*, Op. 11) (Olschner 2001)). Selbst wenn Sachs bei Adorno nicht vorkommt, gilt nichtsdestoweniger sein Satz in *Negative Dialektik* auch für Nelly Sachs' Lebenswerk: „Das Bedürfnis, Leiden beredt werden zu lassen, ist Bedingung aller Wahrheit" (Adorno 1973, 29). Das Trauma des Krieges und der Verfolgung, das Trauma der Shoah brauchte einige Jahre, bis ein Beredtwerden sich einstellte, das Leser bereit wurden zu hören – und das in einer Zeit, zunächst einmal die Jahre etwa zwischen 1946 und 1950 und darüber hinaus, als Unmengen Lyrik in Zeitschriften und Einzelausgaben gedruckt wurden. Das Trauma konnte – und durfte – nicht enden, aber ein Verschweigen durfte ein Sprechen *für* die vielen Verstummten keinesfalls verdrängen.

Lässt sich mit Benjamin ein „Zeitkern" auch hier, bei solchen Diskursen wie nicht weniger bei Sachs selbst, postulieren, so darf es nicht überraschen, wenn man anstelle von Leugnung der Zeit – wie bei vielen, eher kulturkonservativen Lyrikern und Kritikern zu beobachten – eine Hinwendung zum bejahten Zeitbewusstsein konstatieren kann. In unzähligen Verbindungen und Komposita durchzieht der Leitgedanke *Zeit* das Leben und den Tod: die Zeitlichkeit und die Zeitlosigkeit, nur scheinbar eine Opposition, sind unzertrennlich. In solcher Dialektik überrascht es nicht, dass bei Sachs von „Ewigkeit" selten die Rede ist – und wenn, dann in komplex metaphorisch verschränkten Gebilden wie diesen:

> im Rhythmus des unverwundeten
> Ewigkeitszeichen:
> Leben – Tod –
> („Wer | von der Erde kommt", II, 121, V. 26-28 [Schlussverse]; spätestens 1960)

> IMMER IST DIE leere Zeit
> hungrig
> auf die Inschrift der Vergänglichkeit –
> (II, 164, V. 1-3; 1963)

> Der Augenblick Verlassenheit
> aus dem die Zeit fortfiel
> getötet von Ewigkeit!

> Was ist das?
> Schlaf und Sterben sind eigenschaftslos
> („Wer ruft?", II, 140, V. 12-16; 1960/61)

Die zuletzt zitierte Zeile – der Schlussvers des Gedichts – suggeriert ein Ende der Bilder und Metaphern, da Schlaf und Sterben in diesem Text keine individuell auszeichnenden Züge – Eigenschaften – annehmen können. Mit „eigenschaftslos" steht der Text nunmehr mitten im mystischen Diskurs.

Wenn von Mystik die Rede ist, so meint Mystik keineswegs Leugnung, Verdrängung, Kompensation, Überhöhung des Unsagbaren, Geschichtsvergessenheit oder Weltflucht. Im Gegenteil: Die Lyrik von Nelly Sachs, veröffentlicht in einer Zeit des Geschwätzes von „Zeitenthobenheit" anstelle von Zeitlichkeit und Geschichtsbewusstsein, ist ohne Zweifel der oft verzweifelte Versuch von Nelly Sachs, Sprache gegen die Übermacht des sie oder ihre Stimme ersticken wollenden Schweigens, des Verschweigens und des Verstummens zu stemmen. „Sie holte Kraft", so Bengt Holmqvist, „nur aus dem Bewußtsein, daß sie […] auch den unwiderruflich Verstummten Stimme gab, indem sie ihr eigenes Ersticken bekämpfte" (Holmqvist 1977, 14).

Mystik kann im Allgemeinen Widersprüchliches zeitigen, also ein Etwas und auch dessen Gegenteil; sie ist oft paradox in der Bestrebung, Göttliches auszusagen und im Schweigen des *silentium mysticum* zu verharren. Eine *unio mystica* steht immer wieder im Zusammenhang mit einer *theologia negativa*, das heißt: mit der Ausklammerung positiv behaupteter Eigenschaftszuordnungen. Oft genug rekurriert ein Mystiker wie Meister Eckhart (um 1260-1328) auf den Begriff „Nichts" im Sinne eines Nicht-Etwas, eines Unbenennbaren, eines nicht zu nennenden Etwas wie in der Doppelnegation „nihtes niht" [„irgend etwas"] (Predigt 6, Meister Eckhart 1993, I 86/87). An anderer Stelle sagt Eckhart:

> Alliu dinc sint geschaffen von nihte; dar umbe ist ir rehter ursprunc niht, und als verre sich dirre edel wille neiget ûf die crêatûren, sô vervliuzet er mit den crêatûren ze ir nihte.
> [Alle Dinge sind geschaffen aus nichts; darum ist ihr wahrer Ursprung das Nichts, und soweit sich dieser edle Wille den Kreaturen zuneigt, verfließt er mit den Kreaturen in ihr Nichts.]
> (Predigt 5B, Meister Eckhart 1993, I 72/73; vgl. Predigt 1, 18/19)

Das ist radikale negative Theologie, jedoch mitnichten ein Proto-Nihilismus, sondern die konsequent weiter gedachte *creatio ex nihilo*. Die Kabbala, die spezifische jüdische Form der Mystik, kennt ihrerseits keine Dogmatik und keine einheitliche Lehre. Im vorliegenden Kontext wesentlich ist die Möglichkeit, Gott oder Göttliches zu erfahren. Das *Philo-Lexikon. Handbuch des jüdischen Wissens* (Berlin 1936) gibt folgende knappe Auskunft zum Lemma „Kabbala":

> Kabbala („Empfangen" = Überlieferung), engere Bezeichnung d. j. Mystik; d. Name K. (seit 13. Jhd.) soll besagen, daß sie ebenso wie d. Gesetz Teil d. Tradition u. göttli. Ursprungs sei. [...] Wesen d. K. ist d. Geheimnis; nur in reifem Alter darf man sich mit ihr befassen. Ziele d. K.: mystisches Einssein mit Gott, geistige Erkenntnis d. letzten Verborgenheiten, irdischer Messianismus.
> (*Philo-Lexikon* 1936/2003, 358)

Das *Jüdische Lexikon* (1927-1930) betont die Geschichtlichkeit kabbalistischer „Strömungen", die sich nach Anfängen im Mittelalter verschiedentlich nach Zeit, Ländern und Persönlichkeiten gestalten. Gemeinsamkeiten bestehen u.a. darin,

> daß das Ziel der Religion, die Annäherung an Gott, weder durch gedankliche Spekulation noch durch religiöse Lebensführung allein angestrebt wird, sondern durch Vertiefung in eine bis in den Ursprung der Menschheit zurückverlegte geheime Tradition und durch innere Konzentration auf gewisse religiöse Inhalte, unter Zuhilfenahme besonderer Betrachtungsweisen, heiliger Namen und Schriftstellen.
> (*Jüdisches Lexikon* Bd. 3, Sp. 503)

Für Nelly Sachs entscheidend – da sie sich nicht systematisch die Kabbala aneignete, sondern sie sich punktuell nach Neigung und Notwendigkeit von der ihr und ihrer historischen Erfahrung entsprechenden mystischen Vorstellungswelt ansprechen ließ – sind die Versenkung in die Geheimnisse der Schöpfung und deren Erleuchtung, vor allem angesichts der jüdischen Katastrophe. In Sachs' Kosmos mögen Zeit und Ewigkeit, Geschichte und Mystik als Gegensätze erscheinen, ähnlich dem Motto der Erstausgabe des Gedichtbandes *Flucht und Verwandlung* (1959): „An Stelle von Heimat / halte ich die Verwandlungen der Welt –" (II, 297; Schluss des Gedichts „In der Flucht", II, 73-74), wo „Heimat" einen Ruhepunkt und „Verwandlung" den nie ruhenden Wechsel bezeichnet. Flucht erzeugt und meint Verwandlung; fortgesetzte Verwandlung, nicht Statik, gibt auch eine Art Gewissheit, wenngleich keine Geborgenheit, ergibt Ausgesetztsein im Offenen, wo andere Gesetze herrschen. Solch Offenes ist unter anderem ein Charakteristikum und eine Voraussetzung mystischen Erlebens.

Wenn Sachs selbst in ihrem subjektiven oder sonst erlebten Empfinden zu Wort kommt, so verstehen sich die Selbstaussagen nicht als biografische Realien, sondern als poetologische Kontingenz oder poetologische Rückschau in ihrem Bemühen, Gedachtes, Erfühltes und Erschriebenes innerhalb der Poetik als Annäherungen zu orten, zu erklären, zu rechtfertigen – aber stets im Rahmen und im anhaltenden Bewusstsein historischer Erfahrung. Auf diese Weise wirkt sie wie ein Medium, ihr Sprechen eine Art stellvertretendes ‚Fremdsprechen'. Für sie galt der Text als Ausdruck poetischer Erkenntnis, sie als Urheberin eines literarischen Textes trat in den Hintergrund. Biografie sollte nicht interessieren, nicht die Person der Autorin (Holmqvist 1977, 24). Sachs sagte wiederholt: „‚Der Tod ist mein Lehrmeister' und: ‚Meine Metaphern sind meine Wunden'" (Holmqvist 1977, 28-29). Folgerichtig widmet sie ihren 1947 erschienenen Gedichtband *In den Wohnungen des Todes* „Meinen toten Brüdern und Schwestern".

Nichtsdestoweniger ist implizit in diesem Sprechen oder Diskurs ein Bewusstsein für Eigenschaften, eine grundlegende Kategorie mystischer Übung, bei der ein Mensch alle Ich-Bindung abzustreifen bemüht ist, also einen Zustand ohne Eigenschaften anstreben soll. Der zentrale Begriff „eigenschaft" in der Formulierung „âne eigenschaft" bei Meister Eckhart bildet den Gegensatz zu „mit eigenschaft", womit das Sich-Entfernen und Sich-Verfremden von Gott bezeichnet wird (vgl. Largier in Meister Eckhart 1993, II, 755). Ein geistig-geistlicher Zustand des Ohne-Eigenschaften-Seins eröffnet neue Verständnisansätze für die Lyrikerin Nelly Sachs, wenn es um zaghafteste Versuche einer Antwort auf die Hiob-Frage „Warum" nach der Shoah und insgesamt um die Theodizee gehen soll. *Die Erzählungen der Chassidim* in Martin Bubers Ausgabe und das Buch Sohar in Gershom Scholems Übertragung, ein Geschenk des Stockholmer Rabbiners Kurt Wilhelm nach dem Tod von Sachs' Mutter (IV, 542; Fioretos 2010, 160), sind für sie sehr wichtige, ja maßgebliche, aber nicht

allein bestimmende Stützen. Sie schrieb: „Viel lese ich im Sohar, dem Buch des
Glanzes! Und die Chassidim. Das erste ist voller kosmischer Geheimnisse, das
andere der durchseelte Alltag" (an Jacob Picard, 20. Januar 1952. *Briefe*, S. 138).
An anderer Stelle schrieb sie:

> Auch im Sohar, dem Buch der Strahlen, dem Hauptwerk der Kabbala, wird davon
> gesprochen, daß der einzige Besitz des Menschen, sein „Ich" zu Gott ausgelöscht
> werden muß.
> (IV, 34; 1950er Jahre)

„Ich" steht hier in Anführungszeichen als Geste der Distanzierung: Ziel ist es,
dass der Einzelne als Person (*persona*) sein Ich entleert, um Ich-los zu werden.
Das Wort „ausgelöscht" meint nicht die Shoah, und insofern überschneiden sich
Geschichte und Mystik nicht, so, als hätten sie miteinander nichts gemein. Ihre
„Mystik hatte eine christliche Färbung" (so Holmqvist), zumal sie immer wieder
Franziskus, Meister Eckhart und Jakob Böhme nennt und zu Rate zieht
(Holmqvist 1977, 34). Dennoch war ihr die Kabbala wesentlich, das Verhältnis
von Kabbala und Kunst war für sie selbstverständlich und im Buch Sohar er-
kennt Sachs eigene Vorstellungen wieder (Dinesen 1992, 200). An Celan schrieb
sie 1958:

> Es gibt und gab und ist mit jedem Atemzug in mir der Glaube an die Durch-
> schmerzung, an die Durchseelung des Staubes als an eine Tätigkeit wozu wir an-
> getreten. Ich glaube an ein unsichtbares Universum darin wir unser dunkel Voll-
> brachtes einzeichnen. Ich spüre die Energie des Lichtes die den Stein in Musik
> aufbrechen läßt, und ich leide an der Pfeilspitze der Sehnsucht die uns von Anbe-
> ginn zu Tode trifft und die uns stößt, außerhalb zu suchen, dort wo die Unsicher-
> heit zu spülen beginnt. Vom eignen Volk kam mir die chassidische Mystik zu
> Hilfe, die eng im Zusammenhang mit aller Mystik sich ihren Wohnort weit fort
> von allen Dogmen und Institutionen immer aufs neue in Geburtswehen schaffen
> muß.
> (an Paul Celan, 9. Januar 1958. Celan/Sachs 1993, 13)

Die Wörter „Durchschmerzung" und „Durchseelung" mit der unbetonten Vor-
silbe „durch-" entstammen dem mystischen Vokabular (vgl. Langen 1945, 97-
106, 420 [„durchschmerzen"] et passim) und sind mystische Sprache schlechthin
im Sinn der Durchdringung eines Wesens mit – in diesem Fall – Schmerz und
Beseeltheit. Die „Durchseelung des Staubes" postuliert Gegenwart und Wirk-
samkeit des Übermenschlichen („unsichtbares Universum") in der Vergänglich-
keit des Menschen. Dass das „Licht" – die Licht-Metaphysik spielt eine ent-
scheidende Rolle in der Mystik des Mittelalters und danach (vgl. Haas 1979, 49
und 81) – „den Stein in Musik" verwandelt, lässt durch eine doppelte Synästhe-
sie die worte-lose Kunst Musik an die Stelle der Sprache treten (das mittelhoch-

deutsche Wort „wortelôs" in der Bedeutung „unsagbar" (Lexer 1969 [1869-1872], 327).

Dass sie hier wie sehr häufig sonst in ihren lyrischen Texten die Musik beschwört, bildet keinen Widerspruch: Nicht gleichsam ‚Lieder ohne Worte', sondern Weisen, die sich gerade außerhalb der Sprachwerdung ereignen und sich auf dieses Werden Richtung nehmen. Die Nähe zu Benjamin, etwa zu seinem Aufsatz „Über Sprache überhaupt und über die Sprache des Menschen", ist spürbar, aber auch zu seiner Beobachtung: „Grenze: Übersetzungsunbedürftigkeit der Musik. Lyrik: der Musik am nächsten – größte Übersetzungsschwierigkeiten" (Benjamin 1985, 159). Sachs' Gedicht „Die Musik" inszeniert das Nichtwerden von Sprache:

> DIE MUSIK
> die du hörtest
> war eine fremde Musik
> Dein Ohr war hinausgerichtet –
> Ein Zeichen nahm dich in Anspruch
> aß deine Sehweite
> kältete dein Blut
> stellte Verborgenheit her
> zog den Blitz vom Schulterblatt
> Du hörtest
> Neues
> (II, 181; zwischen 1963 und 1966)

In der Wendung „eine fremde Musik" richtet sich der Text nach vorsprachlichen, bilderlosen Vorstellungen aus, die die Klammer mit „Du hörtest / Neues" noch weiter in eine sprache-lose Gestaltungsvorstellung treibt. Der Gebrauch des Präteritums („hörtest") suggeriert ferner das Erlangen von Erkenntnis, die der Text nur oder nur noch anzudeuten vermag. Damit wären Eigenschaften in Gestalt von Worten, die die Phänomene belegen, vollends hinfällig. „Musik", „Zeichen", „Verborgenheit", „Blitz", „Neues" –: vielleicht sind es deiktische Ansätze artikulierbarer Bedeutung, die sich aber noch nicht realisiert. Ist der Text, gemessen an Sachs' eigenen Ansprüchen, vielleicht misslungen? Oder: ließe sich der mystische Begriff des „Entwerdens" anführen? Dies entspräche in paradoxer Weise dem bereits angeführten „Ich-los"-werden als dem Ziel der mystischen Einkehr im Sinn einer figürlich verstandenen Heimat.

Nelly Sachs schrieb 1958 an Joachim Moras: „Wieviele Heimatländer mystische Erfahrung" (II, 309). Wie die Syntax dieser vier Wörter zu lesen ist, bleibt ohne konkreten Kontext vorerst unklar, und dennoch steht die Verbindung einer wie immer begriffenen mystischen Erfahrung ausdrücklich in Bezug auf eine Mehrzahl von Heimatländern („Wieviele"): *Heimat* als die Gesamtheit der Länder verschiedener Personen, oder aber eine relative, vermehrbare und subjektive Größe, sie – Heimat – kann schrumpfen und dann sich weiten, kann wanken und den historisch so eingebundenen Flüchtling in den Grundfesten erschüttern. Sachs' Gedicht „Wie viele Heimatländer" (vor dem 20. Oktober 1958; II, 102) steckt ein artikuliertes Gelände ab, das den – ihren – Kosmos des Beredtwerdens sichtbar macht:

WIE VIELE HEIMATLÄNDER
spielen Karten in den Lüften
wenn der Flüchtling durchs Geheimnis geht

wie viel schlafende Musik
im Gehölz der Zweige
wo der Wind einsam
den Geburtenhelfer spielt.

Blitzgeöffnet
sät
Buchstaben-Springwurzelwald
in verschlingende Empfängnis
Gottes erstes Wort.

Schicksal zuckt
in den blutbefahrenen Meridianen einer Hand –

Alles endlos ist
und an Strahlen
einer Ferne aufgehängt –
(II, 102-103; vollständig zitiert)

„Heimatländer", „Flüchtling", „Geheimnis", „Musik", „Gottes erstes Wort", „Schicksal" und „Ferne" sind wiederkehrende poetologische Vokabeln und Chiffren oder Stellvertreter für das, was nach Sprache strebt oder aber nach dem vorsprachlichen Zustand („schlafende Musik"). Wenige Monate früher entstand ein ebenfalls titelloses Gedicht, das dieses ergänzt, das gleichsam mit jenem eine Doublette bildet; die Eingangs- und Schlussverse lauten:

KOMMT EINER
von ferne
mit einer Sprache
die vielleicht die Laute
verschließt
mit dem Wiehern der Stute
[…]

so schilt ihn nicht
[…]

Ein Fremder hat immer
seine Heimat im Arm
wie eine Waise
für die er vielleicht nichts
als ein Grab sucht.
(II, 95)

Die Heimat existiert nicht, eine Heimkehr zu ihr bleibt zeitlebens utopisch und versagt, daher muss die Dichterin, wie so viele andere Verfolgte, Exilierte und Entwurzelte in dieser Zeit einen Begriff von Heimat-Verständnis entwerfen, der ihr ein Heimat-Empfinden für die Gegenwart und die Zukunft errettet und dieses nicht lediglich als ein Merkmal der Vergangenheit versteht. „In der Veränderung hat sie [Sachs] ihre Heimat", so Werner Weber (Weber 1961, 53), womit dieser die zeitliche, gleitende Heimat anvisiert. Trotzdem wird Sachs ausdrücklich froh, wenn ihr Werk in Deutschland eine ‚Heimat', also Publikation und Anerkennung oft gerade durch Jüngere findet, wie bereits 1947: „Jedenfalls ist es für mich eine unendliche Freude, daß die Gedichte dort sprechen dürfen, wo das Leid seinen Anfang nahm" (*Briefe* 70). Und doch erlischt die Sehnsucht nicht, sondern diese wird sublimiert, auf eine höhere psychische Bewusstseinsebene, oder besser: eine höhere poetologische Ebene erhoben – auch ohne Sprache oder im Vorhof der Sprache: „die Heimatsprache suchend | am Anfang der Worte –" (II, 207).

Jean Améry, der einen ganz anderen Weg zu gehen hatte als Nelly Sachs, musste erleben: „Ich war kein Ich mehr und lebte nicht in einem Wir", weil man ihn als Juden für nicht dazugehörig erklärte und ihm eine – seine – Identität absprach (Améry 2002, 90). In diesem Zusammenhang ist Heimat ein wichtiger, wenn zugleich ein unvermeidbar dezentrierter Begriff. Aber Améry ging, wie vor ihm Celan und Szondi, den Weg des Freitods, während Sachs, wie vielfach bezeugt, „die Hoffnung auf Sühne und Neubeginn" (Italiaander 1965, 29), nicht zuletzt im Austausch mit Jüngeren, nie aufgab, selbst wenn das Trauma allgegenwärtig blieb und sie zunehmend belastete.

Die Sehnsucht bleibt daher stets ungestillt und somit erhalten; sie dient dem fließenden Sprechen, das heißt: einem Sprechen, das nicht aufhört, Gestalt anzunehmen und nie die Gestalt erreicht, die der Sache gänzlich gerecht würde. Es bleibt die Sehnsucht, mit Bloch, nach etwas, „das allen in die Kindheit scheint und worin noch niemand war: Heimat" (Bloch 1985, 1628). Oder in den Worten von Russell Berman: „Sehnsucht vermittelt zwischen Exil und Schöpfung, denn diese ist nichts anderes als das Exil der Schöpfung von Gott. [...] Daher die Bilder der Oszillation, der zyklischen Bewegung, des Ein- und Ausatmens [...]" (Berman 1985, 284).

Heimat und Heimkehr werden angesichts unumkehrbarer, unaufhebbarer Heimatlosigkeit zur eschatologischen Kategorie: eschatologisch, da die Sehnsucht nach Heimkehr auf ein Künftiges gerichtet bleibt, das nie in Erfüllung geht oder gehen kann. Die Unabschließbarkeit der Suche bleibt. 1947 schrieb Sachs an Hugo Bergmann:

Das Nicht-Gebundene, das Fließende, das immer Mögliche ist nach den furchtba-
ren Erfahrungen wohl auch das einzig Trostgebende. Auch der Einschluß des Hie-
sigen, die Heiligung der Materie anstelle der Teilhingabe an das von Menschen
erdachte umgrenzte Gebiet einer Religion.
(an Hugo Bergmann, 18. Dezember 1947. *Briefe*, S. 87)

Es entsteht eine gegenläufige Bewegung: ein Artikulieren und Belegen der
wahrnehmbaren historischen Wirklichkeit mit Worten und somit Eigenschaften,
unter Bedrohung durch Auslöschung der Existenz, also Schweigen. Die Hei-
matlosigkeit ergibt eine Dialektik von Einst und Nirgends. Quasi-theologisch
gefasst hieße dies:

> das Geheimnis
> des unsichtbaren Messias streifend
> mit wildem Heimweh –
> („Verzweiflung", V. 13-15, II, 180; zwischen 1963 und 1966)

Immer wieder spricht Sachs vom „Geheimnis", das – sei es bei ihr bewusst, sei
es unbewusst – auf *mysticus* (geheim, geheimnisvoll, mystisch) zurückgeht. Man
darf in Erinnerung rufen, dass im Wort „Geheimnis" das Bei-sich-sein, das fa-
miliär Vertraute etymologisch mitschwingt, mit der Konsequenz, dass Sachs
nicht der Geheimtuerei das Wort spricht, sondern die Gemeinschaft – die jüdi-
sche – der Toten und der Überlebenden einschließt, denen ihr Werk seit späte-
stens Anfang der 40er Jahre gilt. Im Buch Sohar in der Übersetzung von
Gershom Scholem, in dem Sachs immer wieder las, da sie dort übereinstim-
mende Gedankengänge vorfand, steht Folgendes:

> MIT DEM ANFANG – das ist das Urgeheimnis [des ersten Schöpfungsaktes], SCHUF
> ER – das deutet auf jenes verborgenste Geheimnis [des namenlosen Er], aus dem
> alles sich entfaltet, ELOHIM – das ist das Geheimnis, durch das alles Untere be-
> steht, DEN HIMMEL – das bedeutet das Verbot, das männliche und weibliche Prin-
> zip, die [in der geheimen Welt] Eines bilden, von einander zu trennen.
> (Scholem 1971, 52)

Das Wort „Geheimnis" ist weniger Bezeichnung als Kennzeichnung einer na-
menlosen, das heißt: sprache-losen Stelle. Nach Sachs' Selbstverständnis und
Poetik erschließen sich Geheimnisse höchstens bruchstückhaft in Andeutungen;
sie mögen auch eine Tendenz anzeigen: wie der – in den Gedichten immer wie-
der ausdrücklich genannte – Messias offenbaren sich die Geheimnisse jedoch
nicht. In einer Tagebuchaufzeichnung vom 22. Januar 1951 schrieb Sachs:

Möchte nur noch an Quellen trinken. *Sohar* erlöst das Wesen hinter den Worten. Nachdem die Elegien und „Das Haar" geschrieben sind, darf ich an dieser Quelle ruhen und trinken. Finde so tiefe Bestätigung für alle Träume. So tiefe. Ich war so ängstlich nun ist das gut.

Umkehr ist mehr als der Heilige von Beginn. So muß der *Sohar* auch an die dynamischen Kräfte glauben, die dadurch frei werden. Denn wozu sonst alle Umwege. [...] Erst, wenn die linke Seite zur anderen Seite wird, sagt der *Sohar*, wenn das Böse sich selbständig gemacht hat, ist es das Böse.

(IV, 47, *Briefe aus der Nacht*)

In der Überschrift dieses Beitrags steht „apokalyptische Zeit", auch dies eine quasi-religiöse, aber durchaus verbindliche Einordnung. Im Zusammenhang mit Hiob spricht Margaret Susman in ihrem zuerst 1946 erschienenen Buch *Das Buch Hiob und das Schicksal des jüdischen Volkes* von der „Verschiedenheit der Zeiten", die auf dem Verhältnis zwischen Mensch und Gott laste:

Denn in Hiobs Schicksal sind Gotteszeit und Menschenzeit radikal auseinandergerissen. Früher, in der Gegenwart Gottes, im Dienst an Gott füllte die Ewigkeit seine Zeit, so daß er ihrer nicht inne wurde; jetzt, da Gott sich aus ihr zurückgezogen hat, steht der Ewigkeit Gottes die leere Zeit des Menschen als reine Endlichkeit gegenüber. Von dieser Verschiedenheit der Zeiten ist das Buch Hiob übervoll.

(Susman 1996, 39; vgl. Fioretos 2010, 224)

Die Figur des Hiob, dessen Schicksal Sachs nahegestanden haben musste, ermöglicht den Zugang und Weg zu einer allegorischen Darstellung – dessen Schicksal wie auch dessen Narrativ (vgl. Kaiser 2010). Tatsächlich steht Hiob an auffälligen Stellen in der Lyrik, wenngleich nicht häufig; dieser ist jedoch nicht etwa eine Chiffre oder ein ständig gegenwärtiges mythisches Analogon. Die Erklärung dafür dürfte in der Selbstverständlichkeit liegen. Im Gedichtband *Sternverdunkelung* steht das Gedicht „Hiob" (I, 59-60; vor dem 12. November 1946; vgl. auch II, 47, 85, 89):

O du Windrose der Qualen!
Vor Urzeitstürmen
in immer andere Richtungen der Unwetter gerissen;
noch dein Süden heißt Einsamkeit.
Wo du stehst, ist der Nabel der Schmerzen.

Deine Augen sind tief in deinen Schädel gesunken
wie Höhlentauben in der Nacht
die der Jäger blind herausholt.
Deine Stimme ist stumm geworden,
denn sie hat zuviel *Warum* gefragt.

Zu den Würmern und Fischen ist deine Stimme eingegangen.
Hiob, du hast alle Nachtwachen durchweint
aber einmal wird das Sternbild deines Blutes
alle aufgehenden Sonnen erbleichen lassen.

Das Gedicht „Hiob" gehört zu einem Zyklus von Gedichten, die biblischen Ge-
stalten (Abraham, Jakob, den Propheten, Hiob, Daniel, David, Saul) und dem
Heiligen Land (Israel, Sinai) gewidmet sind. Die direkte Anrede verbirgt den
unmittelbaren Bezug zur Dichterin und zu ihrem eigenen Schicksal, das ihrem
Text letztlich eingeschrieben ist. Der Vers „noch dein Süden heißt Einsamkeit"
dürfen wir trotzdem nicht als biografisch-geografischen Bezug lesen (Stockholm
– Berlin), denn der Text bewohnt eine andere Ebene. Gleichwohl bedeutet der
Süden das Glück (so wie der Name „Benjamin", jüngster und letzter Sohn von
Jakob und Rahel, „Sohn des Südens", d.h. „Sohn des Glücks" meint).

Angesichts der Shoah schrieb Margarete Susman 1946, es sei „diesem
Geschehen gegenüber jedes Wort ein Zuwenig und ein Zuviel" (Susman 1996,
23). Das Dilemma, über Dinge zu sprechen, vor denen jede Sprache zu versagen
droht, worüber zu sprechen jedoch notwendig ist, bleibt. Nelly Sachs hat in ihrer
Lyrik genau dieses Sprechen versucht. Sie ging mit ihrer Geschichte und mit
ihren Eigenschaften an das übermächtige Schicksal in dem Bemühen heran, es
zu überdauern, es einzufangen, es den Lebenden zu erklären, so gut es ging. Eine
Mystikerin war sie nicht, wohl aber kannte sie vereinzelt mystische oder quasi-
mystische Erfahrungen, die sprachliche Spuren hinterließen. Der scheinbare
Widerspruch Geschichte/Mystik stellt in ihrem Werk keine Flucht dar – damit ist
der Punkt angesprochen, an dem Erfahrung in Poetologie umschlägt und an dem
individuelle Biografie der paradigmatischen Vermittlung von Wahrnehmung und
Erkenntnis weicht, fernab einer gewollten Mystifikation.

Bibliographie

Adorno, Theodor W. *Negative Dialektik / Jargon der Eigentlichkeit* (*Gesammelte Schrif-
ten*, Bd. 6), hg. von Rolf Tiedemann. Frankfurt am Main: Suhrkamp, 1973.
Améry, Jean. „Wieviel Heimat braucht der Mensch?". *Werke*, Bd. 2: *Jenseits von Schuld
und Sühne / Unmeisterliche Wanderjahre / Örtlichkeiten*, hg. von Gerhard Scheit.
Stuttgart: Klett-Cotta 2002. 86-117.
Benjamin, Walter. *Gesammelte Schriften*, Bd. 5: *Das Passagen-Werk*, hg. von Rolf
Tiedemann. Frankfurt am Main: Suhrkamp, 1982.
Benjamin, Walter. *Gesammelte Schriften*, Bd. 6: *Fragmente vermischten Inhaltes*, hg. von
Rolf Tiedemann und Hermann Schweppenhäuser. Frankfurt am Main: Suhrkamp, 1985.
Berman, Russell A. „‚Der begrabenen Blitze Wohnstatt'. Trennung, Heimkehr und Sehn-
sucht in der Lyrik von Nelly Sachs". *Im Zeichen Hiobs. Jüdische Schriftsteller und deut-
sche Literatur im 20. Jahrhundert*, hg. von Gunter E. Grimm und Hans-Peter Bayerdörfer.
Königstein/Ts.: Athenäum, 1985. 280-292.
Bloch, Ernst. *Das Prinzip Hoffnung*. Frankfurt am Main: Suhrkamp, 1985.

Celan, Paul/Sachs, Nelly. *Briefwechsel*, hg. von Barbara Wiedemann. Frankfurt am Main: Suhrkamp, 1993.

Dinesen, Ruth. *Nelly Sachs. Eine Biographie.* Aus dem Dänischen von Gabriele Gerecke. Frankfurt am Main: Suhrkamp, 1992.

Meister Eckhart. *Werke* [in 2 Bänden]. Texte und Übersetzungen v. Josef Quint. Hg. u. komm. v. Niklaus Largier. Frankfurt am Main: Deutscher Klassiker Verlag, 1993.

Fioretos, Aris. *Flucht und Verwandlung. Nelly Sachs, Schriftstellerin, Berlin / Stockholm. Eine Bildbiographie.* Übers. a.d. Schwedischen v. Paul Berf. Berlin: Suhrkamp, 2010.

Friedrich, Hugo. *Die Struktur der modernen Lyrik. Von Baudelaire bis zur Gegenwart.* Hamburg: Rowohlt, 1956.

Haas, Alois M. *Mystik als Aussage. Erfahrungs-, Denk- und Redeformen christlicher Mystik.* Frankfurt am Main/Leipzig: Verlag der Weltreligionen, 2007. Darin: „Das mystische Paradox". 127-148.

Höllerer, Walter. „Thesen zum langen Gedicht". *Akzente* 2 (1965): 128-130.

Holmqvist, Bengt. „Die Sprache der Sehnsucht". *Das Buch der Nelly Sachs*, hg. von Bengt Holmqvist. Frankfurt am Main: Suhrkamp, 1977. 9-70.

Italiaander, Rolf. „Nelly Sachs' Botschaft der Rettung. Die Dichterin erhielt den Friedenspreis des Deutschen Buchhandels 1965". *Jahrbuch der Freien Akademie der Künste in Hamburg 1965.* 22-29.

Jüdisches Lexikon. Ein enzyklopädisches Handbuch des jüdischen Wissens in vier Bänden. Begründet v. Georg Herlitz und Bruno Kirschner. Berlin: Jüdischer Verlag, 1927-1930 (Stichwort „Kabbala" in Bd. 3, Sp. 503-517).

Kaiser, Gerhard. „Das Buch Hiob. Dichtung als Theologie". Kaiser, Gerhard / Mathys, Hans-Peter. *Das Buch Hiob. Dichtung als Theologie.* Berlin: Verlag der Weltreligionen im Insel Verlag, 2010. 13-172.

Kranz-Löber, Ruth. *„In der Tiefe des Hohlwegs". Die Shoah in der Lyrik von Nelly Sachs.* Würzburg: Königshausen & Neumann, 2001.

Langen, August. *Der Wortschatz des deutschen Pietismus.* Tübingen: Niemeyer, 1954.

Lexer, Matthias. *Mittelhochdeutsches Taschenwörterbuch.* Stuttgart: S. Hirzel [33]1969. Vgl. dazu M. Lexer, *Mittelhochdeutsches Handwörterbuch.* Leipzig: S. Hirzel, 1869-1872 [mit Angabe von Quellen]. Zugleich online, mit Querverweisen zu weiteren Textquellen bei Benecke-Müller-Zarncke: http://woerterbuchnetz.de/Lexer/ (Zugriff 24.09.2013).

Lichtenstein, Erich. „Jüdische Klage". *Aufbau* 4.2 (1948): 166-168.

Olschner, Leonard. „Adorno und das totgesagte Gedicht. Nachforschungen zur Genese einer Provokation". *Passagen. Literatur – Theorie – Medien.* Festschrift für Peter Uwe Hohendahl, hg. von Manuel Köppen und Ulrich Steinlein. Berlin: Weidler, 2001. 277–292.

Olschner, Leonard. „Lyric Poetry in the Shadow of Time". *Modern Times? German Literature and Arts Beyond Political Chronologies / Kontinuitäten der Kultur 1925–1955,* hg. von Gustav Frank, Rachel Palfreyman, Stefan Scherer. Bielefeld: Aisthesis, 2005. 115–132.

Olschner, Leonard. „Der mühsame Weg von Nelly Sachs' Poesie ins literarische Bewußtsein". *Die Resonanz des Exils. Gelungene und mißlungene Rezeption deutschsprachiger Exilautoren,* hg. von Dieter Sevin. Amsterdam: Rodopi, 1992. 267-285.

Philo-Lexikon. Handbuch des jüdischen Wissens. Berlin, 1936 [Nachdruck Frankfurt am Main: Jüdischer Verlag im Suhrkamp Verlag, 2003].

Sachs, Nelly. „Biblische Lieder". *Der Morgen* 12.12 (1937): 543.

Sachs, Nelly. *Briefe der Nelly Sachs*, hg. von Ruth Dinesen und Helmut Müssener. Frankfurt am Main: Suhrkamp, 1985.

Scholem, Gershom. *Die Geheimnisse der Schöpfung. Ein Kapitel aus dem kabbalistischen Buche Sohar*. Frankfurt am Main: Insel, 1971 [erstmals *Die Geheimnisse der Schöpfung. Ein Kapitel aus dem Sohar*. Berlin: Schocken, 1935].

Scholem, Gershom. *Die jüdische Mystik in ihren Hauptströmungen*. Frankfurt am Main: Suhrkamp, 1967 [1957].

Susman, Margarete. *Das Buch Hiob und das Schicksal des jüdischen Volkes*. Mit einem Vorwort von Hermann Levin Goldschmidt. Frankfurt am Main: Jüdischer Verlag, 1996 [1946].

Transit. Lyrikbuch zur Jahrhundertmitte, hg. mit Randnotizen v. Walter Höllerer. Frankfurt am Main: Suhrkamp, 1956.

Weber, Werner. „„...um Gott her ist schrecklicher Glänz'. Bemerkungen zur Dichtung der Nelly Sachs". *Nelly Sachs zu Ehren*. Frankfurt am Main: Suhrkamp, 1961. 52-57.

Jennifer M. Hoyer

Nelly Sachs's Spatial Poetics From Diaspora to Exile

Abstract

"Nelly Sachs's Spatial Poetics from Diaspora to Exile" examines different examples of a link between text and spatial vocabulary in Sachs's work between 1921 and 1959. Sachs conceived of text as a kind of landscape, a space in which we exist. This has been described in terms of a "Heimat in der Sprache"; but is the writer or reader really "at home" in language? Earlier texts suggest rather a diasporic relationship, in which writer and reader ought not to feel settled, whereas later texts depict a more exilic approach to the space of the text: a poetic I desperate to escape the textual landscape. In both cases, language is a space Sachs encourages readers to feel they must wander in.

Der vorliegende Aufsatz bietet eine Untersuchung verschiedener Beispiele für die Verknüpfungen von Text und räumlichem Vokabular in Nelly Sachs' Werk zwischen 1921 und 1959. Für Sachs war der Text sowie die Sprache eine Art Landschaft, ein Raum, entfernt von der empirischen Realität, in dem wir existieren können. Manche Wissenschaftler beschreiben Sachs' Auffassung von der Sprache als „eine Heimat in der Sprache"; sind aber Dichterin und Leser wirklich in der Sprache „zu Hause"? Frühere Texte (1921-1939) zeigen eher eine „diasporische" Beziehung zur Landschaft der Sprache, in der weder Dichterin noch Leser sich wohl fühlen sollen; spätere Texte zeigen eher eine Auffassung aus der Perspektive des „Exils", d.h. das lyrische Ich fühlt sich in der Sprache exiliert: es versucht verzweifelt der Sprache zu entkommen. Sowohl im Früh- als auch im Spätwerk ist die Sprache ein Raum, durch den Sachs den Leser wandern macht.

Nelly Sachs has long been regarded as having a "Heimat in der Sprache."[1] What can this mean?[2] For a writer, 'to have one's home in language' means viewing language, the text, or even the word as a space in which one exists. Fleeing German soil in 1940, Sachs clung to her native language as the last remaining trace of her *Heimat*. As a writer, she is at home in language. Perhaps we can even extend the idea to her Jewish roots and identification: if we consider the Jews the people of the book, then we can also recall the Jewish notion of the text of the Torah, redacted in the sixth century BCE in Babylonian exile, as the abstraction

---

[1] This idea has its origins in earlier scholarship on Nelly Sachs. See for example Lagercrantz 1967, 77.

[2] My forthcoming book, *The Space of Words: Exile and Diaspora in the Works of Nelly Sachs* (2014, Camden House) provides a more thorough examination of the topic and its implications; the present essay provides a broad overview of how the concept relates to Nelly Sachs's work.

for Israel – a homeland not only in language, but in its projection in text, reading, and discussion. Numerous postwar poems clearly show that Sachs viewed language in spatial terms and space in linguistic terms: consider "Landschaft aus Schreien" (II, 46) or "Weltall der Worte" (I, 92) or "So rann ich aus dem Wort" (II, 111), poems in which the poetic I exists within a landscape that is created by sound or words or is even the word itself. Like a number of poets of the twentieth century, Sachs asserts through poetic language a sense that the reality we know is dependent on our words, and at the same time that the texts we read are spaces in which we exist, which we must traverse – but owing to the subjectivity of both author and reader, the text is a landscape that is always changing, always shifting, and never quite what anyone says it is. It is also never complete. As we consider the sense of space of words, we begin to consider the way the landscape of the text is constructed, but also the relationship the poetic I has to the perception of that landscape, and the relationship of the reader to the experience of traversing – and creating – that landscape.

What is Nelly Sachs's relationship to a "Heimat in der Sprache?" Examining Sachs's sense of words as a space gives us the opportunity to rethink her relationship to poetic language; it also provides the opportunity to rethink her relationship to place and space. Perhaps, in reconsidering "Heimat in der Sprache" in the context of Sachs's original compositions, we should also attend to the representation of "Land" and "Heimat" in her translation choices, for example in Edith Södergran's poem "Landet som icke är" (Södergran 2006, 202), "The Land That is Not" – a poem Sachs translated and published more than once. The present essay examines a handful of texts that show different relationships to the space of words, with the aim of contextualizing and recontextualizing Sachs's poetry and prose.

The most common binary here is certainly *Heimat* and exile. The sense of "Heimat in der Sprache" is very much linked to exile. We might consider this in the Jewish sense, of *galut*, to which I will return later; or in the sense that Sachs is exiled from German soil and therefore finds German *Heimat* space in the German language; or in the sense that language is a port of asylum, not awaiting or longing for a return to Germany but for something beyond – what Paul Celan terms something "Immaterielles, aber Irdisches, Terrestrisches" (Celan 1968, 148), something that is earthly but is not necessarily a projection in space (rather a projection on space that creates shape out of formless, meaningless matter). Exile is generally marked by a sense of longing for return or closure. Consider Karl Wolfskehl, whose poetry reflects his sense of injustice and loss at being away from his fatherland, whose gravestone in Auckland, New Zealand reads "Exul Poeta." One poem by Sachs where we can speak of a strong sense of longing for border crossing is perhaps "So rann ich aus dem Wort." This final poem of *Flucht und Verwandlung* posits a sense of location within the word (out of which the poetic I ran).

So RANN ICH aus dem Wort:

Ein Stück der Nacht
mit Armen ausgebreitet
nur eine Waage
Fluchten abzuwiegen
diese Sternenzeit
versenkt in Staub
mit den gesetzten Spuren.

Jetzt ist es spät.
Das Leichte geht aus mir
und auch das Schwere
die Schultern fahren schon
wie Wolken fort
Arme und Hände
ohne Traggebärde.

Tiefdunkel ist des Heimwehs Farbe immer

so nimmt die Nacht
mich wieder in Besitz.
(II, 111)

The juxtaposition that runs through this stanza and through the poem is locus –
"versenkt", "gesetzt" – versus flight (which seems to double as transformation).
The "Wort" is marked and identified with the material signifier "Staub" (in other
cycles frequently a link between body and land), and the impression of "Spuren"
(in other cycles often linked to "Zeichen," which can be as much a marker of
presence as a palpable suggestion of a painful absence). The word is also marked
in the astronomical "Sternenzeit," something that marks as much humankind's
labeling and creation of the cosmos as the transitions we use to process our sense
of time – and which we also use to determine our physical location. This piece of
night has its arms outstretched, which reads as a comforting gesture (perhaps
something welcoming, home-like), but in the fourth line is "nur eine Waage,"
"only" a pair of scales. While the image of open arms seems more subjective,
perhaps, than that of the scales, both are the interpretive mapping of night, or of
a piece thereof (time is division, a way of marking location). Because that piece
of night appears to the poetic I as a justice-like constellation that weighs
"Fluchten," a binary is set as a limitation that is then dissolved as the poem con-
tinues. The attributes of weight ("Leichte" and "Schwere") are both simply
leaving, time is less precise (the very general "spät"), thus neutralizing the con-
stellation. The body continues to dissolve in sections of binary or symmetry:
"Leichte" then "Schwere"; both shoulders, then arms, then hands dissolve "ohne
Traggebärde," that is, without bearing weight, but also without carrying a "Ge-

bärde," gesture or sign. The signs are unwriting themselves. "Tiefdunkel ist des Heimwehs Farbe immer" is a line that exists alone, stretching beyond the established margins of the other stanzas, with no punctuation. That the color of "Heimweh" is "Tiefdunkel" suggests also the dissolving perceptive function of the I. Where white or light is the presence of color, the darker the space, the less color – or perhaps the less perceptive, interpretive function to describe space.

As the poetic I is dissipating into some other formless state, is this *Heimweh* the final perceptive desire of the poetic I for the marked space it leaves? A number of possibilities present themselves. The *Heimweh* can be the melancholic state of longing for the formlessness it is fleeing toward. If *Heimweh* is something melancholic, it could be an irreconcilable state of both longing to leave and longing to stay. Or is it not what it conventionally means? It may rather be the pain of "home", the pain in or caused by a marked place, a dark space of limited perception. Perhaps this irreconcilable desire to be both in the word and to escape the word is captured in the poem, not only in its sense of repetition (for example in the final stanza "so nimmt die Nacht / mich wieder in Besitz"), but in the sense that, running out of the word as the poetic I may be, it is still captured on the page. The poetic I's relationship to the space of the word here is embattled; it cannot quite break free of the word in the space of the text itself, but it appears to want just that.

The sense that the poetic I exists within a space it longs to leave communicates an exilic sense of language. If the *Heimat* here is language, it is a *Heimat* the poetic I does not feel entirely at home in; rather it feels trapped, and longs to break free. If the "Heimweh" indicates that the *Heimat* is something else, then the poetic I is exiled in language: it longs for return to something else, something beyond words. This longing to leave the marked-out space of signifiers is more dominant in *Flucht und Verwandlung* than in earlier volumes. As the title of the cycle and volume indicate, there is much here that is a dissolution of form. This is also the volume that contains the oft-quoted lines "An Stelle von Heimat / halte ich die Verwandlungen der Welt –" (the poem breaking off with the dash so characteristic of Sachs's work).

"Landschaft aus Schreien" (II, 46-47), from *Und niemand weiß weiter* has within it a very similar sudden transition from one landscape space, presumably the articulable word, into the landscape of screams (in the middle of which we find also a "Himmelfahrt aus Schreien" – again the exit from one space into another, though it is left open whether "Schreien" is the conduit or the space). This landscape shapes a space that is at once less articulate and more immediate than words. Consider Günter Eich mapping out the plane of reality by applying words to discern shape or relationship,[3] or Paul Celan's drafting out of reality in

---

[3]   Two different speeches Eich gave in the late 1950s revolve around the questionable faculties of the human being to accurately perceive the shape of space. In them, he posits the poetic word as his path toward reality, rather than regarding reality as his

the poetic word.[4] The landscape of this poem is stripped to bare expression, shooting out and emanating from the dead, from the forsaken, the trapped and mute, the *Spuren* of events that threaten to lose meaning in their skeletal mythology. Sachs makes a rare foray into place here, creating a poetic Maidanek and Hiroshima, like Celan's Czernowitz places that exist on a map and places transmuted in poetic expression. Interestingly, this is also where "Zeit wegfällt." Sachs's texts often play with time; in this case, where two prominent place names are included and then made abstract as time falls away, it becomes clear that such names also anchor us in time. These two names, previously primarily place names, now instantly locate the reader in 1945. But if, as in the poem, they are stripped of the place name in the unmitigated scream, do they also lose their historicity? Do they become timeless as soon as they are represented by an image that expresses how we perceive their significance (that is to say, as soon as the *Gerippen* evoke a scream)? Although it seems the sense of exile is not as clearly imprinted here as it was in "So rann ich aus dem Wort," it is clearly a spatial approach to language, and one in which the poetic I (in so far as there is one) is again positing a release from a reality marked out by signs, to a less articulated space of perception and expression, pointing the way in at least three formulations toward a beyond.

Language is clearly conceived of as a space of existence; but is it a *Heimat*? To return to the verses "An Stelle von Heimat / halte ich die Verwandlungen der Welt": the word *Heimat* is generally understood as a positive location of comfort. In both the volumes I have so far addressed, the emphasis on the space of words is rarely static – there is always motion, out of the word. Ruth Klüger recently wrote that Sachs was the rare example of a poet who did not become silent as a result of displacement (Klüger 2007, 175). Indeed, I would argue that displacement, both in her life and in her work, is the condition for more words, more language. In the later volumes this is represented in flight from the space of words into something else. In earlier texts, there is much more the sense of wandering within the space of words.

In Sachs's work, there is a fundamental relationship between writer, space, and words, one that predates her flight from Germany, and one that adds a new dimension to our sense of Sachs's spatial poetics. If we look at her earliest prose texts and poems, we find there already a connection between words and spatial concepts, and sometimes even the text or word as a space itself. Characters in her prose who are wanderers also generally possess formidable skill with words; characters who are static often lack both the skill to create with language and the ability to negotiate figurative meaning.

    starting point. The speeches are combined as "Der Schriftsteller vor der Realität" (Eich 1973).
[4] Both the speech for the Bremen Literature Prize (1958) and "Der Meridian" (1960) concern different ways of drafting the empirical world through poetic language. See Celan 1968, 125-129; 131-148.

In the 1921 text "Wie der Zauberer Merlin erlöset ward", for example, Merlin is engaged in "Wanderschaft" (a German term used for Diaspora Jewry at the time this story was published; Sachs 1921, 59). He spends most of the story wandering from place to place, shape-shifting and using his skill with words to effect change. When he becomes trapped, he loses his facility with language. A magical song central to the plot is also always in search of a *Heimat*. As soon as it is caught, it threatens to fall silent; it must remain transitory to remain alive. The young girl Gotelind is firmly located in the forest, and lacks any ability with words. Meister Blasius (Blaise), the meta-writer of the story, is "wohl bewandert" (Sachs 1921, 59) in the art of writing. The story, intriguingly, has several notable and purposeful changes from the standard Merlin narrative. The final scene of the story draws attention to the problem of authenticity when King Arthur takes the flower Blaise has brought him as a kind of proof of the story of Merlin and Gotelind and puts it in a golden vase in the manner of a relic. Blaise is not content with this co-opting of the story and returns home to finish writing his version, indicated as the "authentic" account, since the events transpired "so etwa, wie es hier zu lesen stand" (Sachs 1921, 78). The story draws attention to its own veracity, though we know it does not match the Merlin narratives we otherwise know. Which is the authentic version, then? One of them (or all of them?) must be false; this is underscored by the strand that runs through the story that anyone who creates with language, is a storyteller, or can cast spells is often trying to sway events to their own needs or desires. They warp "reality" in order to disempower whomever they speak to. The more figurative the language, the more likely it is to mask or obscure. What are we to make then of a particularly decorous narrative that purports to be the actual Merlin story? The tale of the early Renaissance painter Fra Angelico in the same volume also contains a beguiling storyteller capable of reshaping the space of the story, who is engaged in continuous wandering, and even suggests that the painter Fra Giovanni (Fra Angelico) struggles to create sublime art because he is stationary within his monastery (indeed, he leaves to improve his painting!).[5] By the end of the story the painter is genuinely perplexed by the possibility that he lacks artistic agency.

The 1930s prose text *Chelion* is set more recently, in an urban context, and revolves largely around the child Chelion's struggle to negotiate her admittance to the realm of figurative language. Over the course of the narrative, Chelion is confronted by events where words do not match what she sees; she struggles first to comprehend and then to use figurative language. She learns that words change and almost never mean what she thinks they are supposed to mean. She becomes increasingly mobile as the narrative progresses. Negotiating the space of text, which is made up of figurative language, requires the constant vigilance of the

---

5 "Eine Legende vom Fra Angelico," the first story in Sachs's *Legenden und Erzählungen* from 1921.

reader. Trusting in the innocence or authenticity of the word often results in a loss of subjectivity or even life.

The less static a character is, the more verbally aware; what emerges consistently is a sense that words require active engagement. This dynamic is transferable also to the writer and reader, since the characters reflect precisely those roles: the wanderers occupy the role of the author, the more static characters represent the unengaged reader. If we, the readers, remain passive, and thus static, the wordsmith alone determines the textual reality. Sachs's prose suggests that this is a power dynamic that must be recognized and challenged. If we as readers can question, embrace our own displacement in the text – recognizing that the landscape of a text ultimately challenges us to actively negotiate it – we ourselves become active agents in creating that textual space. The process is never finished or absolute. No text ever achieves closure. Words are a space in which we exist; but how "at home" should we feel there?

The term *galut* can be translated as exile, where it contains a longing to return to *Eretz Israel*, laments the millennia of wandering, and sees the redemptive future to which Jews aspire in the return of Israel as place, with borders, where one can dwell. The wandering, regarded as a curse or weakness, will finally cease. It can also be translated as diaspora, which emphasizes a more active, positive power of wandering. The Jews still look to Israel as a time and place in which they always belong; they also regard whatever place they live as a home. They are not necessarily at home in either: diaspora recognizes both a belonging and a not-belonging that are not only not reconciled – they do not aim to be. Diaspora is conceived as a position of fluid negotiation. In the early twentieth century it was at times viewed as a weakness to be cured only through Zionism. Or, conversely, diaspora was viewed as a position of power: to live in the diaspora meant to live on the margins, and yet because of this to act as a different point of view and critical challenge to the hegemony, to the normative, to the master narrative. The later poems discussed above seem to view language as a space of exile, awaiting transformation or return to some other space. In the earlier postwar poems, language is a space of existence, a place of wandering, but there is no sense of longing to return. Much more than that, it is a place that requires constant engagement from reader and writer, precisely to avoid ever being completely static or fixed. Often, language creates the landscape of text: the cycle is a space we wander through, and as we wander, we notice that that meaning of words, which we often consider absolute, is changed, and changes with every rereading. The more you traverse this space of text, the more unfamiliar and complex the landscape becomes. The reader must be vigilant. This subjectivity and agency is inscribed into words, thus landscapes, and then, often, bodies. Exilic as words become in the late 1950s or early 1960s in Sachs's work, in the 1940s we see a more diasporic relationship to the space of words. The text is a space, we are all wanderers, and we do not long for return, completion, or redemption. We only long; there is no resolution. We wander with no resolution, because the text never ends, and is always changing. The text reflects a number of different eras, from those evoked to the time in which it was written, to an open-ended future, and because the experience becomes immediate when we read, it always reflects the present. All time becomes present tense. The text becomes a diasporic reading experience, where we encounter an ongoing dialogue in which we must take part, or be lost or sublimated. The cycle that, to my mind, is exemplary for this experience of the space of words is *Flügel der Prophetie* (II, 32-38) from 1957, which includes the fundamentally diasporic poem "Nicht nur Land ist Israel!" (II, 32-33).

The poem "Nicht nur Land ist Israel!" is the second of the eight poems that comprise *Flügel der Prophetie*, and is the poem that lends the cycle its name. We orient ourselves in the cycle by the exhortation of the second poem. Israel is not only land, it is also something far more complex that we should never lose connection to. The poem gives a set of descriptions of what Israel is:

> NICHT NUR LAND ist Israel!
> Vom Durst in die Sehnsucht,
> von der rotangeheizten Mitternachtswurzel
> durch die Türen des Ackerkornes
> zu den geisterblauen Hauchtrinkern
> hinter der Gnade zuckender Blindenbinde.
> Flügel der Prophetie
> an der Schulter aus Wüstensand.
> Deine Pulse im Nachtgewitter reitend,
> die erzenen Füße
> deiner Ewigkeit-schnaubenden Berge
> galoppierend
> bis in der Kindergebete
> milchweißem Schaum.
>
> Deiner Fußspuren kreisende Meridiane
> im Salz des Sündenfalls,
> deine grüne Segenswurzel eingeschlummert
> im gemarterten Himmel der Wüste,
> die offene Gotteswunde
> im Gefieder der Luft –
> (II, 32-33)

"Ist" is the only verb in the entire poem; the rest of the poem, twenty lines, is made up of sentence fragments, segments of description that capture constant longing and movement. "Durst in die Sehnsucht" sets the overarching tone: Israel begins with a lack of and longing for water, and proceeds into general abstract longing. The next segment, verses three to six, reflects the land in terms adapted from agriculture ("Mitternachtswurzel", "Ackerkorn"), and can be read not only as sowing the land, but also as the lifecycle of the people, beginning with earthly existence and proceeding to the transformation among "Hauchtrink-ern" that exist behind "der Gnade zuckender Blindenbinde". The "Hauchtrinker" suggest a transformation away from matter and into a different spiritual plane; the evocation of mercy and blindfold suggests the realm that exists beyond judgment, since justice is meant to be merciful and blind. But the image of the blindfold also calls to mind the medieval symbol for the synagogue, as a blind-folded woman. The first six lines, then, describe different experiences of Israel.

The next segment, lines seven and eight, bring together words, body, and land as the central experience of Israel in modernity. The body (represented by "Schulter") is made of "Wüstensand", which brings together the body of the wanderer with the land they carry with them rather than having the body of the wanderer return to the land. The sand of the desert is part of the body; and the body is held up and carried by the "Flügel der Prophetie", the words that not only tell the story in the Tanakh, but provide important prophetic warnings, especially as they relate to rulers of kingdoms and people who focus too much on materiality (conveyed through references to Isaiah and Daniel in the cycle).

Lines nine through fourteen expand the complex of land, body, and word in a description of a landscape that resembles a landmass with its ore and mountains. This land has a pulse and feet, though, and it gallops and rides, into the words of prayers ("Kindergebete"), evoking again a space of words. The previous verses evoke the reading of the texts of the Tanakh. These verses expand into spoken words, a more subjective and spontaneous experience learned from childhood, namely prayer. The experience of prayer is the experience of this moving ("rei-tend" and "galoppierend") body and land. The spoken prayer connects even the child to the experience of Israel, as it is fundamentally a space of words.

The second (and final) stanza, lines fifteen to twenty, brings the significance of the previous verses that describe diaspora together with the establishment of a state. The list begins with the long history of wandering ("Deiner Fußspuren kreisende Meridiane"), revisiting verse two ("[v]om Durst in die Sehnsucht"), and continues with a root that recalls verses three through six; but this root is "eingeschlummert". The root is asleep in the "gemarterten Himmel der Wüste", and because there is no body part here, it appears this is not the desert that oth-erwise has been carried in body and word, but rather the desert returned to (if "Himmel" is not taken in the sense of sky but rather in its metaphorical sense of a place one longs to finally reach). Above the land, in the "Gefieder der Luft" (recalling the "Flügel der Prophetie" that carry Israel), we find "die offene Got-teswunde". Across the cycle this "Gotteswunde" is explicated. It appears to link to divine power and the name of God, which is etched into different examples of land and body. It is open, and because the poem is in the present tense and also incomplete, this wound remains open, even as people work the land. The cycle encourages the State of Israel not to lose sight of the nation of Israel. In the cycle *Flügel der Prophetie*, Jews of every era meet in a word that is a space, the "Synagoge der Sehnsucht". The writing in the sand, in the skin, in the air, and on

the wall – which we must all learn to read, with all our senses, to keep them alive
– acts as a reminder like the one succinctly stated by Jonathan Boyarin in his
introduction to *Powers of Diaspora*: "We [Jews] remind ourselves of what we
are by reminding ourselves of what we miss" (Boyarin 2002, 4).

This frequent motion and lack of closure, the insistence on wound and rup-
ture, the suspension of time in a spiral also finds its expression in the texts Sachs
chose to translate. It is not so much her style of translation that is striking, but
rather the particular texts and poets she consistently returned to. Between 1947
and 1965, a handful of poets and specific poems appear and reappear, especially:
"Koch auf dem Pfefferschiff" by Harry Martinson (IV, 322-323), "Samothrake"
and "Jarrama" by Gunnar Ekelöf (IV, 167; 170-171), poems from the cycle "Der
Mann ohne Weg" by Erik Lindegren (IV, 283-288), "Der wirkliche Teekenner"
by Karl Vennberg (IV, 390), and "Das Land, welches nicht ist" by Edith
Södergran (IV, 350). All of them deal in some way with the arbitrariness of
power and war, and also with borders. They also tend to reflect themes or styles
that resonate in Sachs's own original compositions. Edith Södergran (1892-
1923), a Finnish Swedish-speaking Modernist poet, produced at least two poems
that play with abstractions of space, home, and land. One of them, "Landet som
icke är" ("The Land That is Not"), belongs to the poems Sachs seems to have felt
most strongly about since it was among her most reprinted translations.[6]

> Landet som icke är
>
> Jag längter till landet som icke är,
> ty allting som är, är jag trött att begära.
> Månen berättar mig i silverne runor
> om landet som icke är.
> Landet, där all vår önskan blir underbart uppfylld,
> landet, där alla våra kedjor falla,
> landet, där vi svalka vår sargade panna
> i månens dagg.
> Mitt liv var en het villa.
> Men ett har jag funnit och ett har jag verkligen vunnit –
> vägen till landet som icke är.
> I landet som icke är
> där går min älskade med gnistrande krona.
> Vem är min älskade? Natten är mörk
> och stjärnorna dallra till svar.

[6]   Södergran was one of the few strictly Modernist Swedish poets Sachs continually
     returned to. She wrote about Södergran in the 1946 remarks to her forthcoming an-
     thology *Von Welle und Granit* (IV, 451, 453) and in the 1957 essay "Lyrik aus dem
     Norden" (IV, 472). She translated Södergran in, for example, "Die Tat" (1946) (IV,
     619), *Von Welle und Granit* (1947) (IV, 458), *Schwedische Gedichte* (1965) (IV,
     484); "Landet som icke är" is the only Södergran translation that appears in all three.

Vem är min älskade? Vad är hans namn?
Himlarna välva sig högre och högre,
och ett människobarn drunknar i ändlösa dimmor
och vet intet svar.
Men ett människobarn är ingenting annat än visshet,
och det sträcker ut sina armar högre än alla himlar.
Och det kommer ett svar: Jag är den som du älskar och
          alltid skall älska.

Das Land welches nicht ist

Ich sehne mich nach dem Land, welches nicht ist,
denn alles, was ist, bin ich müd zu begehren.
Der Mond berichtet mir in silbernen Runen
von dem Land, welches nicht ist.
Das Land, wo alle unsere Wünsche wunderbar erfüllt werden,
das Land, wo alle unsere Ketten fallen,
das Land, wo wir unsere zerfleischten Stirnen kühlen
im Tau des Mondes.
Mein Leben war ein heißer Irrtum.
Aber eines habe ich gefunden und eines habe ich wirklich gewonnen –
den Weg zu dem Land, welches nicht ist.

Im Land, welches nicht ist,
da geht mein Geliebter mit der leuchtenden Krone.
Wer ist mein Geliebter? Die Nacht ist dunkel,
und die Sterne zittern Antwort.
Wer ist mein Geliebter? Wie ist sein Name?
Die Himmel wölben sich höher und höher,
und ein Menschenkind ertrinkt im endlosen Nebel
und weiß keine Antwort.
Aber ein Menschenkind ist nichts anderes als die Gewißheit.
Und es streckt seine Arme aus höher als alle Himmel.
Und es kommt eine Antwort: ich bin der, den du liebst und den
          du immer lieben wirst.
(IV, 350)

"Landet som icke är" (1923) is easily linked to Sachs's later poems, in which she reflects on exile on earth, and longing for something beyond materiality. The poem was one of Södergran's last (she died that same year of tuberculosis, at the age of 31). At the same time, the poem can be read as a referent to geopolitical machinations that affected both Sachs's and Södergran's lives. Södergran, in addition to living in a country whose allegiance was forcibly shifted more than once, lived perilously close to the border that was so frequently shifted and grew up a Swedish-speaking Finn who spent a great deal of time in German-speaking

Petersburg. She wrote at least one other poem about her confusing homeland that could never be identified "Vad är mitt hemland..." ["What is My Homeland..."] (Södergran 2006, 147; III, 360), and so it seems likely that the poem addresses also a desire to escape from the arbitrary chains of borders to the land that just is not (to which she has found the path, even if she is not there). In fact, the first two lines in particular are a striking foreshadowing of Sachs's own "Bereit sind alle Länder aufzustehen" (II, 26) from 1957, in which the countries all over the map simply long to arise and shake off the arbitrary borders drawn by human-kind.

Is there a *Heimat*? Perhaps it is a land that just is not. One very concrete consideration that applies more to the early prose and early poems than to the later poems is the fairly frequent linkage of cultural production from the late eighteenth century through the twentieth century to the creation and validation of the nation state. Good German literature defines the *Heimat*. Israeli writers will create the Israeli national narrative. She flatly rejected the latter, and for the former, consider the early prose texts, idyllic and folksy, but disjointed, meta-critical, and impossible to pin down. The *Heimat* in the text is problematized, undermined, and finally escaped. The space of words is an ever-changing land-scape, mapped out by us all, now and always. If it is a *Heimat*, it is one that is never settled or static, one where we always ask "nachnu ma? [...] What is?" (Boyarin 2002, 4).

Bibliography

Boyarin, Jonathan. "Introduction". *Powers of Diaspora: Two Essays on the Relevance of Jewish Culture*. Minneapolis, MN: University of Minnesota Press, 2002. 1-33.
Celan, Paul. "Der Meridian: Rede anläßlich der Verleihung des Georg-Büchner-Preises". *Ausgewählte Gedichte, Zwei Reden*. Frankfurt am Main: Suhrkamp, 1968. 131-148.
Eich, Günter. "Der Schriftsteller vor der Realität". *Gesammelte Werke*, ed. by Heinz F. Schafroth. Vol. 4. Frankfurt am Main: Suhrkamp, 1973. 441-42. Rpt. in *Lyriktheorie: Texte vom Barock bis zur Gegenwart*, ed. by Ludwig Völker. Stuttgart: Reclam, 1990. 382-384.
Klüger, Ruth. "Drei blaue Klaviere: die verfolgten Dichterinnen Else Lasker-Schüler, Nelly Sachs und Gertrud Kolmar". *Gemalte Fensterscheiben: Über Lyrik*. Göttingen: Wallstein, 2007. 174-197.
Lagercrantz, Olof. *Versuch über die Lyrik der Nelly Sachs*. Trans. Helene Ritzerfeld. Frankfurt am Main: Suhrkamp, 1967.
Sachs, Nelly. *Legenden und Erzählungen*. Berlin: F.W. Mayer, 1921.
Sachs, Nelly. *Chelion: eine Kindheitsgeschichte*. N.d. TS. 1981/74. Kungliga Biblioteket, Stockholm.
Södergran, Edith. *Samlade Dikter*. Stockholm: Wahlstroem & Widstrand, 2006.

Irene Fantappiè

Lesbar machen, doch mit welchem Auge
Nelly Sachs und Paul Celan

Abstract

Der 1993 herausgegebene Briefwechsel zwischen Paul Celan und Nelly Sachs wurde oftmals als Zeugnis einer „Seelenverwandtschaft" zwischen zwei deutschsprachigen jüdischen Dichtern gedeutet, beide der Verfolgung entkommen und ins Exil verstoßen. Bei genauerer Betrachtung erscheint er jedoch viel kontroverser. Seine Vielschichtigkeit wird nicht zuletzt von einigen unveröffentlichten Schriften bestätigt – es handelt sich um Briefentwürfe Celans und um Korrespondenzen, die der Dichter mit Nelly Sachs' Freundeskreis führte. Diese Unterlagen sind nicht nur richtungsweisend, um ein neues Licht auf die Beziehung zwischen Celan und Sachs zu werfen, sie enthalten auch mehrere poetologische Aussagen Celans über Dichtung und Erinnerung, welche die grundlegenden Differenzen zwischen Celan und Sachs *in puncto* Einschätzung der Poesie, der Geschichte, der deutschen und jüdischen Kultur aufzeigen. Durch die Untersuchung des ‚Auges' als poetologische Metapher bei den zwei Dichtern kann man feststellen, inwiefern der Versuch beider Lyriker, den Holocaust „lesbar" zu machen, zu unterschiedlichen Poetiken führt. Die Materialien belegen außerdem, dass Nelly Sachs – als Dichterin, die „unter dem Neigungswinkel ihres Daseins" spricht – durch ihre poetologischen Auffassungen Paul Celan zu einigen zentralen Reflexionen verleitet (oder sogar gezwungen) hat, die er später in einer seiner bekanntesten Schriften – der *Meridian*-Rede – zum Ausdruck brachte.

The correspondence between Paul Celan and Nelly Sachs, published in 1993, has mostly been regarded as evidence of a "kinship" between two German-speaking Jewish poets, both survivors of Nazi persecutions and forced into exile. However, on closer investigation this correspondence appears to be much more controversial. Its complexity is confirmed by some unpublished writings, consisting of several draft letters by Celan and of correspondence he had with Nelly Sachs' friends. Besides shedding new light on the relationship between the two authors, these documents contain numerous theoretical statements from Celan about poetry and memory. To investigate them reveals similarities and, more interestingly, some major discrepancies between Celan's and Sachs' concepts of language and history, as well as between their different approaches to German and Jewish culture. Through the comparison of the 'eye' as a poetological metaphor in Celan and Sachs, it is possible to affirm that both poets attempted to make the holocaust "readable", though developing two irreconcilable poetics. Finally, these writings prove that Nelly Sachs and her poetics encouraged (or even forced) Paul Celan to some of his key reflections, which he later developed in one of his most famous texts, his speech *Der Meridian*.

1 Paul Celan, Inge Waern, Nelly Sachs

Nelly Sachs und Paul Celan begegneten sich bekanntlich zum ersten Mal im Jahre 1960.[1] Sie hatten sich seit nunmehr sechs Jahren Briefe geschrieben, und diesen Briefkontakt würden sie bis zum Tode Celans auch fortsetzen. Ihr im Jahre 1993 veröffentlichter Briefwechsel wurde oft als Zeugnis einer „Seelenverwandtschaft" (Steinfeld 1993, 18) betrachtet: Zwei jüdische deutsche Dichter, beide der Judenverfolgung durch die Nationalsozialisten entkommen und ins Exil verstoßen – diese Erfahrungen hätten eine geistige Nähe geschaffen, die auf gegenseitigem Verständnis und Unterstützung basiere, so jedenfalls die Ansicht vieler Kritiker.[2] Folgende Behauptung von Erhard Bahr kann als paradigmatisch für die allgemeine Einschätzung des Briefwechsels zwischen Paul Celan und Nelly Sachs angesehen werden:

> Es ist ein bemerkenswertes Ereignis in der Geschichte der modernen deutschen Lyrik, zwei deutsche Dichter des Holocausts durch einen Briefwechsel und „Dialog in Gedichten", die ihnen das Schreiben und damit das Überleben für ein Jahrzehnt ermöglichten, vereint und gestärkt zu sehen.
> (Bahr 1987, 183)

Bei genauerer Betrachtung erscheint der Briefwechsel jedoch viel kontroverser. Seine Vielschichtigkeit wird nicht zuletzt von einigen unveröffentlichten Schriften Celans bestätigt, die ich im Deutschen Literaturarchiv in Marbach am Neckar und in der Kungliga Biblioteket in Stockholm einsehen konnte. Es handelt sich um die Korrespondenzen aus den sechziger Jahren zwischen Celan und vier Freundinnen von Nelly Sachs: Inge Waern-Malmquist, Gudrun Dähnert, Gunhield Tegen und Eva-Lisa Lennartsson; außerdem um Briefe, die Celan an die Dichterin geschrieben hatte, aber nie verschickte. Im Folgenden möchte ich zeigen, dass diese Texte nicht nur die Thesen der wenigen Kritiker bestätigen, die die idyllische Darstellung des Celan-Sachs-Briefwechsels bereits in Frage stellten,[3] sondern auch zu einer Neubewertung jenes Briefwechsels führen. Darüber hinaus enthalten diese Schriften einige wertvolle poetologische Aussagen Celans über Dichtung und Erinnerung, welche die Unterschiede

---

[1]   Dieser Beitrag ist eine korrigierte Neubearbeitung sowie eine Erweiterung von Fantappiè 2012.

[2]   Vgl. außerdem die folgende Rezension von Theo Bach: „Sie teilen dieselbe Verzweiflung und dieselbe Todesangst. Sie eint eine Freundschaft, die im poetischen Wort ihren Halt und ihre Hoffnung findet. In einem einsamen Kampf versuchen sie gemeinsam, den Horror der Naziverfolgung im Gedicht aufzubewahren und zu überwinden" (Bach 1994, 16). Der Klappentext der Suhrkamp-Ausgabe des Briefwechsels lautet „Ihr [d.i. Celan-Sachs] Briefwechsel ist ein einzigartiges Dokument zweier Seelenverwandter" (Celan und Sachs 1993).

[3]   Vgl. Dinesen 1992, 283-316; Bollack 1994; Wiedemann 2008; Fioretos 2010, 217-222.

zwischen den beiden Lyrikern beleuchten, die trotz unleugbar ähnlicher Biographien die Poesie und ihre Existenz als Überlebende grundlegend verschieden angegangen haben.

Im Celan-Sachs-Briefwechsel sind zwei verschiedene Phasen erkennbar. Die erste erstreckt sich von 1954 (als Celan den Wunsch äußerte, einige Gedichte von Nelly Sachs in der Zeitschrift *Botteghe Oscure* veröffentlichen zu wollen)[4] bis Juli 1960.[5] In dieser Phase wird das Anliegen beider deutlich, eine Begegnung – im Sinne Martin Bubers – zwischen einem ‚Ich' und einem ‚Du' herzustellen: „Ihr Brief war eine der größten Freuden in meinem Leben", schreibt Nelly Sachs am 21. Dezember 1957 (Celan und Sachs 1993, 10). Charakteristisch für die ersten Briefe Celans an Nelly Sachs ist der bewundernde – fast devote – Tonfall: Celan übernimmt sogar einige Stichwörter der Briefe, der Dichtung und der poetologischen Reflexion Nelly Sachs', als wolle er die gemeinsamen spirituellen und kulturellen Wurzeln unterstreichen.

Am 9. Januar 1958 schreibt Nelly Sachs:

> „Es gibt und gab und ist mit jedem Atemzug in mir der Glaube an die Durchschmerzung, an die Durchseelung des Staubes als eine Tätigkeit wozu wir angetreten […] Ich spüre die Energie des Lichtes, die den Stein in Musik aufbrechen läßt".
> (Celan und Sachs 1993, 13)

So antwortet Paul Celan wenige Tage später:

> Viel Herzraum ist verschüttet worden, ja, aber das Erbe der Einsamkeit, von dem Sie sprechen: es wird, weil es Ihre Worte gibt, angetreten, da und dort, im Nächtigen. Falsche Sterne überfliegen uns – gewiß; aber das Staubkorn, durchschmerzt von Ihrer Stimme, beschreibt die unendliche Bahn.[6]
> (Celan-Sachs 1993, 14-15)

In dieser ersten Phase bekundet Celan oft seine Befürchtungen hinsichtlich einer erneuten Verfolgung des jüdischen Volkes und seiner dichterischen Arbeit. Auch wenn Celan dies nicht deutlich zum Ausdruck bringt, so schweigt er dennoch nicht, sondern bedient sich sorgenschwerer Andeutungen:

---

[4]   Die Texte der Nelly Sachs sind 1963 erschienen (vgl. Sachs 1963). Über die Mitarbeit von Celan an *Botteghe Oscure* siehe Pizzingrilli 2007.

[5]   Auch Ruth Dinesen bemerkte in ihrer Biographie über Nelly Sachs einen Wendepunkt im Jahr 1960 (Dinesen 1992, 283-316).

[6]   Dem Brief fügt Nelly Sachs auch einige ihrer Gedichte hinzu: „Siehe Daniel", „Schon schmeckt die Zunge Sand im Brot", „Und du riefst und du riefst", „Das Kind", „Kein Wort birgt den magischen Kuß", „Staubkörner rede ich", „Röchelnde Umwege", „Ach daß man so wenig begreift".

Ich danke Ihnen, ich danke Ihnen von Herzen! Was kann ich sagen? Täglich kommt mir die Gemeinheit ins Haus, täglich, glauben Sie's mir. Was steht uns Juden noch bevor? Und wir haben ein Kind, Nelly Sachs, ein Kind! Sie ahnen nicht, wer alles zu den Niederträchtigen gehört, nein, Nelly Sachs, Sie ahnen es nicht! [...] Soll ich Ihnen Namen nennen? Sie würden erstarren. Es sind solche darunter, die Sie kennen, gut kennen. Sie wissen nicht, wie viel Freundschaft ich diesen Menschen (Menschen?) entgegengebracht habe! [...] Ach, könnte ich in Ihrer Nähe sein, oft, mit Ihnen sprechen! (Celan und Sachs 1993, 29-30)

An anderer Stelle bittet Celan die Freundin nicht nur um Unterstützung, sondern auch um eine kritische Stellungnahme, die der eigenen entspricht und im Übrigen oft auf zeitgenössische Schriftsteller oder Kritiker abzielt. In einem Brief, den Nelly Sachs später, auf Celans Bitte hin, vernichten muss, erhebt er Vorwürfe gegen Alfred Andersch, wahrscheinlich im Zusammenhang mit Claire Golls Plagiatsbezichtigungen. Darauf antwortet Sachs mit vergeblichen Versöhnungsversuchen.[7] Dies ist wohl der erste Moment klarer Unvereinbarkeit zwischen beiden.

Außerdem wird das unterschiedliche Verhältnis zur deutschen Literatur und zur jüdischen Religion deutlich. Nachdem Nelly Sachs *Sprachgitter* gelesen hat, bezeichnet sie Celan als Erben Bachs, Hölderlins und der Chassidim.[8] Wie Jean Bollack anmerkt, sieht Nelly Sachs, Celan zufolge, in ihm „alles, was er niemals hat sein wollen" (Bollack 1994, 120; vgl. auch Bollack 2006, 76).

Bei der Verleihung des Droste-Preises an Nelly Sachs begegnen sich die beiden Dichter in Zürich. Diesen Nachmittag im Mai 1960 ruft Celan in dem berühmten Gedicht „Zürich, Zum Storchen" in Erinnerung.[9] Später besucht Nelly Sachs zusammen mit Eva-Lisa Lennartsson die Familie Celan in Paris.

---

[7] Über jenen Brief von Nelly Sachs schreibt Jean Bollack: „Celans Brief, der sie *durchbohrt* zurückließ, hat sich eben in diesen *ihren* Kontext eingeordnet, in dem sie die Enttäuschung des Im-Stich-gelassen-Werdens erfuhr, einen Bruch, über dem sie krank wurde" (Bollack 1994, 120).

[8] „Paul Celan, lieber Paul Celan – gesegnet von Bach und Hölderlin – gesegnet von den Chassiden" (Celan und Sachs 1993, 25). Vgl. ein Brief Nelly Sachs' an Rudolf Peyer (5. Oktober 1959), in dem die Dichterin Celans *Sprachgitter* beschreibt: „Auch Paul Celans Buch ist ein Buch der Strahlen. Sein Sohar! Ich schrieb es ihm. Mit den kristallenen Buchstabenengeln den durchsichtigen, so wie sie im Buch des Glanzes und der Geheimnisse versammelt sind. Ich kann mich da nur neigen und fühle mich tief mit Tränen und Staub bedeckt davor" (Sachs 1984, 233).

[9] Bei Nelly Sachs finden sich direkte Spuren dieser Unterhaltung u. a. in ihren Briefen der folgenden Tage (vgl. Sachs 1984, 247-250) und in Nelly Sachs' Widmung an Celan in ihrem Buch *Sternverdunkelung*: „Wer weiß welche magische Handlungen sich in den unsichtbaren Räumen vollziehen? / Es gilt Paul es gilt / Nur vielleicht anders als wir glauben. / Nelly // Zürich den 26. 5. 60". Das Buch ist Teil des Celan-Nachlasses im Deutschen Literaturarchiv in Marbach am Neckar (DLA).

Nach ihrer Rückkehr nach Schweden erleidet sie bekanntlich eine schwere psychische Krise, von der sie sich nie vollständig erholen wird.

Im Juli 1960 nimmt der Schriftverkehr plötzlich eine radikale und scheinbar unerklärliche Wende. Der Briefwechsel verliert seinen ursprünglichen, dialogischen Charakter und wird immer lapidarer, vor allem von Seiten Celans.[10] Darüber hinaus verschwindet aus seinen Briefen jegliche Anspielung auf die eigenen Befürchtungen. Hier beginnt die zweite Phase des Schriftverkehrs, der bis zum Tode Celans seinen einseitigen Charakter bewahren wird.

Der Übergang von der ersten in die zweite Phase ist abrupt und augenfällig. In seinem Brief vom 1. Juli 1960 schreibt Celan, dass in dieser Zeit „Deutlichkeit nicht als Gesetz gilt" und „viele vom Wort abfallen" (Celan und Sachs 1993, 48); schon am 20. desselben Monats schickt er Nelly Sachs einen durch und durch ermutigenden Brief: „Es sind so viele freundliche Herzen und Hände um uns, Nelly! Sieh, bitte, wie nah sie sind!" (Celan und Sachs 1993, 51).

Was war vorgefallen? Nur zwei Tage zuvor, am 18. Juli, bekam Celan den ersten Brief von Inge Waern. Als deutsch-jüdische, in Schweden lebende Schauspielerin hatte Inge Waern in den fünfziger Jahren einige Gedichte von Nelly Sachs im Rundfunk vorgelesen und dabei mit der Dichterin Freundschaft geschlossen. Später übersetzte sie Nelly Sachs' theatralisches Werk *Der magische Tänzer* ins Schwedische und inszenierte es zusammen mit ihrem Ensemble (vgl. hierzu Dinesen 2008). Inge Waern war zu dieser Zeit das einzige Verbindungsglied zwischen Paul Celan und Nelly Sachs. Mehrmals überbrachte sie Nachrichten an Celan, die von Nelly Sachs stammten und für ihn bestimmt waren. Der Brief, den Inge Waern am 18. Juli 1960 an Celan schreibt, deutet einen Zusammenhang zwischen dem Besuch von Nelly Sachs bei Celan und ihrer darauf folgenden psychischen Krise an:

> Nun will ich rasch versuchen zu erklären warum gerade Sie jetzt so wichtig sind. Nelly betrachtet den Aufenthalt in Paris als Höhepunkt ihrer Reise und sieht in Ihnen einen Auserwählten und strengen Richter. [...] Sie hat sich ein Weltbild erschaffen aus dem sie Nahrung nimmt und ich glaube nicht daß man sie daraus herausziehen darf, sie zerbricht sonst. Vieles, was Menschen wie uns Kraft und warum nicht auch Härte verlieh hat Nelly nicht erfahren, daher sind auch unsere Erlebnisse nicht übertragbar. Nelly hat eine nur für sie eigene Stärke die man ihr

---

[10] In dieser zweiten Phase wird Celan von Nelly Sachs oft darum gebeten, ihr häufiger zu schreiben: „Wollen Sie mich nur mit einem Paar Worten wissen lassen wie es Ihnen geht? Ob Sie dieser Brief erreicht hat? Meine Unruhe ist groß!" (Celan und Sachs 1993, 17); „[...] bin unruhig, Sie in dieser Nachtzeit mit schweflingen Erhellungen zu wissen – in Trauer versunken – möchte nur ein Wort von Ihnen hören" (Celan und Sachs 1993, 29); „Bitte schreibe expreß ich sorge mich so" (Celan und Sachs 1993, 55); „[...] habe solange auf Nachricht gewartet - [...] Hatte solche Angst um Euch daß ich die vielen Depeschen sandte" (Celan und Sachs 1993, 66).

nicht nehmen darf. Lieber Paul Celan, ich bin kein pathetischer Mensch aber es geht jetzt um alles.[11]

In anderen Briefen, die Celan von Personen bekommt, die Nelly Sachs nahe stehen, finden sich ähnliche Aussagen. Nur wenige Wochen später schreibt ihm Gudrun Dähnert aus Stockholm, wo sie Nelly Sachs besucht hatte: „Jedes Ihrer Worte wird von großer Bedeutung sein. Sie tragen eine große Verantwortung mit sich".[12]

In seinem Antwortschreiben an Inge Waern (20. Juli 1960) weist Celan jeglichen Zusammenhang zwischen seinen Worten und Sachs' Nervenkrise weit von sich und verweist auf die Unauflösbarkeit der Beziehung zwischen Dichter und Dichtung:

> Dichtung, wirkliche Dichtung – also nicht diese oder jene „Lyrik" – hat immer etwas schicksalhaftes; die Dinge, die sie nennt, sind <u>da</u>, sie kommen, sie sind unterwegs. In diesem Sinne ist wirkliche Dichtung auch immer <u>offen</u> […]. Derjenige, der Gedichte schreibt, weiß um dieses Geöffnetsein: er muß hier hindurch, mit seinem Leben, ob er will oder nicht.[13]

Der Briefwechsel Celan-Waern ist nicht nur ein biographisches Zeugnis; er ist auch ein Raum, in dem Celan über die Erinnerung und das Verhältnis zwischen Poesie und Erfahrung nachdenkt. Er enthält schmerzliche Reflexionen, die sich der Lyriker nur deshalb so deutlich erlauben kann, weil er sie Nelly Sachs gewissermaßen durch einen Filter zukommen lässt. Die Tatsache, dass ihm sein Gegenüber, nämlich Inge Waern, größtenteils fremd ist, stellt die Basis für einen Austausch dar, der frei von versteckten Anspielungen und selbst auferlegter Zensur ist, die den Briefwechsel mit Nelly Sachs so sehr prägen. In dem selben Brief vom 20. Juli schreibt Celan: „Sehen Sie, liebe Inge Waern: ich halte Erlebnisse letzten Endes doch für übertragbar".[14] Celan nimmt Inge Waerns Worte als eine Infragestellung seines dichterischen Werks wahr. Seine Reaktion ist die Verteidigung des Bedürfnisses, Zeugnis abzulegen über „das, was geschah"; die Notwendigkeit, durch Sprache seinen Erlebnissen eine Stimme zu verleihen, selbst wenn man dadurch den hinter sich gelassenen Schmerz noch

---

[11] Inge Waern an Paul Celan, 18. Juli 1960. Der Brief ist Teil des Celan-Nachlasses (D: Celan/Sachs), im Deutschen Literaturarchiv in Marbach am Neckar. Zu allen Zitaten aus den Briefwechseln Celan-Waern, Celan-Lennartsson und Celan-Dähnert vgl. auch Fantappiè 2012.

[12] Gudrun Dähnert an Paul Celan, 29. August 1960. DLA, Marbach am Neckar. Celan-Nachlass (D: Celan/Sachs).

[13] Paul Celan an Inge Waern, 20. Juli 1960. DLA, Marbach am Neckar. Celan-Nachlass (D: Celan/Sachs). Die Unterstreichungen sind von Paul Celan.

[14] Paul Celan an Inge Waern, 20. Juli 1960. DLA, Marbach am Neckar. Celan-Nachlass (D: Celan/Sachs).

einmal durchleben muss. Dies nämlich, so glaubt er, ist eben das, was Nelly Sachs widerfährt, denn am 9. August schreibt er an Inge Waern:

> Was Nelly jetzt begegnet, ist, glaube ich, keineswegs als etwas durch irgendwelche „Eingriffe" wieder aus ihrem Leben Entfernbares zu denken; es ist, in gesteigerter Form, die Aktualisierung einer Wirklichkeit, mit der sie Jahre und Jahre hindurch gelebt hat, zusammen mit ihrer Mutter und – unterschätzen Sie das bitte nicht! – zusammen mit ihren Gedichten. [...] Verstehen Sie mich, bitte, recht: nicht daß ich nicht an ärztliche Hilfe glaubte, im Gegenteil; nur glaube ich, daß nur dann wirklich geholfen werden kann, wenn man den Zustand, in dem Nelly sich befindet, als etwas zu ihr und nur zu ihr – als Person – Gehörendes ansieht und nicht als diese oder jene „geistige Krankheit".[15]

In der Antwort hierauf hält Inge Waern ihm vor, eine „typische Paranoia" unter literarischen Aspekten analysieren zu wollen: „Und nochmals: Die Krankheit bei Nelly vollzieht sich nicht in Visionen oder im Ahnungsvollen wie z.B. bei Hölderlin oder Nietzsche, es ist keine Steigerung im Anschluß an ihre Phantasie".[16] Im September 1960 besucht Celan Nelly Sachs in der Psychiatrischen Klinik von Stockholm; es sollte das letzte Mal sein, dass er sie sieht.

2 „Die Schleuse"

Wie sehr sich der Celan-Waern-Briefwechsel[17] auf das Verhältnis zwischen Celan und Sachs auswirkte, ist offensichtlich. „Lieber Bruder, lieber Paul Celan"

---

[15] Paul Celan an Inge Waern, 9. August 1960. DLA, Marbach am Neckar. Celan-Nachlass (D: Celan/Sachs). Die Unterstreichung ist von Paul Celan.

[16] Inge Waern an Paul Celan, 11. August 1960. DLA, Marbach am Neckar. Celan-Nachlass (D: Celan/Sachs).

[17] Nach dem Sommer 1960 wird der Briefwechsel zwischen Celan und Waern noch fortgeführt, aber er hat nicht mehr Nelly Sachs zum zentralen Thema. Die Briefe, die bis zum Jahr 1965 reichen und in der Kungliga Biblioteket in Stockholm liegen, erzählen von einer Liebesgeschichte, sind aber auch aus literaturwissenschaftlicher Perspektive nicht uninteressant. Am 7./8. September 1963 fügt Celan seinem Brief an Inge Waern das Gedicht „Wenn Du im Bett" hinzu; am 2. August 1964 „Hafen", am 6. August 1964 „Schwarz" und am 29. August 1964 „In Prag" (vgl. auch Fioretos 2010, 242-246). Sowohl die Abschrift von „Hafen" als auch von „In Prag" tragen Widmungen, die explizit auf einen mit Inge Waern verbundenen biographischen Hintergrund verweisen. Derartige biographische Elemente tragen aber zu der Interpretation der Texte nur insofern bei, als sie den Kontext – bzw. einen der vielen Kontexte – der Gedichte herausarbeiten; Peter Szondi (1972, 83-92) und andere (u.a. Porena 2007, Ranchetti 2007) haben bereits auf die Grenzen (und möglichen Gefahren) des biographisch ausgerichteten Deutungsverfahrens in Bezug auf die Lyrik Celans hingewiesen.

(Celan und Sachs 1993, 27) – so der Anfang eines Briefes von Sachs im Jahre 1959. „Nelly Sachs, der Schwester" lautet die Widmung, die Celan ihr in der Sammlung seiner Mandelstam-Übersetzungen zudachte.[18] Aus Celans Perspektive wird die „Schwester" die Rolle des ‚Du' – des Gegenübers – jedoch nicht mehr einnehmen.

Spuren davon sind in einigen Gedichten dieser Zeit zu finden. „Die Schleuse" (aus der Sammlung *Die Niemandsrose*, 1963) wurde als „Gedicht für Nelly Sachs" (Neumann 1992, 27-38) bezeichnet,[19] weil es sowohl auf sprachlicher als auch auf inhaltlicher Ebene einige Spuren zu Nelly Sachs aufweist. Im ersten und zweiten Entwurf des Gedichts lautet der Titel „Stockholm, Linnégatan tolv"; es ist die Adresse einer Wohnung, die Inge Waern gemietet hatte, und wo Celan einen Teil seines Aufenthalts in Stockholm verbrachte (vgl. Fioretos 2010, 241). Auch im endgültigen Titel kann man einen Hinweis auf Nelly Sachs' Stadt finden: In Stockholm, an der Mündung des Mälarsees in die Saltsjön (die Ostsee), befindet sich *Slussen,* die Schleuse.

Diese Verse wurden oft als Zeichen der „schmerzlichen Solidarität" (Felstiner 1997, 214)[20] zwischen den beiden Dichtern angesehen. In dem Text werden aber auch die enttäuschten Erwartungen Celans bezüglich Nelly Sachs augenscheinlich. Celan spricht von Verlust. Gegenstand des Verlusts ist zunächst das Wort „Schwester", mit dem Celan Nelly Sachs anredete. Nun hat sich gezeigt, dass dieses Wort ein „Tausendwort" ist; wie Fioretos behauptet, musste Celan in Stockholm erkennen, dass er „kein einzigartiger ‚Bruder'" ist, weil viele „zur Schar der Brüder gehörten" (Fioretos 2010, 243). Auch das Wort „*Kaddisch*", das hebräische Gebet für die Toten, ist wegen der Missachtung seiner Einzigartigkeit „an die Vielgötterei" verloren gegangen. Nur ein Wort bleibt: „*Jiskor*", das Gebet der Waisen. „*Kaddisch*" ist das Gebet, das den öffentlichen Schmerz einer ganzen Gemeinde ausdrückt. „*Jiskor*" dagegen ist ein stilles Gebet, das den individuellen Schmerz äußert. Was von der „Schleuse" gerettet wurde, ist nur das stille Einvernehmen zwischen zwei Individuen, die einen Verlust erlitten haben.

DIE SCHLEUSE

Über aller dieser deiner
Trauer: kein
zweiter Himmel.

. . . .

---

[18]   Das Buch liegt im DLA, Marbach am Neckar (Celan-Nachlass).

[19]   Das Gedicht wurde oft auch mit der Begegnung zwischen Celan und Martin Buber (Paris, 13. September 1960) in Verbindung gebracht (vgl. Celan 2003, 13); die beiden Deutungen schließen sich aber nicht aus.

[20]   Eine ähnliche Lesart bietet auch Neumann (1992, 27-38).

An einem Mund,
dem es ein Tausendwort war,
verlor –
verlor ich ein Wort,
das mir verblieben war:
Schwester.

An
die Vielgötterei
verlor ich ein Wort, das mich suchte:
Kaddisch.

Durch
die Schleuse mußt ich,
das Wort in die Salzflut zurück-
und hinaus- und hinüberzuretten:
Jiskor.
(Celan 2003, 131)

In den folgenden Jahren erklärt sich die Zurückhaltung Celans auch durch die Gefahr der Instrumentalisierung von Nelly Sachs als Versöhnungsfigur.[21] Im Celan-Nachlass des DLA befindet sich ein Zeitungsartikel von Walter Jens über die Nobelpreis-Verleihung an Nelly Sachs. Celan hatte den Artikel ausgeschnitten, teilweise unterstrichen und neben die nun folgenden Sätze zwei Ausrufezeichen gesetzt – ein klares Zeichen von Irritation, die Celan angesichts der Worte von Walter Jens befällt:

> Ich danke Ihnen, Nelly Sachs, und ich danke der Schwedischen Akademie. Sie haben die Blicke wieder auf jene Symbiose gerichtet, die deutsch-jüdische Verschwisterung im Geist, der die Welt so viel verdankt. Sie begann, als ein Mann namens Moses Mendelssohn um Einlass bittend an die Tore Berlins pochte – dafür, daß sie nicht endet, bürgen diese Gedichte, die dazu beitrugen, mit den Opfern auch die deutsche Sprache zu bewahren und sie, die Goethes Sprache, aber nicht die Sprache Hitlers ist, vor der Finsternis des Verstummens zu retten.[22]
> (Jens 1967, 17)

Ab Sommer 1960 übt Celan strenge Zurückhaltung in seinen Briefen. Einige Jahre später berichtet er Eva-Lisa Lennartsson, dass er Nelly Sachs seit ihrer Krankheit nichts mehr über die Dinge geschrieben hat, mit denen er seit zwei

[21] Vgl. auch Fioretos 2010, 245: "Die deutschen Institutionen verbargen ihr schlechtes Gewissen, indem sie eine Dichterin priesen, die Königin oder Prophetin genannt wurde, auch wenn es gute Gründe gab zu glauben, daß man ihre Dichtung nicht beim Wort nahm".

[22] Die Unterstreichung ist von Paul Celan.

Jahren zu tun hatte.[23] Aus den Briefwechseln dieser Zeit geht hervor, dass Celan in anderen Frauen – wie etwa Margarete Susman – die Figur der Schwester suchen und auch finden wird.[24]

3 Der Meridian

Einige Aussagen, die Celan in seinen Briefen an Waern zur Sprache bringt, beweisen, wie der Umgang mit Nelly Sachs – sowohl als Dichterin als auch als Mensch – die wichtigste poetologische Schrift Celans, die *Meridian*-Rede, beeinflusste. Es ist nämlich nicht nur der Titel, der bekanntlich aus einem Brief von Nelly Sachs stammt („Zwischen Paris und Stockholm läuft der Meridian des Schmerzes und des Trostes", Celan und Sachs 1993, 25), den Celan der Dichterin schuldet. Die berühmte Rede, die Celan anlässlich der Büchner-Preis-Verleihung in Darmstadt hielt, wurde September/Oktober 1960 verfasst, das heißt, in direktem Anschluss an den Briefwechsel mit Waern. Zwischen jenen Briefen über Nelly Sachs und der *Meridian*-Rede besteht aber nicht nur ein chronologischer Zusammenhang, sondern auch – und vor allem – ein inhaltlicher.

> Es behauptet sich – erlauben Sie mir, nach so vielen extremen Formulierungen, nun auch diese –, das Gedicht behauptet sich am Rande seiner selbst; er ruft und holt sich, um bestehen zu können, unausgesetzt aus seinem Schon-nicht-mehr in sein Immer-noch zurück.
>
> Dieses Immer-noch kann doch wohl nur ein Sprechen sein. Also nicht Sprache schlechthin und vermutlich auch nicht erst vom Wort her „Entsprechung".
>
> Sondern aktualisierte Sprache, freigesetzt unter dem Zeichen einer zwar radikalen, aber gleichzeitig auch der ihr von der Sprache gezogenen Grenzen, der ihr von der Sprache erschlossenen Möglichkeiten eingedenk bleibenden Individuation.
>
> Dieses Immer-noch des Gedichts kann ja wohl nur in dem Gedicht dessen zu finden sein, der nicht vergißt, daß er unter dem Neigungswinkel seines Daseins, dem Neigungswinkel seiner Kreatürlichkeit spricht.
>
> Dann wäre das Gedicht – deutlicher als noch bisher – gestaltgewordene Sprache eines Einzelnen, – und seinem innersten Wesen nach Gegenwart und Präsenz.
>
> Das Gedicht ist einsam. Es ist einsam und unterwegs. Wer es schreibt, bleibt ihm mitgegeben.
>
> (Celan 1999, 8-9)

---

[23] Vgl. Paul Celan an Eva-Lisa Lennartsson, 2. Februar 1962. DLA, Marbach am Neckar. Celan-Nachlass (D: Celan/Sachs).

[24] Vgl. der Briefwechsel zwischen Celan und Margarete Susman. „Was Sie, verehrte Margarete Susman, geschrieben haben und noch schreiben, zählt für mich zu jenen einmaligen Begegnungen, aus denen man lebt. Lassen Sie mich Ihnen sagen, daß Sie für mich eine Instanz sind, ein Mensch, zu dessen Gestalt und Wort ich aufblicke, – ein *jüdischer* Mensch" (Celan und Susman 2003, 42).

Die inhaltliche Ähnlichkeit zu den Briefen an Waern über Nelly Sachs ist nicht zu übersehen, was übrigens auch das Wiederauftauchen einiger Wörter bestätigt. Im *Meridian* ist von „aktualisierter Sprache", „offenbleibenden", „das Gedicht [...] ist unterwegs" die Rede, in den Briefen spricht Celan von „Aktualisierung einer Wirklichkeit", „Geöffnetsein", „die Dinge, die sie [d.i. die Dichtung] nennt [...] sind unterwegs".

Dichtung, behauptet Celan in seiner Rede, entstehe nicht aus einer Sprache der „Entsprechung", sondern aus einer aktualisierten Sprache, die einem Prozess von „Individuation" unterzogen worden sei. Das „Immer-noch" des Gedichts – die Gelegenheit des Gedichts, „bestehen zu können" – könne nur in dem Gedicht dessen zu finden sein, der „nicht vergißt, daß er unter dem Neigungswinkel seines Daseins [...] spricht".

In den Briefen an Waern hat Celan die „Aktualisierung der Wirklichkeit" erwähnt, die zu Nelly Sachs als Person gehört. Sie schreibt unter dem Einfluss dessen, was sie gelebt hat und lebt – „unter dem Neigungswinkel ihres Daseins". Sie bleibt „dem Gedicht mitgegeben". Deswegen bestärken ihre Dichtungen Celan in seiner Meinung, dass Erlebnisse letzten Endes doch übertragbar seien. „Derjenige, der Gedichte schreibt, weiß um dieses Geöffnetsein": Der Dichter – und auch Nelly Sachs – muss gegenüber dem Aktualisierungsprozess der eigenen Wirklichkeit offen bleiben, welcher vom „Schon-nicht-mehr" bis zum „Immer-noch" des Gedichtes führt.

Der in den Briefen an Waern thematisierte Umgang mit Nelly Sachs – als Dichterin, die „unter dem Neigungswinkel ihres Daseins" spricht –, hat Celan zu einigen seiner zentralsten Reflexionen verleitet (oder sogar gezwungen), die er wenige Wochen später in seiner bekanntesten Rede zum Ausdruck bringen wird. Darüber hinaus ist zu bemerken, dass Celans Überlegungen mit einigen poetologischen Aussagen von Nelly Sachs in Einklang stehen, insbesondere mit der Rede, welche die Dichterin 1960 in Meersburg anlässlich der bereits erwähnten Droste-Preis-Verleihung hielt.

In der Rede „Wir alle sind Betroffene" (IV, 80-81) thematisiert Sachs das ‚Ohne-Sprache-Sein', wenn die Sprache selbst „im Schrecken" flieht. Jedoch kann – und muss – ein solcher Zustand überwunden werden. Die „ungeheure Aufgabe" des Menschen („diesen Stern zu durchschmerzen – zu durchlieben –, bis er durchsichtig wird") wird vom „Wort" bewältigt, sei es von „unserem gesagten oder ungesagten". Das „unsichtbare[s] Universum" soll, Sachs zufolge, „lesbar" gemacht werden, wenn auch nur für ein „göttliches Auge". Somit weist Sachs sowohl auf die Notwendigkeit als auch auf die Gelegenheit hin, dass – um mit Celan zu sprechen – „Erlebnisse letzten Endes doch übertragbar"[25] seien bzw. werden können.

---

[25] Vgl. den bereits zitierten Brief von Paul Celan an Inge Waern, 20. Juli 1960. DLA, Marbach am Neckar. Celan-Nachlass (D: Celan/Sachs).

Sachs' Auffassung der „Mission" des Dichters kommt auch in ihren Briefen zum Ausdruck: „Wer leidet und wer liebt, muß sich überlassen können bis zum letzten Atemzug, den Staub zu durchseelen ist eine Mission – das Wort zu finden – Gnade" (Sachs 1984, 127) – eine Vorstellung, die Celans Verständnis vom Dichter als jemandem, der dem Gedicht „mitgegeben [...] bleibt" (Celan 1999, 8-9) und der „mit seinem Leben" durch das „Geöffnetsein" des Gedichts „hindurch" (Celan 1999, 8-9) muss, nicht ganz unähnlich ist.

Celan hat Sachs' poetologische Ansichten nicht nur gekannt und verstanden, sondern auch teilweise geteilt. Gerade in Bezug auf das Verhältnis zwischen Dichtung, Erfahrung und Erinnerung sind jedoch einige wesentliche Unterschiede zwischen den beiden Dichtern zu erkennen. Durch die Erinnerung sieht Celan die Vergangenheit in die Gegenwart strömen. Das Erinnern ist eine Bewegung, es ist also nicht die Darstellung einer abgeschlossenen Vergangenheit, sondern eine Bedingung der Gegenwart. Dies bedeutet nicht, dass Celan die Zeit als nicht-historisch wahrnimmt, im Gegenteil: Die Ausdehnung der Ereignisse auf dem historischen Zeitstrahl Vergangenheit-Gegenwart-Zukunft stellt für Celan den fundamentalen Ausgangsgedanken für deren Existenz dar. Dieser Zeitstrahl verläuft jedoch ohne ein *telos,* einen bestimmten Endzweck. Aus Celans Warte heraus weist die Geschichte keine Einheit auf, in der die Ereignisse durch ihre wechselseitigen Beziehungen einen Sinn hätten. Die anti-teleologische Geschichtsvorstellung wird von Celan durch den Versuch ausgedrückt, sich einer radikal neuen poetischen Sprache zu bedienen.

Die Vorstellung einer „Aktualisierung der Wirklichkeit" ist auch Nelly Sachs nicht fremd, wenngleich dieser Begriff bei ihrer Dichtung mit einem ganz anderen Verständnis von Geschichte zusammenhängt. Im Gegensatz zu Celan ist Geschichte für Nelly Sachs ein zusammenhängendes Ganzes, das ein *telos* hat. Die Weltgeschichte umfasst jede menschliche Handlung – sie ist ein Lauf, dessen Anfang mit dem Ende übereinstimmt. „So weiter zur Quelle" (Sachs 1965, 146), schreibt sie: das Ende ist ein ‚Zurück-zum-Ursprung-Kommen'.

In dieser Darstellung der Geschichte können unterschiedliche Zeitebenen auch übereinanderliegen, sich ineinander verkeilen und somit die Distanz, die sie voneinander trennt, überwinden. Sogar ein Ereignis, das so ‚anders' ist wie der Holocaust, hat einen – wenn auch besonderen – Platz innerhalb der Geschichte. Der augenscheinlichste Beweis dafür ist die Verwendung romantischer oder biblischer Metaphern. Wenn sich Nelly Sachs in Bezug auf den Holocaust einer Sprache und Metrik bedient, die literarisch oder geschichtlich konnotiert sind, so integriert sie dieses Ereignis in den Lauf der Weltgeschichte; sie macht es – auf eine gewisse Art – „lesbar" (IV, 80-81), wenn auch nicht akzeptierbar.

Sachs' Umgang mit der Geschichte ist jedoch ambivalent und besitzt ein starkes Erkenntnispotenzial. Gerade weil sich in ihren Texten die Distanz zwischen unterschiedlichen Zeitebenen aufzulösen scheint, wird paradoxerweise jene Distanz explizit hervorgehoben, derer sich der Leser bewusst werden soll.

So bedeutet auch der Versuch von Nelly Sachs, den Holocaust „lesbar" zu machen, dass die Einzigartigkeit jenes Ereignisses ins Bewusstsein gehoben wird – was wiederum nichts anderes als ein „lesbar"-Machen ist.

4 „Dieses Schmerzes Aug"

In einem Briefentwurf des Jahres 1964, den Celan Nelly Sachs nur in einer zensierten Version schicken wird, findet sich eine Aussage, die meiner Meinung nach als paradigmatisch für den ganzen Celan-Sachs-Briefwechsel stehen könnte: „Es ist viel Schmerz in mir, Nelly, und das Aug, das Deine Gedichte liest, ist dieses Schmerzes Aug. Schmerz dankt Dir, Schmerz grüßt Dich. Paul."[26]

Da ein Dialog unmöglich geworden ist, bleibt nur noch die gemeinsame Erinnerung an den Schmerz – einen Schmerz, welcher auch in Nelly Sachs' poetologischen Vorstellungen eine wichtige Rolle spielt, insbesondere als Teil des mystisch konnotierten Begriffs „Durchschmerzen".[27] Allerdings bringt Celan hier den Schmerz mit dem Streben nach Wissen und Verstehen in Verbindung („Das Aug, das Deine Gedichte liest, ist dieses Schmerzes Aug"). Die Augenmetaphorik verfügt in Celans Werk über ein breites Spektrum, doch eine Konnotation bleibt immer konstant: Das Auge gilt als Zeichen der Untrennbarkeit zwischen dem Sehen und dem Versuch des Verstehens – eine Untrennbarkeit, die in der Dichtung Celans oft als selbstreflexive Metapher für die Poesie auftaucht.

In einem Brief Celans an Eva-Lisa Lennartsson (2. Februar 1962) findet sich ein ähnlicher Begriff. Celan erinnert an den Moment, als sie gemeinsam mit Nelly Sachs Heines Grab in Paris besuchten. Er sei schon einmal alleine hier gewesen, erzählt er, und zwar im Juli 1939, kurz bevor er nach Hause zurückgekehrt sei. Damals hatte er Heines Verse „Denk ich an Deutschland in

---

[26] Paul Celan an Nelly Sachs, 24. Dezember 1964. Briefentwurf. DLA, Marbach am Neckar. Celan-Nachlass (D: Celan/Sachs).

[27] Der Begriff „Durchschmerzen" wird in dem bereits zitierten Brief an Celan vom 9. Januar 1958 (Celan und Sachs 1993, 13) und in der Meersburger Rede (IV, 80) erwähnt, er taucht aber auch in mehreren anderen Schriften bzw. Briefen von Nelly Sachs auf. Vgl. u.a. folgende Stellen: „Ich glaube an die Durchschmerzung, an die Durchseelung des Staubes als an eine Tätigkeit wozu wir angetreten. Ich glaube an ein unsichtbares Universum, darin wir unser dunkel Vollbrachtes einzeichnen" (Sachs 1984, 181); „Es sei unsere Mission auf Erden diesen Staub zu durchschmerzen, zu durchleuchten, unser dunkel Vollbrachtes wird in einem unsichtbaren Universum eingetragen, ob gut, ob böse. Was wissen wir – wandern alle in Geheimnisse" (Sachs 1984, 207); „Leben und Atmen, den Alltag tun, das ganze Dasein mit Tanz und Spiel und hin zur Spitze des äußersten Leidens, alles scheint mir Eines: diesen Staub zu durchwirken, zu durchschmerzen, zu durchklären" (Sachs 1998, 18).

der Nacht / so bin ich um den Schlaf gebracht" auf ein Blatt Papier geschrieben und neben den Grabstein gelegt. Celan schließt: „Ich weiß jetzt, auf mehr als nur diese eine – deutsche – Weise, was Schlaflosigkeit ist, wie sehr [...] Dichtung dies ist: Vigilie".[28]

Vigilie ist das Auge, das jederzeit offen bleibt, auch wenn es das Grauen der historischen Wirklichkeit vor sich hat. Wie so oft stützt sich Celan auf die Etymologie des Wortes: *Vigilia* steht im Lateinischen für den Wachzustand, das Augen-Offenhalten; die Schlaflosigkeit, die Unfähigkeit, die Augen zu schließen; der Posten, der wacht und bei Gefahr ruft; der unermüdliche Eifer, die Sorgsamkeit.

Dichtung ist Vigilie. „In diesem Sinne haben auch die Lippen des Dichters, wie die Dantons, Augen. (Was nicht als Metapher, sondern als Wissen und Sehen zu verstehen ist.!!)" (Celan 1999, 128). Das Auge wird sowohl mit dem Sprechen (mit dem Wort, mit der Poesie), als auch mit dem Sehen (dem Verstehen) in Verbindung gebracht. Für Celan ist die Poesie das Auge, das der Wirklichkeit auf den Grund geht.

Auch in Nelly Sachs' Lyrik ist das Auge[29] poetologisches Symbol, allerdings ist es grundsätzlich anders konnotiert. In dem letzten Gedicht des Zyklus, das Nelly Sachs Celan zur Veröffentlichung in *Botteghe Oscure* schickte, taucht ein scheinbar ähnliches Bild auf. Die Lyrikerin bittet ihre Augen, offen zu bleiben – dies allerdings nicht, um, wie Celan, einen aktiven Versuch zum Verständnis der Geschichte mit all ihren grausamen Seiten zu unternehmen, sondern um auf eine „Ruhe" zu warten, die sicherlich auch kommen wird. Es ist der transzendente Blick, der Nelly Sachs' von Paul Celans Dichtkunst unterscheidet. Die religiöse Dimension in den Texten der Dichterin ermöglicht es, dass die Augen offen bleiben, um ins Jenseits der Wirklichkeit zu schauen:

> und ich sage zu meinen Augen:
> bleibt offen und wartet
> denn der Horizontenring birgt auch für euch
> die goldene Zeugung der Sehnsucht
> – Ruhe –
> (Sachs 1963, 375; II, 116-117)

Folglich darf die ‚Lesbarkeit' des Holocaust – was die Poesie intendiert – nicht zwangsläufig immanent sein (wie bei Celan), sondern kann auch, wie Sachs in

---

[28]   Paul Celan an Eva-Lisa Lennartsson, 2. Februar 1962. DLA, Marbach am Neckar. Celan-Nachlass (D: Celan/Sachs).

[29]   Das Auge kann für Sachs auch der Ort des ‚Aufgerissen-Werdens' sein. Sie schreibt Celan: „Ihr Brief traf mein Herz. Auch mir wurde während des letzten Sommers das Augenlid hochgehoben, die ich so scheu vor Blitzen bin" (Celan und Sachs 1993, 25). Eine Kraft von außen hebt das Lid der Dichterin, die diesen Akt der Gewalt erfährt: Sie sieht gegen ihren Willen.

der Meersburger Rede festhielt, für ein „göttliches Auge" (IV, 80) bestimmt sein. Beide Dichter versuchen, „das, was geschah", lesbar zu machen, allerding für ein jeweils unterschiedliches Auge: bei Celan ist jenes kritisch und immanent, bei Sachs ist es göttlich und transzendent.

In dem zitierten, doch nicht versandten Brief an Nelly Sachs spricht Celan des „Schmerzes Aug". Das Binomium ‚Aug – Schmerz' kam bereits als signifikantes Element in einem Gedicht vor, das Celan 1958 für Sachs abgeschrieben hatte: „Ein Auge, offen", aus *Sprachgitter*, 1959 (auch Ruth Dinesen erwähnte es bereits im Zusammenhang mit Nelly Sachs – Dinesen 1992, 288-289):

EIN AUGE, OFFEN

Stunden, maifarben, kühl.
Das nicht mehr zu Nennende, heiß,
hörbar im Mund.

Niemandes Stimme, wieder.

Schmerzende Augapfeltiefe:
das Lid
steht nicht im Wege, die Wimper
zählt nicht, was eintritt.

Die Träne, halb,
die schärfere Linse, beweglich,
holt dir die Bilder.
(Celan 2003, 109)

Das Auge sieht durch den Schmerz, durch „die Träne", die eine „schärfere Linse" ist. „Die Träne [...] holt dir die Bilder". Aber „die Wimper / zählt nicht, was eintritt": Das Auge bleibt der Wirklichkeit gegenüber geöffnet und versucht, alles bis auf den Grund zu verstehen.

Celan liest Sachs' Gedichte durch sein „Schmerzes Aug". Der Schmerz, die „schärfere Linse", wodurch die vergangenen Erfahrungen deutlicher gesehen werden, lässt eine Gemeinsamkeit zwischen den beiden Dichtern entstehen. Doch diese gemeinsame Trauer kann die Unterschiede zwischen Celan und Sachs nicht beheben und sollte nicht mit „Seelenverwandtschaft" verwechselt werden, denn sie ist ein Charakteristikum des „Auges". Sie steht in enger Verbindung mit dem Streben nach dem Verstehen des ‚Du'. Das birgt Risiken eines Missverständnisses, vor allem aber erfordet es Mut, denn es besteht die Möglichkeit, dass sich die Begegnung mit dem Anderen, dem man sich nähert –

Celan zufolge –, „in der Wahrheit [...] als ein Schweigen manifestiert" (Celan 1999, 128).[30]

Bibliographie

Bach, Theo. „Meridian des Schmerzes. Der Briefwechsel von Nelly Sachs und Paul Celan: Lyrik unter Freunden". *die tageszeitung* (15. März 1994): 16-17.

Bahr, Erhard. „Paul Celan und Nelly Sachs: Ein Dialog in Gedichten". *Datum und Zitat bei Paul Celan, Akten des internationalen Paul Celan-Colloquiums, Haifa 1986*, hg. von Chaim Shoham und Bern Witte. Bern: Peter Lang 1987. 183-194.

Bollack, Jean. „Paul Celan und Nelly Sachs. Geschichte eines Kampfs". Üb. Barbara Heber-Schärer. *Neue Rundschau*, 105.4 (1994): 119-134. Originalausgabe: „Histoire d'une lutte (Celan et Nelly Sachs)". *Lignes,* 21 (1994): 205-220.

Bollack, Jean. *Dichtung wider Dichtung. Paul Celan und die Literatur*, hg. von Werner Wögerbauer. Üb. Werner Wögerbauer et al. Göttingen: Wallstein, 2006. Originalausgabe: *Poésie contre poésie. Paul Celan et la littérature.* Paris: Presses Universitaires de France, 2001.

Celan, Paul. *Der Meridian. Endfassung, Vorstufen, Materialien.* Tübinger Ausgabe, hg. von Bernhard Böschenstein und Heino Schmull, u. M. von Michael Schwarzkopf und Christiane Wittkop. Frankfurt am Main: Suhrkamp, 1999.

Celan, Paul. *Die Gedichte. Kommentierte Gesamtausgabe in einem Band*, hg. von Barbara Wiedemann. Frankfurt am Main: Suhrkamp, 2003.

Celan, Paul und Sachs, Nelly. *Briefwechsel,* hg. von Barbara Wiedemann. Frankfurt am Main: Suhrkamp, 1993.

Celan, Paul und Susman, Margarete. „Der Briefwechsel aus den Jahren 1963-1965", hg. von Lydia Koelle. *Celan Jahrbuch* 8 (2003): 33-68.

Dinesen, Ruth. *Nelly Sachs. Eine Biographie.* Frankfurt am Main: Suhrkamp, 1992.

Dinesen, Ruth. „,Den magiske Dansaren': Inge Waerns Inszenierung des *Magischen Tänzers* in Stockholm 1980/81". *„Lichtersprache aus den Rissen". Nelly Sachs – Werk und Wirkung*, hg. von Ariane Huml. Göttingen: Wallstein, 2008. 28-298.

Fantappiè, Irene. „Nelly Sachs, Paul Celan, Inge Waern. Aktualisierung und Gedächtnis". *Weibliche jüdische Stimmen deutscher Lyrik aus der Zeit von Verfolgung und Exil,* hg. von Walter Busch und Chiara Conterno. Würzburg: Königshausen & Neumann, 2012. 180-199.

Felstiner, John. *Paul Celan. Eine Biographie.* Üb. Holger Fliessbach. München: Beck 1997. Originalausgabe: *Paul Celan. Poet, Survivor, Jew.* New Have: Leo Baeck Institute 1995.

Fioretos, Aris. *Flucht und Verwandlung. Nelly Sachs, Schriftstellerin, Berlin / Stockholm. Eine Bildbiographie.* Berlin: Suhrkamp 2010.

Jens, Walter. „Verse der Verjagten". *Die Zeit* (27. Januar 1967): 17.

Miglio, Camilla. *Vita a fronte. Saggio su Paul Celan.* Macerata: Quodlibet, 2005.

Neumann, Peter Horst. „*Was muß ich wissen, um zu verstehen?* Paul Celans Gedicht *Die Schleuse*, ein Gedicht für Nelly Sachs". *Celan Jahrbuch* 4 (1992): 27-38.

---

[30]   „Schön, das wäre hier(bei) wohl das zu nennen, was sich in der Wahrheit einer solchen Begegnung als ein Schweigen manifestiert" (Celan 1999, 128).

Olsson, Anders. „Möten. Inge Waern, Nelly Sachs och Paul Celan". *Bokstäverna jag färdas i. En antologi om Nelly Sachs*, hg. von Anders Ollson. Stockholm: Themis Förlag, 2001. 119-135.

Pizzingrilli, Massimo. „,Votre aide qui est / m'est si précieuse.' Paul Celans Mitarbeit an der Zeitschrift *Botteghe Oscure* und sein Briefwechsel mit Marguerite Caetani". *Celan-Jahrbuch* 9 (2007): 7-26.

Porena, Ida. „Biografia, ,ma con misura'". *L'opera e la vita. Paul Celan e gli studi comparatistici*, hg. von Irene Fantappiè und Camilla Miglio. Napoli: Università L'Orientale di Napoli, 2008. 29-38.

Ranchetti, Michele. „Capire o interpretare? Osservazioni su Celan". *L'opera e la vita. Paul Celan e gli studi comparatistici*, hg. von Irene Fantappiè und Camilla Miglio. Napoli: Università L'Orientale di Napoli ,2008. 63-73.

Sachs, Nelly. „Gedichte". *Botteghe Oscure* XXI (1963): 371-375.

Sachs, Nelly. *Späte Gedichte*, Frankfurt am Main, 1965.

Sachs, Nelly. *Briefe der Nelly Sachs*, hg. von Ruth Dinesen und Helmut Müssener. Frankfurt am Main: Suhrkamp, 1984.

Sachs, Nelly und Schwedelm, Karl. *Briefwechsel und Dokumente*, hg. von B. Albers. Aachen: Rimbaud Verlag, 1998.

Steinfeld, Thomas. „Geisterfahrer auf Sternenstraßen". *Frankfurter Allgemeine Zeitung* (05. Oktober 1993): 18.

Szondi, Peter. *Celan-Studien,* hg. von Jean Bollack. Frankfurt a.M.: Suhrkamp ,1972.

Wiedemann, Barbara. „,Schweig, / hol Atem bei dir, laß mir / die Toten.' Neues zum Verhältnis zwischen Paul Celan und Nelly Sachs". *„Lichtersprache aus den Rissen". Nelly Sachs – Werk und Wirkung*, hg. von Ariane Huml. Göttingen: Wallstein, 2008. 155-180.

Handschriftliche Quellen:

Deutsches Literaturarchiv, Marbach am Neckar. Paul-Celan-Nachlass (insbesondere D: Celan/Sachs).

Kungliga Biblioteket, Stockholm. Inge-Waern-Nachlass [*Inge Waern-Malmqvists papper*] (ACC2004_32).

Annja Neumann

Verbindungslinien
Nelly Sachs, Emily Dickinson und Paul Celan

Abstract
Der Beitrag untersucht, wie sich die literarästhetische Beziehung zwischen Nelly Sachs'
und Emily Dickinsons in Sachs' Gedichten und in ihrer Poetik manifestiert. Sachs' Bezie-
hung zu Dickinson wurde auch und besonders durch einen Übersetzer Dickinsons, Paul
Celan, vermittelt und steht daher in dieser Konstellation im Vordergrund. Dabei konzen-
triert sich die Untersuchung auf drei Schlüsseltexte – Celans Widmungsgedicht an Sachs,
das sich in Sachs' Exemplar seiner Dickinson-Übersetzungen befindet, Dickinsons „I
dwell in possibility" und Sachs Gedicht „Nachdem du aufbrachst". Ein weiterer Schwer-
punkt liegt auf der eigentümlichen Zeichensetzung der zwei Dichterinnen, anhand derer
sowohl semantische als auch poetologische Verbindungslinien zwischen beider Werk
gezogen werden können. Ziel des Beitrags ist es, über den Gedankenstrich und die vielfa-
chen Bezüge, die er in Sachs' und Dickinsons Gedichten eröffnet, das besondere Verhält-
nis der beiden Dichterinnen zum Schweigen und dadurch Parallelen und Unterschiede in
beider Poetik näher zu beleuchten. So werden stilistische, thematische und poetologische
Bezüge im Werk der beiden Dichterinnen im Spannungsfeld zwischen textimmanenter
Interpretation und literarästhetischer Erfahrung interpretiert.

This article examines as to how Nelly Sachs's reception of Emily Dickinson's works
manifests itself on the textual level of Sachs's poems. Sachs's aesthetic-literary relation-
ship to Dickinson's poetry was mediated by one of Dickinson's translators: Paul Celan.
Hence, this essay not only interprets Sachs's and Dickinson's poetry and how their po-
etics are connected, it also takes into account that some of Celan's translations of
Dickinson's texts are created in relation to Sachs's poetics. It therefore focuses on three
key texts consisting of a dedication to Sachs written by Celan, Dickinson's "I dwell in
possibility" and Sachs's poem "Nachdem du aufbrachst". The study puts especial em-
phasis on the punctuation of the poems. The way dashes are used and updated in Sachs's
poems reveals the great extent to which Sachs addresses Dickinson's poetics in her texts.

1 Strichhafte Poetik/ Lebendige Linien

„Gedichte sind Pausen im Sterben, zumindest auf dem Papier" (Grünbein 2005,
76). Es sind vor allem die Pausen im Gedicht, manchmal Atempausen, manch-
mal Wegmarken oder Einschnitte, die die Sprechbewegung abbrechen lassen,
welche die besondere Zeitlichkeit von lyrischen Texten hervorbringen und der
Vergänglichkeit die Stirn bieten. Nicht umsonst nannte Theodor W. Adorno die
ernsten Gedankenstriche mit Verweis auf Theodor Storms Novellen „stumme

Linien in die Vergangenheit, Falten auf der Stirn der Texte" (1990, 108-109).
Gerade jene ‚Gedankenfalten' – dazu gehören im Gedicht auch die Zeilengren-
zen – werden in vielen Gedichten Nelly Sachs' zum Gegenstand der Reflexion.
Verse wie „NACHDEM DU aufbrachst / Loch des Schweigens gähnt /" (II, 49),
thematisieren die Zeilengrenze als Ort des Verstummens. Die Ungewissheit, ob
das poetische Ich nach der Zeilengrenze weitersprechen kann, verstärkt sich
nochmals in Sachs' Bezeichnung des Gedankenstrichs als „Grab – [...]" (II, 49),
die der Bedrohung durch tödliches Verstummen allerdings eine Form und Be-
grenzung gibt; Gedankenstriche, die nicht mehr in „stumme[n] Linien" Verbin-
dungen zur Vergangenheit sichtbar machen, sondern Letztere gewaltsam aufbre-
chen und öffnen. Dabei weist die kritische Behandlung der Zeilengrenze und
Zeichensetzung deutlich auf die Problematik hin, der die Pausen – die Zeilen-
grenze als Ort der Reflexionsbewegung, die Zeilen zu Versen wendet – in Sachs'
Texten ausgesetzt sind. Wie und ob es Gedichten nach 1945 trotz der Bedrohung
durch das Verstummen möglich bleibt, etwas Überzeitliches auszudrücken,
darum kreisen viele Gedichte Sachs'.

Der Tod, so Sachs, zwinge ihr in der Nacht die Worte auf, die später ihre
Gedichte heißen würden. Der Tod sei ihr Lehrmeister gewesen (1984a, 189).
Diese Vorstellung, die Sachs für ihr literarisches Schaffen beansprucht, verbin-
det sie äußerlich, aber unter anderem historischen Vorzeichen, mit der Poetik
Emily Dickinsons. Der Tod als Ansprechpartner und Motiv beherrscht ein Drittel
von Dickinsons 1775 Gedichten und bildet einen möglichen Berührungspunkt
mit Sachs' Dichtung (Olschner 1985, 287). Dabei ist unverkennbar, dass beide
Dichterinnen unter historisch unterschiedlichen Bedingungen schrieben und der
Tod für beide eine grundsätzlich andere Bedeutung besaß. Während Dickinsons
Gedichte manchmal einen spielerischen Umgang mit dem Tod erkennen lassen,
ihre Annäherung an den Tod aber auch zwischen Todessehnsucht, Gelassenheit
und Sarkasmus changiert (Olschner 1985, 291), ist der Tod für Sachs ein Ereig-
nis, das sich nicht mehr mit der historischen Erfahrung der maschinellen Ermor-
dung von sechs Millionen Juden – darunter ihre Verwandte und Freunde – deckt
und schon als Wort nicht mehr erfasst, wie das Leben unzähliger Menschen
durch den Nationalsozialismus endete. Die Shoah bleibt ein steter historischer
Bezugspunkt in Sachs' Gedichten und Poetik, wenn auch ihre Dichtung weit
darüber hinausgeht. Trotz dieses grundlegend differenten historischen Erfah-
rungshorizonts, strich Sachs bei ihrer Dickinson-Lektüre vor allem Passagen
oder Gedichte zum Thema Tod an.

Explizite Aussagen von Nelly Sachs zur Poetik ihrer Gedichte lagen zu Leb-
zeiten Sachs' nur sehr vereinzelt vor; sie finden sich verstreut in Briefen, in
Antworten auf Umfragen oder selten in Sachs' spärlichen Kommentaren zu ihren
eigenen Gedichten. Anders als Ingeborg Bachmann oder Paul Celan hat Sachs
Zeit ihres Lebens keine umfangreichen poetologischen Texte oder Reden veröf-
fentlicht. Mittlerweile sind Sachs' Äußerungen zur expliziten Poetik im Prosa-

band der Gesamtausgabe gesammelt (IV).[1] Dabei darf im Hinblick auf die Textinterpretation das problematische Verhältnis zwischen Poetik und Werk nicht vernachlässigt werden. Das dichterische Werk kann nicht unmittelbar aus poetologischen Aussagen abgeleitet werden, die bei Sachs – so auch bei Celan – dunkel bleiben und sich in ihrer Sprachlichkeit und Form oft selbst poetischen Texten annähern und so zunächst eigens der Interpretation bedürfen (Reuß 1990, 58). Am häufigsten reflektieren sich Sachs' poetische Prinzipien und Verfahrensweisen nach wie vor immanent in den Gedichten selbst. So konzentriert sich zum Beispiel der textimmanente Reflexionsprozess im Gedicht „NACHDEM DU aufbrachst" (II, 49) aus dem Gedichtband *Und niemand weiß weiter* auf den Ereignischarakter des Texts, so auch im ungefähr ein Jahrzehnt später entstandenen Gedicht „Immer auf der schiefen Ebene" (II, 184-185), in dem die sprachliche Bewegung – „das fahrende-stehende Wort / vom Schweigen zu Tode getroffen /" (V. 4-5) – zum jähen Stillstand kommt.

Gemeinsam ist der immanenten Poetik und den expliziten poetologischen Äußerungen Sachs' – gewissermaßen als Grundakkord – das Bewusstsein von der Unzulänglichkeit der Worte angesichts der Geschehnisse der Shoah: „Es reicht ja doch kein Wort zu nichts mehr hin, von gestern zu morgen ist eine Kluft wie eine Wunde, die noch nicht heilen darf" (Sachs 1984b, 85). Von dieser sprachlichen Unüberbrückbarkeit zwischen Vergangenheit und Gegenwart, dem unwiederbringlichen Verlust von Tradition, schreibt Sachs im Oktober 1947 an den Philosophen Hugo Bergmann. Metaphern und Vergleiche wie „Kluft" und „Wunde" – letztere wendet die geschichtliche Zäsur ins schmerzhaft Körperliche – weisen auf die scheinbar leeren, schweigenden Stellen in Sachs' Gedichten. Viele poetische Texte Sachs' thematisieren und problematisieren gerade diese gefährdeten Stellen im Text, an denen die Rede plötzlich aufhört und es unverfügbar bleibt, ob nach dieser Unterbrechung weitergesprochen wird oder das Sprechen abbricht und in der nächsten Zeile wieder neu ansetzen muss. Die Zeilengrenze ist in Sachs' Gedichten – das wird in der Forschung noch allzu häufig vernachlässigt – der Ort, an dem nicht nur die eigentümlichen Versbewegungen, die Reflexion auf die vorausgehende Zeile, durch die sich Zeilen zu Versen wenden, stattfinden können, sondern auch die Stelle, an der sich die Reflexion auf die Möglichkeit oder auch die Unmöglichkeit von Dichtung angesichts der Shoah richtet.

Diese Orte des Schweigens beschränken sich in Sachs' Lyrik formal nicht nur auf die vermehrt eingesetzten Zeilengrenzen, sondern kommen auch in Leerstellen zwischen den Zeilengruppen, im Gedankenstrich und überhaupt in der Interpunktion zum Ausdruck. Dazu kommt die Vielstelligkeit, die das Schwei-

---

[1]   Die wohl umfassendsten, poetologisch für Sachs' Gedichte relevanten Texte sind die posthum veröffentlichten „Briefe aus der Nacht (1950-1953)", in denen Sachs auch Konstanten ihrer Poetik anspricht, vor allem ihre Sprachauffassung, die „schweigende Sprache" (II, 156), wie auch die Prozesshaftigkeit des Gedichts; zuerst publiziert in: *Sinn und Form: Beiträge zur Literatur* 62.4 (2010). 551-559.

gen in Sachs' Texten besitzt. Die literarischen Formen des Schweigens erstrecken sich vom Verstummen, über das ‚mystische Schweigen' bis zum ‚verwandelnden Schweigen', das als ein dialogisches Schweigen, das aus der Reflexionsbewegung in der Zeilengrenze resultiert, verstanden werden kann – Sachs spricht selbst vom „redende[n] Schweigen" (IV, 37). Ein prominentes Satzzeichen dieser „schweigenden Sprache" (II, 156), die als Folge von Sachs' Bewusstsein von der Unzulänglichkeit der Wörter nach der Shoah gelesen werden kann, ist der Gedankenstrich, der die Kluft zwischen Vergangenheit und Gegenwart offenhält. In Sachs' Gedichtzyklus *Glühende Rätsel* enden beispielsweise fast alle Gedichte mit einem Gedankenstrich; er unterbricht die Sprechbewegung mitunter aber auch in der Mitte einer Zeile oder hält das Ende einer Zeilengruppe offen.

Ulrike Vedder spricht im Zusammenhang von Sachs' Lyrik von einer „Mehrfachcodierung des Gedankenstrichs" (2012, 354), wobei der nicht nur trennende, sondern auch verbindende Gedankenstrich sowohl eine Öffnung oder Umwendung darstellen als auch eine Pause, Ellipse oder Lücke markieren könne (Vedder 2012, 346 und 361). Vedders Verständnis vom Gedankenstrich als Zeichen einer Kodierung – es erinnert an die Kodierung des Morsealphabets – lässt außer Acht, dass Gedankenstriche an ihren je und je einzigartigen Kontext gebunden sind, den sie zum Ausdruck bringen. Dazu gehört die Form der Versgrenze, die, steht der Gedankenstrich am Versende, wesentlich zur Aktualisierung des Gesagten und des Gedankenstrichs beiträgt. In Sachs' Lyrik kommt es darüber hinaus häufig vor, dass die Pause des Gedankenstrichs in ein Wechselverhältnis zu vorausgehenden Versgrenzen tritt oder vielmehr direkt über den Abbruch des Sprechens am Zeilenende reflektiert (Neumann 2011, 463-475).

Viele Gedichte Sachs' lassen Verbindungslinien zur zäsurenreichen Sprache Emily Dickinsons erkennen, die unter anderem innerhalb einer Zeile einzelne Wörter oder Wortgruppen durch Gedankenstriche voneinander absetzt. Sachs' Beziehung zu Dickinson wurde auch durch Paul Celan vermittelt und soll hier in dieser Konstellation im Vordergrund stehen. Ziel des Beitrags ist es, über den Gedankenstrich und die vielfachen Bezüge, die er in Sachs' und Dickinsons Lyrik eröffnet, das besondere Verhältnis der beiden Dichterinnen zum Schweigen und dadurch Parallelen und Unterschiede in beider Poetik näher zu beleuchten. Verbindungen zwischen Sachs' und Dickinsons Gedichten wurden von der Forschung bisher vereinzelt aufgegriffen (Gellhaus 1997; Strob 2011), nicht aber direkt an den poetischen Texten festgemacht. Sie sollen im Folgenden daher im Spannungsfeld zwischen textimmanenter Interpretation und literarästhetischer Erfahrung präzisiert werden. Mit anderen Worten können durch die Untersuchung von ausgewählten Texten Sachs', Dickinsons und Celans in ihrer Bezüglichkeit untereinander Ähnlichkeiten zwischen der Poetik der drei aufgedeckt werden. Dabei geht es wortwörtlich darum, die Kontexte, die sprachlichen und gedanklichen Zusammenhänge – Celan spricht von einer „mitsprechende[n] [...] Gedankenwelt" (1983b, 634) – von Nelly Sachs' Gedichten und Poetik aufzudecken, die, auch wenn Sachs nicht direkt und ungebrochen auf literarische Traditionslinien zurückgreifen konnte, doch in einer Tradition stehen, mit der sie sich kritisch auseinandersetzte.

2 Sachs liest Dickinson auf Schwedisch

Literarästhetische Erfahrung beschreibt den „Einbezug von Texten in Produktion und Rezeption" (Reuß 1990, 45), das umfasst sowohl den Bezug auf eigene Texte als auch auf die Texte anderer Autoren während der literarischen Produktion oder Rezeption. Dass sich Nelly Sachs über mehrere Jahrzehnte hinweg, spätestens von 1947 bis zu ihrem Lebensende, mit dem Werk Emily Dickinsons beschäftigte und auseinandersetzte, lässt sich bereits am Bestand ihrer Bücher in der Königlichen Bibliothek in Stockholm ablesen. Sachs sammelte verschiedene Ausgaben und Übertragungen von Dickinsons Texten. Darüber hinaus hob sie zwischen 1950–1970 mindestens sieben schwedische Zeitungsausschnitte zu Dickinson auf, in denen sie zahlreiche Passagen, besonders zum Thema Tod, durch Anstreichungen hervorhob. In Sachs' Bücherregal steht die deutsch-englische Dickinson-Übertragung von Lola Gruenthal, die sich ebenfalls in Celans Bibliothek befindet und ihm womöglich – seine vielen Lektürespuren und Anstreichungen sprechen dafür – als Vorlage für seine eigenen Übertragungen von Dickinsons Gedichten diente. In Sachs' Exemplar von Gruenthals Übersetzungen finden sich hingegen keinerlei Anstreichungen oder Lektürespuren.[2] Auffallend sind jedoch die zahlreichen Gedankenstriche im englischen Original im Unterschied zu Gruenthals Übertragungen, die deutlich weniger Gedankenstriche aufweisen. Der Gedankenstrich, sei ihr Markenzeichen gewesen und habe zu ihr gehört „wie die Sommersprossen auf ihrem Busen"[3], so charakterisiert Gruenthal Dickinsons Zeichensetzung.

Daneben finden sich unter Sachs' Büchern eine Ausgabe von ausgewählten Texten Dickinsons in deutscher Übersetzung von 1966 und ein Band von 1950, der Dickinsons Gedichte nur in schwedischen Übertragungen von Ellen Löfmark enthält.[4] Die drei Dickinson-Ausgaben, die sich in Sachs' Bibliothek befinden, geben Dickinsons eigenwillige Zeichensetzung, die von zahlreichen Gedankenstrichen und Notationen zerklüfteten Gedichte, in den Übertragungen ins Schwe-

---

[2] NS 186: Emily Dickinson. *Gedichte. Ausgewählt und übersetzt von Lola Gruenthal.* Berlin: Karl H. Henssel, o.J.; diese Ausgabe befindet sich in Sachs' Bibliothek in der Kungliga Bibliotek; im Folgenden werden die Signaturen aus dieser Sammlung (z.B. NS 186) mit dem Kürzel KB angegeben.

[3] Zitiert nach: (Kippenberger 2011).

[4] KB NS 185: Emily Dickinson. *Übertragungen von Hellmut Salinger und Elfriede Meyer.* Jerusalem: ohne Verlag, 1966; KB NS 1359: Emily Dickinson. *En introduktion med lyriska tolkningar av Ellen Löfmark.* Stockholm: natur och kultur, 1950.

dische und Deutsche nicht wider. Wie oben bereits erwähnt, befanden sich nur in
den englischen Originaltexten, die Gruenthal parallel zu ihren Übersetzungen ins
Deutsche abdruckte, die für Dickinson charakteristische hohe Dichte an Gedan-
kenstrichen. Daher ist nicht sicher, ob Sachs mit den Besonderheiten der
Dickinsonschen Zeichensetzung, wie sie erstmals in der 1955 erschienenen,
dreibändigen Edition von Thomas J. Johnson zumindest annähernd dargestellt
wird, vertraut war. So stellt sich die Frage, ob Sachs die Pausen mitlas, obwohl
sie die eigenwillige Zeichensetzung Dickinsons nicht in ihrem gesamten Ausmaß
kannte, oder ob es etwas Anderes war, das ihre Beschäftigung mit der äußerst
zurückgezogen lebenden Dichterin aus Amherst über Jahrzehnte hinweg moti-
vierte.

Auffällig ist, dass sich die meisten Anstreichungen und Markierungen Sachs'
in der schwedischen Ausgabe, eben in jener Löfmarks, finden. Entgegen der
recht spärlichen Rezeption von Dickinsons Gedichten in den 50er und 60er Jah-
ren in Europa (Olschner 1985, 288), berichtet Sachs von einem regen Interesse
für die amerikanische Literatur in Schweden. Am 2. Oktober 1952 schreibt sie an
Kurt Pinthus:

> Hier [d.i. Schweden] ist man sehr amerikanisiert. Auch in der Literatur.
> Von Emily Dickinson bis Faulkner. Aber auch Frankreich hat die jun-
> gen Dichter sehr beeinflußt. Ich habe wieder neue Übertragungen ge-
> macht.
> (Sachs 1984, 144)

Schweden sei in den 50er Jahren, sowohl in der Lyrik als auch in der Prosa, stark
von der amerikanischen Literatur beeinflusst worden. Sachs' Einschätzung geht
auf ihre, sie erwähnt es selbst, Übertragungen vom Schwedischen ins Deutsche
zurück, durch die sie sich intensiv mit der schwedischen Literatur auseinander-
setzte.

Sachs verfasste sogar eine Rezension zu Viveka Heymanns Anthologie *Ingen
förnunftig gärning* [Keine vernünftige Tat], die Übersetzungen aus unterschied-
lichen Sprachgebieten ins Schwedische, darunter auch Gedichte Dickinsons,
enthält. Die Rezension wurde zwar nicht zu Lebzeiten Sachs' veröffentlicht,
nennt aber einen zweiten Grund für Sachs' Faszination für die Dichterin aus
Amherst. 1957, im gleichen Jahr, in dem das für Sachs' Lyrik programmatische
Gedicht „In der Flucht" (II, 73-74) entstand, schrieb Sachs in der Rezension von
Heymanns Übertragungen: „Wie fein hat die Übersetzerin Emily Dickinsons
blitzschnelle Verwandlungen von einem ruhevollen Sommergedicht in jene
kosmischen Gewalten vollzogen" (IV, 61). Die „blitzschnelle[n] Verwandlun-
gen" ins Kosmische, die Sachs hier hervorhebt, sind Ausdruck der mystischen
Sprechweise in Dickinsons Gedichten, die Sachs in dieser Zeit besonders an-
sprach und die das Schlüsselthema des Gedichts „In der Flucht" bestimmt – die
„Verwandlungen der Welt" (II, 74). Die chassidische Mystik – nach den Über-
setzungen von Martin Buber und Jakob Böhme – verbindet Sachs vor allem mit

dem Potential Neues hervorzubringen, was sich in ihren Gedichten häufig durch die Transzendierung und Verwandlung von Alltagssituationen oder -gegenständen ins Kosmische zeigt (Sachs 1996, 13). Eine mystische Sprechweise erwächst zum einen aus der Offenheit des Gesagten, zum anderen wählte Sachs Quellen der jüdischen Mystik als notwendigen Bezugspunkt für ihre neue Sprechweise.

Das im gleichen Jahr entstandene Gedicht „In der Flucht" (II, 73-74) aus dem Gedichtband *Flucht und Verwandlung* schließt mit den poetologischen Versen: „An Stelle von Heimat / halte ich die Verwandlungen der Welt – //" (V. 16-17). Diese beiden Verse hatte Sachs nicht nur dem Gedichtband *Flucht und Verwandlung* als Motto vorangestellt, sondern auch nach ihrer kurzen Rede zur Nobelpreisfeier am 10. Dezember 1966 vorgelesen – das Datum des 10. Dezembers wird im Folgenden noch von Bedeutung sein. Setzt man das letzte Distichon in Bezug zum übrigen Gedicht, wird die Heimat des poetischen Ich als eine sprachliche bestimmt. In einem Brief an Karl Schwedhelm vom 2. Juli 1958 schreibt Nelly Sachs über die Gedichte, die später den Band *Flucht und Verwandlung* bilden werden:

> Habe nun einiges aus der neuen Sammlung ausgewählt, die ich wohl nennen werde: „An Stelle von Heimat / die Verwandlung der Welt –". Sie werden den Satz ähnlich in einem beigelegten Gedicht finden. Das Verwandlungsthema ist so etwas wie ein zentraler Punkt geworden. Glaube ich wenigstens.
> (II, 300)

Dickinsons Neigung zu „mystischem Denken und Erleben" (Olschner 1985, 287) hat ein Pendant im Verwandlungsthema und verbunden damit in Sachs' Wahl von mystischen Quellen als Bezugspunkt für ihr neues Sprechen – gemeint ist ihre vielseitige Sprechweise, die dem poetischen Prinzip des Durchschmerzens folgt (Neumann 2013, 31). So ist die Verwandlungsthematik neben der unaufhörlichen Beschäftigung mit dem Tod eine weitere gemeinsame Konstante der Poetik der beiden Dichterinnen.

Die Todesthematik taucht wiederholt in Sachs' Rezeption von Dickinsons Werk auf. Die oben erwähnten Übertragungen Löfmarks beginnen mit einer Einleitung in Dickinsons Werk, in der auch Passagen aus Dickinsons Briefen zitiert werden. Sachs' Anstreichungen in der Einleitung, die hauptsächlich Briefpassagen Dickinsons markieren, kreisen vor allem um die Einmaligkeit und Unausweichlichkeit des Todes.[5] In den schwedischen Übersetzungen von Dickinsons Gedichten, die den vier Kapiteln Leben, Natur, Liebe und Tod zugeordnet sind, hat Sachs das erste Gedicht zum Thema Tod, „Let down the bars, Oh death" (Dickinson 1975, Nr. 1065, 485), angestrichen:

---

[5]   Vgl. KB NS 1359: Emily Dickinson. *En introduktion med lyriska tolkningar av Ellen Löfmark*. A.a.O. 35 und 52.

Tag ned dina stängsel, Död
nu kommer din trötta hjord.
Nu har bräkandet gjord.

Din är den tystate natten,
5 den säkraste fallan, Död.
Att sökas är du för nära
att beskriva för spröd.[6]

Der Text verbindet die Motive des Todes und der Vereinigung nach langer Trennung mit der Sehnsucht nach der Transzendierung des Todes (Wolosky 2013, 1)
– allesamt häufig wiederkehrende Motive in den Gedichten der deutsch-jüdischen Exilantin und Teil eines mystischen Diskurses, der für das Werk beider
Dichterinnen eine große Bedeutung hatte. Dabei handelt es sich um einen jener
Texte, den Celan 1961 in seinen *Acht Gedichte[n]* ins Deutsche übertrug und an
Sachs schickte:

LET DOWN THE BARS, O DEATH
Fort mit der Schranke, Tod!
Die Herde kommt, es kommt,
wer blökte und nun nimmer blökt,
wer nicht mehr wandert, kommt.
(1961, 37)

Die formalen Mittel, die Celan in der ersten Strophe seiner Übertragung einsetzt
– der zäsurierte Rhythmus, der anaphorische Beginn von V. 3 und V. 4 wie auch
der identische Reim und die Wortwiederholungen –, veranschaulichen das unabänderliche Vorrücken des Todes. Wie auch in vielen Übertragungen Löfmarks
und Gruenthals setzt Celan in seiner Übertragung, die die erste Zeile von
Dickinsons Text im Original mitsprechen lässt, keinen Gedankenstrich.

Beide Dichterinnen verbinden noch weitere Parallelen und Unterschiede. Im
Hinblick auf die Bedingungen der literarischen Produktion sind Dickinson und
Sachs zwei Dichterinnen, die nicht unterschiedlicher sein könnten. Dickinson
schreibt in selbstgewählter Klausur, Sachs steht im Strom der Geschichte.
Leonard Olschner stellt heraus, dass Dickinson als „Klausnerin historische Erfahrung fremd und sogar unerwünscht war" (1985, 292), gleichzeitig gebe es
aber auch „zahlreiche Parallelen biographischer und literarischer Natur zwischen
Dickinson und Sachs" (Strob 2011, 5), darunter die sprachliche Nähe zwischen
beiden. Besonders die sprachlichen Gemeinsamkeiten – so auch die Zeichenset-

[6]   KB 1359: Emily Dickinson. *En introduktion med lyriska tolkningar av Ellen Löfmark.*
A.a.O. 117 [„Let down the Bars, Oh Death – / The tired Flocks come in / Whose
bleating ceases to repeat / Whose wandering is done – // Thine ist the stillest night/
Thine the securest Fold / Too near Thou art for seeking Thee / Too tender, to be told.
//" (Dickinson 1975, Nr. 1065, 485)].

zung als Ausdruck der „schweigenden Sprache" – sollen im Folgenden im Vordergrund stehen. Die Textgrundlage bilden Passagen aus Sachs' Gedicht „In der Flucht" (II, 73-74), Dickinsons Gedicht „I dwell in Possibility" (1975, Nr. 657, 327), Celans Widmung in Sachs' Exemplar seiner acht Dickinson-Übertragungen wie auch Sachs Gedicht „NACHDEM DU aufbrachst" (II, 49). Dabei orientiert sich die Textauswahl an den Jahre 1957 und 1961. Damit ist einerseits das Jahr genannt, in dem Sachs sowohl die Rezension zu Vivekas Übertragungen schrieb als auch ihre Gedichte „In der Flucht" (1957) und „NACHDEM DU aufbrachst" (1957) entstanden. Andererseits ist mit dem Jahr 1961 das Datum angesprochen, an dem Celan die Verbindungslinien zwischen Sachs und Dickinson in seinem Widmungsgedicht zusammenführte.

3 Nelly Sachs' 10. Dezember

Zum 10. Dezember 1961, Sachs' siebzigsten Geburtstag, sandte Celan seine Dickinson-Übertragungen *Acht Gedichte* nach Schweden. Dabei ist keineswegs zweitrangig, dass Sachs' und Dickinsons Geburtstag auf den gleichen Tag im Jahr fiel. Emily Dickinson wurde am 10. Dezember 1830, Nelly Sachs – einundsechzig Jahre später – am 10. Dezember 1891 geboren. Für Celans Poetik sind Datierungen von größter Bedeutung. Seine Gedichte schreiben sich von seinen persönlichen Daten – für Celan war es der 20. Jänner – her (Celan 1999, 8). Gemeint ist mit diesem poetischen Eingedenken der Daten nicht, dass einzelne Wortbedeutungen historisch genau vorherbestimmt sind – Celans Gedichte aktualisieren vielmehr unterschiedliche historische Bedeutungen eines Wortes –, sondern dass das vom Gedicht Bedeutete von einem bestimmten Ereignis herrührt, das für die Darstellungsweise des poetischen Textes maßgeblich wird und sich damit auch in der Gedichtform, wenn auch gebrochen, reflektiert (Werner 1998, Neumann 2013). Bemerkenswert ist, dass Celans acht Übertragungen weder die Gedichte im englischen Original anführen, noch ihre Quelle – Dickinson – angeben (Rosenthal 1997, 134). Celan lässt die acht Übertragungen ins Deutsche für sich stehen. Den Sonderdruck der acht Dickinson-Übertragungen, der Sachs in Stockholm erreichte, versah Celan jedoch mit einer handschriftlichen Widmung, die im Gegensatz zur fehlenden Autorangabe des Sonderdrucks Emily Dickinson – neben Sachs und ihn selbst – als Person thematisiert, Dickinson namentlich nennt und sie im Original zitiert:

Für Nelly Sachs
zum 10. XII. 1961
diese Übertragungen der am 10. XII. 1830
geborenen Emily Dickinson,
5   who dwelled in Possibility,
a fairer house than Prose.
More numerous of windows,

Superior of doors –
Mit den herzlichsten Wünschen
10 Paul Celan
8. XII. 1961[7]

Abgesehen von der namentlichen Widmung am Anfang sind Celans Zeilen von
drei Datierungen gerahmt. Auf das Datum des siebzigsten Geburtstags Sachs'
folgt in der dritten Zeile das Geburtsdatum Dickinsons. Beide Daten werden am
Ende des Gedichts mit dem 8. Dezember 1961, vermutlich dem Tag, an dem
Celan die Widmung für Nelly Sachs niederschrieb – mit seiner Gegenwart –,
verbunden und beschlossen. Für die Form der Widmung ist nicht unerheblich,
dass Celan Gedichte auch als „Geschenke an die Aufmerksamen" (1983, 179)
bezeichnete, da die Widmung tatsächlich Versform und Geschenk – ein solches
stellt der Sonderdruck mit der Widmung dar – vereint.

Indem Celan die Geburtsdaten der beiden Dichterinnen in einen poetischen
Zusammenhang stellt – einen solchen bewirken die Zeilenumbrüche der Wid-
mung – zieht er bewusst eine Verbindungslinie zwischen Sachs und Dickinson –
und seinem Heute. Diese Datierungen werfen die Frage auf, von was sich Sachs
herschreibt respektive was sie mit Dickinson verbindet? Der Zusammenfall der
Geburtsdaten beider Dichterinnen, den Celan durch die Versform und die
Epipher auch auf der formalen Ebene markiert und vollzieht, suggeriert ein be-
sonderes Verhältnis zwischen Sachs und Dickinson, da beide Daten durch die
Stellungsgleichheit direkt aufeinander bezogen werden. Es ist bezeichnend, dass
Celan daraufhin Verse aus einem Gedicht Dickinsons zitierte, das nicht zu den
„Acht Gedichten" Dickinsons gehört, die er übertragen und 1961 veröffentlicht
hatte. Das Gedicht „I dwell in Possibility" (Dickinson 1975, Nr. 657, 327) gehört
zu den Gedichten Dickinsons, die am prominentesten und unvermitteltsten ihre
Poetik thematisieren und darstellen. Demnach zieht Celan die Verbindungslinien
zwischen Sachs und Dickinson in beider Poetik. Obwohl Celan das Gedicht „I
dwell in Possibility" bereits am 26. November 1961 ins Deutsche übertragen
hatte (2008, 8) – dieser Übersetzungsversuch Celans wurde erst posthum veröf-
fentlicht –, stellte er in der Widmung Deutsch und Englisch nebeneinander, ließ
Dickinson selbst sprechen, indem er die erste Strophe des Gedichts im Original
zitierte. Widersprüchlich ist in diesem Zusammenhang zunächst das Demonstra-
tivum in der dritten Zeile, das zum einen in seiner Deixis auf die folgenden
Übertragungen Celans verweist, das durch den Zeilenbruch, „diese Übertragun-
gen der am 10.XII.1830 /", aber auch in den poetischen Zusammenhang gehört,
der jedoch zweisprachig ist und auf den ersten Blick keine Übertragung darstellt.
Auf den zweiten Blick wird allerdings deutlich, dass die Rede von den Übertra-
gungen selbstreflexiv gerade das beschreibt, was Celan anhand der Datierungen
im Widmungsgedicht mit den Geburtsdaten von Dickinson und Sachs tut.

---

[7]   Zitiert nach Gellhaus et al. ‚Fremde Nähe' (1997, 471).

Vers 5 bis Vers 8 werden trotz der Verwendung der Originalsprache zu Übertragungen, indem Celan den Vers „I dwell in Possibility – /" (V. 1) zu „who dwelled in Possibility, /" (V. 5) verändert und so gezielt auf Emily Dickinson bezieht. Hier fragt sich, ob diese Form der Intertextualität etwas über Sachs' Dickinson-Rezeption aussagen könnte. Gemeint ist die bewusste Verwendung von Zitaten, die jedoch den jeweiligen Bedingungen des Textes angepasst und verändert werden. In der Forschung wird betont, dass Celans Änderungen an Dickinsons Gedicht den Text auch für Dickinson öffnet beziehungsweise sie in einen Bezug zur Widmung setzt (Gellhaus 1997, 471; Strob 2011). Wirksamer als Celans Änderung des Personalpronomens zum Relativpronomen ist jedoch die Einteilung in Verse, durch die V. 5-8 nicht nur „zum kleinen Dickinson-Portrait Celans" (Gellhaus 1997, 471) werden, sondern auch eine mehrfache Bezüglichkeit des Gesagten, einen großen Möglichkeitsraum, eröffnen, so dass die englische Passage der Widmung auch auf Sachs bezogen werden kann. Gegen letztere Lesart spricht zunächst der Tempuswechsel vom Präsens ins Präteritum – die Übertragung in eine andere Zeit –, den Celan in den Versen vornimmt und wodurch V. 5 eher auf das in der Vergangenheit liegende Geburtsdatum Dickinsons verweist.

Im Fortgang des Gedichts werden „diese Übertragungen" (V. 5) direkt auf Emily Dickinson bezogen. Die doppelte Lesbarkeit der Genitivkonstruktion „diese Übertragungen der am 10.XII.1830 / geborenen Emily Dickinson /" legt eine weitere Ebene frei, auf die etwas übertragen wird. Gemäß des *genitivus obiectivus* kann Emily Dickinson als *pars pro toto* für ihr gesamtes Werk begriffen werden, so dass die Übertragungen, die Celan vom Englischen ins Deutsche vornahm – die „Acht Gedichte" – gemeint sind. Im Kontext der folgenden Verse tritt jedoch der *genitivus subiectivus* in den Vordergrund. Demnach ist es Dickinson selbst, die etwas überträgt. Angesichts der Selbstreflexivität des Demonstrativpronomens in V. 3, die auf die elf Zeilen der Widmung verweist, ist die Haus-Metapher die prominenteste Übertragung des Dickinson-Zitats – eine Übertragung auf die bildliche Ebene –, die zudem in der Mitte des Widmungsgedichts steht und so eine zentrale Bedeutung für das von Celan charakterisierte Verhältnis zwischen Sachs und Dickinson beansprucht. Dem entspricht, dass für Sachs das Haus vor dem Hintergrund der jüdischen Mystik vor allem Symbol für die Zweiheit ist (May 2008, 209).

Das Wort ‚Metapher' stammt von griechisch *metaphérein*, das die wörtliche Bedeutung ‚übertragen' hat (Birus 2000, 572). Das individualisierte Dickinson-Zitat „who dwelled in Possibility, / a fairer house than Prose. / more numerous of windows, Superior of doors – / (V. 5-8) enthält in den Fenstern und Türen noch zwei weitere Metaphern, die die Haus-Metaphorik im Einzelnen weiterentwickeln. Die Verse übertragen die Poesie auf das Bild eines Hauses mit unzähligen Öffnungen – Fenstern und Türen –, das geräumiger als die Prosa sei. Für Dickinson, die über Jahrzehnte hinweg das Haus ihres Vaters nicht mehr verließ, hat das Haus als Ort der Weltflucht eine sehr persönliche und existenzielle Bedeutung (Wilner 1971, 126). Die Metapher des Hauses ist auch ein fester Bestandteil von Sachs' Bilderwelt (May 2008, 209). Allein der Titel des 1947 erschienenen Gedichtbands *In den Wohnungen des Todes* zeigt, dass in Sachs' Lyrik selbst das Haus von der Todesmetaphorik beherrscht wird und die Vorstellung des sich häuslich eingerichteten Todes die Metaphorik beziehungsweise den von Dickinson evozierten Möglichkeitsraum ins Paradoxe wendet.

Celan bezeichnete mit „diese[n] Übertragungen" also auch die Metaphern Dickinsons, aus deren Möglichkeiten Sachs für ihre Gedichte schöpfte. Das Dickinson-Zitat endet mit einem Gedankenstrich, der Dickinsons Datum und Verse von Celans Gegenwart trennt, aber auch beide Personen und Koordinaten verbindet. Insgesamt verdeutlichen die Interpunktion des Dickinson-Zitats und seiner Textfassung, dass sich Celan 1961 in der Widmung nicht an der Textgrundlage von Johnsons Ausgabe orientierte und der einzige Gedankenstrich, den Celan am Ende von Dickinsons Worten setzt, diese auch auf seine Zeit hin öffnen. Das Widmungsgedicht endet mit dem Namen Celans, der – gefolgt von der Datierung der Niederschrift – an einen bestimmten Zeitpunkt gebunden ist, und der darüber hinaus – wie anfangs datiert – in der Nähe des Geburtstags von Sachs und Dickinson liegt. Im Vordergrund steht am Anfang wie auch am Textende der Vorgang der Datierung.

4 Gesten der Verwandlung

Das Bewusstsein von der meridianhaften Verbindung zwischen Sachs und Dickinson sei, so hebt Markus May hervor, in Celans Übertragung von „I dwell in Possibility" eingegangen; er habe den Text mit Bedacht für Nelly Sachs übersetzt (May 2008, 316).

> I dwell in Possibility –
> A fairer House than Prose –
> More numerous of Windows –
> Superior – for Doors –
>
> 5 Of Chambers as the Cedars –
> Impregnable of Eye –
> And for an Everlasting Roof
> The Gambrels of the Sky –
>
> Of Visitors – the fairest –
> 10 For Occupation – This –
> The spreading wide my narrow Hands
> To gather Paradise –
> (Dickinson 1955, Nr. 657, 327)

Wie oben bereits bemerkt, orientiert sich Celans Übertragung nicht an der Edition von Johnson. Celans literarische, zu Lebzeiten unpublizierte Bearbeitung fasst die drei Strophen des Gedichts zu einem Zeilenblock zusammen:

> I dwell in Possibility
>
> Mein Haus, das ist die Möglichkeit,
> – schöner als Prosa ist's –,
> mehr Fenster als das andre hats,
> an Türen ists ihm über.
> 5 an Zimmern alswie Zedern –
> Fürs Auge uneinnehmbar;
> Und hat ein Dach, das hält und hält:
> das sind des Himmels Giebel.
> Die schönsten Gäste der Welt –
> 10 und was wird hier betrieben?
> Dies und nur dies,
> tagaus, tagein:
> die Hände öffn ich weit, dich ein-
> zubringen, Paradies.
> (Celan 2008, 8)[8]

Der englische Text besteht aus insgesamt zwölf Zeilen, die fast alle, abgesehen von zweien, in einen Gedankenstrich münden und dreimal auch innerhalb der Zeile durch einen Gedankenstrich zäsuriert sind. Die Gedankenstriche am Ende jedes Verses, bis auf V. 7 und V. 11, öffnen den Text, gleichermaßen wie es Türen und Fenster tun. Um die Interpunktion in Dickinsons Gedichten und Manuskripten spannt sich in der Dickinson-Forschung eine stets anhaltende Kontroverse, die die Editionspraxis und die Bedeutung der Zeichensetzung in Dickinsons Werk unter den unterschiedlichsten Ansätzen diskutiert. Die Interpretationen der Zeichensetzung Dickinsons reichen von der Einschätzung als musikalische Notationen, über das Experimentieren mit Prinzipien der lateinischen Poetik bis hin zur Annahme, dass die Notationen die Stimme des poetischen Ich für das innere Ohr des Lesers modulieren (Anderson 1960; Wilner 1971; Cuddy 1976; Mitchell 2011; Wylder 2004). Der Diskurs der Dickinson-Forschung wird dadurch erschwert, dass es bis *dato* keine historisch-kritische Ausgabe von Dickinsons Werk gibt. Wichtig für die gewählte Fragestellung ist Edith Wylders Kritik an Johnsons Editionspraxis, die die Eigenheiten von Dickinsons Notationen, die Position und Form der Linien zugunsten eines einheitlichen Druckbildes außer Acht lasse:

> In an attempt to accommodate the written notations to the limitations of print, Johnson transcribed as en or em dashes, according to their length, all the horizon-

---

[8] Zuerst veröffentlicht in *Fremde Nähe* (Celan, Gellhaus und Michaelis 1998, 471).

tal marks, whether they are straight or curve upward or downward like a circum-
flex.
(2004, 206)

Tatsächlich enthalten Dickinsons Manuskripte eine große Bandbreite von Nota-
tionen, wie beispielsweise den Zirkumflex, ^, der durch seine Dachform hervor-
sticht – Celan nannte den Zirkumflex, da er durch Akut und Gravis Vergangen-
heit und Gegenwart verbinde, in der Büchner-Preis-Rede „ein Dehnungszeichen
– des Ewigen" (1999, 4).

Im Hinblick auf Dickinsons „I dwell in Possibility", nach der Fassung
Johnsons, ist zu beachten, dass es sich formal bei den Gedankenstrichen nicht
um Auslassungszeichen handelt. Die Verse sind nicht elliptisch, sondern syntak-
tisch vollständig. Häufig ersetzen die Gedankenstriche Kommata; die Platzie-
rung der Gedankenstriche am Versende und teilweise auch in der Versmitte hat
zur Folge, dass die einzelnen Verse aufgrund ihrer Übereinstimmung in der
Interpunktion in mehrfache Bezüglichkeit zueinander treten. Wie oben bereits
erwähnt, handelt es sich um ein ausgenommen poetologisches Gedicht
Dickinsons. Die Dichtung wird vom poetischen Ich dezidiert als ein vielfach
potenzierter Wohnraum charakterisiert, der besetzbarer als die Prosa sei und
viele unterschiedliche Möglichkeiten, das heißt Lesbarkeiten, eröffne.

So werden zum Beispiel V. 6 „Impregnable of Eye – /" und V. 8 „The
Gambrels of the Sky – /" nicht nur durch Endreim in Bezug gesetzt, sondern
auch formal durch die Übereinstimmung der Interpunktion aufeinander bezogen.
Lesbar wird hier, dass nicht nur die Zimmer des Hauses, sondern auch „des
Himmels Giebel" – so Celans Übertragung – für das Auge uneinnehmbar seien.
Das Gleiche gilt auch für V. 5 und V. 9, die durch den identischen Versanfang
näher zusammenrücken. Genauso ist es auch möglich, die zwei einzigen Zeilen,
die nicht durch einen Gedankenstrich am Ende offen gehalten werden und so
näher zueinander treten, aufeinander zu beziehen: V. 7 „And for an Everlasting
Roof /" und V. 11 „The spreading wide my narrow Hands /". Die schmalen
Hände des poetischen Ich ergeben, weit ausgebreitet, „ein Dach, das hält und
hält: /" – so Celans Übersetzung. Beide Verse haben keinen Gedankenstrich, da
sie auf der inhaltlichen Ebene gerade jenen thematisieren. Die Handgeste des
poetischen Ich wird zum Bild des Gedankenstrichs, der innerhalb der Metapho-
rik des Texts zum tragenden Element wird und unterschiedliche Lesbarkeiten –
Möglichkeiten – offenhält. Die oben bereits angesprochenen, poetologischen
Verse von Sachs' „In der Flucht" (II, 73), „An Stelle von Heimat / halte ich die
Verwandlungen der Welt – //" (V. 16-17), nehmen das nonverbale Zeichen der
Handgeste auf. Das poetische Ich hält die poetische Sprache mitsamt ihres
Reichtums an Möglichkeiten als schützendes Dach über sich. Dafür, dass Celan
Dickinsons Gedicht mit Bedacht für Sachs übersetzt habe, spricht demnach seine
Übertragung der Zeile: „Und hat ein Dach, das hält und hält: /" (V. 7). Abgese-
hen von den Interpretationsansätzen zu Dickinsons Interpunktion hinsichtlich

Metrik, Rhythmus und Intonation besitzen Dickinsons Gedankenstriche also auch eine poetologische Bedeutung, die Celan im Widmungsgedicht aktualisiert und auf beide Dichterinnen bezieht. Bei Dickinson gehört die Geste der Hand-ausbreitung – das sei hier nur angedeutet – außerdem in die vom Text eröffnete religiöse Bedeutungsschicht und evoziert so das Ritual der Taufhandlung, das zwar kritisch gebrochen ins Poetische gewendet wird, für das jedoch auch die Vorstellungen der Verwandlung und des Übergangs eminent sind.

Es ist nicht sicher überliefert, welche Ausgabe Celan vorlag, als er dieses Gedicht Dickinsons übertrug. Die Widmung für Nelly Sachs lässt darauf schlie-ßen, dass er eine Fassung ohne Dickinsons eigenwillige Zeichensetzung vor sich hatte. Das schien ihn aber nicht davon abzuhalten, trotzdem den Sprachduktus Dickinsons, die dichte Bezüglichkeit der Verse, zu erfassen. Dies zeigt sich beispielsweise an der äußeren Form, die Celan für die Übertragung wählt – einen einzigen Zeilenblock. Darüber hinaus besitzt Celans Übertragung zwei Verse mehr als Dickinsons zwölfzeiliges Gedicht. So setzt Celan durch die zusätzli-chen Versgrenzen zwei Unterbrechungen, die hinsichtlich ihrer „Neigung zum Verstummen" Gedankenstriche nachempfinden. Bezeichnend ist, dass Celan ausgerechnet V. 10 in Dickinsons Text – „For Occupation – This – /" mit einem zusätzlichen Zeilenumbruch versieht und so die Deixis hervorhebt, die er auch in „diese[n] Übertragungen" der Widmung markiert. „Dies und nur dies, /" (V. 11) lautet die nächste, zusätzliche Zeile. Die Überlegung liegt nahe, dass Dickinsons Gedankenstriche und allgemeiner ihr Sprachduktus für Celan einen deiktischen Charakter hatten, der textimmanent auf etwas verweist, das sich nicht in Worte fassen lässt und so auch zur mystischen Sprechweise gehört, die sowohl für Dickinsons und Celans als auch für Sachs' Werk wichtig war (May 2008, 209).

Das Sprachmaterial von Dickinsons Gedicht scheint auf den ersten Blick einen einfachen Wortschatz aus den Bereichen des Wohnungsbaus und des Häuslichen (z.B. dwell, house, windows, doors), des Religiösen (chambers, impregnable, everlasting, visions, Paradise) und der Literatur (z.B. Prose) zu besitzen. Ein Wort, das in Celans Übersetzung nicht in seiner fachspezifischen Bedeutung bewahrt wurde, sticht jedoch aus der Materialität des Textes hervor, das Substantiv ‚gambrel'. In V. 7-8 heißt es: „And for an Everlasting Roof / the Gambrels of the Sky – /". Das Wort ‚gambrel' besitzt Bedeutungsvarianten in unterschiedlichen fachterminologischen Kontexten. Die Bedeutung, die sich hier im Bereich des Häuslichen aktualisiert, verweist auf ein Fachwort aus der Ar-chitektur. Das sogenannte ‚gambrel roof' – es gibt kein entsprechendes deut-sches Wort – beschreibt eine Dachform, die dem Mansardendach ähnelt, sich aber von diesem in einigen Merkmalen unterscheidet und besonders in den Nie-derlanden gebaut wurde – daher ist diese Dachform auch als „Dutch gambrel" bekannt. Sie dient durch die Ausstellung des Giebels vor allem der Vergrößerung der Wohnfläche, womit direkt auf die Hausmetaphorik der ersten Strophe und auf die Poetik des Texts angespielt wird. Im Zuge der Kolonialisierung wurde

das Gambrel-Dach zu einer beliebten Dachform in einigen Teilen Amerikas und
später auch in weiten Teilen Schwedens.

Bereits im 17. Jahrhundert besaßen vor allem Regierungsgebäude in Amerika
Gambrel-Dächer; aber auch Kirchen wurden mit dieser Dachform gebaut
(Wheeler 2012). Der Kontext, in dem das Wort im Gedicht steht – „And for an
Everlasting Roof / the Gambrels of the Sky – /" (V. 7-8); Celan übersetzt: „Und
hat ein Dach, das hält und hält: / das sind des Himmels Giebel. /" – setzt mit dem
Dach des Himmels einen klaren Bezug zur Kirche. Das ‚Gebäude' der Dichtung
wird in den Himmel, in den Bereich des Religiösen gehoben und zum Gottes-
haus überhöht. Das poetische Ich erklärt die Dichtung zu einer heiligen Institu-
tion. Gleichzeitig fehlt an dieser Stelle natürlich auch die für Dickinson übliche
Religionskritik nicht. Olschner spricht von Dickinsons „Skepsis gegenüber ei-
nem trostbietenden, vorstellbaren Himmel und einem Glauben an einen Gottva-
ter" (1985, 287).

Die architektonische Form des Gambrel-Daches ist aus zwei Gründen wich-
tig für das Verhältnis von Sachs zu Dickinson. Zum einen liefert sie eine poeto-
logische Erklärung für die Relevanz der Gedankenstriche. Das zweiseitige
Gambrel-Dach läuft durch die zwei verschiedenen Abdachungen abgeflacht nach
oben zusammen. Insofern hat die Dachform einen hinweisenden, nach oben
verweisenden Charakter, der mit dem annähernd deiktischen Gestus der Gedan-
kenstriche im Text korrespondiert. Dazu kommen auch die Zirkumflexzeichen,
die Teil der Notationen Dickinsons sind, in Johnsons Edition aber nicht berück-
sichtigt werden (Wylder 2004, 206). Die dritte Strophe macht die selbstbezügli-
che Sprechweise am sichtbarsten. V.10 lautet: „For Occupation – This – /"; wo-
bei das Demonstrativpronomen ‚this' – umgeben von zwei Gedankenstrichen –
die Reflexionsbewegung nicht nur auf den Prozess des Schreibens, sondern auch
auf die Aktualisierung der Verssprache richtet. Im unsichtbaren Haus der Dich-
tung besteht die Beschäftigung aus der Reflexion über das eigene Sprechen, das
aber paradoxerweise von der nonverbalen Geste der Handausbreitung beherrscht
wird. Ein weiterer Berührungspunkt zwischen Dickinson und Sachs ergibt sich
also aus der Gestik von Sachs' „schweigende[r] Sprache" (II, 156).

Entsprechend der poetologischen Lesart bringt Dickinsons Gedicht etwas
hervor, das sprachlich nicht erfasst werden kann, auf das das poetische Ich aber
durch die Gedankenstriche und mit Verweis nach oben, in den Himmel, rekurrie-
ren kann. Das sprechende Ich erhebt sich durch die Deixis der Gedankenstriche
gewissermaßen zum sprachlichen Schöpfer, da der Text als eine poetische Um-
deutung des Johannes-Logos interpretiert werden kann, indem das Wort nicht die
Welt, sondern das unsichtbare Haus der Dichtung schöpft. Es gehört zur Parado-
xalität des Gedichts, dass in V. 11, zum Ende des Gedichts hin, eine nonverbale
Geste steht. Die Geste der Handausbreitung ist neben der Handauflegung ein
fester Bestandteil der christlichen Taufzeremonie „und bringt den Schutz Gottes

zeichenhaft zum Ausdruck."[9] Dabei wird die Handausbreitung schweigend vorgenommen. Das Gedicht nimmt durch die Gedankenstriche einen Raum ein, der durch das letzte Wort, „Paradise – /" (V. 12), ein Heilsversprechen beinhaltet, das durch den unmittelbar folgenden Gedankenstrich allerdings nicht den, für Dickinson charakteristischen, sarkastischen Unterton entbehrt.

5 Sachs im Dialog mit Dickinson

„NACHDEM DU aufbrachst" (II, 49) ist ein weiteres Gedicht, das wahrscheinlich, wie „In der Flucht" (II, 74), im Jahr 1957 entstand;[10] im selben Jahr, in dem Sachs in der Rezension zu *Ingen förnuftig gärning* über „Dickinsons blitzschnelle Verwandlungen" (IV, 61) schrieb und ihr eigenes Credo von den „Verwandlungen der Welt" (II, 74) verfasste, das sie zwei Jahre später nochmals verstärkte, indem sie das Verwandlungsthema zum zentralen Aspekt des gesamten Gedichtbands *Flucht und Verwandlung* erklärte (II, 300). Für das Entstehungsjahr 1957 spricht, dass in „NACHDEM DU aufbrachst" alle drei Hauptthemen, die Sachs' Dickinson-Rezeption bestimmten, zusammenlaufen und vom Text kritisch reflektiert werden. Die Todesthematik, das Verwandlungsthema, verbunden mit mystischem Denken und Erleben, und die nonverbale Gestik werden in dem für Sachs' Lyrik der 50er Jahre ungewöhnlich hart gefügten Gedicht einmalig verbunden, da jede Zeile aufs Neue die Leerstellen – Zeilengrenze wie auch den Gedankenstrich – thematisiert. So kann das Gedicht im Lichte von Sachs' Dickinson-Rezeption gelesen werden, wodurch nicht nur eine neue Ebene des Textes erschlossen, sondern auch Sachs' literarästhetische Erfahrung mit Dickinsons Werk am Text ausgewiesen werden kann.[11]

> NACHDEM DU AUFBRACHST
> Loch des Schweigens gähnt
> Grab – darin einer Nachtwache Wandlung
> schon ohne Ränder
> 5 Kuß in die Anfänge –
>
> Die Welt aus deinen Augen fiel
> Blind-Ball
> rollend
> in das Muschelnest der Zeit –

---

[9] Vgl. „Die Feier der Kindertaufe" [ohne Autor], http://www.erzbistum-muenchen.de/Page000179.aspx (25. August 2012).

[10] Die Entstehungszeit des Gedichts ist ohne jede weitere Erläuterung im Kommentar der Werkausgabe angegeben (II, 289).

[11] Interpretiert wurde der Text im Hinblick auf seine Interpunktion bisher im Ansatz von Vedder (2012, 354) und ausführlich von Neumann (2011, 470-474; 2013, 124-147).

10 Unter dem Wasser spricht jemand deine Musik
    im Luftzug wird Neues gemessen –

    kopflose Schatten stürzen
    zur Nachtversammlung.

    Verschlossenes wetterleuchtet
15 durch die Tür

    weißer Zügel

    aus ungesprochenem Wortgespann.
    (II, 49)

Die in der ersten Zeile beanspruchten Zeitwerte – die temporale Konjunktion
‚nachdem' betont die Differenz zwischen früher und später – weisen bereits
darauf hin, dass das vom Gedicht Bedeutete aufgebrochen zwischen Vergangen-
heit und Zukunft liegt. Anfangs war bereits die Rede von der Unzulänglichkeit
der Worte angesichts der Kluft zwischen Vergangenheit und Gegenwart, die
Ausgangspunkt und Impuls für Sachs' „schweigende[] Sprache" (II, 156) und so
auch für ihre Gedankenstriche sei. Am Ende der ersten Zeile bricht die durch die
Zeilengrenze bewirkte Pause auf, worüber die zweite Zeile direkt reflektiert:
„Loch des Schweigens gähnt /". Die Form des literarischen Schweigens, die sich
hier aktualisiert, ist angesichts der aufklaffenden Leerstelle das tödliche Ver-
stummen. Anders als es Vedders Interpretation nahelegt, reflektiert die zweite
Zeile auf den Ort der Zeilengrenze, nicht aber auf den Gedankenstrich (Vedder
2012, 354).[12] Der Gedankenstrich wird in der dritten Zeile als „Grab – [...]"
lesbar, das das tödliche Verstummen zusammenhält, es bedeckt und ihm eine
begrenzte Form gibt.
    Sachs verlegt den Gedankenstrich vom Himmel in die Erde. Während die
Gedankenstriche bei Dickinson nach ihrer poetologischen Lesart noch als
„Gambrels of the Sky – /" (1955, Nr. 657, 327) interpretiert werden können –
einige Notationen in Dickinsons Gedichten haben, wie erwähnt, tatsächlich
Ähnlichkeit mit der Dachform –, die bei der amerikanischen Dichterin zudem
mit einem Heilsversprechen und der nonverbalen Geste der Handausbreitung
verbunden sind, ist das Bild, das Sachs angesichts der „tausend Finsternisse
todbringender Rede" (Celan 1983a, 185-186) unter dem Nationalsozialismus
noch für den Gedankenstrich findet, das Grab als Hoffnung auf die letzte Ruhe.
An dieser Stelle darf nicht vergessen werden, dass die Ikonographie des Gedan-
kenstrichs hier untrennbar mit dem Ort der Zeilengrenze verknüpft ist, mit deren
Reflexionsbewegung sich der Gedankenstrich in V. 3 als Zeichen des Eingeden-

---

[12] Vedder zitiert außerdem die zweite Zeile des Gedichts fehlerhaft als „Loch aus
      Schweigen gähnt /", wodurch die durch die Genitivkonstruktion hervorgerufene
      Komplexität der Zeile verloren geht (2012, 354).

kens verbindet. Die dezidierte Reflexion über den Abbruch des Sprechens, das Bewusstsein über die Bedrohung durch das Schweigen, ermöglicht die Grablegung der Verstummten, die der Gedankenstrich hier anzeigt.[13] Diese radikale Umkehrung der Bildlichkeit zeugt von einer kritischen Auseinandersetzung mit Dickinsons Zeichensetzung, die einen direkten Bezug auf Dickinsons Gedicht „I dwell in Possibility" (1955, Nr. 657, 327) nahe legt, aber bewusst die eigenen Daten und historischen Koordinaten in den poetischen Text einbezieht.

Sicherlich hat Dickinsons Zeichensetzung, die von Gedankenstrichen zerklüfteten Verse, Nelly Sachs angesprochen, doch waren für ihre ,schweigende Sprache' Dickinsons poetische Gesten der Verwandlung nicht weniger aussagekräftig. Die erste Zeilengruppe von „NACHDEM DU aufbrachst" schließt mit der Geste des Kusses – dem körperlichen Zeichen der Affirmation, Liebe und Ehrerbietung. Verkürzt dargestellt, lässt sich die paradoxe Rede von den Anfängen in V. 5 damit erklären, dass jede der vorausgehenden vier Zeilen immer wieder neu anhand einer anderen Sprechweise ansetzt, die auf ihre eigene Weise auf den Ort der Zeilengrenze reflektiert – „schon ohne Ränder /" (V. 4) beschreibt beispielsweise die für Dickinson und Sachs charakteristische mystische Sprechweise, die hier den Auflösungsprozess und die Unbestimmtheit thematisiert, denen das identifizierende Sprechen in der Leerstelle der Zeilengrenze ausgesetzt ist (Neumann 2013, 130). Erst durch das Ereignis des Kusses in der fünften Zeile – auch ein nonverbales Zeichen, das der Gedankenstrich am Zeilenende anzeigt – wird retrospektiv die Verbindung zwischen den vorausgehenden vier Zeilen sichtbar. Nur durch die liebende Zuwendung des Kusses kann über die Bedrohung des Verstummens hinausgegangen werden. Dickinsons Gestik der Handausbreitung, um das Paradies ins ,Haus der Möglichkeit' einzubringen, stand Sachs nicht mehr zur Verfügung. Anstelle des Heilsversprechens – auch bei Dickinson ist es ironisch gebrochen, es wird aber durch den abschließenden Gedankenstrich gehalten –, wählt Sachs die Geste des Kusses, die die wechselseitige Beziehung zwischen Ich und Du, das Dialogische, in den Mittelpunkt stellt, um Zeilen zu Versen zu wenden beziehungsweise einen poetischen Zusammenhang herzustellen.

Sachs' Gedicht „NACHDEM DU aufbrachst" deutet in V. 15 ebenfalls die Form eines Hauses an. Doch auch hier geschieht eine für Sachs' Poetik eigentümliche Übertragung der prominenten Hausmetaphorik, der Bildlichkeit, die in Dickinsons „I dwell in Possibility" graduell entwickelt wird. Ebenso sukzessiv entfaltet sich im vorliegenden Gedicht die Muschelmetaphorik, die in der Gedichtmitte in die Metapher des Nestes – „das Muschelnest der Zeit" (V. 9) – mündet, wodurch Sachs die Hausmetapher und so auch die Dichtung kritisch vor dem Hintergrund der Opposition von Natürlichem und von Menschen geschaffenem Künstlichem reflektiert und problematisiert. Sachs' Gedicht „NACHDEM DU

---

[13] Zur Problematik der Grablegung und Textgräber bei Sachs siehe die Studie von Christine Rospert *Poetik einer Sprache der Toten* (2004).

aufbrachst" kann angesichts seiner Auseinandersetzung mit den Pausen des Textes – den Zeilengrenzen und Gedankenstrichen –, den unterschiedlichen literarischen Formen des Schweigens und mit seiner Poetik als intensiver Dialog mit Emily Dickinson gelesen werden, der sich aber gezielt von Sachs' 10. Dezember herschreibt. Insofern ist der Akt der Datierung, den Celan in seinem Widmungsgedicht für Sachs in den Vordergrund rückt, auch für Sachs' Dialog mit Dickinson charakteristisch. Ferner legen die letzten zwei Zeilen von „NACHDEM DU aufbrachst" – „weißer Zügel / aus unausgesprochenem Wortgespann //" (V.16-17) – nahe, dass das Gespräch zwischen Sachs und Dickinson noch nicht zu Ende ist; zumal der „weiße Zügel" – die Metapher *par excellence* für den Gedankenstrich – Bezug auf die Fahrt mit dem Fuhrwerk in Emily Dickinsons „Because I could not Stopp for Death – /" (1975, Nr. 712, 350) nehmen mag.

Bibliographie

Adorno, Theodor W. „Noten zur Literatur". *Gesammelte Schriften*, hg. von Rolf Tiedemann. Frankfurt am Main: Suhrkamp, 1990. 106-113.

Anderson, Charles, R. *Emily Dickinson's Poetry: Stairway to Surprise*. New York: Holt, Rinehart and Winston, 1960.

Birus, Hendrik. „Metapher". Bd. 2 (2000), *Reallexikon der deutschen Literaturwissenschaft. Neubearbeitung des Reallexikons der deutschen Literaturgeschichte*, hg. von Klaus Weimar. 3., neubearb. Aufl., 3 Bde. Berlin: de Gruyter, 1997-2003. 571-576.

Celan, Paul. *Gesammelte Werke in fünf Bänden*, hg. von Beda Allemann und Stefan Reichert unter Mitwirkung von Rolf Bücher, 5 Bde., Bd. 3, Gedichte III, Prosa, Reden. Frankfurt am Main: Suhrkamp, 1983a.

Celan, Paul. *Gesammelte Werke in fünf Bänden*, hg. von Beda Allemann und Stefan Reichert unter Mitwirkung von Rolf Bücher, 5 Bde., Bd. 4, Übertragungen I. Frankfurt am Main: Suhrkamp, 1983b.

Celan, Paul. „Acht Gedichte". *Die Neue Rundschau* 72.1 (1961): 36-39.

Celan, Paul und Nelly Sachs. *Paul Celan/ Nelly Sachs. Briefwechsel*, hg. von Barbara Wiedemann. Frankfurt am Main: Suhrkamp, 1996.

Celan, Paul, Axel Gellhaus und Mathias Michaelis. *„Fremde Nähe": Celan als Übersetzer. Eine Ausstellung des Deutschen Literaturarchivs in Verbindung mit dem Präsidialdepartement der Stadt Zürich im Schiller- Nationalmuseum Marbach am Neckar und im Strauhof Zürichs*. Marbach am Necker: Deutsche Schillergesellschaft 1997.

Celan, Paul. *Der Meridian: Endfassung - Entwürfe - Materialien*, Tübinger Ausgabe, hg. von Bernhard Böschenstein und Heino Schmull. Frankfurt am Main: Suhrkamp, 1999.

Celan, Paul. „I dwell in Possibility". *Neue Rundschau* 119.1 (*Lyrikosmose*. Uda Strätling ‚High Noon', hg. von Hans Jürgen Balmes et al.; 2008): 8.

Cuddy, Lois A. „The Influence of Latin Poetics on Emily Dickinson's Style". *Comparative Literature Studies* 13.3 (September 1976): 214-229.

Dickinson, Emily. *The Complete Poems*, hg. von Thomas H. Johnson. London: faber and faber, 1975.

„Die Feier der Kindertaufe", http://www.erzbistum-muenchen.de/Page000179.aspx (Web, letzter Zugriff 25.08.2012).

Gellhaus, Axel et al. *„Fremde Nähe'*. *Celan als Übersetzer*. Marbach: Deutsche Schillergesellschaft, 1997.

Grünbein, Durs. *Antike Dispositionen. Aufsätze*. Frankfurt am Main: Suhrkamp, 2005.

Kippenberger, Susanne. *Emily Dickinson. Das Frauenzimmer*. http://www.tagesspiegel.de, hochgeladen am 15.05.2011 (Web, letzter Zugriff, 10.09.2013).

May, Markus, Peter Goßens und Jürgen Lehmann (Hg.), *Celan-Handbuch: Leben - Werk - Wirkung*. Stuttgart: Metzler, 2008.

Mitchell, Domhnall. „The Grammar of Ornament: Emily Dickinson's Manuscripts and their Meanings". *Nineteenth-Century Literature* 55.4 (März 2011): 479-514.

Neumann, Annja. „'Meridian' und 'Muschelnest' – Die Poetik der Zeit in späten Gedichten Paul Celans und Nelly Sachs". *Begegnungen. Das VII. Nordisch-Baltische Germanistentreffen in Sigtuna vom 11. bis 13.6.2009*, hg. von Elisabeth Waghäll Nivre et al. Stockholm: Acta Universitatis Stockholmiensis, 2011. 463-475.

Neumann, Annja. *Durchkreuzte Zeit. Zur ästhetischen Temporalität der späten Gedichte von Nelly Sachs und Paul Celan*. Heidelberg: Universitätsverlag Winter, 2013.

Olschner, Leonard. *Der feste Buchstab. Erläuterungen zu Paul Celans Gedichtübertragungen*. Göttingen: Vandenhoeck & Ruprecht, 1985.

Reuß, Roland. „*...*/ *die eigene Rede des andern"*. *Hölderlins Andenken und Mnemosyne*. Frankfurt am Main: Stroemfeld/Roter Stern, 1990.

Rosenthal, Bianca. „Paul Celan's Translation of Emily Dickinson's 'Because I could not stop for Death'". *The Emily Dickinson Journal* 6.2 (Herbst 1997): 133-139.

Rospert, Christine. *Poetik einer Sprache der Toten. Studien zum Schreiben von Nelly Sachs*. Bielefeld: Transcript, 2004.

Sachs, Nelly. An Paul Celan, vom 9. Januar 1958. *Paul Celan/ Nelly Sachs. Briefwechsel*, hg. von Barbara Wiedemann. Frankfurt am Main: Suhrkamp, 1996. 13.

Sachs, Nelly. *Briefe der Nelly Sachs*, hg. von Ruth Dinesen und Helmut Müssener. Frankfurt am Main: Suhrkamp, 1984a. Brief Nr. 125. An Margit Abenius, vom 17.3.1958. 189.

Sachs, Nelly. *Briefe der Nelly Sachs*, hg. von Ruth Dinesen und Helmut Müssener. Frankfurt am Main: Suhrkamp, 1984b. Brief Nr. 47. An Hugo Bergmann, vom 21.11.47. 85.

Sachs, Nelly. *Briefe der Nelly Sachs*, hg. von Ruth Dinesen und Helmut Müssener. Frankfurt am Main: Suhrkamp, 1984.

Sachs, Nelly. „Briefe aus der Nacht (1950-1953)". *Sinn und Form: Beiträge zur Literatur* 62.4 (2010): 551-559.

Strob, Florian. „Widerstand und Tradition: Das Schweigen der Dichterinnen und wie wir es lesen können", *literaturkritik.de*, Nr. 6 (Juni 2011), Schwerpunkt: Weltsprache der Poesie? (Web, letzter Zugriff 26.08.2013).

Vedder, Ulrike. „'Verhoffen': Gedankenstriche in der Lyrik von Ingeborg Bachmann, Nelly Sachs und Paul Celan". *Poetik der Zeichensetzung. Studien zur Stilistik der Interpunktion*, hg. von Alexander Nebrig und Carlos Spoerhase. Bern u.a.: Peter Lang, 2012 (=Publikationen zur Zeitschrift für Germanistik Bd. 25). 345-361.

Wheeler, Walter R. „The Introduction of the Gambrel Roof to the Upper Hudson Valley". http://www.hartgen.com (Web, letzter Zugriff 22.09.2012).

Wilner, Eleanor. „The Poetics of Emily Dickinson". *ELH* 38.1 (März 1971): 126-154.

Wolosky, Shira. „The Metaphysics of Language in Emily Dickinson (As translated by Paul Celan)". http://www.academia.edu/ (Web, letzter Zugriff 10.09.2013).
Wylder, Edith, „Emily Dickinson's Punctuation. The Controversy Revisited". *American Literary Realism* 36.3 (Frühling 2004): 206-224.

Jana Hrdličková

Liebe und Politik als Herausforderung für die Dichtung
Nelly Sachs und Marie Luise Kaschnitz in den 1960ern

Abstract
Marie Luise Kaschnitz habe als eine der wenigen deutschen SchriftstellerInnen beim Auschwitz-Prozess zugehört und ihn verarbeitet, stellt ihre Biographin Dagmar von Gersdorff fest und führt einen interessanten Vergleich an: „Marie Luise Kaschnitz war neben der aus Deutschland emigrierten Nelly Sachs [...] die einzige Lyrikerin, die in erschütternden Visionen das Geschehene beschwor." Konkret gemeint ist hier vor allem Kaschnitz' Gedichtzyklus *Zoon Politikon* von 1964, der sich allerdings in einer Hinsicht wesentlich von Nelly Sachs' ,Beschwörungen' der Shoah unterscheidet: Hier spricht vorwiegend ein Wir der (Mit)Schuldigen.
Doch die zwei im Wilhelminischen Deutschland sozialisierten Dichterinnen haben mehr Gemeinsamkeiten, als man auf den ersten Blick denken würde: das bittere Gefühl der Einsamkeit in der Kindheit, die eigentlich in einer äußerlich recht behüteten großbürgerlichen Idylle stattfand; die stumme Beziehung zum bewunderten, starken Vater; das Spiel mit dem Understatement als Hausfrau; eine herausragende Liebesbeziehung weit über den Tod des geliebten Mannes hinaus.
Auch die Zäsuren ihrer Werke (II. Weltkrieg, Verlust der Bezugsperson) und viele ihrer Spezifika (Naturliebe, Aufnahme der Moderne, Zeitgenossenschaft, Radikalität im Alter) verlaufen parallel. Der Beitrag geht anhand des Gedichtzyklus *Die Suchende* von Sachs (1966) und des Hörspiels *Gespräche im All* von Kaschnitz (1967) den privaten Entsprechungen im Werk der beiden Autorinnen nach. In einem zweiten Teil wird reflektiert, wie ihre Lyrik den Zweiten Weltkrieg und die Shoah verarbeitet und also politisch wird. Es zeigt sich hier, dass beide Dichterinnen wache Zeitgenossinnen waren, die u.a. auf zwei wichtige Prozesse der Nachkriegszeit mit engagierten Werken antworteten: auf den Jerusalemer Eichmann-Prozess (Sachs) und den Frankfurter Auschwitzprozess (Kaschnitz).

When telling us that Marie Luise Kaschnitz was one of the few German authors present at the Auschwitz trials, a subject she later worked on in her writing, her biographer Dagmar von Gersdorff makes an interesting comparison: "Besides Nelly Sachs, who had emigrated from Germany [...], Marie Luise Kaschnitz was the only lyrical poet who conjured up these events in deeply moving visions." This mainly refers to a series of poems published in 1964 under the title *Zoon Politikon*, which, however, differs substantially from the ,Beschwörungen' (,Conjurations') of the Shoa by Nelly Sachs: Kaschnitz's poems are predominantly voiced by a "we" representing the responsible as a collectivity.
Still, these two poets, who both grew up in the Germany of the Kaiserreich, have more in common than one might think at first glance: the bitterly felt loneliness of children living in the superficially idyllic protection provided for by the upper middle class; the silent

admiration for a strong father; their own play with the understatement of being housewives; an outstanding love for the only man of their life lasting far beyond death. There are parallels also in the rupture lines (Second World War, loss of the main person of reference) and in many other characteristics of their work (love of nature, the use of modern forms in their art, the ainvolvement in contemporary issues, a radicalism increasing with age). Based on the poems of *Die Suchende* (*The Searcher*, 1966) by Nelly Sachs and on the radio play *Gespräche im All* (*Conversations in Space*, 1967) by Kaschnitz, this essay discusses personal traits the two authors have in common, and differences between them; in a second part, it reflects on how their work presents the Second World War and the Shoah and in so doing assumes a political character. It becomes evident that both authors were conscious observers of their time who reacted to two important trials of the post-war period, the Jerusalem trial of Eichmann (Sachs) and the Auschwitz trial held at Frankfurt (Kaschnitz).

1 Einleitung

Es ist nicht üblich, die Autorinnen Nelly Sachs (1891–1970) und Marie Luise Kaschnitz (1901–1974) nebeneinander bzw. miteinander zu nennen.[1] Die erstere

---

[1]   Eine Ausnahme, neben einigen Arbeiten, die wie die von Robert Foot (*The phenomenon of speechlessness in the poetry of Marie Luise Kaschnitz, Günter Eich, Nelly Sachs and Paul Celan*) einige Aspekte der Dichtung beider Frauen vergleichen, bildet die Darstellung Otto Knörrichs in seinem Werk *Die deutsche Lyrik seit 1945*: „Obwohl sie bereits seit 1928 Gedichte schrieb, hat Marie Luise Kaschnitz erst nach dem Krieg, 1947, ihren ersten Gedichtband veröffentlicht. Ganz ähnliches gilt von Nelly Sachs, die in Deutschland noch Ende der fünfziger Jahre so gut wie unbekannt war und die 1966 mit dem Nobelpreis für Literatur ausgezeichnet wurde. [...] Beide Frauen, Marie Luise Kaschnitz und Nelly Sachs, hat das Leid, das verstummen macht, recht eigentlich zum Sprechen gebracht. Beide stehen sie in der Tradition des Goetheschen Tasso-Wortes: ‚Und wenn der Mensch in seiner Qual verstummt, / Gab mir ein Gott, zu sagen, wie ich leide.‘ Beide haben aber ihre ‚geschwätzigere Generation‘ hinter sich gelassen und die künstlerische Problematik epigonaler Redseligkeit und ästhetisierender Rhetorik überwunden. Bei beiden ist deshalb die moralische Autorität, die sie verkörpern, nicht von ihrem künstlerischen Rang zu trennen. // Die Gemeinsamkeiten zwischen ihnen sind aber damit noch nicht erschöpft. Beider Anfänge stehen im Zeichen epigonaler Nachahmung [...]. Für beider Werk wurde sodann der Einfluß Hölderlins von besonderer Bedeutung. So erscheint der große hymnische Sprachgestus des ‚hohen Stils‘ auch für die Lyrik von Nelly Sachs lange Zeit kennzeichnend. Zuletzt jedoch gelangt auch sie von der Verbosität des pathetischen Gedichts zu einer reduzierten Sprechweise [...]. // Schließlich: Auch die ersten Gedichtbände der Nelly Sachs sind in gewissem Sinne Vergangenheitsbewältigung. Sie erschöpfen sich aber, wie bereits angedeutet – und hier ist nun freilich der Punkt, wo jede gemeinsame Betrachtung enden muß –, noch weniger als die vergleichbare Lyrik von Marie Luise Kaschnitz in der damit umrissenen Aktualität" (Knörrich 1978, 129-130).

wird eher dem Jüdischen (Berendsohn, Pazi), die letztere eher dem Christlichen (Falkenhof, Kuschel, Suhr) zugerechnet, die erstere mit dem Norden (Dinesen, Fioretos, Lagercrantz), die letztere mit dem Süden (Altenhofer, Grimm, Koger) assoziiert. Die eine bezeichnet man als Emigrantin, und sie selbst fühlt sich verwurzelt nirgendwo (mehr), die andere zählt man zur Inneren Emigration, und ihre Heimat lokalisiert sie sogar dreifach: Rom, Frankfurt am Main und das Dorf Bollschweil im Breisgau. Wann sie sich kennen gelernt haben, bleibt unklar, und ihr Briefwechsel, noch bei Dagmar von Gersdorff 1992 hervorgehoben (Gersdorff 1992, 297), gilt nun als unauffindbar. Nur ein einziger Hinweis in Nelly Sachs' Brief an Dagrun und Hans Magnus Enzensberger vom 25. Februar 1962 zeugt davon, wie wichtig Kaschnitz der seelisch zermürbten, ins Krankenhaus geflüchteten Sachs wohl einmal gewesen sein musste. Sie habe „[s]oeben einen wunderschönen Brief von Marie Luise Kaschnitz [erhalten]" (Sachs 1985, 278), vertraut sie den Enzensbergers an.[2]

Die Nähe der beiden Dichterinnen wird sichtbar, wenn man die Festschrift zum 75. Geburtstag von Nelly Sachs (1966) in die Hand nimmt. Hier ist Marie Luise Kaschnitz die erste Gratulantin, mit gleich drei Gedichten vertreten, wobei vor allem das exponierte erste Gedicht auf eine intime Gemeinsamkeit der beiden Dichterinnen abzielt – auf ihre mutigen und doch zugleich armseligen, kosmischen ‚Ausflüge':

RÜCKKEHR immer wieder
nach dem Hinausgeschossen-
werden ins All
wo ich irre unbefugt
ausgestattet nicht mit den Ewigkeitsaugen
mit den feinen Fühlhörnern der Seele
wo ich torkle ein grober Fremdling
der die Milchstraßennetze zerreißt
den man hinabstürzt endlich auf sein Bett
in sein stickiges Fleisch und Blut.
Unwillig dämmert der Novembermorgen
die Röhren auf und ab
geht mit Steigeisenfüßen der Heizer.
(Kaschnitz in Suhrkamp Verlag 1966, 11)

[2] Doch Marie Luise Kaschnitz war nicht die erste und nicht die wichtigste Repräsentantin der deutschsprachigen Nachkriegsliteratur, zu der Nelly Sachs Kontakt suchte und fand. Während Paul Celan von Marie Luise Kaschnitz für die bundesdeutsche Literatur ‚entdeckt' wurde (Gersdorff 1992, 176), spielte eine ähnliche Rolle Hans Magnus Enzensberger im Falle von Nelly Sachs. Wichtige Bezugspersonen waren außerdem, neben dem „Bruder" Paul Celan, auch Hilde Domin, Ingeborg Bachmann, Ilse Aichinger, Johannes Bobrowski, Elisabeth Borchers, Friedrich Torberg, Peter Hamm und Hans Rudolf Hilty (Fritsch-Vivié 2001, 127).

Diese ‚Ausflüge‘ ins All sind beiderseits nötig, um ein geliebtes Du zu erreichen und einzufangen, werden immer wieder unternommen, obwohl klar ist, dass das Ich zum Kosmos, ins Jenseits noch nicht steigen darf und kann. „Rückkehr" nennt Kaschnitz ihr Gedicht an Sachs, das ähnlich wie Bachmanns „Ihr Worte" von 1961 die Ader des Sachsschen Pathos trifft, den tragischen Konflikt ihres Werks markiert, wenn auch nur in Hinsicht auf Sachs' Darstellung der Liebe (der Unmöglichkeit der Liebe), und nicht auf ihr poetisches Oeuvre insgesamt mit der Shoah als wichtige Koordinate. Zugleich aber wird auch ironisiert, die Trauer einer Einsamen dargestellt und in Zweifel gezogen. Schon im Titel des Kaschnitz-Gedichts, „Rückkehr", klingt der Titelvorschlag *Rückkehr aus dem Nebelland* der Ingeborg Bachmann an: So sollte jenes Witwenbuch von Kaschnitz benannt werden, das ihr langsames Herantasten an das Diesseits nach dem Verlust des Ehemannes thematisiert und das als *Wohin denn ich* (1963) von Gadamer zur Weltliteratur erklärt wurde (zitiert in Gerstdorff 1992, 252).

Auch das Kaschnitzsche Anfangsgedicht von *Dein Schweigen – meine Stimme* (1962), „Tageszeiten I", mit seinem „verlorene[n] Ich", klingt an, hier „[r]öchelt noch in den Röhren/Das Vergangne Versäumte" (Kaschnitz V 1985, 301), umrahmt von „[a]ufgejagte[n] Motoren" und „schmetternden Abfalltonnen" eines Draußen (Kaschnitz V 1985, 301); während in der „Rückkehr" nur „die Röhren" tönen, hervorgerufen – wie sich in der Pointe des Gedichts schließlich zeigt[3] – von einem simplen Heizer „mit Steigeisenfüßen" (Kaschnitz in Suhrkamp 1966, 11). Wollte Kaschnitz durch dieses Gedicht der Jubilarin mitteilen, dass der „Wasserterror", den Nelly Sachs nach der Ankündigung des Nobelpreises in ihrer ‚Kajüte‘ wieder verstärkt wahrnahm, an einem Rohrarbeiter liegen mochte, und nicht an einer Terroristen-Liga, einer „dunkle[n] Gesellschaft mit Verfolgungsmethoden",[4] die Nelly Sachs seit den frühen 60er Jahren immer wieder in äußerster Not instrumentalisieren musste, um vor dem gefährlichen Draußen in die Krankheit flüchten zu können und somit immer wieder gerettet zu werden?[5] Und äußerte Kaschnitz in diesem Gedicht nicht eine schwesterliche Sympathie für die Sachsschen tragischen ‚Ausflüge‘ zum Du im Totenreich, ihr durch das Gedicht sagen wollend, wie auch sie, Kaschnitz, ihren Geliebten tagtäglich vermisst und ihn im ganzen All verzweifelt sucht, während die profanen Röhren unfühlend rauschen (Gedicht „Tageszeiten I" aus *Dein Schweigen – meine Stimme*, 1962) und die äußere Welt voller Laute weitergeht (Geschichte *Am Circeo* von 1962, Selbstfindungsbuch *Wohin denn ich* von 1963)? Dann

---

[3]　Diese Pointe wird dann im Jahr 1972 in der Gedichtsammlung *Kein Zauberspruch* und 1985 in den *Gesammelten Werken* der Kaschnitz auch noch optisch hervorgehoben, indem die Autorin für das letzte Wort, „Der Heizer", eine separate Zeile bestimmt. Zudem wird das ganze Gedicht umbenannt zu „Der Heizer", und durch einen Tempuswechsel vom Präsens zum Präteritum („irrte", „torkelte") eine Distanz zum einstigen Zustand geschaffen (Kaschnitz 1985, 449).

[4]　Sachs an Celan im Brief vom 18.5.1960 (Celan und Sachs 1996, 40).

[5]　Der Preis für eine solche Errettung war ein immerwährendes Exil.

könnte man von Kaschnitz' bewusstem Eingehen auf Sachs' Werke (bzw. auch Briefe, die aber nicht erhalten sind) sprechen, von einer Kaschnitzschen Antwort auf Nelly Sachs' Not und umgekehrt. Die intertextuellen Bezüge, die unten aufgedeckt werden, würden dann eine Art Dialog der beiden Dichterinnen bilden.

Bekanntlich stellte Kaschnitz mit besonderer Vorliebe, und lange noch vor dem Beginn ihrer Witwenschaft, Menschen dar, die „alle unter der Einwirkung rationalistisch nicht zu erklärender Mächte [stehen], gegen die sie ankämpfen oder denen sie sich beugen oder an denen sie zugrunde gehen" (Kaschnitz VII 1989, 751). Diese später zum „All" verallgemeinerten Mächte ins Wort zu bannen schien eine der wichtigsten Aufgaben der älteren Kaschnitz. Im erwähnten Selbstfindungsbuch *Wohin denn ich* beschreibt sie sich selbst als „ein Stück Augenlid, in den Weltraum geschossen mit seinem Kranz von Wimpern" (Kaschnitz II 1981, 489), wodurch zwar Gott und der Ehemann nicht erreicht werden, sie aber in einem Raum mit Irdischen gedacht werden: und „als einen Ort der Lebendigen *und* der Toten, als einen Ort des Leidens und der wachsenden Gottesentfernung [...], [e]in[en] Ort also des Alleinseins, aber des Niemals-Alleinseins auch" (Kaschnitz II 1981, 489) begreift die Ich-Erzählerin schließlich das Universum. Im Gedicht „Rückkehr" drei Jahre später wird allerdings ein solcher ‚kosmischer Ausflug' zum Du im Totenreich stark problematisiert: Das Ich irrt in der solcherart erweiterten Welt allemal „unbefugt" (Zeile 4), seine Mangelhaftigkeit wird hervorgehoben („ausgestattet nicht mit den Ewigkeitsaugen/mit den feinen Fühlhörnern der Seele"), sein Torkeln als „ein grober Fremdling/der die Milchstraßennetze zerreißt/den man hinabstürzt endlich auf sein Bett/in sein stickiges Fleisch und Blut" (Zeile 7-10) führt zur peinlichen Katastrophe (alles Kaschnitz in Suhrkamp 1966, 11).

Mit einem ähnlichen Desaster endet auch Nelly Sachs' *Versteckspiel mit Emanuel* von 1962, dessen „Personen" Marie und Stimmen sind (III, 200) – und nicht etwa die heiß ersehnte Fata Morgana Emanuel –, und das in einer Wohnküche mit Armeneinrichtung spielt, die an die schlichte Einzimmerwohnung der Nelly Sachs im Exil erinnern könnte.[6] Ähnlich wie im Gedicht *Tageszeiten I* der Kaschnitz „[z]ischt" hier das Meer des Du „im Wasserrohr" (III, 201), während draußen „rasender Lärm, Musik, dröhnende Tanzschritte" (III, 203) sowie „[d]onnerndes Geräusch" (III, 204) wüten. Wenn es am lautesten ist, gesteht die Liebende: „Ich trinke trinke Emanuel – ich trinke – die ganze/Trennung fort" (III, 204), worauf nur „Nullen", „Leere" und Gesang vom „goldne[n] Ringelein" (III, 204) folgen. Emanuel, dessen Name „Gott ist mit uns" bedeutet, wurde offenbar von seinem Versteck nicht befreit und bleibt eine Illusion, die es genauso obsessiv zu trinken gilt wie die traumatische Tatsache der Trennung;[7] er wird zur fixen Idee der ihn verzweifelt Suchenden.

---

[6]   Vgl. Fritsch-Vivié 2001, 82.
[7]   Ähnlich obsessiv wird in der „Todesfuge" Celans „[s]chwarze Milch der Frühe" getrunken.

Und *Die Suchende* heißt schließlich, vier Jahre nach *Versteckspiel mit Emanuel*, der zentrale Gedichtzyklus der Nelly Sachs[8] – eine Summe dessen, was sie privat wie politisch erlitten hat, doch ins Allgemeine gehoben und „zur Essenz des Daseins geworden" (Fritz 1979, 9). Er bewegt sich in ähnlichen Realien wie Kaschnitz' lyrisches Hörspiel *Gespräche im All* von 1967, worin auch ein Dialog mit einem „tote[n] Bräutigam" versucht wird, worin allerdings auch das, was zuletzt bleibt, der Zweite Weltkrieg mit seinen unfassbaren Gräueln ist. Sowohl Sachs als auch Kaschnitz erweisen sich, und nicht nur in diesen Werken, als große unglücklich Liebende, doch zugleich als Chronistinnen der Entsetzlichkeiten ihrer Zeit. Im Folgenden wird *Die Suchende* der Sachs (1966) mit *Gesprächen im All* der Kaschnitz (1967) in Beziehung gebracht, um im Anschluss daran zu erläutern, wie das Oeuvre der beiden Autorinnen den Zweiten Weltkrieg und die Shoah verarbeitet. Hierbei soll auf einige Shoah-Gedichte der Sachs („Auf daß die Verfolgten nicht Verfolger werden", „Überall Jerusalem") eingegangen werden sowie auf Kaschnitz' Gedichtzyklus *Zoon Politikon* von 1965.

2 Liebe und Krieg ad infinitum

Jahrzehntelang, ja lebenslang, fesselte Nelly Sachs der Mut der Fürstin Wolkonskaja, die ihrem Mann nach der Zerschlagung des Dekabristenaufstands (1825) nach Sibirien in die Verbannung folgte, obwohl der Zar und ihre Familie strikt dagegen waren und sie ihren kleinen Sohn zurücklassen musste. Sachs nannte sie im Brief an Enar Sahlin vom 26. Juni 1940 „eine stille Heldin [...] der Liebe" (Sachs 1985, 22) und bewahrte den Zeitungsartikel im *Berliner Tagblatt*, aus welchem sie am 30. Dezember 1913 und am 12. Januar 1914 über ihr Schicksal erfuhr, bis an ihr Lebensende. Es trieb sie geradezu, dieses Liebesopfer immer neu zu gestalten und es mit dem eigenen ‚still Heldenhaften' sukzessive anzureichern. So schrieb sie 1940 den Prosatext *Marja Wolkonskaja*, 1962 die szenische Dichtung *Vergebens an einem Scheiterhaufen*, zwischen 1962 und 1970 die Gedichte „Besessen von Hingabe" und „1825", schließlich den Gedichtzyklus *Die Suchende*, ihr lyrisches Testament. Seine Wurzeln reichen zwar in das Jahr 1963, doch Sachs wartete mit seiner Publikation bis zur Verleihung des Literaturnobelpreises am 10. Dezember 1966. Für seine herausragende Stel-

---

[8] So, als ein „Gedichtzyklus", verstehen dieses Werk Bengt Holmqvist (1991, 68) und Eleonore K. Cervantes (1982, 8); Ehrhard Bahr (1980, 158) sieht es dagegen als eine „Verserzählung", betont also das Narrative. Gabriele Fritsch-Vivié (2001, 132) bezeichnet es als Nelly Sachs' „großes Poem", ähnlich auch Henning Falkenstein: „ein langes, siebenteiliges Gedicht" (1984, 83), wobei im nächsten Schritt alle Zeilen zusammengerechnet werden und ein „85zeiliges Gedicht" erwähnt wird.

lung in ihrem Gesamtwerk zeugt auch der Umstand, dass *Die Suchende* in einer aufwendigen, bibliophilen Auflage erschien.[9]

Die verzweifelte Suche nach dem Geliebten, die schon die szenische Dichtung *Versteckspiel mit Emanuel* thematisch prägte, erreicht in diesem Zyklus von sieben unterschiedlich langen Gedichten ihren Höhepunkt. Wieder markiert das Akustische den Anfang der Handlung, doch die Parameter sind hier entschieden verschärft: „Von der gewitternden Tanzkapelle" geht die Liebende aus, wo allerdings „die Noten aus ihren schwarzen Nestern fliegen/sich umbringen – " (II, 189), wo also die Töne des Profanen nur noch radikal die Vergänglichkeit alles Irdischen suggerieren, den gewaltsamen, selbstauferlegten, offenbar sinnlosen, mechanischen Tod. Auch tritt hier keine namentlich genannte Frau mehr auf wie Marie im *Versteckspiel*, sondern allegorisch „die Leidbesessene" (II, 189), die im Unterschied zum Gedicht „Besessen von Hingabe" von etwas besetzt, besessen wird, das es zu erdulden gilt, nämlich vom passiven (Er)Leiden-Müssen:

Von der gewitternden Tanzkapelle
wo die Noten aus ihren schwarzen Nestern fliegen
sich umbringen –
geht die Leidbesessene
auf dem magischen Dreieck des Suchens
wo Feuer auseinandergepflückt wird
und Wasser zum ertrinken gereicht –
Liebende sterben einander zu
durchädern die Luft –
(II, 189)

Ein nächstes, gewissermaßen komplementäres, Adjektiv, um sie zu charakterisieren, ergibt sich aus dem Titel des Zyklus, der, im Unterschied zu der „Leidbesessenen", auf die fiebernde, unabgeschlossene Aktivität der Liebenden zielt: „Die Suchende". Diese Eigenschaft wird im Laufe des Gedichtzyklus unterstrichen, es ist noch in Gedicht I vom „magischen Dreieck des Suchens" die Rede, wo hinterhältig „Feuer auseinandergepflückt wird/und Wasser zum Ertrinken gereicht" (II, 189);[10] die folgenden Wiederholungen („Sie sucht sie sucht/brennt die Luft mit Schmerz an"; II, 189) lassen das Aktive mit dem Passiven wetteifern. Am Ende dieses Gedichts erfahren wir die Liebende als eine, die in Armut lebt, denn sie „aufersteht weiter – " (II, 190), muss also am Leben bleiben. Dann macht sie aber einen Schritt zu den Sternen, ins Universum, wo sich das Du befindet.

---

[9] Es sollte die letzte noch von der Dichterin selbst betreute Veröffentlichung werden (Cervantes 1982, 14).

[10] Dies geschieht mit der Konsequenz, dass die Liebenden, die logischerweise einander zu streben sollten, „einander zu sterben" vor unerfüllbarer Sehnsucht (II, 189).

Hier, in Gedicht II, wird der unsichtbare Geliebte von der Liebenden magisch als „der Weissager der Sterne" (II, 190) angesprochen, wobei jedoch Tag wie Nacht für die beiden verloren sind und nur „vulkanische Beichten unter meinen Füßen" die Liebende daran erinnern, wie involviert sie in die Leidenschaft war. Das Du zeigt sich folglich in Gedicht III als „ausgestreut" und „nirgends häuslich" (II, 190). Nur ein „Faden im Labyrinth führt" das Ich in seine Nähe, doch voll „religiöse[r] Angst" (II, 190) und, in Gedicht IV, mit einer in den Adern knisternden Ungeduld (II, 191). Flüchtig werden Vorahnungen über den Tod des Du mit Märchenhaftem, Historischem ausbalanciert: eine schon im Gedicht „Im eingefrorenen Zeitalter der Anden" (entstanden 1960-1961) auftretende,[11] außerdem an das Märchen *Schneewittchen* erinnernde „Eisprinzessin" steigt aus ihrem „gefrorenen Grab", wird vom Geliebten erwärmt, wobei „die strahlenden Jahrtausende" des Positiven, Erwünschten Revue passieren. Doch diese Epochen der Liebe werden nicht gelebt, es ist „keine Zeit da sie einzusammeln" (II, 191), und die Utopie endet im nächtlichen Scheiterhaufen, der frühere geschichtliche Gräuel mit den Bücherverbrennungen des zwanzigsten Jahrhunderts verbinden und assoziieren lässt.

Im fünften Gedicht bleibt für das Paar als Raum nur noch die gewaltsame Geschichte übrig, der Henker trägt hier die Stimmen der „zwei Gefangene[n]" pervers „aufgezogen", was einen verzweifelten „Sehnsuchtsweg des Wahnsinns hin und her" ergibt (II, 191). Dem Du wird der Tod beschert, dem Ich, in Gedicht VI, „das Ende der Welt", das allerdings erst dann verbalisiert und so lokalisiert werden kann, wenn das „Sterben […] geboren [ist]" (II, 192), also angesichts des eigenen Todes. Im siebten, letzten Gedicht des Zyklus scheint die Suchende sich selbst anzusprechen und sich folgendermaßen auf das Du hin zu definieren: „dein Leib ist eine Bitte im Weltall: komm" (II, 192).[12] Es endet mit dem nüchtern konstatierenden „Gebogen ohne Richtung ist das Opfer – " (II, 192), das das Liebesopfer der Zeit der Marja Wolkonskaja (das noch einigermaßen ‚heile' neunzehnte Jahrhundert) mit dem Liebesopfer aus der Zeit von Nelly Sachs konfrontiert.[13] Während in der Wolkonskaja-Epoche das Exil in Sibirien

---

[11] Hier bezieht sich „die Prinzessin im Eissarg/umarmt von kosmischer Liebe" (II, 134) auf eine in einem Eissarg eingeschlossene Mumie eines 12jährigen Mädchens aus den Anden, die zu Sachs' Zeiten eine Sensation darstellte. (s. Kommetar II, 333)

[12] Eleonore K. Cervantes liest in ihrer detaillierten Interpretation des Zyklus *Die Suchende* diese Zeile anders: „Der ‚Leib' des ‚Geliebten', als ‚Bitte im Weltall' dargestellt, ist eine kosmische Erweiterung des ‚weißen Palmenblatts', der Schöpfung der ‚Suchenden' im ersten Gedicht. So gesehen, ist es nicht mehr Ausdruck individuell menschlicher Liebe oder die Sehnsucht nach Ergänzung der eigenen Unzulänglichkeit, sondern eher die erwünschte Einung, die mit der Aufgabe des eigenen Ich verbunden ist" (Cervantes 1982, 120). Hierbei wäre die Nähe zu Kaschnitz' *Gesprächen im All* noch markanter.

[13] Nach Bahr (1980, 158) sind in diesem Zyklus „Autobiographie und Schicksal der Marja Wolkonskaja […] verbunden und zur Person der ‚Leidbesessenen' mythisiert,

für das weibliche Ich noch einen Sinn haben konnte, die Unterstützung des in
Ungnade gefallenen Generals, ist bei dem Liebesopfer der Hitler-Zeit kein Sinn
mehr festzustellen, und es entbehrt jeglichen Ziels, weil der „tote Bräutigam"
eben zu früh und zu unnatürlich verstarb, als dass sich ihm die Liebende hätte
aufopfern können. Sie selbst wird somit zum Opfer, das die vielen Opfer des
Weltkriegs und der Shoah symbolisch sichtbar macht: In einer körperlichen
Haltung,[14] die an viele der spezifisch gebogenen Skulpturen von Käthe Kollwitz
erinnert.[15]

Auch Carolin aus den *Gesprächen im All* von Marie Luise Kaschnitz war
lange auf der Suche nach ihrem Geliebten, ihrem Ehemann Georg. Die Handlung
des Hörspiels fängt allerdings in dem Augenblick an, wo sie sich scheinbar wie-
dergefunden haben: nämlich im All, also nach Carolins Tod. In neun Gesprä-
chen, die von einem „beständige[n] leise[n] Klirren, wie von Eiskristallen, das
sich gelegentlich zu einem dämonischen Sausen, Klirren und Fegen verstärkt"
(Kaschnitz VI 1987, 473), begleitet werden und voneinander durch „Starkes
Sausen, Klirren und Fegen" abgetrennt werden, versucht nun Carolin, Georg zu
sich und dem Irdischen zu ziehen, ihm die Sprache nochmals beizubringen und
damit auch die Liebe, die sie auf der Erde miteinander verband. Doch dies miss-
lingt tragischerweise immer wieder. Schon das simple Wort „wir", das für
Carolin ein Inbegriff der Ehe, ihrer Ehe, ist und deshalb „ein besitzanzeigendes
Fürwort" – konkret dann also „[z]wei Menschen, die einander gehören, ein Le-
ben lang" (Kaschnitz VI 1987, 474) –, lässt in Georg nur Assoziationen an den
Schulunterricht entstehen und, „geistesabwesend", die Reihe „Nos, nostri, nobi,
nobis. Emeis, emu, emin, emas" (Kaschnitz VI 1987, 474) aufsagen. Im zweiten
Gespräch passiert ähnlich Bedenkliches, wenn Georg offensichtlich das Jahr
ihrer Heirat vergessen hat, dafür aber weiß, wann Außenminister Stresemann,
ein Dorn im Auge der Nationalsozialisten in den 1920er Jahren, gestorben ist.
Von nun an zeigt sich, wie „Er" und „Sie", wie die beiden im Drehbuch des
Hörspiels genannt werden, die vergangene Welt anders wahrzunehmen scheinen,

---

so dass sich das Gedicht von der autobiographischen Aussage ablöst." Bahr setzt fort:
„Die Analogie zwischen Nelly Sachs und der russischen Fürstin, die von Puschkin
besungen wurde, ist dennoch offensichtlich: beide sind auf der Suche nach dem
Geliebten. [...] Beide leiden unter politischer Verfolgung und befinden sich im Exil"
(1980, 158).

[14] Schon der Titel des Gedichts „Gebogen durch Jahrtausende" (II, 14) aus der
   Sammlung *Und niemand weiß weiter* (1957) favorisiert eine ähnliche Körperstellung
   zur Äußerung der Erfahrung der Shoah und der Flucht davor. 1961 sind dann im
   Gedicht „Überall Jerusalem" die sechsunddreißig Zaddikim „gebückt [...] im
   Leidensweg" (II, 148).

[15] Beispielsweise an ihre *Mutter mit totem Sohn* in der Neuen Wache Berlin, die heute
   als die Zentrale Gedenkstätte der Bundesrepublik Deutschland für die Opfer von
   Krieg und Gewaltherrschaft fungiert.

wobei – ganz konventionell – dem Weiblichen das Private und dem Männlichen das Öffentliche zugesprochen werden.

So fragt Georg symptomatisch im dritten Gespräch, ob die Schmetterlinge, von denen Carolin spricht, „vergast" wurden (Kaschnitz VI 1987, 479), was Carolin selbst schon anbahnte mit ihrem „Sie sind fast ausgestorben. Die Schädlingsbekämpfung, du weißt" (Kaschnitz VI 1987, 479).[16] Zwei Schlüsseltraumata des XX. Jahrhunderts, die Shoah und die Umweltzerstörung, werden darin verkoppelt und als etwas Frevelhaftes bloßgestellt. Im vierten Gespräch muss Carolin durch ähnliche ‚Verwechslungen' unwillig auf „die schrecklichen Vernichtungslager" ihrer Zeit zu sprechen kommen (Kaschnitz VI 1987, 492), und von da an gleichen sich die Positionen der Ehepartner an, so dass Carolin, im achten Gespräch, die Kriege als eine anthropologische Konstante ansieht:

> Menschen hatten Arme und Beine und Haare und Zähne. [...] Sie hatten den Wunsch, Anerkennung zu finden, bei vielen, bei einem einzigen, oder bei ihm. Manchmal kam etwas über sie, das zertrümmerte ihnen die Häuser und machte sie zu Krüppeln und Bettlern. Sie versuchten unaufhörlich, sich zu lieben, aber sie waren erfüllt von Haß. Es gelang ihnen nicht.
> (Kaschnitz VI 1987, 491)

Dieses Allgemeine weicht, noch im gleichen Gespräch, folgerichtig dem Privaten, worin Carolins Verschulden im Zusammenhang mit dem Zweiten Weltkrieg offengelegt wird. Hier ist von einem gewünschten Einschreiten Georgs gegen ein nicht mehr erinnertes Unrecht die Rede, das Carolin verhinderte, indem sie folgendermaßen argumentiert hatte:

> Denk, denk, denk an mich, habe ich gesagt, oder habe ich es gesungen – es gellt mir jetzt in den Ohren, das schauerliche kleine Lied. Denk, denk, denk an mich und denk an deine Kinder, und wahrscheinlich hätte ich es nicht singen sollen, ich hätte dich gehen lassen sollen, und vielleicht wärest du viel früher gestorben, hin-

---

[16]   Schon in der berühmten Kurzgeschichte *Das dicke Kind* (1952) der Kaschnitz spielt das Motiv des Schmetterlings eine wichtige Rolle: hier symbolisiert es das ersehnte Stadium nach jenem der Raupe, die auf das abscheulich „dicke Kind" verweist. Auf eine zunächst ähnliche Bedeutung des Schmetterlings bei Sachs machte schon Paul Kersten (1970, 96-97) aufmerksam: „Generell lässt sich sagen, dass mit den Bildelementen ‚Schmetterling' und ‚Flügel' der Motivkomplex der ‚Verpuppung', ‚Verwandlug' und des Aufstiegs ins ‚unsichtbare Universum' signalisiert wird." Kerstens Wort-Konkordanz zeigte darüber hinaus, wie häufig das Wort „Schmetterling" von Nelly Sachs verwendet worden ist (Kersten 1970, 107a). Wichtig ist das Sachssche Motiv des Schmetterlings, neben dem „Schmetterling" betitelten Gedicht von 1948, u. a. in den Gedichten „Wer aber leerte den Sand aus euren Schuhen", „Chor der Steine" und „Chor der Ungeborenen" und in dem von Ehrhard Bahr kritisierten Gedicht „Wenn im Vorsommer der Mond geheime Zeichen aussendet" (Bahr 1980, 82-86).

gerichtet worden, wir alle, auch die Kinder. Aber du müßtest dich jetzt nicht grämen, und ich müßte mich nicht grämen um dich.
(Kaschnitz VI 1987, 493)

Sogar der lichte, christliche Süden (mit der Kirche der heiligen Maria des Friedens assoziiert) erweist sich im Zusammenhang mit dem Weltkrieg als höchst beängstigend, und das achte Gespräch beendet dementsprechend ein surreal anmutendes Horrorszenario, das jedoch die Realien des Zweiten Weltkriegs getreu wiedergibt:

> Hast du gesagt, daß wir in Rom gewohnt haben? Wir sahen auf die Kuppel von Santa Maria della Pace. Zu Weihnachten kamen die Dudelsackpfeifer aus dem Gebirge [...] Aber die Christbäume fielen vom Himmel herunter, ganz langsam, viele, bunt geschmückte, und wir fürchteten uns sehr...
> (Kaschnitz VI 1987, 493)

Bis zuletzt bleiben „[d]ie Gemarterten, die ihre Qualen nicht vergessen können" (Kaschnitz VI 1987, 494), das Signifikante des erinnerten Lebens; zugleich erweist sich jedoch die Liebe, die gemeinsame Ehe mit Georg, die Carolin für so standfest hielt, als ziemlich brüchig. „Immer gab es etwas, das dir wichtiger war als ich. Es klingt verrückt. Aber darum – habe ich dich geliebt" (Kaschnitz VI 1987, 494), äußert Carolin. Dieses noch einigermaßen disziplinierte Zugeständnis wird im nächsten Schritt sogar hasserfüllt zugespitzt: „Du selbst bist der Sog, Herr Bräutigam. Du selbst bist der Tod –" (Kaschnitz VI 1987, 495). Die eheliche Liebe wurde enttabuisiert, ihr Abgrund sichtbar. „War immer Krieg. Schad" (Kaschnitz VI 1987, 496) heißt die abschließende Formel Carolins, die sowohl auf das Äußere, Politische, wie auf ihr Intimleben gemünzt sein könnte:

> SIE Sagtest du Falläpfel grüne, Hallimasch – unter der Sonnenblume? Die schüttete ihre Samen aus auf die armen Soldaten. War immer Krieg. Schad.
> ER *Töne*
> SIE Du hast recht. Wir bewegen uns nicht. [...] *Flüsternd:* Ich bin dir nachgelaufen. Jetzt bin ich außer Atem und hab' keine Stimme mehr. Aber ich hab' dich erreicht.
> Trag die Kinder wieder im Leib. Die Knospen, da geschieht ihnen nichts.
> *Töne, vermischt mit einem tiefen Rauschen.*
> SIE Mantel, Schwarz-Mantel
> rauscht, schlägt sich um dich und mich.
> Lieb' ich dich noch?
> Ich weiß es nicht. Ich liebe.
> *Musikakzent.*
> *Pause.*
> *In die Leere hinein, nicht als Echo, sondern als ganz neues Wort:* Liebe.
> SIE UND ER *Töne – ein geisterhaftes, elektronisches Duett.*
> (Kaschnitz 1987, 496-497)

Dass das Wort „Liebe", das Carolin ganz zuletzt ausspricht und womit das Hörspiel endet, eine fürchterlich neue, erschreckende Qualität besitzt, bringen die Töne nahe, mit denen das Ende des Hörspiels unterlegt ist: „ein geisterhaftes, elektronisches Duett" (Kaschnitz VI 1987, 497).[17]

Wie sich gezeigt hat, hat keine der Liebenden (weder bei Sachs, noch bei Kaschnitz) ihren Geliebten gefunden, nicht im All und nicht auf der Erde. Auch die Versuche, ihn aus dem eigenen Leib neu zu schaffen (II, 190) oder durch Worte einen gleichsam dritten Raum zu konstituieren (durchgehend bei Kaschnitz; VI. Gedicht II, 191–192), schlagen fehl. „Ich hab' dich uns aufbauen wollen, aus Worten, alter Stern. Aber alles, was ich zustande gebracht habe, war ein Löwenzahnhaupt, ein graues, und der Wind hat's zerrissen" (Kaschnitz VI 1987, 496), klagt Carolin. Das, was haften bleibt, sind die äußeren Zumutungen als Grundlage für die unglückliche Liebe. Bei Sachs betreffen sie eindeutig die grausige Verfolgung, die eine Erfüllung der Liebe verhindert, so sehr auch dagegen angekämpft wird. Bei Kaschnitz wird zuletzt die eigene Verstrickung sichtbar, umrandet von der Angst um die Familie. Der Geliebte entfernt sich in beiden Fällen Schritt für Schritt, ähnlich, wie es das Spätgedicht „Ad infinitum" der Kaschnitz (1972) nochmals eindrucksvoll schildert. Die kriegerischen Auseinandersetzungen und die Verweise auf die Shoah (vergaste Schmetterlinge bei Kaschnitz, Figuren des grausamen Henkers bei Sachs) bilden dagegen im Hintergrund beider Werke einen stummen Schrei, der über unsere Welt mehr auszusagen vermag als die Liebesgeschichte.

3 Zoon Politikon des Eichmann- und des Auschwitzprozesses

Obwohl das politische Engagement der beiden Autorinnen in der Forschung nicht immer im Vordergrund steht,[18] gibt es mehrere Aspekte, die zeigen, wie

---

[17] Eine ähnlich erschreckende neue Qualität, „eine Verschärfung des Problems Hiob", liefert nach Karl-Josef Kuschel auch das Ende des Gedichts „Hiob" von Nelly Sachs (Kuschel 1994, 210-211).

[18] Eine Ausnahme im Falle von Marie Luise Kaschnitz stellt Reinhold Grimms Aufsatz „Ein Menschenalter danach. Über das zweistrophige Gedicht ‚Hiroshima' von Marie Luise Kaschnitz" von 1979 dar. Auch Stefan Bodo Würffels Beitrag „‚…die schlimmen Dinge anzuzeigen.' Zu den Hörspielen von Marie Luise Kaschnitz" geht in die Richtung der öffentlichen Engagiertheit der Autorin. Im Kapitel „‚War immer Krieg. Schad.' Kaschnitz' autobiographische Gespräche im All" (Hrdličková 2008, 154–165) wird ebenfalls das Politische akzentuiert. David Baskers Artikel „Love In A Nazi Climat: The First Novels Of Wolfgang Koeppen And Marie Luise Kaschniz" von 1995 geht darüber hinaus u. a. der Darstellung der NS-Zeit im ersten Roman von Kaschnitz, *Liebe beginnt*, nach. Schon Johanna Christiane Reichardt benannte 1985 ihre Kaschnitz-Monographie *Zeitgenossin. Marie Luise Kaschnitz*.

wach sowohl Sachs als auch Kaschnitz das Zeitgeschehen im Auge behielten, über Jahrzehnte hin. Bei Sachs geschah dies unter dem Motto „Wir müssen dafür sorgen, daß die Verfolgten nicht zu Verfolgern werden", einem Satz, mit dem sie im Sommer 1944 Max Tau ansprach und der ihm in seinem Gedächtnis haften blieb (zitiert in Dinesen 1994, 136). Im Jahr 1948 vertraute sie Ähnliches ihrer Freundin Gudrun Dähnert an – „Man kann nur bitten und flehen, daß die Verfolgten niemals Verfolger werden" (Sachs 1985, 97). An Hilde Domin schrieb sie im Dezember 1960: „Es muß der Schritt gewagt werden, wo Henker und Opfer ausgewischt werden als Begriffe. Dort kann und darf die Menschheit nicht stehen bleiben, wenn nicht dieser Stern seelisch zu Grunde gehen soll" (Sachs 1985, 260). Dieser Komplex und Sachs' Beschäftigung damit fanden einen Höhepunkt im Jahre 1961, und zwar mit dem Beginn des Jerusalemer Prozesses gegen Eichmann, dessen Eröffnung am 11. April 1961 Nelly Sachs aufschrecken ließ, wie es unter anderem der Datierung des Gedichts „Überall Jerusalem", „Am 11. April 1961/In der Trauer" (II, 148), zu entnehmen ist:

> Verborgen ist es im Köcher
> und nicht abgeschossen mit dem Pfeil
> und die Sonne immer schwarz um das Geheimnis
> und gebückt die Sechsunddreißig im Leidenswerk
>
> Aber hier
> augenblicklich
> ist das Ende –
> Alles gespart für das reißende Feuer
> Seiner Abwesenheit –
>
> Da
> in der Krankheit
> gegoren zur Hellsicht
> die Prophetin mit dem Stab stößt
> auf den Reichtum der Seele
>
> Da ist in der Irre Gold versteckt –

Die sechsunddreißig verborgenen Gottesknechte, die nach chassidischer Auffassung das Gewicht der Welt tragen, sind bei Sachs mit dem „Leidenswerk" beschäftigt, also mit einer Schmerzensarbeit. Es ist dies eine so schwere Arbeit in Hinsicht auf die im Gedicht evozierte jüngste Vergangenheit, dass sie dadurch bis zur körperlichen Entstellung belastet werden. Auch eine durch ihre Krankheit zur Hellsicht „gegorene" Prophetin (Mirjam, Völva,[19] die Autorin selbst) tritt hier auf, die auf das in der „Irre", d.h. in jedem Irrtum und offenbar auch Wahnsinn enthaltene „Gold", das verborgene Wertvolle und Positive, verweist. Diese

---

[19]   Vgl. Kommentar II, 345.

Irre kann hier aktuell den Jerusalemer Prozess gegen Eichmann meinen, den Nelly Sachs so sehr ablehnte, dass sie selbst davon krank, irr wurde. Sie musste Zuflucht in der Klinik suchen, ihrem „Schutzraum" (Dinesen 1994, 338). Noch von dort appellierte sie nach dem Todesurteil für Eichmann im Dezember 1961 mit folgenden Worten an den israelischen Ministerpräsidenten David Ben Gurion:

> Hochverehrter Herr Präsident, mit Worten die im tiefsten Leid gereift sind, möchte ich Ihnen sagen, was mich zu tiefst bewegt [...]. Lassen Sie kein Todesurteil gegen Eichmann ergehen – auch in Deutschland gab es die Gerechten – um ihretwillen sei es Gnadenzeit. Ich darf vielleicht ohne anmaßend zu scheinen diese Bitte um so eher aussprechen, da ich weiter zu den Verfolgten gehöre und durch die Liebe und Güte meiner schwedischen und ausländischen Freunde die einzige Möglichkeit sehe, dieses Leben zu ertragen und weiter zu arbeiten.
> (Sachs zitiert in Dinesen 1994, 338)

Anstatt einer Antwort fand im Mai 1962 die Hinrichtung Eichmanns statt, und die an das befreundete Ehepaar Holmqvist gerichteten Zeilen vom Juni 1962 verraten schon entsprechend erstarkte Verfolgungsängste: „Ich bitte Euch um Eines: Es können doch nicht alles blutdürstige Rächer für Eichmann gewesen sein, die den Tag rot machen und vorher und nachher – und warum diese Lynchstimmung gegen mich?" (Sachs zitiert in Dinesen 1994, 339). Auch weit in Schweden und sechzehn Jahre nach dem Ende des Weltkriegs zählte sich Nelly Sachs, wie dieses Zitat beweist, „zu den Verfolgten".[20]

Erst mit Gunnar Ekelöfs Geschenk, einer Ikone, benannt „Panhagía, die Schmerzensreiche" (Sachs zitiert in Dinesen 1994, 339), geschieht vorübergehend „Ruhe auf der Flucht" (Nelly Sachs im Brief an Ekelöf vom 22. Februar 1961; zitiert in Dinesen 1994, 339). Die Botschaft der Gnade hatte schon 1947 zum Gedicht „Auf daß die Verfolgten nicht Verfolger werden" geführt, einer poetischen Umsetzung der Devise von 1944. Auch hier markiert das feindlich Akustische den Anfang des Geschehens, und zwar die anonymen „Schritte" der Verfolger, die auch die Prosa *Leben unter Bedrohung* von 1956 thematisch prä-

---

[20] Andreas Kraft zeigt in seiner Studie *„nur eine Stimme, ein Seufzer". Die Identität der Dichterin Nelly Sachs und der Holocaust* sehr überzeugend, dass Nelly Sachs nach der Erfahrung des Völkermordes nirgendwo mehr heimisch wurde. William G. Niederland spricht in dieser Hinsicht allgemein vom „Seelenmord". Wie schwierig es selbst für die nächste Umgebung sein musste, auf diese „Verfolgung" von Nelly Sachs einzugehen, bezeugt eine Notiz von Moses Pergament, einem Freund und Förderer von Nelly Sachs, am Rande des am 4. Juni 1960 datierten Briefes der Dichterin, in dem sie ratlos um seine Hilfe fleht: „immer noch ‚verfolgt'" (Dinesen 1994, 243).

gen.[21] Diese Schritte werden fünfmal am Strophenbeginn aufgeführt und davon die ersten drei Male jeweils ratlos mit dem Gedankenstrich versehen, bevor sie als „Schritte der Henker/Über Schritten der Opfer" (6. Strophe, I, 50) definiert werden. Ihr Sinn bleibt trotzdem unklar wie auch ihre Wirkung, die mit einer abschließenden Frage nur ihre Furchtbarkeit suggeriert: „In der Musik der Sphären/wo schrillt euer Ton?" (I, 50). Offenbar ist mit den feindlichen Schritten, die zum Symbol der Shoah geworden sind, indem sie die Hausdurchsuchungen der Gestapo sowie die Berufungen zum Transport in die Konzentrations- und Todeslager signalisiert haben, das ganze Universum auseinander geraten. Die Musik der Sphären unterbricht der schrillende Ton, den die Schritte im All hinterlassen haben, und es ist nicht klar, ob dies nicht ein irreversibler Vorgang ist, ob die Musik der Sphären nicht dadurch total destruiert wurde. Dem gegenüber wirkt der Appell des Gedichts, lediglich im Titel genannt, als sehr simpel.[22] Nur dadurch, dass die Verfolgten selbst nicht Verfolger werden, kann die im Text evozierte, fürchterliche Kette der sinnlosen Gewalt unterbrochen werden, kann die Gesetzlichkeit vom „Urzeitspiel von Henker und Opfer,/Verfolger und Verfolgten,/Jäger und Gejagt – " (I, 50) außer Kraft gesetzt werden. Doch dieses edle, philanthropische Ideal der Friedlichkeit und Friedfertigkeit sollte politisch unwirksam bleiben.

Noch in Sachs' Gedicht „Einen Akkord spielen Ebbe und Flut" aus der Sammlung *Und niemand weiß weiter* (1957) werden „Jäger und Gejagtes" (II, 13) gegenübergestellt und dadurch, dass sie dem Naturvorgang von Ebbe und Flut untergeordnet werden, gleichsam als ein Naturgesetz ausgegeben. Das Pathos dieses Gedichts ist aber gegenüber dem von „Auf daß die Verfolgten nicht Verfolger werden" gedämpft, nur die nominale „Gischt der Sehnsucht/über den Wassern" (II, 13) lässt eine Ahnung zu von dem Wunsch der Autorin nach einer durchaus anderen Realität. Im Gedicht „Was suchst du Waise" wird bitter konstatiert: „Der Henker/in der schuldbeladenen Finsternis/hat seinen Finger tief im Haar/des Neugeborenen versteckt" (II, 17), eine Vorstellung, die Grauen verbreitet wie im Gedicht „Gebogen durch Jahrtausende" die rastlosen Zeilen „Flucht, Flucht, Flucht,/Fluchtmeridiane verbunden/mit Gott-Sehnsucht-Strichen – " (II, 15) aus der gleichen Sammlung. Erst *Flucht und Verwandlung* von 1959 bringt wieder eine optimistische Formel, doch völlig vom Privaten aus gesehen: „Der Himmel übt an dir/Zerbrechen.//Du bist in der Gnade" (Gedicht „Zwischen deinen Augenbrauen", II, 76). In den *Glühenden Rätseln* schließlich werden die NS-Zeit und die Shoah zwar als „der große Schrecken" (II, 167) thematisiert und

---

[21]   Vgl. „Es kamen Schritte. Starke Schritte. Schritte in denen das Recht sich häuslich niedergelassen hatte. Schritte stießen an die Tür. Sofort sagten sie, die Zeit gehört uns!" (IV, 12).

[22]   Nelly Sachs' Forderung nach der Durchbrechung des Gewaltkreislaufes findet Johanna Kurić sehr ähnlich bei Rose Ausländer (Kurić 1999, 279).

ihre lähmende Wirkung auf das lyrische Ich expressiv hervorgehoben;[23] doch was übrig bleibt, sind auch hier die Gnade spendenden „Rätsel des Lichts – " (II, 168).

War für Nelly Sachs der Eichmannprozess der Jahre 1961–62 politisch wichtig, so wirkte der Auschwitzprozess der Jahre 1963–65 auf eine ähnliche Art und Weise auf Marie Luise Kaschnitz. Sie nahm daran mit ihrem Bruder teil, machte sich erregt Notizen und verschwieg nicht, dass sie sich auch persönlich sehr betroffen fühlte. Das Berühmteste, was daraus entstand, war der Gedichtzyklus *Zoon Politikon*, der erstmals 1964 unter dem Titel *Rauch und Nesseln* erschien. Doch auch Kaschnitz' Bilanz des Jahres 1964, symptomatisch *Die andern schienen noch immer die Herren zu sein* benannt, kulminiert in diesem Erlebnis:

> In diesem Dezember [des Jahres 1964, J.H.] besuchte ich den Auschwitzprozeß. Ich setzte mich weit hinten hin und wartete zaghaft auf den Augenblick, in dem die Angeklagten ihre Plätze einnehmen würden. Sie kamen die kleine Holztreppe heruntergepoltert wie eine Schulklasse, stießen sich an und lachten, was sie auch während der Verhandlung immer wieder taten. Es kam an diesem Tage Sensationelles nicht zur Sprache. Eine große Karte des Lagers war aufgehängt, es ging um gewisse Entfernungen, gewisse Möglichkeiten, etwas gehört oder gesehen zu haben. Die Zeugen wurden aufgerufen, standen ihren ehemaligen Peinigern gegenüber, zitterten in der Erinnerung an ihre damalige Hilflosigkeit und Todesangst. Die andern, die doch jetzt Häftlinge waren, schienen noch immer die Herren zu sein.
> (Kaschnitz VII 1989, 905)

Rekapitulierend heißt es zwar am Ende der Ausführungen: „Es wurden viele Anstrengungen zur Erhaltung des Weltfriedens gemacht, aber die Rassengegensätze verschärften sich, und der Hunger breitete sich aus" (Kaschnitz VII 1989, 905). Doch hinzu kommt noch das Selbstkritische: „Ich war größtenteils mit privaten Dingen beschäftigt und habe die Welt weniger in der Realität als im Spiegel ihrer schöpferischen Hervorbringung gesehen, was mir heute nicht mehr möglich ist" (Kaschnitz VII 1989, 905). Die Politik als Herausforderung für die Lyrik, schon im Gedicht „Hiroshima" von 1951 höchst präsent, erreicht in *Zoon Politikon* der 60er Jahre einen nie mehr erreichten Höhepunkt.

Während im anfangs erwähnten Gedicht „Tageszeiten I" der Kaschnitz „Das Vergangne Versäumte" (V 1985, 301) des Privaten zu beklagen war, ist es in *Zoon Politikon* der Sammlung *Ein Wort weiter* (1965) „das Vergessene" des öffentlichen Diskurses, das „Auf Hahnenfüßen mit Sporen" kommt und aufhorchen lässt, und zwar „[f]eiertags" (Kaschnitz V 1985, 406), wenn alle Pflichten

---

[23] In autobiographischer Hinsicht bezieht sich dieses Gedicht auf Nelly Sachs' Verstummen infolge einer mehrere Tage anhaltenden Kehlkopflähmung, verursacht durch einen tiefen Schock bei ihrer Vorladung durch nazistische Beamte in den 1930ern in Berlin, also noch vor Kriegsausbruch. Künstlerisch verarbeitet ist dieses Erlebnis außerdem in *Leben unter Bedrohung* von 1956.

erfüllt zu sein scheinen und man ruhen möchte. Ähnlich wie *In der Strafkolonie* Kafkas (1919), worin der ausgeklügelte Apparat die Strafe auf den Körper ritzt, ritzen diese Sporen bei Kaschnitz ein Schnittmuster für ein strafendes Nesselhemd ins Parkett des Wir, das an die badische Ballade „Des Nesselhemd" von 1846 erinnert, die Kaschnitz gekannt haben dürfte.[24] Gleichzeitig tut sich von selbst eine Rosentapete an der Wand auf „[u]nd „[…]stößt die Bettlade voll/Von gemergelten Judenköpfen [aus]" (Kaschnitz V 1985, 406), während der „versiegelte schön/Glänzende Estrich" (Kaschnitz V 1985, 406) einen stinkenden Rauch durchlässt als ein Hinweis auf die verdrängten Vergasungen. Kinder werden imaginiert mit ihren Fragen „Wie konntet ihr nur", im zweiten Gedicht des Zyklus gerät man gar in ein Lager mit seinem signifikanten Trommeln beim Morgenrot und mit „Knaben", die auch ihren Freund morden lehren sollen. Im dritten Gedicht kommt das autobiographische lyrische Ich zur Formel, die dieses Verhalten begründet: „Vom Übel sein./Wir sind's./Wir sind vom Übel" (Kaschnitz V 1985, 407). Das vierte Gedicht thematisiert eine Schuld, von der niemand, nicht das Ich und nicht sein Bruder, freizusprechen ist, und fordert dazu auf, auf diesem ‚Erkenntnis-Terrain' weiterzugehen. Dieses „Geh./Weiter." (Kaschnitz V 1985, 407) erinnert dabei an Celans berühmte Imperative aus seiner „Engführung": „Lies nicht mehr – schau!/Schau nicht mehr – geh!" (Celan 1968, 67), die Kaschnitz bestimmt kannte, und auch wenn im fünften Gedicht des *Zoon Politikon* vom „Angstschrei im Bahnhofsgelände" (Kaschnitz V 1985, 408) die Rede ist, der nicht aktenkundig bleibt, werden Celans Anfangsverse „Verbracht ins/Gelände/mit der untrüglichen Spur" (Celan 1968, 67) aus der „Engführung" mit erinnert.

Doch Kaschnitz' Wahrnehmung von Auschwitz ist eng mit der Zukunft von jedermann verknüpft, sie appelliert an den Zeitgenossen unter Zuhilfenahme des Bildes der unbarmherzigen Natur:

Leg dich nicht schlafen

Registriere
Verlust um Verlust
Und hinter Alleebäumen wieder
Langohrig kriechen die Panzer

Ich weiß du weißt er weiß
Die Erde dreht sich
Ein dauerhaftes Gefährt
Mit ihren Kerkern

---

[24] Vgl. Schnezler 1846, 303–305. In dieser Sagenballade wird der böse Vogt von Eberstein von einem Mädchen kritisiert, weil er „[v]oll Geiz und Wollust […] im Land/[…] alle Tyranneien" ausübt. Als Strafe für diese mutige Kritik muss dieses Mädchen ihm ein Hemd aus Nesseln spinnen, das ihn schließlich in Flammen aufgehen lässt.

Blutbestickten Fahnen
Ihren schönblühenden Bäumen
Voll Vogelgezwitscher
Aus der Sonne in den Schatten
Aus dem Schatten in die Sonne

Du
Dennoch
Leg dich nicht schlafen.
(Kaschnitz V 1985, 408)

Damit befinden wir uns in der schriftstellerischen Gegenwart, das Phänomen
Geschäftsmann wird aufgerufen (Gedicht VI) und das Phänomen der Flucht:

Fluchten unzählige immer
Über den Erdball
Vom Unerträglichen ins Unbekannte
Vielleicht Erträgliche
Übt Vorsicht schweigt
Sprecht nicht von denen die nicht angekommen sind
Sie müssen es büßen
Sprecht nicht von denen die angekommen sind
Sie müssen es büßen
(Gedicht VII, Kaschnitz V 1985, 410).

Das Ende des Zyklus gilt dem idyllischen Süden (Gedichte VIII und IX), der
jedoch angereichert wird mit der Devise: „Versäumnis tötet" (Kaschnitz V 1985,
411). Wenn man dies nicht beachtet, kann „[d]ies All" sehr wohl anders zu Ende
gehen als in der „[c]haotischen Harmonie" (Kaschnitz V 1985, 411) eines Ta-
gesausgangs am blauen Mittelmeer.

Noch in Kaschnitz' Gedicht „Jeder" aus ihrer letzten Sammlung *Kein Zau-
berspruch II* (1970– 1972) werden der Zweite Weltkrieg und die Shoah erinnert:
„Hakenkreuzfahnen/Dröhnende Stiefelschritte/geflüstertes Grauen/[...]/Judenzü-
ge/Detonationen Christbäume sogenannte/Asche zu Asche" (Kaschnitz V 1985,
484). Beide Dichterinnen kennen angesichts solcher Zumutungen nur eine
Forderung – „die Eroberung des Friedens" (IV, 17 und 98). Sachs spricht davon
im Jahr des Eichmannprozesses 1961 (in ihrer Danksagung zur Verleihung des
ersten Nelly-Sachs-Preises der Stadt Dortmund) und erneut 1965 bei der
Entgegennahme des Friedenspreises des Deutschen Buchhandels in Dortmund;
Kaschnitz äußert sich diesbezüglich noch im Spätgedicht „Das alte Thema 1-8"
(1970-1972), einem religiösen Pendant zum Zyklus *Zoon Politikon*. Beide sehen
in der Liebe die Kraft, die davor schützt, „[...] hintreiben zu lassen
endlich/Erkaltet in kalten Schwärmen/Diesen unseren Stern" (Kaschnitz, „Liebe
Sonne", V 1985, 280).

4 Fazit

Die Erfahrung einer das ganze Leben bestimmenden Liebe prägte das Schaffen beider Dichterinnen, vor allem, als diese Liebe nicht mehr gelebt werden konnte – nach dem Tod des geliebten Mannes. Aus beiden Autorinnen wurden, wie bereits erwähnt, große unglücklich Liebende, die schreibend immer wieder die Verbindung mit dem Verstorbenen herzustellen suchten, doch schließlich immer wieder scheiterten. Ihre ‚kosmischen Ausflüge' zum Du im Totenreich erreichten nichts, machten nur die Rückkehr zum irdischen Dasein notwendig, in die bittere Einsamkeit eines unerfüllten Diesseits.

Zuerst sind sich ihre ‚verlorenen Ich' nur der neuen Situation bewusst: *Dein Schweigen – meine Stimme.* Und interessanterweise wird dieses im Innern so schmerzhafte Schweigen begleitet von Lärm aller Art in der Umgebung des Ich: „aufgejagte Motoren" heulen im Kaschnitzschen Gedicht „Tageszeiten I" (1962) ähnlich dem *Versteckspiel mit Emanuel* (ebenfalls 1962) von Sachs, in dem Wasserrohre tönen und von Nachbarn „rasender Lärm, Musik, dröhnende Tanzschritte" (III, 203) erschallen. In der *Suchenden* (1966) gilt der beunruhigende, unselige Lärm gleich der Exposition, die die „gewitternde Tanzkapelle" evoziert als äußeres Pendant zu dem Schweigen des Geliebten. Im Gegensatz dazu wird das Lärmende in Kaschnitz' „Rückkehr" (ebenfalls 1966) erst dem Ende zu markant. Ein Jahr später, 1967, lärmt in den *Gesprächen im All* von Kaschnitz schon der ganze Kosmos, und auch die Stimmen der Liebenden gehen schließlich in dieses Lärmen ein; sie bilden „ein geisterhaftes, elektronisches Duett" (Kaschnitz VI 1987, 496-497).

Es gibt aber etwas, was für die beiden Dichterinnen auch nach dem Tod des geliebten Mannes wichtig ist und immer wichtig bleibt – das Öffentliche. Für beide Autorinnen bilden der Zweite Weltkrieg und die Shoah einen wichtigen Einschnitt im Leben wie im Werk, beide appellieren seitdem, dass so etwas Fürchterliches, Unsagbares nicht mehr passieren darf. Bei Sachs geschieht dies v. a. unter dem Motto „Wir müssen dafür sorgen, daß die Verfolgten nicht zu Verfolgern werden", das mit dem Beginn des Jerusalemer Prozesses gegen Eichmann (1961) an Brisanz gewinnt und das Gedicht „Überall Jerusalem" prägt; bei Kaschnitz passiert diese Zündung unter dem Zeichen des Frankfurter Auschwitzprozesses, den sie 1964 besucht und im Zyklus *Zoon Politikon* verarbeitet. Sie fragt hier u. a.: „Warum ist seit Auschwitz nichts wesentlich besser/geworden"? (Kaschnitz V 1985, 407) und schlussfolgert für das Wir: „Vom Übel sein./Wir sind's./Wir sind vom Übel" (Kaschnitz V 1985, 407).

Was beide Dichterinnen in ihrem öffentlichen Engagement verbindet, sind recht pathetische Klagen über die Fluchten als etwas Symptomatisches für das gewaltsame zwanzigste Jahrhundert. Sachs schreibt entsetzt über „Flucht, Flucht, Flucht,/Fluchtmeridiane verbunden/mit Gott-Sehnsucht-Strichen" (II, 15), Kaschnitz zählt auf: „Fluchten unzählige immer/Über den Erdball/Vom Unerträglichen ins Unbekannte/Vielleicht Erträgliche" (Kaschnitz V 1985, 410). Beide werben darüber hinaus nicht weniger pathetisch für den Weltfrieden. Ihre Dichtung lässt sich spätestens in diesem Augenblick als eine durchaus politische verstehen.

Das Private bleibt zwar bei beiden Autorinnen privat, und zwar sogar extrem, also nicht im zeitgenössischen Trend der sogenannten 68er, die alles Private öffentlich machen wollten. Doch gerade durch dieses stets streng Behütete des Intimen sollten markante Ideale für die Politik – wie die Notwendigkeit der Friedfertigkeit, Verzeihung und Gnade (Sachs) und der Imperativ der Vergangenheitsaufarbeitung (Kaschnitz) – geäußert werden. Mit der Klage um den Verlust der Liebe geht Hand in Hand der Wunsch, dass zumindest Andere, für die es noch nicht zu spät ist, in Liebe und Frieden leben können, also ohne Fluchten und Verhöre und Opfer/Henker-Instanzen. Es handelt sich hierbei um eine auf den ersten Blick sehr dezente Art des politischen Engagements, das aber mit dem Alter bei beiden Dichterinnen an Vehemenz gewinnt, also immer sichtbarer wird, auch im zeitgenössischen Literaturbetrieb der sechziger Jahre. Wer Werke von Sachs und Kaschnitz heute liest, wird sich ihrem Ernst in Hinsicht auf die Trias Liebe, Krieg und Shoah nicht erwehren können; und möglicherweise werden die oben genannten Ideale in unserer Zeit dadurch wieder lebendig.

Bibliographie

Altenhofer, Norbert. „Sibyllinische Rede. Poetologische Mythen im Werk von Marie Luise Kaschnitz." *Poetik. Beiträge zu den Frankfurter Poetik-Vorlesungen*, hg. von Horst Dieter Schlosser und Hans Dieter Zimmermann. Frankfurt am Main: Athenäum, 1988. 27–45.

Bahr, Ehrhard. *Nelly Sachs*. München: C.H. Beck/München: edition text + kritik, 1980 (Autorenbücher 16).

Basker, David. "Love In A Nazi Climat: The First Novels Of Wolfgang Koeppen And Marie Luise Kaschnitz". *German Life and Letters* 48.2 (April 1995): 184–198.

Berendsohn, Walter A. „Nelly Sachs. Der künstlerische Aufstieg der Dichterin jüdischen Schicksals". *Nelly Sachs zu Ehren. Gedichte, Prosa, Beiträge*. Frankfurt am Main: Suhrkamp, 1961. 92–103.

Bezzel-Dischner, Gisela. *Poetik des modernen Gedichts. Zur Lyrik von Nelly Sachs*. Bad Homburg/Berlin/Zürich: Verlag Dr. Max Gehlen, 1970.

Celan, Paul. *Ausgewählte Gedichte. Zwei Reden*. Nachwort von Beda Allemann. Frankfurt am Main: Suhrkamp, 1968.

Celan, Paul und Nelly Sachs. *Briefwechsel*, hg. von Barbara Wiedemann. Frankfurt am Main: Suhrkamp, 1996.

Cervantes, Eleonore K. *Struktur-Bezüge in der Lyrik von Nelly Sachs*. Bern und Frankfurt am Main: Peter Lang, 1982.

Dinesen, Ruth. *Nelly Sachs. Eine Biographie*. Aus dem Dänischen von Gabriele Gerecke. Frankfurt am Main: Suhrkamp, 1994.

Falkenhof, Edith Lisa. *Marie Luise Kaschnitz' literarisches Debüt: der Roman „Liebe beginnt".* Hannover: Phil. Diss., 1987.

Falkenstein, Henning. *Nelly Sachs.* Berlin: Colloquium-Verlag, 1984.

Fioretos, Aris. *Flucht und Verwandlung. Nelly Sachs, Schriftstellerin, Berlin / Stockholm. Eine Bildbiographie.* Aus dem Schwedischen von Paul Berf. Berlin: Suhrkamp, 2010.

Foot, Robert. *The phenomenon of speechlessness in the poetry of Marie Luise Kaschnitz, Günter Eich, Nelly Sachs and Paul Celan.* Bonn: Bouvier, 1982.

Fritsch-Vivié, Gabriele. *Nelly Sachs, mit Selbstzeugnissen und Bilddokumenten.* Reinbek bei Hamburg: Rowohlt Taschenbuch Verlag, 2001.

Fritz, Walter Helmut: „Die Welt neu herstellen". *Text + Kritik* 23 (*Nelly Sachs,* hg. von Heinz Ludwig Arnold; 1979): 8-9.

Gersdorff, Dagmar von. *Marie Luise Kaschnitz. Eine Biographie.* Frankfurt am Main und Leipzig: Insel, 1992.

Grimm, Gunter E., Ursula Brymayer und Walter Erhart (Hg.). „'Ewige Streiterei mit dem ewigen Rom': Marie Luise Kaschnitz". *„Ein Gefühl von freierem Leben". Deutsche Dichter in Italien,* hg. von, Gunter E. Grimm, Ursula Brymayer und Walter Erhart. Stuttgart: Metzler, 1990. 273–283.

Grimm, Reinhold. „Ein Menschenalter danach. Über das zweistrophige Gedicht ‚Hiroshima' von Marie Luise Kaschnitz". *Marie Luise Kaschnitz,* hg. von Uwe Schweikert. Frankfurt am Main: Suhrkamp, 1984. 209–225.

Holmqvist, Bengt. „Die Sprache der Sehnsucht". *Das Buch der Nelly Sachs,* hg. von Bengt Holmqvist. Frankfurt am Main: Suhrkamp, 1991. 9–70.

Hrdličková, Jana. *„Es sieht schlimm aus in der Welt." Der moralische Appell in den Hörspielen von Marie Luise Kaschnitz.* Ústí nad Labem: Filozofická fakulta UJEP, 2008.

Kaschnitz, Marie Luise: *Gesammelte Werke in sieben Bänden* (I–VII; II 1981, V 1985, VI 1987 und VII 1989), hg. von Christian Büttrich und Norbert Miller. Frankfurt am Main: Insel, 1981–1989.

Kersten, Paul. *Die Metaphorik in der Lyrik von Nelly Sachs. Mit einer Wort-Konkordanz und einer Nelly Sachs-Bibliographie.* Hamburg: Hartmut Lüdke Verlag, 1970.

Knörrich, Otto. *Die deutsche Lyrik seit 1945.* Stuttgart: Alfred Kröner Verlag, 1978.

Koger, Maria. „Die Rom-Gedichte der Marie Luise Kaschnitz. Ein Thema und seine Variationen." *Recherches Germaniques* 5 (1975): 217–242.

Kraft, Andreas. *„nur eine Stimme, ein Seufzer". Die Identität der Dichterin Nelly Sachs und der Holocaust.* Frankfurt am Main: Peter Lang, 2010.

Kurić, Johanna. *Was ist das Andere auf das ihr Steine werft? Das Denken der Alterität in der Lyrik von Nelly Sachs.* St. Ottilien: EOS-Verlag, 1999.

Kuschel, Karl-Josef. „Hiob und Jesus. Die Gedichte der Nelly Sachs als theologische Herausforderung." *Nelly Sachs. Neue Interpretationen. Mit Briefen und Erläuterungen der Autorin zu ihren Gedichten im Anhang,* hg. von Michael Kessler und Jürgen Wertheimer. Tübingen: Stauffenburg Verlag, 1994.

Kuschel, Karl-Josef. *Jesus in der deutschsprachigen Gegenwartsliteratur.* München und Zürich: Piper, 1987.

Lagercrantz, Olof. *Versuch über die Lyrik der Nelly Sachs.* Frankfurt am Main: Suhrkamp, 1967.

Niederland, William G. *Folgen der Verfolgung: Das Überlebenden-Syndrom, Seelenmord.* Frankfurt am Main: Suhrkamp, 1980.

Pazi, Margarita. „Jüdische Aspekte und Elemente im Werk von Nelly Sachs und ihre Wirkungen." *Nelly Sachs. Neue Interpretationen. Mit Briefen und Erläuterungen der Autorin zu ihren Gedichten im Anhang*, hg. von Michael Kessler und Jürgen Wertheimer. Tübingen: Stauffenburg, 1994. 153–168.

Reichardt, Johanna Christiane. *Zeitgenossin. Marie Luise Kaschnitz. Eine Monographie.* Frankfurt am Main/Bern/New York/Nancy: Peter Lang, 1984.

Sachs, Nelly. *Briefe der Nelly Sachs*, hg. von Ruth Dinesen und Helmut Müssener. Frankfurt am Main: Suhrkamp, [2]1985 [1984].

Schnezler, August: *Des Nesselhemd*. http://de.wikisource.org/wiki/Des_Nesselhemd. In: Badisches Sagen-Buch II. Karlsruhe: Verlag Creuzbauer und Kasper, 1846. 303–305. (Web, letzter Zugriff 21.09.2013).

Suhr, Ulrike. *Poesie als Sprache des Glaubens. Eine theologische Untersuchung des literarischen Werkes von Marie Luise Kaschnitz.* Stuttgart, Berlin und Köln: W. Kohlhammer, 1992.

Suhrkamp Verlag (Hg.). *Nelly Sachs zu Ehren. Zum 75. Geburtstag am 10. Dezember 1966. Gedichte. Beiträge. Bibliographie.* Frankfurt am Main: Suhrkamp, 1966.

Würffel, Stefan Bodo. „‚…die schlimmen Dinge anzuzeigen'. Zu den Hörspielen von Marie Luise Kaschnitz". *Marie Luise Kaschnitz,* hg. von Uwe Schweikert. Frankfurt am Main: Suhrkamp, 1984. 226–250.

Anna Magdalena Fenner

Trauergestaltung in Nelly Sachs' *Elegien auf den Tod meiner Mutter* und Marie Luise Kaschnitz' *Dein Schweigen – meine Stimme*
Ein Vergleich

Abstract

Nelly Sachs' *Elegien auf den Tod meiner Mutter* und Marie Luise Kaschnitz' Gedicht-sammlung *Dein Schweigen – meine Stimme* werden im Hinblick auf die Gestaltung von Trauer und Verlusterfahrung auf verschiedenen Textebenen (lexikalisch, syntaktisch, narrativ, diegetisch) untersucht. Es werden Parallelen und Unterschiede herausgearbeitet und in exemplarischer Weise Individuelles und Konventionelles in ihrer jeweiligen Suche nach einer Sprache für die „zerbrochene" Existenz aufgezeigt.

Nelly Sachs' poetic cycle *Elegien auf den Tod meiner Mutter* and Marie Luise Kaschnitz' collection of poems *Dein Schweigen – meine Stimme* will be examined with regard to the expression of loss and grievance on different levels of representation (lexical, syntactic, narrative, diegetic). In this way parallels and differences between the poems will be iden-tified. It will be shown how both poets use individual as well as conventional means of expressing grief to find a language for their "broken" existence.

Am 7. Februar 1950 stirbt Margarete Sachs. Nach zehn gemeinsamen Jahren im schwedischen Exil verliert Nelly Sachs ihren wichtigsten emotionalen Halt. Die-se existenzielle Verlusterfahrung findet Ausdruck in den zu Lebzeiten als Zyklus unveröffentlicht gebliebenen *Elegien auf den Tod meiner Mutter* und den *Briefe[n] aus der Nacht* (vgl. Dinesen 1992, 195–199; Fioretos 2010, 138–142).[1] Darin gestaltet Sachs, anders als im Großteil ihres bis dahin publizierten Werks der Nachkriegsjahre, nicht die überindividuelle, kollektive, sondern eine ganz private Trauer.[2] In den 21 Elegien geht es nicht um das Leiden eines ganzen

---

[1]   In die 2010 im Suhrkamp Verlag erschienene Werkausgabe wurden die *Elegien auf den Tod meiner Mutter* als zu Lebzeiten der Dichterin unveröffentlichte Gedichte aufgenommen (I, 177–193), ebenso die *Briefe aus der Nacht* (IV, 36–59). Die Werkausgabe dient hier als Textgrundlage, wobei das Gedicht „O der falsche Segen ..." (I, 192–193) nicht als fester Bestandteil der Elegien angesehen wird. Auch in der Werkausgabe steht es als zusätzliche Elegie neben dem Zyklus, der in den meisten vorliegenden Fassungen mit dem Gedicht „Alles weißt du unendlich nun ..." endet. Sachs selbst sprach nur von 21 Elegien. Vgl. hierzu Briefe 1984, 120; I, 313 und Fenner 2009, 20–22.

[2]   Eine Ausnahme von der Gestaltung kollektiver Trauer bilden zum Beispiel auch die *Gebete für den toten Bräutigam*. Vgl. I, 20–25.

Volkes (vgl. Berendsohn 1961; Bahr 1994, 10), sondern um die von der Zeitgeschichte losgelöste Trauer eines Einzelnen über den Verlust des „Geliebtesten" (Briefe 1984, 118; Dinesen 1992, 179). Einen einschneidenden persönlichen Verlust erfährt auch Marie Luise Kaschnitz, als im September 1958 ihr Mann Guido Kaschnitz von Weinberg stirbt. Auch sie stellt in ihren in der Folge entstandenen Gedichten und tagebuchartigen Aufzeichnungen die mit einem solchen Verlust verbundene Trauer dar (vgl. Pulver 1984, 77; Huber-Sauter 2003, 142; Strack 2004, 281). Die Gedichtsammlung *Dein Schweigen – meine Stimme* wird 1962, das literarische Tagebuch *Wohin denn ich* ein Jahr später veröffentlicht.[3]

Im Folgenden wird untersucht, wie Verlusterfahrung und Trauer in den thematisch vergleichbaren Gedichten der beiden Nachkriegslyrikerinnen auf verschiedenen sprachlichen Ebenen dargestellt werden. Der Beitrag gliedert sich dabei wie folgt: Anhand einer emotionsbezogenen Analyse der ersten von Sachs' *Elegien auf den Tod meiner Mutter* wird aufgezeigt, welche Gestaltungsweisen von Trauer sich in dieser Elegie auf sprachlicher und diegetischer Ebene identifizieren lassen (Abschnitt 1). Danach wird die 1. Elegie in den Gesamtzyklus eingeordnet und es werden Entwicklungslinien sowie dominierende Gestaltungsweisen von Trauer in den *Elegien auf den Tod meiner Mutter* skizziert (Abschnitt 2). Anschließend werden Entwicklungslinien und Gestaltungsmittel von Trauer in Kaschnitz' Gedichtsammlung *Dein Schweigen – meine Stimme* vorgestellt (Abschnitt 3). Abschließend werden Parallelen und Unterschiede zwischen den Gedichten der beiden Lyrikerinnen in Bezug auf die Darstellung von Trauer herausgearbeitet (Abschnitt 4) und ein Fazit gezogen (Abschnitt 5).

Zunächst soll jedoch kurz auf einige Vorannahmen zum Ausdruck von Emotionen in literarischen Texten eingegangen und so das methodische Vorgehen begründet werden: In der literarischen Kommunikation spielen Emotionen eine entscheidende Rolle, als Emotionen realer Leser und Autoren ebenso wie auf der Ebene der sprachlichen und inhaltlichen Gestaltung eines Textes. Um bei der Kommunikation von oder über Emotionen intersubjektive Verständlichkeit zu gewährleisten, wird in literarischen Texten auf die in einer Sprache zur Verfügung stehenden Gefühlswortschätze und auf kulturell tradierte Muster des Emotionsausdrucks zurückgegriffen (vgl. Winko 2003, 110–111). Bei der Manifestation von Emotionen im literarischen Text können also potenziell alle sprachlichen Ebenen eine Rolle spielen, die auch in der Alltagskommunikation dem Ausdruck von Emotionen dienen.[4] Syntaktische Strukturen können beispielsweise die emotionale Involviertheit einer Sprechinstanz ausdrücken, Konnotationen eine zusätzliche emotionale Bedeutung des Gesagten nahelegen, und auch die Stellung bestimmter Textelemente im Gedicht kann die Rezeption

---

[3] Die Gedichte werden nach der Werkausgabe zitiert: Kaschnitz 1985, 299–372. *Wohin denn ich* findet sich in Kaschnitz 1981, 379–556.

[4] Monika Schwarz-Friesel (2007, 134–222) geht auf die verschiedenen Ebenen aus linguistischer Perspektive umfassend ein.

beeinflussen. Entscheidend ist, dass sich diese verschiedenen sprachlichen Ebenen des Emotionsausdrucks systematisch analysieren lassen. Unabhängig von der tatsächlichen Rezeption eines literarischen Textes durch einen realen Leser sind so Aussagen über das emotionale Wirkungspotenzial eines Textes möglich (vgl. Winko 2003, 129–150; Winko 2006; Hillebrandt 2011, 41–52).

Bezogen auf Sachs' *Elegien auf den Tod meiner Mutter* heißt das: Auch wenn das Wort „Trauer" in den 21 Gedichten nur ein einziges Mal fällt, wird nicht nur durch das Wissen über persönliche Erfahrungen der Dichterin und die enge Bindung zwischen Mutter und Tochter verständlich, dass es sich um einen Trauer-Zyklus handelt. Vielmehr lassen sich durch eine genaue emotionsbezogene Analyse schon auf der Textebene Motive und bildliche Sprechweisen, rhetorische und syntaktische Mittel identifizieren, die die Gedichte zu Trauergedichten werden lassen. Im Folgenden soll zunächst anhand der 1. Elegie exemplarisch dargestellt werden, auf welchen Ebenen Trauer gestaltet wird, wie diese zusammenwirken und welche verschiedenen Aspekte der Trauererfahrung ausgedrückt werden.

1

In der 1. Elegie finden sich formal und inhaltlich bereits typische Merkmale des gesamten Zyklus. Das bezieht sich auch auf die Gestaltung von Emotionen. Bevor darauf im Einzelnen eingegangen wird, hier zunächst das Gedicht (zitiert nach I, 177–178):

> 1
>
> Was stieg aus deines Leibes weißen Blättern?
> Die ich vor deinem letzten Atemzug noch Mutter nannte?
> Was liegt auf dem Laken für Sehnsucht-Verlassenes?
>
> Der Kranz deiner warmen Umarmung –
> 5   dein geflüstertes Segenswort
> das meine Armut schon weit fort krönte –
> deine Finger, die eine Lebenssekunde noch in der Luft
> Elohim zeichneten –
>
> Auf welchen Spuren soll ich suchen?
> 10   Wo deine Seligkeit anfragen?
> Wie unter meinen Füßen
> die Anziehung der Erde fortwischen
> um die Todestreppe empor zu stürmen?

Funkelt es nicht da unten
15   am Nachthimmel schon
von einem zunehmenden Licht?

Wie oft waren wir gemeinsam
zu überzeitlichen Empfängen geladen –
versteinerte Rinden, Meere und Feuer
20   wie Vorhänge zurückschlagend –

Aber nun?

Wie dürfte ich wagen
und sei es auch nur in Träumen,
die Fußspitzen über Verschüttetes zu setzen –
25   in Ahnungen rühren zu wollen
an dein Befreites,
das gesichtslos – sprachlos –
aus Tod wurde –

O kein Schmetterlingsnetz
30   zum Erhaschen deines weißen Lächelns –
Abgewandt, tief im Herzen versteckt
das sterngeschliffene Messer der Sehnsucht,
schleiche ich Staubbegrabene vorbei
deiner Erlösung.

35   Aber vielleicht
ist dein aufgegangenes Gestirn
schon mit der Musik
meiner noch in Nachtgestein verwunschenen Seligkeit
verbunden?

40   Vielleicht, ach vielleicht
wächst dieses, das Verpuppte
nur von einem Zeichen leicht unterbrochene
zu dir!

Ungesucht und schon gefunden,
45   ein Geschenk aus deinem Frieden:

Die Erlösung, die kein Tod aus Sternenlichterjahren ist.

Explizite Benennungen von Emotionen fehlen in dieser Elegie fast gänzlich. Einzig die „Sehnsucht" wird zweimal genannt (Vers 3 und 32). Wie kommt es also, dass das Gedicht trotz des offensichtlichen Mangels an Emotionswörtern als emotional bezeichnet werden kann? Entscheidend dafür sind implizite Mittel der Präsentation von Emotionen. Dazu zählt zunächst die Sprechsituation: Die

Perspektive in dieser Elegie ist unmittelbar und direkt. Es wird intern fokalisiert, eine autodiegetische Sprecherin („ich Staubbegrabene", Vers 33) drückt ihre subjektiven Gedanken und Gefühle aus. Die Häufung der Pronomen „dein" und „mein" (Vers 1–13) macht in Verbindung mit den Erinnerungen der Sprechinstanz (Vers 4–8) schon in den ersten Zeilen zum einen deutlich, dass eine enge Verbundenheit zwischen ihr und der Mutter als Adressatin des Gedichts herrscht (vgl. insbesondere Vers 2 und Vers 5–6). Zum anderen wird durch die Gegenüberstellung von „dein" und „mein" betont, dass Sprechinstanz und Adressatin sich an verschiedenen Orten oder in unterschiedlichen Zuständen befinden (Vers 9–13). Weitere sprachliche Mittel unterstreichen den subjektiven Charakter der Aussage: Auf der Ebene der Interpunktion fällt beispielsweise die für Sachs typische Verwendung von Gedankenstrichen auf (Vers 4, 6, 8, 18, 20, 24, 27, 28, 30).[5] Sie können als Ausdruck des Verstummens oder zumindest des Stockens gedeutet werden, als Grenzen des Ausdrückbaren. Ein derartiges wiederholtes Verstummen lässt auf eine emotionale Haltung der Sprecherin schließen. Auch die Häufung von Frage- und Ausrufezeichen vor allem am Anfang der Elegie (Vers 1–3, 9, 10, 13, 16, 21, 39) vermittelt den Eindruck emotional geprägten Sprechens. Auf lexikalischer Ebene sind Interjektionen wie „O" (Vers 29) und „ach" (Vers 40) zusätzliche Kennzeichen für das emotionale Potenzial des Gedichts. Zudem können Worte und Formulierungen wie „Mutter", „warme[] Umarmung", „gemeinsam", „dein Befreites" und „dein[] weiß[es] Lächeln[]", „Erlösung" und „verwunschene[] Seligkeit" als mögliche implizite lexikalische Mittel der Emotionalisierung gedeutet werden.

Diese formalen Eigenheiten des Textes lassen für sich genommen jedoch noch keine Rückschlüsse auf eine konkrete Emotion zu. Bis auf die bereits angeführte explizite Nennung der Sehnsucht werden Emotionen vor allem implizit, durch emotional konnotierte Motive und Metaphern gestaltet. Bereits in den ersten Zeilen wird der Tod als wichtiges Motiv eingeführt: Der „letzte Atemzug" (Vers 2) der Mutter fällt ebenso darunter wie die „Todestreppe", die die Sprechinstanz „empor [...] stürmen" möchte (Vers 13). Der Tod ist traditionell mit Emotionen wie Trauer, Einsamkeit, Sehnsucht und Angst verknüpft. Hiervon werden im ersten Teil der Elegie vor allem die ersten drei Emotionen dargestellt. Der bereits erwähnte Gegensatz von Ich und Du lässt das Sprecher-Ich von Anfang an isoliert erscheinen. Die Schilderung von Erinnerungen im Imperfekt (Vers 1–8) verstärkt diesen Eindruck. Die Einsamkeit der Sprechinstanz wird nicht explizit benannt, sondern durch den endgültigen Verlust der Mutter konnotiert. In den Versen 9 bis 13 und 17 bis 20 stellt Sachs vor allem die Sehnsucht der Sprecherin dar. Zum einen sucht diese verzweifelt nach der Mutter und will ihr in den Tod folgen. Zum anderen sehnt sie sich nach vergangenen, gemeinsam mit der Mutter erlebten Zeiten. Das Gedicht wird hier zunehmend pathetisch

---

[5] Zum Gedankenstrich bei Sachs vgl. schon Bezzel-Dischner 1970, 21–22; Bahr 1980, 146–147 und Foot 1982, 150–151.

(Vers 17–34), Interjektionen und das Fehlen von Pausen legen wiederum eine starke emotionale Involviertheit des Sprecher-Ichs nahe.

In auffälligem Kontrast zur beschriebenen Sehnsucht scheint in den letzten Zeilen des Gedichts (Vers 35–46) jedoch eine vorsichtige Hoffnung auf das erneute Zusammentreffen mit der Mutter durch. Das Sprecher-Ich sieht eine Möglichkeit zur Erfüllung seiner Sehnsucht. Als Hinweis darauf kann sowohl das wiederholt genannte und durch die Interjektion „ach" zusätzlich emotionalisierte Wort „vielleicht" angesehen werden als auch schon das „zunehmende Licht" in den Versen 14 bis 16. Sachs akzentuiert somit am Ende der Elegie nicht die am Anfang vorherrschenden Gefühle von Einsamkeit und Todessehnsucht, sondern eine vorsichtige Hoffnung und den damit verbundenen Trost.

2

Den sprachlich-ästhetischen Ausdruck betreffend kann das angeführte Beispiel, über alle Unterschiede zwischen den einzelnen *Elegien auf den Tod meiner Mutter* hinweg, weitgehend als exemplarisch für den Gesamtzyklus gelten. Eher konventionelle Mittel des Emotionsausdrucks wie Interjektionen, Gedankenstriche, Wiederholungen und Satzabbrüche legen immer wieder eine starke emotionale Beteiligung der Sprechinstanz nahe. Die Gedichte sind größtenteils aus autodiegetischer Perspektive gestaltet und meist an ein einzelnes Gegenüber gerichtet. Das kann die Mutter, der Tod oder auch nur ein unspezifisches „Du" sein. Immer wieder benennt Sachs Emotionen auch explizit, am häufigsten – in jeweils fünf Elegien – Sehnsucht und Liebe. Trauer wird jedoch nur ein einziges Mal benannt, und zwar in der 14. Elegie als „Trauerstaub des Tages".

Die Emotion manifestiert sich im gesamten Zyklus vor allem auf bildlicher Ebene und durch die Darstellung von Trauer konnotierenden Zuständen und Situationen. Im bildlichen Bereich hat Sachs' Darstellung von Emotionen am ehesten innovativen Charakter. In (Genitiv-)Metaphern[6] werden ganz neue emotionale Motivbereiche gestaltet oder Emotionswörter semantisch erweitert. Ein Bild wie beispielsweise das „sterngeschliffene Messer der Sehnsucht" in Vers 32 der 1. Elegie unterstreicht so den körperlich spürbaren Schmerz der Sprecherin und ihr Leiden an der eigenen Sehnsucht. In der 4. Elegie bezeichnet die Sprechinstanz ihren eigenen letzten Atemzug als „Glück für das ich Lächeln wieder lerne" und drückt so ihr Sehnen nach dem eigenen Tod aus (I, 180). Im Bild des „Springer[s] Sehnsucht" aus der 14. Elegie, der „aus [dem] Trauerstaub des Tages [sprang]", wird die alltägliche, irdisch gebundene Trauer einer nächtlichen Sehnsucht nach Erlösung gegenübergestellt (I, 187).[7] Die enge Verbin-

---

[6]   Zur Entwicklung des metaphorischen Sprechens bei Sachs vgl. Bahr 1980, 147–148 und Conterno 2010, 222–223.

[7]   Die Dichotomie von Tag und Nacht findet sich auch in zahlreichen anderen Gedichten von Sachs. Auf eine eher negativ konnotierte Verwendungsweise des Nachtmotivs

dung, die Sachs so zwischen unterschiedlichen Bildbereichen und dabei häufig zwischen Abstraktem und Konkretem herstellt, dient der Verdeutlichung des schwer in Worte zu Fassenden. Viele dieser Bilder können mithilfe ihrer lexikalischen Bedeutungen und Konnotationen nicht eindeutig erfasst, sondern müssen vielmehr im Rahmen ihres Ko- und Kontextes gedeutet werden. Immer wieder sind beispielsweise Parallelen zu den zeitgleich entstandenen *Briefe[n] aus der Nacht* zu erkennen. So heißt es etwa zu Beginn der 12. Elegie „Tod wir schweigen nun zueinander / im Geheimnis" (I, 185), während sich in *Briefe aus der Nacht* Reflexionen über das „redende Schweigen" finden (IV, 36). Die Verse „deutend und deutelnd / was die Biene will / wenn sie aus Blumen den Honig sammelt –" aus der 9. Elegie (I, 183) lassen sich ebenso mit einem Eintrag in den Briefen verknüpfen, in dem es über den „Versöhnungstag" heißt: „Schwarzer Kristalltag für die honigsaugende Biene" (IV, 39).

Auch auf einer komplexeren inhaltlichen Ebene zeigen sich im analysierten Text Elemente, die für den gesamten Zyklus strukturbildend sind: Die in der 1. Elegie angedeutete Entwicklung von Einsamkeit und eigener Todessehnsucht hin zu einer vorsichtigen Hoffnung auf Erlösung spiegelt sich zumindest tendenziell auch in der Gesamtentwicklung des Zyklus wider. Der Schmerz der Sprechinstanz wird im ersten Drittel des Zyklus noch differenziert. Sie erinnert sich an den Moment der Trennung und drückt ihr eigenes, auch körperliches Leiden als Zurückbleibende aus. Das irdische Dasein nach dem Verlust ist geprägt durch Tränen, Schmerz und Qualen. In der 2. Elegie heißt es dementsprechend: „Und dann – der Letzte – / schon in der Erlösung erblühte – / den meine Tränen empfingen, / nur meine Tränen – // Dein lächelnder Tod / der meinen weinenden küßte" (I, 179). Und in der 3. Elegie: „Nicht mehr Blei der Planeten an den Füßen – / […] Schreckenstürze, Schreie, Wehetun, Würmerwälzen, / Sauerstoffqual, bis der letzte Atemzug / die Zeit in den Himmel stößt –" (I, 180). Immer wieder wünscht sich das Sprecher-Ich auch, der Mutter in den Tod zu folgen, wie die folgenden Verse exemplarisch zeigen: „Mein letzter Atemzug / O Glück für das ich Lächeln wieder lerne" (I, 180); „Seele, meiner Mutter Seele / ich versuche, versuche auf Fußspitzen stehend […] / das Aufbrechen vom gesicherten Land –" (I, 181) oder „O nimm mich hinauf, / dorthin, wo an die fließenden, dunklen Wände gelehnt / Tod mit der Magnetangel wartet –" (I, 187).

Im Mittelteil des Zyklus treten diese starken Emotionen dann teilweise hinter Reflexionen insbesondere über einen jenseitigen Zustand nach dem Tod zurück: „Niemand weiß seinen Sternenplatz / und der unergründlichen Schmerzen Ort –"

konzentriert sich Elaine Martin (2011, 105–113). In den *Elegien auf den Tod meiner Mutter* wird der Tag als Zeit einer diesseitigen Konfrontation mit Schmerz und Qualen dargestellt. Die Nacht wird dagegen mit einer Zeit der Ruhe gleichgesetzt, in der tiefere Erkenntnis oder die Begegnung mit einem verlorenen Gegenüber möglich scheinen. Vgl. zu einer solchen Konnotation von Tag und Nacht neben den *Elegien* auch die Gedichte „Auf den Landstraßen ..." (I, 72), „Trauernde Mutter" (I, 75–76) und „Musik in den ..." (I, 90).

(I, 183), heißt es da beispielsweise, oder „Was aber wird Liebe sein / am Ende der Nächte, / bei den durchsichtig gewordenen Gestirnen? // Denn Erz kann nicht mehr Erz sein / wo Selige sind –" (I, 190). Der konkrete Verlust wird so immer wieder in einen allgemeineren Zusammenhang eingeordnet. Am Ende des Zyklus wird der Tod der Mutter schließlich als Teil der Schöpfung erkannt und anerkannt. Ebenso akzeptiert die Sprechinstanz ihre Rolle als im Irdischen Verhaftete. In der 21. Elegie heißt es: „Alles weißt du unendlich nun / o meine Mutter – / denn Rahels Grab ist längst Musik geworden – / und Stein und Sand / ein Atemzug im Meer, / und Wiegenlied von aller Sterne / ,Auf-im-Untergang' – " (I, 192). Wo der akute Schmerz über den Verlust und die unmittelbare Todessehnsucht des Sprecher-Ichs mit allgemeineren Reflexionen über die eigene Herkunft und das Wesen der Ewigkeit einhergehen, wo der Tod eines einzelnen Menschen in einen größeren Zusammenhang eingeordnet wird, wird auch das persönliche Erlebnis ins Allgemeingültige überführt. Diese Kontextualisierung scheint eine Möglichkeit zu sein, den Verlust zu akzeptieren. Schmerz und Todessehnsucht sind am Ende der *Elegien auf den Tod meiner Mutter* Trost und Einverständnis gewichen (vgl. Fenner 2009, 157 und 159).

3

Eine vergleichbar einschneidende Verlusterfahrung wie die von Sachs in den *Elegien auf den Tod meiner Mutter* gestaltete soll knapp zehn Jahre später auch Leben und Werk von Marie Luise Kaschnitz prägen. Am 1. September 1958 stirbt Guido Kaschnitz von Weinberg an einem Hirntumor. Innerhalb der darauffolgenden vier Jahre entstehen die am deutlichsten autobiografisch gefärbten Texte der Dichterin (vgl. Pulver 1984, 77; Reichardt 1984, 105–106; Huber-Sauter 2003, 142). Die persönlichsten Gedichte der Sammlung *Dein Schweigen – meine Stimme* (1962) finden sich in dem Zyklus „Einer von zweien" (Kaschnitz 1985, 315–322). Das „Requiem" (Kaschnitz 1985, 306–314) und „Schnee" (Kaschnitz 1985, 347–352) sind jedoch ebenso unmissverständlich durch die Klage über den Verlust geprägt.[8]

Auch in den Gedichten dieses Bandes stellt eine autodiegetische Sprechinstanz meist eigene Emotionen dar. Als Gegenüber wird größtenteils ein „Du" angesprochen, das in der Regel entweder als *alter ego* der Sprechinstanz oder als konkretes Gegenüber identifiziert werden kann. Wie in den *Elegien* von Sachs wird so eine persönliche, zuweilen intime Kommunikationssituation geschaffen. Im Gegensatz zu Sachs benennt Kaschnitz Trauer und dazugehörige Varianten wie Schwermut in diesem – wie schon in ihren früheren Gedichtbänden – häufiger explizit. Andere explizit benannte Emotionen sind wie bei Sachs vor allem Liebe und Sehnsucht, aber auch Zorn. Auf der Ebene der impliziten Gestaltung

[8]   Zum „Requiem" vgl. auch Ecker 2008, 204–208.

von Trauer stellt sie durch Wörter wie „Verzweiflung", „Seufzen", „Klag-
frauen", „zerreißen" und „zerspringen" vor allem Reaktionen auf den Verlust
und körperlichen Schmerz dar. Auf der anderen Seite gestaltet sie auf lexikali-
scher (und diegetischer) Ebene die vergangene Gemeinschaft, Geborgenheit und
Zweisamkeit von Ich und Du, die nun unwiederbringlich verloren ist. Im „Re-
quiem" fallen zum Beispiel die Worte „Heimlocke", „küssen", „Trost",
„Schutz", „beisammen" (Kaschnitz 1985, 310–311), und in „Schnee" finden sich
Formulierungen wie „Gespräche unsere lebenslang alltäglich" oder „Reden wir
von der Ehe als einer Zeit / Da wir auf der Erde zu Hause sind" (Kaschnitz 1985,
348 und 350).

Vorherrschendes Mittel der Gestaltung von Trauer ist bei Kaschnitz jedoch
nicht das einzelne emotional konnotierte Wort, sondern die Darstellung emotio-
naler Situationen. So entwirft sie Szenen oder beschreibt Zustände, die traditio-
nell Trauer kodieren. Als Beispiel sei die als schmerzhaft empfundene Diskre-
panz zwischen der ständigen Präsenz des Geliebten in der Erinnerung und seiner
realen Abwesenheit genannt. In „Einer von zweien" wird dieser emotionale
Zustand in den Versen „Näher kommst du / Ich fasse dich nicht" (Kaschnitz
1985, 315) zusammengefasst. Das Gedicht „Wo" kreist durchgängig um das
Gefühl des „Du / Überall Nirgends" (Kaschnitz 1985, 316–317). Auch die kon-
kreten Erinnerungen an den gemeinsam verbrachten Alltag, das Nach-Hause-
Kommen und die alltäglichen kleinen Gespräche in den eben zitierten Passagen
aus „Schnee" (Kaschnitz 1985, 348 und 350) betonen eine Vertrautheit, die die
Sprechinstanz nach dem Verlust missen muss.

Wie bei Nelly Sachs lässt sich auch im Verlauf von Kaschnitz' Zyklus eine
gewisse Entwicklung beobachten: Die ersten Gedichte kreisen um die Verletz-
lichkeit des Menschen, um den Schmerz, den der Verlust eines geliebten Gegen-
übers auslöst. Die Sprechinstanz der Gedichte leidet unter der andauernden Prä-
senz dieses Schmerzes. Das „Du" ist im Alltag scheinbar weiterhin anwesend,
der endgültige Verlust der Sprechinstanz gleichzeitig ständig bewusst. Die Erin-
nerung an die gemeinsame Liebe, an die immer wieder schon als bedroht darge-
stellte Zweisamkeit steht neben der Hilflosigkeit und Verletzlichkeit der Einsa-
men.[9] Im Mittelteil der Sammlung geht die Dichterin teilweise in allgemeinere
Reflexionen über das Altern, die Altersweisheit und die Schnelllebigkeit der
eigenen Zeit über, kehrt dann jedoch wieder zur schmerzhaften Erinnerung, zum
greifbaren Verlust zurück.[10] Hoffnung bieten nach und nach die kleinen Dinge
des Alltags sowie heitere Bilder aus der Natur. Der Wunsch nach Verwandlung,
nach Ungebundenheit und Freiheit klingt an. Dem Schreiben und Dichten wird

---

[9] Vgl. z. B. „Dein Schweigen" (Kaschnitz 1985, 316), „Wo" (Kaschnitz 1985, 316–
317), „Schrecklicher noch" (Kaschnitz 1985, 317) und „Früchte des Winters"
(Kaschnitz 1985, 326–327).

[10] Vgl. z. B. die Gedichte „Uralt" (Kaschnitz 1985, 337), „Ein Aufhebens machen"
(Kaschnitz 1985, 340–342), „Ich lebte" (Kaschnitz 1985, 342–347) und „Schnee"
(Kaschnitz 1985, 347–352).

dabei eine wichtige Rolle zugeschrieben. In „Ein Gedicht" heißt es: „Zeile für
Zeile, / Meine eigene Wüste / Zeile für Zeile / Mein Paradies" (Kaschnitz 1985,
354). Die Sammlung endet schließlich mit dem Zyklus „Notizen der Hoffnung".
Der Blick wendet sich in diesen Gedichten zunehmend von der Erinnerung und
dem Schmerz ab und dem Neuen und Lebendigen in Natur und Alltag zu.[11] Das
letzte Gedicht der Sammlung, „Meine Neugier", beginnt wie folgt: „Meine Neu-
gier, die ausgewanderte, ist zurückgekehrt. / Mit blanken Augen spaziert sie
wieder / Auf der Seite des Lebens." Und abschließend stellt eine „Spottdrossel-
stimme", „die aus mir selber kommt", lakonisch fest: „Was willst du, du lebst"
(Kaschnitz 1985, 372).

4

Nachdem in den vorangegangenen Abschnitten separat auf Sachs und Kaschnitz
eingegangen wurde, sollen die *Elegien auf den Tod meiner Mutter* und *Dein
Schweigen – meine Stimme* nun formal und inhaltlich verglichen werden: In
beiden Werken erfolgt die Gestaltung von Emotionen eindeutig aus einer sehr
persönlichen Perspektive, geprägt durch die Intimität der häufig fast schon als
Gespräch zwischen autodiegetischem Sprecher und einem „Du" gestalteten
Texte. Das Sprecher-Ich der Gedichte stellt in der Regel eigene Emotionen dar.
Interjektionen, Satzabbrüche und Wiederholungen können als Ausdruck von
Sprecher-Emotionen gedeutet werden. Der von Sachs häufig eingesetzte Gedan-
kenstrich als Zeichen des Verstummens spielt bei Kaschnitz jedoch so gut wie
keine Rolle. Auch Frage- und Ausrufezeichen treten bei Sachs sehr viel häufiger
auf. Die emotional geprägte Sprechweise der Sprechinstanz wird bei ihr durch
die genannten Mittel oft stärker hervorgehoben als bei Kaschnitz. Deren Texte
sind unter diesem Gesichtspunkt vielfach einfacher und auch weniger pathetisch
gestaltet.
    Als implizite lexikalische Mittel der Emotionsgestaltung verwenden beide
neben der vielfältigen Darstellung von seelischem und körperlichem Schmerz
zahlreiche Worte, die Geborgenheit und Schutz konnotieren. Sachs konzentriert
sich allerdings vor allem auf Bilder von Mutter und Kind, während bei Kaschnitz
Ehe und Partnerschaft eine größere Rolle spielen. Beides wird vor allem als
Erinnerung gestaltet und somit immer in Kontrast zur gegenwärtigen Situation
der Sprechinstanz gesetzt.[12] Die Gestaltung von Trauer erfolgt hier bei beiden
durch die Betonung des vergangenen und verlorenen Glücks. Kaschnitz verwen-
det allerdings häufiger als Sachs explizit das Wort „Trauer". Neben einer akuten
Traurigkeit gestaltet sie Sehnsucht und Wut. Teilweise klingt bei ihr aber auch

---

[11]   Vgl. z. B. die Gedichte „Notizen der Hoffnung" (Kaschnitz 1985, 360), „Nur die
       Augen" (Kaschnitz 1985, 361) und „Ohne Ort und Ziel" (Kaschnitz 1985, 364).
[12]   Vgl. für Sachs die 7. und die 20. Elegie (I, 182 und 191) und für Kaschnitz die
       Gedichte „Du sollst nicht" und „Schnee" (Kaschnitz 1985, 318 und 347–352).

schon ein komplexeres, reflektierteres Verständnis von Trauer mit an. In dem Gedicht „Schnee" zum Beispiel benennt die Sprechinstanz ihren emotionalen Zustand nicht nur, sondern reflektiert auch über ihr eigenes Verhalten als Trauernde (Kaschnitz 1985, 347–352).[13] Sachs gestaltet dagegen vor allem Teilaspekte des komplexen Trauerprozesses, ohne die Trauer explizit zu thematisieren. Im Zentrum stehen dabei die Suche nach der Verlorenen und das Gefühl des Hingezogenseins zur Mutter und zum Tod. Hinzu kommen Qual und Schmerzen, die sich bei der Sprechinstanz auch physisch in Tränen und gebeugter Haltung ausdrücken.

Indem der Aufbruch aus der Verhaftung im Irdischen und das ersehnte Nachfolgen in den Tod bei Sachs häufig im Zentrum der Gedichte stehen, wird Trauer von ihr eher als Versuch eines Übergangs vom Diesseits in eine Form der Erlösung dargestellt. Auch Kaschnitz thematisiert das Verhaftetsein der Sprechinstanz im Diesseits, die Suche nach dem Verlorenen und den Schmerz über den Verlust. Durch die Betonung des Alltags, in dem der tote Partner eine Lücke hinterlässt, erscheinen ihre Gedichte jedoch stärker auf eine diesseitige Überwindung der Trauer fokussiert.

Bei beiden Dichterinnen steht am Schluss des jeweiligen Gedichtbandes beziehungsweise Zyklus das Akzeptieren der eigenen Situation über allen Schmerz hinweg. Dies allerdings wiederum mit unterschiedlicher Ausrichtung: Kaschnitz' wiedergewonnener neugieriger Blick ist vorsichtig Richtung Zukunft gewandt, Sachs' Sprecher-Ich ist zunächst nur einverstanden mit dem Tod der Mutter und findet Trost in der Harmonie einer universalen Ordnung. Der Fokus ist bei ihr auch am hoffnungsvolleren Schluss des Zyklus weniger auf das Bestehen in der Gegenwart als auf den eigenen Übergang in einen jenseitigen Zustand gerichtet. Bei Kaschnitz wird der Wunsch nach einem weitergehenden gemeinsamen Leben mit dem Verstorbenen formuliert. Dem entspricht bei Sachs in einem Großteil der Texte eher der Wunsch nach einem Wiedersehen mit der Verlorenen im Jenseits. Der Darstellung von Alltäglichem bei Kaschnitz steht das ‚der Zeit Enthobene' bei Sachs gegenüber; dem Versuch von Bewältigung durch das Wort die Gestaltung von Schweigen und Zeichenlosigkeit; schließlich dem Trost einer wiederkehrenden Neugier auf das Leben das Tröstende eines ewigen Rhythmus, eines „Auf- im Untergang[s]" (I, 192).

5

Der Frage nach dem Ausdruck von Trauer in literarischen Texten wird typischerweise durch die Untersuchung von Motiven und ähnlichen vorwiegend semantischen Texteigenschaften begegnet. Hier wurde jedoch ein Verfahren gewählt, das ausdrücklich auch formale Mittel der Emotionsgestaltung berück-

---

[13] Vgl. auch das Gedicht „Juni" (Kaschnitz 1985, 370–371).

sichtigt. So war es möglich, die Gedichte von Sachs und Kaschnitz über den naheliegenden thematischen Bezug hinaus umfassend und auf verschiedenen textstrukturellen Ebenen zu vergleichen. Dadurch soll selbstverständlich nicht suggeriert werden, dass eine primär motiv- und themenorientierte und eine vornehmlich sprachliche und formale Merkmale untersuchende Herangehensweise im Widerspruch zueinander stünden. Im Gegenteil: Eine differenzierte Analyse, die die verschiedensten Ebenen der Textgestaltung systematisch erfasst, kann den durch thematische Aspekte hervorgerufenen Eindruck anhand konkreter, sprachlicher Textbefunde argumentativ stützen bzw. im gegebenen Fall auch begründet in Zweifel ziehen. Vor allem aber kann dieses Verfahren dem Umstand Rechnung tragen, dass auch solche Texte, die keine oder nur in sehr begrenztem Maße explizite Thematisierungen von Trauer aufweisen, als „emotionale" Texte gelesen und einer emotionsbezogenen Interpretation zugänglich gemacht werden können. Der Eindruck, dass es sich bei den *Elegien auf den Tod meiner Mutter* um einen Trauer-Zyklus handelt und *Dein Schweigen – meine Stimme* von der Klage über einen Verlust geprägt ist, lässt sich auf diese Weise nicht allein auf eine Trauermotivik oder gar auf den jeweils biografischen Anlass der Textentstehung, sondern auf das komplexe Zusammenspiel verschiedener Ebenen der Emotionsgestaltung zurückführen: So finden persönliche, vom Zeitgeschehen losgelöste Klage, die allgemeinmenschliche Dimension von Verlusterfahrung und Trauer sowie emotionale Intensität und Anschaulichkeit in den Gedichten auf je spezifische Weise ihren Ausdruck.

Bibliographie

Bahr, Ehrhard. *Nelly Sachs*. München: C.H. Beck/München: edition text + kritik, 1980 (Autorenbücher 16).

Bahr, Ehrhard. „„Meine Metaphern sind meine Wunden'. Nelly Sachs und die Grenzen der poetischen Metapher". *Nelly Sachs. Neue Interpretationen. Mit Briefen und Erläuterungen der Autorin zu ihren Gedichten im Anhang*, hg. von Michael Kessler und Jürgen Wertheimer. Tübingen: Stauffenburg Verlag, 1994 (Stauffenburg-Colloquium, Bd. 30). 3–18.

Berendsohn, Walter A. „Nelly Sachs. Der künstlerische Aufstieg der Dichterin jüdischen Schicksals". *Nelly Sachs zu Ehren*, hg. vom Suhrkamp Verlag. Frankfurt am Main: Suhrkamp, 1961. 92–103.

Bezzel-Dischner, Gisela. *Poetik des modernen Gedichts. Zur Lyrik von Nelly Sachs*. Bad Homburg, Berlin und Zürich: Gehlen, 1970 (Frankfurter Beiträge zur Germanistik, Bd. 10).

Briefe der Nelly Sachs, hg. von Ruth Dinesen und Helmut Müssener. Frankfurt am Main: Suhrkamp, 1984.

Conterno, Chiara. *Metamorfosi della fuga. La ricerca dell' Assoluto nella lirica di Nelly Sachs*. Padova: Unipress, 2010.

Dinesen, Ruth. *Nelly Sachs. Eine Biographie.* Frankfurt am Main: Suhrkamp, [2]1992.

Ecker, Gisela. „Gender in the Work of Grief and Mourning. Contemporary Requiems in German Literature". *Women and Death. Representations of Female Victims and Perpetrators in German Culture 1500–2000*, hg. von Helen Fronius und Anna Linton. Rochester, NY: Camden House, 2008 (Studies in German Literature, Linguistics, and Culture). 203–219.

Fenner, Anna Magdalena. *„Alles weißt du unendlich nun".* Die Elegien auf den Tod meiner Mutter von Nelly Sachs. Marburg: Tectum, 2009.

Fioretos, Aris. *Flucht und Verwandlung. Nelly Sachs, Schriftstellerin, Berlin/Stockholm. Eine Bildbiographie.* Berlin: Suhrkamp, 2010.

Foot, Robert. *The Phenomenon of Speechlessness in the Poetry of Marie Luise Kaschnitz, Günter Eich, Nelly Sachs and Paul Celan.* Bonn: Bouvier, 1982.

Hillebrandt, Claudia. *Das emotionale Wirkungspotenzial von Erzähltexten. Mit Fallstudien zu Kafka, Perutz und Werfel.* Berlin: Akademie Verlag, 2011 (Deutsche Literatur. Studien und Quellen, Bd. 6).

Huber-Sauter, Petra. *Das Ich in der autobiographischen Prosa von Marie Luise Kaschnitz.* Diss. phil. Univ. Stuttgart, 2003, abrufbar unter: Opus – Dokumentenserver der Universität Stuttgart (Web, letzter Zugriff 21.09.2014).

Kaschnitz, Marie Luise. *Gesammelte Werke in sieben Bänden. Zweiter Band: Die autobiographische Prosa I*, hg. von Christian Büttrich und Norbert Miller. Frankfurt am Main: Insel, 1981.

Kaschnitz, Marie Luise. *Gesammelte Werke in sieben Bänden. Fünfter Band: Die Gedichte*, hg. von Christian Büttrich und Norbert Miller. Frankfurt am Main: Insel, 1985.

Martin, Elaine. *Nelly Sachs. The Poetics of Silence and the Limits of Representation.* Berlin und Boston: de Gruyter, 2011.

Pulver, Elsbeth. *Marie Luise Kaschnitz.* München: C.H. Beck/München: edition text + kritik, 1984 (Autorenbücher 40).

Reichardt, Johanna Christiane. *Zeitgenossin. Marie Luise Kaschnitz. Eine Monographie.* Frankfurt/Main u.a.: Peter Lang, 1984 (Europäische Hochschulschriften, Reihe 1: Deutsche Sprache und Literatur, Bd. 780).

Schwarz-Friesel, Monika. *Sprache und Emotion.* Tübingen und Basel: A. Francke, 2007.

Strack, Friedrich. „‚Unerbittlichkeit' als poetisches Postulat. Zum lyrischen Werk von Marie Luise Kaschnitz". *weiter schreiben – wieder schreiben. Deutschsprachige Literatur der fünfziger Jahre*, hg. von Adrian Hummel und Sigrid Nieberle. München: Iudicium, 2004. 278–287.

Winko, Simone. *Kodierte Gefühle. Zu einer Poetik der Emotionen in lyrischen und poetologischen Texten um 1900.* Berlin: Erich Schmidt, 2003.

Winko, Simone. „Text-Gefühle. Strategien der Präsentation von Emotionen in Gedichten". *literaturkritik.de*, Nr. 12 (Dezember 2006), Schwerpukt: Emotionen (Web, letzter Zugriff 21.09.2014).

Ruth Dinesen

Mensch, Natur und Kosmos solidarisch unterwegs

Ein paar Worte zu Anfang und, sozusagen, in eigener Sache: Zuerst hatte ich den Titelworten des folgenden Textes spielerisch die Bezeichnung „Abschließendes, unwissenschaftliches Nachwort" beigefügt, nach Kierkegaard, fühlte mich aber nicht berufen, seine Worte zu verwenden. Unwissenschaftlich ist es ja auch nur im strengen geistesgeschichtlichen Sinn – abschließend jedoch bestimmt. Es ist für mich wohl der abschließende Text nach langen Jahren, Jahrzehnten der Beschäftigung mit dem Werk und der Person von Nelly Sachs. Lieber als die Anspielung auf Kierkegaard wäre mir noch „Einführung" gewesen, denn das ist es doch, was ich versuche: die Worte von Nelly Sachs ein wenig zu öffnen – nicht erklären, das kann ich nicht. Ich hätte sogar „Die Farbe Blau" als Untertitel setzen können. Denn Nelly Sachs' Gedichte sind wie eine Sammlung abstrakter Gemälde; die Grundfarbe das Schwarz der Trauer, dazu das Weiß als Farbe des Todes („sinke ich in deine Weiße / deinen Schnee", sagt sie zu der sterbenden oder schon verstorbenen Mutter; „Wieder hat einer in der Marter / den weißen Eingang gefunden", ein Gedenkgedicht für eben verstorbene Freunde),[1] Rot als die gefährliche Farbe des Blutes und des Lebens. Und dann eben Blau für die Hoffnung, die Sehnsucht. Doch am besten benenne ich gar nicht, was mein Text nun ist, oder sein sollte. Der Leser wird selbst verstehen.

–

Die Beziehung von Mensch, Natur und Kosmos ist ein Grundthema im Werk von Nelly Sachs. Eigentlich kein Thema, eher der Hintergrund ihrer Dichtung, deren *cantus firmus*. Grob werkchronologisch und anhand von ausgewählten Textbeispielen soll diesem *cantus firmus* im Folgenden nachgegangen werden.

1

In der frühen Nachkriegsdichtung könnte die vorausgesetzte Beziehung von Mensch und Natur vielleicht als poetisches Bild missverstanden werden. Wenn dem todgeweihten Bräutigam die Schuhe abgezogen werden und der Text gleich dazu übergeht, vom verarbeiteten Kalbsleder dieser Schuhe zu sprechen, und

---

[1] Vgl. die Gedichte „Du sitzt am Fenster" aus dem Band *Sternverdunkelung* (I, 82-83) und „Grabschrift" aus dem Band *Noch feiert Tod das Leben* (II, 147).

darüber hinaus von der „warme[n] leckende[n] Zunge des Muttertieres," so ist dies jedoch kein irgendwie gesuchtes und gefundenes Bild. Vielmehr werden Kuh und Kalb als mitleidende Teilnehmer an dem erlittenen Totschlag betrachtet (I, 21-22, V. 22-23). Oder der Stern der über den KZ-Schornsteinen schwarz wurde und somit als Mitbetroffener vom Schicksal der Ermordeten beschrieben wird (I, 11; beide Gedichte aus dem ersten Gedichtband *In den Wohnungen des Todes*, erschienen 1947).

Der Zyklus „Chöre nach der Mitternacht" (auch *In den Wohnungen des Todes*) beleuchtet den Inhalt dieser befremdenden poetischen Sprache. Hier erhält die Natur fast programmatisch ihren gleichberechtigten Platz neben der Menschenwelt. Die Bäume singen tröstend für die vom Krieg und von der Not Verjagten: Wir sprechen die gleiche Sprache wie Ihr, „eure Buchstaben sind aus unserem Fleisch […] / O ihr Gejagten alle auf der Welt! / Wir zeigen in ein Geheimnis / das mit der Nacht beginnt" (I, 41). So wie die Bäume am Schicksal der Menschen teilnehmen, so zeigen hier Wolken[1], Sterne[2], Steine[3] das Engagement der Natur und des Kosmos in der menschlichen Geschichte.

In der Spätdichtung kann die gegenseitige Abhängigkeit des Menschen und der Natur noch eindeutiger zum Ausdruck kommen. So z. B. in dem vierten Zyklus der *Glühenden Rätsel*, in dem es heißt, dass „[v]ielleicht ein Fisch am Äquator / an der Angel eine Menschenschuld bezahlte" (II, 182).

2

In einigen späteren visionären Texten nehmen Mensch, Natur und Kosmos gleichberechtigt an einer erhofften Zukunft teil:

```
1     WIE LEICHT
      wird Erde sein
      nur eine Wolke Abendliebe
      wenn als Musik erlöst
5     der Stein in Landsflucht zieht

      und Felsen die
      als Alp gehockt
      auf Menschenbrust
      Schwermutgewichte
10    aus den Adern sprengen.
```

---

[1]   „Wir sind voller Seufzer, voller Blicke / wir sind voller Lachen / und zuweilen tragen wir eure Gesichter. […]" (I, 40-41).

[2]   „Unsere Schwester die Erde ist die Blinde geworden" (I, 38-39).

[3]   „Wenn einer uns hebt / Hebt er Billionen Erinnerungen in seiner Hand […]. / Denn Gedenksteine sind wir […]" (I, 37-38).

Wie leicht
wird Erde sein
nur eine Wolke Abendliebe
wenn schwarzgeheizte Rache
15   vom Todesengel magnetisch
angezogen
an seinem Schneerock
kalt und still verendet.

Wie leicht
20   wird Erde sein
nur eine Wolke Abendliebe
wenn Sternenhaftes schwand
mit einem Rosenkuss
aus Nichts –
(Aus *Flucht und Verwandlung*, 1959. II, 70-71)

Der Text erhält aus dem Kontext einige vielleicht notwendige Ergänzungen: Der Stein aus den Versen 4-5 kommt in anderen zukunftsorientierten Gedichten vor, wie z.B. im weiter unten behandelten Text „In der blauen Ferne", der mit den Zeilen endet: „Und der Stein seinen Staub / tanzend in Musik verwandeln." Hier wurde der Übergang in Musik als Tanz bezeichnet. Der Tod wird öfter mit Schnee verbunden: „Totenschnee" (I, 20. Aus „Gebete für den toten Bräutigam", 1947) „Und du gingst über den Tod / wie der Vogel im Schnee" (aus *Glühende Rätsel III*, Erstausgabe 1965. II, 173), womit der Schneerock des Todesengels (V. 15-17) verständlich wird. Ansonsten sollte man dem Text einfach unvoreingenommen lauschen. Er ist nicht schwierig. Getragen von den melodischen, dreimal wiederholten Eingangsversen erlaubt diese Endzeitvision einen seltenen Einblick in die Hoffnung der Dichterin auf einen zukünftigen Zustand, in dem das Drückende, das Schwere des Steins (V. 5) - das durch die sprachliche Neubildung der „Schwermutgewichte" (V. 9) auf Menschen übertragen wird, bis hin zu der alles umfassenden Bezeichnung für diese unsere erdverhaftete Existenz als „Sternenhaftes" (V. 22) - einfach fortschwebt. Auch das höchste Wesen muss wesenlos werden, um auf die von allen Eigenschaften erlöste Kreatur zu reflektieren. So fallen Namen, Erzählungen, Dogmen ab. Was bleibt ist *Nichts*, hier jedoch ein liebendes und durch die Liebe aktives *Nichts*, dessen „Rosenkuss" als sichtbarer Ausdruck dieser Liebe den letzten Vorstoß ins Unsichtbare bewirkt.[4] Die in ihrem Werk selten liebliche Bilderwelt entstammt dem wohl positivsten ihrer Gedichtzyklen, *Fahrt ins Staublose* (1959).

---

[4]   Tapfer, trotzig erscheinen gleiche Bilder in dem Gedicht „Bereit sind alle Länder aufzustehn" (II, 26) aus dem Zyklus *Und niemand weiß weiter* in der gleichnamigen Sammlung, 1957. In den späten *Glühenden Rätseln I*, 1963, findet sich eine ähnliche Formulierung, hier aber allein auf die Ich-Figur des Gedichtes angewandt: „[…] / und die Farbe Nichts sprach mich an: / Du bist Jenseits! //" (II, 155).

3

Nicht nur teilen Mensch, Natur und Kosmos in gegenseitiger Abhängigkeit die
Bedingungen alles Lebendigen. Etwas Anderes kommt hinzu: die Sehnsucht,
schon von Bengt Holmqvist als ein Ur- oder Königswort der Dichterin bezeich-
net (Holmqvist 1968, 9-10). Sehnsucht ist das dynamische Prinzip in den Ver-
wandlungen der Welt, immer zukunftsorientiert, niemals als schmachtendes
Heimweh rückwärtsgewendet, keine Nostalgie.[5] Sondern die innere Triebkraft
allen Lebens auf Veränderung hin.

Die Sehnsucht gründet auf der Distanz zwischen der gelebten Existenz und
deren erwarteten Vervollkommnung. Im folgenden Gedicht treibt die Sehnsucht
diejenigen, die „im Tale leben", auf Reise:

1   IN DER BLAUEN Ferne,
        wo die rote Apfelbaumallee wandert
        mit himmelbesteigenden Wurzelfüßen,
        wird die Sehnsucht destilliert
5   für Alle die im Tale leben.

        Die Sonne, am Wegesrand liegend
        mit Zauberstäben,
        gebietet Halt den Reisenden.

        Die bleiben stehn
10   im gläsernen Albtraum,
        während die Grille fein kratzt
        am Unsichtbaren

        und der Stein seinen Staub
        tanzend in Musik verwandelt.
        (Aus dem Zyklus „Und niemand weiß weiter" in der gleichnamigen Ge-
        dichtsammlung 1957. II, 24)

Das Geschehen wird in die Ferne gerückt. Dort heben die Bäume wie Füße ihre
Wurzeln und wandern gen Himmel. Dort auch wird stellvertretend für diejeni-
gen, die sich im Tale (des Todes?) befinden, „die Sehnsucht destilliert". Ein
wunderbares Wort für etwas im Grunde Unaussprechbares. So normal, so ein-
fach, wie der Bauer aus seinen Äpfeln Most presst, um dann durch einen langen
Prozess den Apfelbrand oder Obstler herauszudestillieren, den Saft auf seinen

---

[5] Mireille Gansel, französische Übersetzerin von Nelly Sachs, verteidigt mir gegenüber
     die Verwendung des französischen Wortes „Nostalgie" für Nelly Sachs' „Sehnsucht."
     Nostalgie bedeutet aber auch im Französischen: „Mélancolie, tristesse causé par
     l'éloignement de la pays ...regret mélancolique du passé" (Le petit Larousse 1965).
     Vgl. auch Sachs 1999 und 2002.

Duft konzentriert. In dem Gedicht „In einer Landschaft aus Musik" aus der gleichen Gedichtsammlung schwebt in der sehnsüchtig erwarteten Zukunft der Duft des Sandelbaumes „holzlos", als Destillat von der charakteristischen Eigenschaft des Baumes (II, 19-20). Konzentriert könnte man vielleicht auch sagen, oder reduziert, wie heutzutage die Fernsehköche reden, wenn sie ihre Brühe für die Sauce einkochen. In unserem Gedicht passt destillieren natürlich zu den Apfelbäumen – obwohl hier keine Äpfel genannt werden, sondern „Sehnsucht" destilliert wird. „Rot" ist die Apfelbaumallee, „rot" ist das Tuch, welches den Stier lockt, weiter zu leben, weiter zu kämpfen, „rot" der Vogel des Blutes (II, 19-20). „Rot" kommt für das Leben, das triebhafte Weiterleben zu stehen, dem Blau der Ferne gegenüber. Erst durch das Zusammenstellen von Blau und Rot wird Sehnsucht provoziert. Die Sehnsucht, die jedes Lebewesen treibt, wird also in dieser blauen und roten Ferne konzentriert, stark und kräftig zieht sie die „Reisenden" vorwärts, aufwärts. Die Aufwärtsbewegung wird jedoch aufgehalten von der (untergehenden?) Sonne und die Reisenden bleiben in dem bösen Traum haften, noch beunruhigt durch das Kratzen der Grille[6] – nur der Stein erreicht durch den Tanz seine Bestimmung als Musik.

4

In einigen Gedichten, verstreut über die Jahre, beschäftigt sich Nelly Sachs theoretischer mit der Beziehung von Mensch, Natur und Kosmos, fast könnte man „philosophisch" sagen –, wenn man dabei nicht vergisst, dass diese Aussagen immer eine poetische Logik formulieren.

```
1   WÄHREND ICH HIER warte
    sehnt sich die Zeit draußen im Meer
    aber wird immer wieder an ihrem Blauhaar zurückgezogen
    erreicht nicht Ewigkeit –
5   Noch keine Liebe zwischen den Planeten
    aber geheime Übereinkunft zittert schon –
    (Aus Glühende Rätsel I. Erstausgabe: Ausgewählte Gedichte 1963. II,
    161-162)
```

Dieser Text stellt wortgetreu eine Endzeitvision da. Die Zeit „sehnt sich" nach einer Situation ohne Zeit. Zeit aber ist die unabdingbare Voraussetzung für Existenz. Ohne Zeit wäre nichts von dem vorhanden, was ist. Existenz ist an Zeit

---

[6]   Die Grille wird schon vor 1940 in dem Gedicht „Schlaflied" als dem neuen Leben nahe bezeichnet, vielleicht auch schon als Quelle von Sehnsucht: „[...] Träumt die Erde ihren Lohn / Weht der Grille Geisterton [...]" (Erstdruck 1938 in Der Morgen, XIV. Jahrgang, Heft 2, Berlin, Mai 1938. Auch in Dinesen 1987, 251).

gebunden.[7] Der ersehnte Zustand eines Aufhörens von Zeit wäre das radikalste Bild des „unsichtbaren Universums" von Nelly Sachs, des unvorstellbar Anderen. Das ist es aber nicht, was hier evoziert wird. Die Zeit läuft nicht ab, hört nicht einfach auf, sondern strebt durch die Sehnsuchtsarbeit nach Vervollkommnung, Konzentration als „Ewigkeit" (V. 4). Der Rahmen um die zentralen Verse zwei bis vier spiegelt auf verschiedenen Ebenen diesen Vorgang. Das Ich „wartet". Das Warten setzt einerseits einen Zeitlauf voraus, die Warte-Zeit. Zum anderen ist das Warten auf etwas ausgerichtet, das geschehen oder kommen wird. Es wird nicht gesagt, doch vielleicht vorausgesetzt, dass das wartende Ich die Sehnsucht der Zeit teilt. Die beiden Schlussverse erscheinen als verkürzte Aussage über den komplizierten Zusammenhang von Ebbe und Flut –, die Gezeiten, die das Meer immer wieder über die Küste hinauftragen, um es nach festen Zeiten wieder zurück zu ziehen. Der Einfluss des Mondes auf dieses Phänomen kommt hier als eine Art Verhandlung „zwischen den Planeten" vor, die vorläufig in eine „geheime Übereinkunft" gestrandet ist. Das „noch keine Liebe" gibt die Ausrichtung der Verhandlung an, den ersehnten Erfolg. Diese interplanetarische „Liebe" würde in der Logik des Textes den Übergang von Zeit in „Ewigkeit" bewirken und damit wohl auch das Warten des Ich zu seinem erhofften Ziel führen.

Das Gedicht enthält drei aktive Verbformen: (ich) warte, (Zeit) sehnt sich, (Übereinkunft zwischen den Planeten) zittert. Die Parallelität der Verben suggeriert eine gleiche Parallelität unter den agierenden Subjekten: Ich – Zeit – Übereinkunft. Die beiden Erstgenannten werden als abhängig von der Übereinkunft unter den Planeten geschildert. Die Bewegung geht vom „Ich" über die im Meer gefangene Zeit zu den Planeten. Ich, Natur und Kosmos werden in einer gemeinsamen Bewegung von der allen übergeordneten Zeit zusammengehalten. Auffallend, wenn man von „aktiven Verbformen" und „Bewegung" spricht, ist der denotative Inhalt der verwendeten Wörter. Warten, Sehnen, Zittern sind vollkommen in sich ruhende Aktivitäten – was wiederum als typisch gelten dürfte für die immer wiederkehrenden Formulierungen der Dichterin für das Streben nach einem neuen Zustand der Welt.

So beschreibt das Gedicht eine ruhende, nur in sich selbst vorgehende Aktivität, deren Ausrichtung auf ein Ziel hin immer wieder verhindert wird, während das „noch" des fünften Verses der Hoffnung eine Tür offen lässt. Dieser gedichtinterne Vorgang wird solidarisch getragen vom Ich, von der grundlegenden Voraussetzung alles Lebens, der Zeit, hier symbiotisch mit dem Element des Meeres verbunden[8], und von den „Planeten", hier von der Erde und dem Mond[9] als kosmischen Elementen repräsentiert. Wie so oft bei Nelly Sachs, erscheint

---

[7]   Diese Einsicht verdanke ich meiner Tochter, der Meeresbiologin Grete Dinesen.

[8]   Meer und Zeit verbinden teils der kurze Rhythmus des Wellenschlags, teils eben die längeren Zeitabstände der Gezeiten – schon das Wort enthält den Hinweis auf Zeit.

[9]   Wenn die Erde als Stern bezeichnet werden kann, wie dies des Öfteren geschieht, kann der Mond wohl auch als Planet vorkommen.

das Meer hier als Widerstand gegen die Bewegung auf eine endzeitliche Voll-
kommenheit hin. In dem Gedicht „Halleluja" werden die transzendierenden
Kräfte des Vulkanausbruchs durch die Zeugungswut der Fische zurückgehalten:

> [...] //
> Aber
> im Mutterwasser
> 35   saugende Algen umklammern
> den Füße hebenden Dunkelleib
> Fische in Hochzeitskammern
> wo Sintflut bettet
> reigen besessen//
> [...]
> (II, 89-91)

Der irre mittelalterliche Reigentanz findet logischerweise in Hochzeitskammern
statt. Wo doch die Hochzeit von alters her mit Fruchtbarkeit, Erhaltung der Art,
der Sippe verbunden wurde. Wie das Leben einmal aus dem Meer als „Mutter-
wasser" hervor kroch, so wird es auch als Ort immer neuer Zeugung betrachtet;
eine Gegenkraft zu der Hoffnung auf eine Endzeit, oder „Ewigkeit", die das
Leben als Destillat enthält.[10]

Ein Gedicht aus dem vierten Zyklus der *Glühenden Rätsel* erscheint als di-
rekte Rücknahme der oben ausgedrückten Hoffnung:

> 1   DAS MEER
> sammelt Augenblicke
> weiß nichts von Ewigkeit
> knotet
> 5   das Vier Winde Tuch
> in Ekstase
> Tiger und Grille
> schlafen im Wiegenlied
> der nassen Zeit –
> (In: *Glühende Rätsel* IV. Frankfurt am Main (Insel Bücherei 825) und
> *Späte Gedichte.* 1968. II, 180-181)

Das Meer findet sich hier mit seinen gesammelten Augenblicken wieder einmal
als Gegenkraft zur Bewegung der Zeit auf Ewigkeit hin. Nicht einmal die Grille
kratzt mehr am Unsichtbaren, wie in dem Apfelbaum-Gedicht, sondern schläft

---

[10] Hier findet sich vielleicht auch der Schlüssel zu den enigmatischen Zeilen 11-12 des
bekannten Gedichtes „In der Flucht": „Der kranke Schmetterling / weiß bald wieder
vom Meer –" (II, 73-74) Auch der Schmetterling muss aus seiner Endphase als
Symbol für den freigesetzten Geist in den Geburtsort des physischen Lebenszyklus
zurück.

mit dem Tiger zusammen im wiegenden Wellenschlag. Ein „Schlaflied" mit
ganz anderen Dimensionen als das Frühe (vgl. Anm. 196).

Konklusion

Es wurde hier versucht das Verhältnis von Mensch, Natur und Kosmos in Nelly
Sachs' Werk kurz darzustellen. Hervorgehoben wurde das gleichgeartete Streben
nach einer schwerelosen, essentiellen Existenz jenseits von allen materiellen
Formen. Getrieben von verwandter, schmerzlicher Sehnsucht bewegen sich
Mensch, Natur und Kosmos auf eine Grenzüberschreitung zu, in Richtung auf
das „staublose", „unsichtbare" Universum einer transzendenten Vollendung.

> 1　　SCHON WILL ÄUSSERSTES auswandern
> 　　　das Herz des Wassers
> 　　　und des Feuers dämonisch verwundertes Licht
> 　　　die blühenden Geburten der Erde
> 5　　und Luft die singend den Atem verläßt
>
> 　　　Sehnsucht ist der Herrscher
> 　　　der unsichtbare Adler
> 　　　zerreißt seine Beute
> 　　　trägt sie nach Haus –
> 　　　(II, 143. Aus *Noch feiert Tod das Leben.* 1961)

Wasser, Feuer, Erde Luft, die klassischen vier Elemente des Empedokles wollen
„auswandern". So greifbar, nah und erkennbar erscheinen die dürren philosophi-
schen Bezeichnungen in der gerafften, jedoch poetischen Sprache von Nelly
Sachs. Umso schmerzlicher greift die Sehnsucht diktatorisch ein, zerreißt als
unsichtbarer Adler alle Hoffnung – und trägt sie dennoch „nach Haus –." Was ist
das? Erreichen die Elemente somit doch das ersehnte Ziel? Der Adler ist in der
Bibel ein Bild für die göttliche Sorge um das wandernde Wüstenvolk. Wie der
Adler über seiner Brut schützend schwebt, so schwebt der Gott Israels über sei-
nen Auserwählten (vgl. 5. Mose 32, 11). Das Bild wird in dem Gedicht in sein
Gegenteil gewendet; „nach Haus" gelangt nichts Irdisches, ohne von Sehnsucht
zerrissen zu werden.

　　Die Grundanschauung der Nelly Sachs ist die einer Welt, eines Kosmos ge-
zeichnet von den unentrinnbaren Stigmata des Sterbens und der Zeugung und
dem schmerzlichen Verlangen, aus diesem Zyklus hinaus und in einen anderen
Zustand hinein zu gelangen. Daraus erwächst die zerreißende Sehnsucht nach
einem „unsichtbaren Universum", das – aus dem Duft der Bäume und der Musik
der Steine wie „der Toten abgelegte[n] Seelenlast" (II, 18) bestehend – nur als
flüchtige Ahnung manchmal geschaut werden kann.

1   DIE GIPFEL DER Berge
        werden sich küssen
        wenn die Menschen ihre Sterbehütten
        verlassen
5   [...]
        (II, 208. Entstanden 1968)

Bibliographie

Dinesen, Ruth. *„Und Leben hat immer wie Abschied geschmeckt"*. *Frühe Gedichte und Prosa der Nelly Sachs*. Stuttgart: Verlag Hans-Dieter Heinz, Akademischer Verlag, 1987.
Holmqvist, Bengt: „Die Sprache der Sehnsucht". *Das Buch der Nelly Sachs*, hg. von Bengt Holmqvist. Frankfurt am Main: Suhrkamp, 1968 (auch als Suhrkamp Taschenbuch 398, 1977 und 1991). 7-70.
Sachs, Nelly. *Eclipse d'étoile*, précédé de *Dans les demeures de la mort*, traduction de l'allemand et postface de Mireille Gansel. Paris : Verdier, 1999.
Sachs, Nelly. *Exode et métamorphose*, précédé de *Personne n'én savait davantage*, traduction de l'allemand et postface de Mireille Gansel. Paris: Verdier, 2002.

Kurzbiographien der Autoren

Chiara Conterno hat Germanistik und Anglistik an der Universität Padua studiert und wurde mit einer Dissertation zum Werk von Nelly Sachs an der Universität Padua und an der Ludwig-Maximilians Universität München promoviert. Sie ist Forschungsstipendiatin an der Universität Verona. Schwerpunkte ihrer Forschung sind moderne Lyrik, deutsch-jüdische Literatur und Fragen der Rezeptionsgeschichte literarischer Werke. Arbeiten über Karl Emil Franzos, Nelly Sachs und Else Lasker-Schüler. Neben zahlreichen Aufsätzen (Julya Rabinowich, Vladimir Vertlib, Rose Ausländer) vor allem die Monographie *Metamorfosi della fuga. La ricerca dell'Assoluto nella lirica di Nelly Sachs* (Padua, 2010) und die Herausgeberschaft *Weibliche jüdische Stimmen deutscher Lyrik aus der Zeit von Verfolgung und Exil* (zusammen mit Walter Busch; Würzburg, 2012). Gegenwärtige Arbeitsschwerpunkte: Literatur der Bukowina und Psalm-Gedichte des zwanzigsten Jahrhunderts. Sie ist auch als Übersetzerin tätig (Nelly Sachs, *Epitaffi scritti sull'aria. Grabschriften in die Luft geschrieben*, Bari, 2013).

Ruth Dinesen, lic.phil., dänische Germanistin und Literaturwissenschaftlerin. Schwerpunkt ihrer Forschung: Nelly Sachs. Neben zahlreichen Aufsätzen zu Leben und Werk der Dichterin auch einige Buchveröffentlichungen: *Briefe der Nelly Sachs* (1984, zusammen mit Helmut Müssener), *„Und Leben hat immer wie Abschied geschmeckt." Frühe Gedichte und Prosa der Nelly Sachs* (1987), *Nelly Sachs-Briefregister* (1989, verzeichnet 3.454 Briefe der Dichterin und wertet mittels einer eigenen Datenbank den Inhalt nach bestimmten Kriterien aus) und *Nelly Sachs. Eine Biographie* (1992, eigentlich zum 100.Geburtstag der Dichterin am 10. Dezember 1991), dasselbe auf Dänisch (1994), sowie eine Übersetzung von den Gedichtzyklen „Noch feiert Tod das Leben" und „Fahrt ins Staublose", *Ind i det støvløse* (2004). 1999 erschien zudem eine Arbeit zum Werk von Rainer Maria Rilke: Rilkes træer. Holdninger til naturen [Rilkes Bäume. Haltungen zur Natur]. Sie lebt in Glumsø, Dänemark.

Axel Englund is currently a Wallenberg Academy Fellow in Literature at Stockholm University, Sweden. He is the author of Still Songs: Music In and Around the Poetry of Paul Celan (2012), and his articles on modernist poetry and musico-literary intermediality have been published in The German Quarterly, German Life & Letters and Perspectives of New Music, as well as in numerous anthologies. Together with Anders Olsson, Englund has also edited Languages of Exile: Migration and Mutilingualism in Twentieth-Century Poetry (2013). In

2011, he was an Anna Lindh Fellow at Stanford University, and he has held visiting scholarships at Columbia University and Freie Universität Berlin.

Irene Fantappiè, ist Wissenschaftliche Mitarbeiterin an der Humboldt Universität Berlin, wo sie auch Alexander-von-Humboldt-Stipendiatin war. Nach dem Studium der Germanistik und Italianistik in Bologna, Heidelberg und an der University College London, hat sie an der Universität von Bologna promoviert und war Post-Doc Stipendiatin an der Freien Universität Berlin. Schwerpunkte ihrer Forschung sind die deutschsprachige und italienische Literatur des zwanzigsten Jahrhunderts, besonders in Bezug auf Intertextualitäts- und Übersetzungstheorie. Sie hat eine Monographie zu Karl Kraus geschrieben (2012), mit Camilla Miglio ein Buch über Paul Celan herausgegeben (2008) und mehrere Aufsätze u.a. über Paul Celan, Nelly Sachs, Ingeborg Bachmann, Karl Kraus, Stefan George veröffentlicht.

Anna Magdalena Fenner studierte Deutsche und Englische Philologie sowie Öffentliches Recht an den Universitäten Göttingen und Perugia. 2009 veröffentlichte sie die erste umfassende Untersuchung zu Nelly Sachs' bis dahin unveröffentlichten *Elegien auf den Tod meiner Mutter*. In ihrer Promotion an der Universität Göttingen untersucht sie am Beispiel von Nelly Sachs, Marie Luise Kaschnitz und Günter Eich die Gestaltung von Trauer in der deutschen Nachkriegslyrik. Seit 2009 ist sie Koordinatorin am Courant Forschungszentrum „Textstrukturen" der Universität Göttingen. Zudem ist sie assoziiertes Mitglied des interuniversitären Promotionsprogramms „Theorie und Methodologie der Textwissenschaften und ihre Geschichte (TMTG)" der Universitäten Göttingen und Osnabrück.

Aris Fioretos studierte unter anderem in Stockholm und Paris sowie an der Yale University. Veröffentlichung mehrerer Romane, Essays und literaturhistorischer Studien. Seine Werke sind in ein Dutzend Sprachen übersetzt worden. Daneben entstanden Übersetzungen ins Schwedische – zum Beispiel späte Gedichte von Friedrich Hölderlin, englischsprachige Romane von Vladimir Nabokov und Aphorismen von Walter Serner. Seit 2011 ist er einer der Vize-Präsidenten der Deutschen Akademie für Sprache und Dichtung in Darmstadt. Seit 2010 ist er Professor für Ästhetik an der Södertörn Universität in Stockholm. Herausgeber der Kommentierten Sachs-Werkausgabe und Verfasser der Bildbiographie *Flucht und Verwandlung*.

Jennifer M. Hoyer, PhD. Associate Professor of German at the University of Arkansas (Fayetteville, Arkansas, USA), has written and presented extensively on Nelly Sachs's work, focusing especially on connections between her prewar texts (1921-1939) and postwar poetry. Her book *The Space of Words: Exile and Diaspora in the Works of Nelly Sachs* is forthcoming.

Jana Hrdličková ist Assistentin am Lehrstuhl für Germanistik der J. E. Purkyně-Universität in Ústí nad Labem (Tschechische Republik) und ist dort v.a. als Literaturdozentin tätig. Ihre Schwerpunkte betreffen deutschsprachige Lyrik nach 1945, Gedichtübersetzungen und deutschsprachiges Hörspiel. Publikationen: Kaschnitz-Monographie (v.a. ihre Hörspiele; 2008), Monographie zur Reflexion des Zweiten Weltkriegs und der Shoah in der deutschsprachigen Literatur (zusammen mit Naděžda Heinrichová; 2012). Darüber hinaus Artikel zu Rose Ausländer, Inka Bach, Zdenka Becker, Irena Brežná, Božena Němcová, Nelly Sachs und Franz Werfel. Geplante Habilitation über die Darstellung des Zweiten Weltkriegs und der Shoah in der sog. hermetischen Lyrik (Nelly Sachs, Paul Celan, Ingeborg Bachmann, Ernst Meister und Erich Arndt).

Charlie Louth is Fellow of Queen's College, University of Oxford, where he lectures in German. He is the author of *Hölderlin and the Dynamics of Translation* (1998) and of many articles on poetry from Goethe to Celan. He has also published translations of Hölderlin's *Essays and Letters* (Penguin, 2009, with Jeremy Adler) and of Rilke's *Letters to a Young Poet* and *Letter from the Young Worker* (Penguin, 2011).

Annja Neumann was educated at the Ruprecht-Karls-Universität Heidelberg, the University of Uppsala (Sweden) and Queen Mary University of London. At present she is Bye-Fellow at Magdalene College, University of Cambridge and carries out postdoctoral research for *Arthur Schnitzler digital*, a bi-national critical edition project of Arthur Schnitzler's literary works (www.arthur-schnitzler.org). She is the author of *Durchkreuzte Zeit. Zur ästhetischen Temporalität der späten Gedichte von Nelly Sachs and Paul* Celan (2013). Neumann currently works on interconnections of medicine and literature in Arthur Schnitzler's texts.

Esbjörn Nyström, Studium u. a. der Germanistik in Umeå (Schweden) und Karlsruhe, Promotion (Germanistik) an der Universität Göteborg, 2004, zwischen 2008 und 2011 Lektor für Schwedische Philologie an der Universität Tartu (Estland), seit 2011 wissenschaftlicher Mitarbeiter für das Fachgebiet Germanistik an der Universität Stockholm. Forschungsschwerpunkte: Libretto, Editionstheorie, Drama des zwanzigsten Jahrhunderts.

Leonard Olschner Studium der Germanistik, Anglistik und Musikwissenschaft. Promotion über Paul Celan an der Albert-Ludwigs-Universität Freiburg. 1985-1995 Cornell University (Ithaca/New York). Seit 1995 Professor für Germanistik, seit 2005 Centenary Professor of German & Comparative Literature an Queen Mary University of London. Publikationen u.a. zu Goethe, Lichtenberg/Hogarth, Adorno, Rilke, Celan, Sachs, Ausländer, Andersch und Bachmann sowie zu Fragen der Exillyrik, der Inneren Emigration, des Heimkehr-Motivs und Übersetzungsproblematik. 2007 erschien *Im Abgrund Zeit. Paul Celans Poetiksplitter* (Vandenhoeck & Ruprecht). Arbeitet derzeit an einer Biografie von Paul Celan.

Daniel Pedersen is a researcher in Comparative Literature at Stockholm University. His dissertation deals with Nelly Sachs' early poetry written in Germany and her first years of exile in Sweden. Pedersen also works as a translator from French (e.g. Gilles Deleuze, Jean Daive and others). He edited the poems of Erik Lindegren and he is currently writing a study on Marguerite Duras.

Florian Strob studierte Germanistik und Neuere Geschichte an der Universität Bonn und Medieval and Modern Languages an der University of Oxford. 2013 Promotion zur späten Prosa von Nelly Sachs an der University of Oxford. Publikationen zu den Werken von Nelly Sachs, Paul Celan und zur deutschsprachigen Lyrik und lyrischen Kurzprosa des zwanzigsten Jahrhunderts.

Namensverzeichnis